I0124220

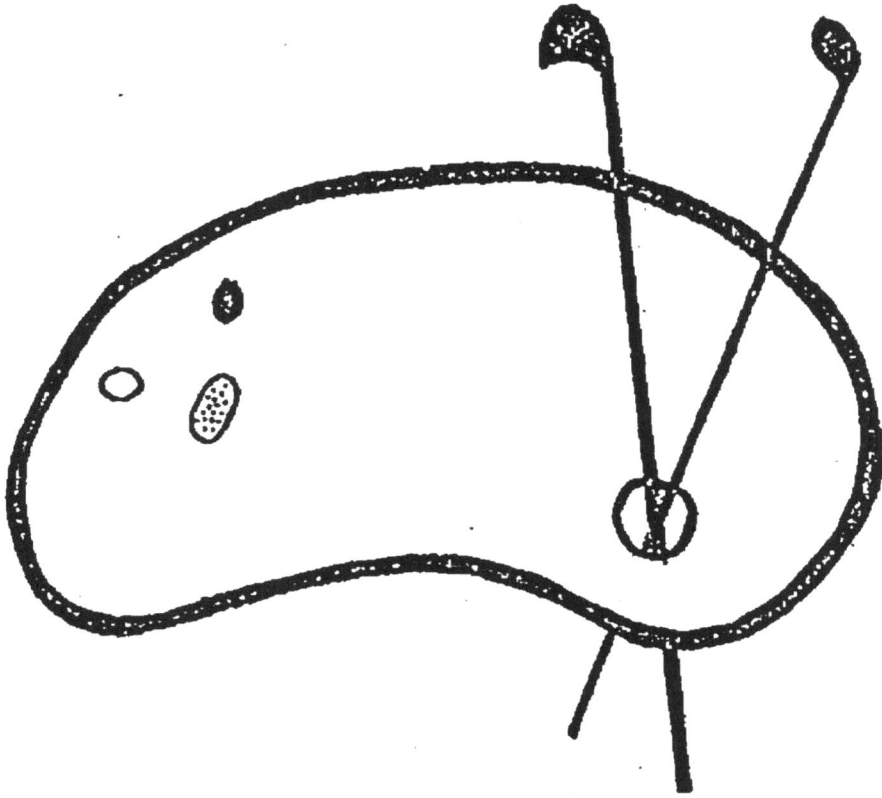

COUVERTURE SUPERIEURE ET INFERIEURE
EN COULEUR

LE CARACTÈRE

PAR
SAMUEL SMILES
AUTEUR DE « SELF-HELP »

TRADUIT DE L'ANGLAIS

PAR

Mme Charles DESHORTIES DE BEAULIEU

> Man is his own star, and the soul that can
> Render an honest and a perfect man,
> Commands all light, all influence, all fate;
> Nothing to him falls early or too late.
> Our acts our angels are, or good or ill,
> Our fatal shadows that walk by us still.
> BEAUMONT and FLETCHER.

> Le bonheur ou le malheur de la vieillesse
> n'est souvent que l'extrait de notre vie passée.
> SAINTE-BEUVE.

Deuxième Édition

LABOR · OMNIA VINCIT IMPROBVS

PARIS
LIBRAIRIE PLON
E. PLON, NOURRIT et Cie, IMPRIMEURS-ÉDITEURS
10, RUE GARANCIÈRE

1886

Tous droits réservés

En vente à la même Librairie :

« Self-Help », ou Caractère, conduite et persévérance, illustrés à l'aide de biographies, par Samuel SMILES, auteur de la *Vie des ingénieurs*, traduit de l'anglais par Alfred TALANDIER sur le texte revu et corrigé par l'auteur. Un fort volume in-18. 6ᵉ *édition*. Prix . . . . 4 fr.

Voyage d'un Jeune Garçon autour du monde, édité par Samuel SMILES, auteur de « *Self-Help* », traduit de l'anglais par madame Charles DESHORTIES DE BEAULIEU. 2ᵉ *édition*. Un volume in-18, orné de gravures et de cartes. Prix. . . . 3 fr.

Vie d'un naturaliste, par Samuel SMILES, traduit de l'anglais par E. T. PERROT. Un vol. in-18, avec gravures. . . . 4 fr.

Vie des Stephenson, comprenant l'Histoire des chemins de fer et de la locomotive, par Samuel SMILES, traduit de l'anglais par F. LANDOLPHE. Un volume grand in-18 jésus, illustré de nombreuses gravures. 2ᵉ *édition*. Prix. . . . . 4 fr.

Paulin Talabot. Sa vie et son œuvre (1799-1885), par le baron ERNOUF. Un vol. in-18, avec portrait. . . . . 3 fr.

De Paris à Pékin par terre : *Sibérie, Mongolie*, par Victor MEIGNAN. Un joli volume in-18 jésus, enrichi de gravures et d'une carte. 3ᵉ *édition*. Prix. . . . . 4 fr.

Le Caucase, la Perse et la Turquie d'Asie, d'après la relation de M. le baron de Thielmann, par M. le baron ERNOUF. 2ᵉ *édition*. Joli in-18, enrichi d'une carte et de vingt gravures. 4 fr.

La Hollande pittoresque. — Voyage aux villes mortes du Zuiderzée, par Henry HAVARD. 3ᵉ *édition*. Un joli volume in-18 jésus, illustré. Prix. . . . . 4 fr.

La Hollande pittoresque. — Les Frontières menacées, voyage dans les provinces de Frise, Groningue, Drenthe, Overyssel, Gueldre et Limbourg, par Henry HAVARD, avec une Préface par M. E. LEVASSEUR, membre de l'Institut. 3ᵉ *édition*. Joli in-18, enrichi de gravures et d'une carte des Pays-Bas. 4 fr.

Afrique orientale. — Abyssinie, par M. Achille RAFFRAY. Un vol. in-18, enrichi d'une carte spéciale et de gravures sur bois, d'après des aquarelles et des croquis de l'auteur. Prix. 4 fr.

PARIS. TYP. DE E. PLON, NOURRIT ET Cⁱᵉ, RUE GARANCIÈRE, 8.

DÉPÔT LÉGAL
Seine
N.° 3106
1886

LE CARACTÈRE

8°R
328

L'auteur et les éditeurs déclarent réserver leurs droits de traduction et de reproduction à l'étranger.

Ce volume a été déposé au ministère de l'intérieur (section de la librairie) en février 1877.

PARIS. TYPOGRAPHIE DE E. PLON, NOURRIT ET Cie, RUE GARANCIÈRE, 8.

LE
CARACTÈRE

PAR

SAMUEL SMILES

AUTEUR DE « SELF-HELP »

TRADUIT DE L'ANGLAIS

PAR

Mme CHARLES DESHORTIES DE BEAULIEU

Man is his own star, and the soul that can
Render an honest and a perfect man,
Commands all light, all influence, all fate;
Nothing to him falls early or too late.
Our acts our angels are, or good or ill,
Our fatal shadows that walk by us still.
BEAUMONT and FLETCHER.

Le bonheur ou le malheur de la vieillesse
n'est souvent que l'extrait de notre vie passée.
SAINTE-BEUVE.

Deuxième Édition

LABOR · OMNIA VINCIT · IMPROBVS

PARIS

LIBRAIRIE PLON

E. PLON, NOURRIT et Cie, IMPRIMEURS-ÉDITEURS

10, RUE GARANCIÈRE

1886

Tous droits réservés

LE CARACTÈRE

CHAPITRE PREMIER.

INFLUENCE DU CARACTÈRE.

> Unless above himself he can
> Erect himself, how poor a thing is man !
> S'il ne peut s'élever au-dessus de lui-même,
> Quelle triste chose est l'homme !
>
> DANIEL.

> Le caractère est l'ordre moral vu par l'entre-
> mise d'une nature individuelle. . . . .
> Les hommes de caractère sont la conscience
> de la société à laquelle ils appartiennent.
>
> EMERSON.

Le caractère est l'une des forces motrices les plus puissantes qu'il y ait au monde. Par ses côtés les plus nobles,
il représente la nature humaine dans toute sa grandeur,
car il montre l'homme sous son jour le plus favorable.

Les hommes d'une véritable supériorité, soit par leur
industrie, leur intégrité, l'élévation de leurs principes ou la
droiture de leurs intentions, imposent à la foule un hommage spontané. Il est naturel de croire à de tels hommes,
d'avoir confiance en eux et de les imiter. Tout ce qui est
bon dans le monde s'appuie sur eux, et sans eux le monde
ne serait guère habitable.

Si le génie commande l'admiration, le caractère assure

le respect. Le premier est surtout une puissance du cerveau, le second vient du cœur, et dans la longue carrière de la vie, c'est le cœur qui gouverne. Les hommes de génie occupent dans la société un rang proportionné à son intelligence, les hommes de caractère en représentent la conscience, et tandis qu'on admire les uns, on imite les autres.

Les grands hommes sont toujours des êtres exceptionnels, et la grandeur elle-même est relative. Les hommes, pour la plupart, ont dans la vie une sphère si limitée qu'il y en a bien peu qui aient l'occasion d'être grands. Mais chacun peut jouer son rôle honnêtement et honorablement par le meilleur emploi de ses facultés. Il peut user des dons qu'il a reçus, et non en abuser. Il peut chercher à rendre son existence aussi bonne que possible. Il peut être vrai, juste, honnête et fidèle jusque dans les petites choses. En un mot, il peut faire son devoir dans le cercle d'action où l'a placé la Providence.

Tout simple qu'il paraisse, cet accomplissement du devoir représente le plus haut idéal de la vie et du caractère. Peut-être n'y trouvera-t-on rien d'héroïque, mais l'héroïsme n'est pas le lot ordinaire de l'homme; et, bien que le ferme sentiment du devoir le soutienne dans les positions les plus élevées, il l'entretient également dans l'exercice des affaires de la vie habituelle. L'existence de l'homme « se concentre dans la sphère des devoirs ordinaires ». Les plus efficaces de toutes les vertus sont celles qui sont le plus utiles pour l'usage journalier; elles sont plus solides et durent plus longtemps. Les vertus superfines, au-dessus de la portée du vulgaire, peuvent n'être qu'une source de tentations et de périls. Burke a dit avec vérité que « tout édifice humain dont la base repose sur les vertus héroïques est sûr d'avoir un échafaudage de faiblesse ou de dissolution ».

Quand le docteur Abbot, qui fut plus tard archevêque de

Cantorbéry, peignit le caractère de son ami défunt Thomas Sackville, il ne s'étendit pas sur ses mérites d'homme d'État ou son génie de poëte, mais il parla des vertus de l'homme aux prises avec les devoirs ordinaires de la vie. « Que de choses rares étaient en lui ! dit-il. Qui fut plus tendre pour sa femme ? meilleur pour ses enfants ? Qui fut plus dévoué à son ami ? plus modéré envers son ennemi ? et plus fidèle à sa parole ? » Il est certain qu'on peut mieux comprendre et apprécier le véritable caractère d'un homme par sa conduite vis-à-vis de ceux qui le touchent de plus près et par là manière dont il traite les détails, en apparence vulgaires, des devoirs journaliers, que par la connaissance publique qu'il donne de lui-même comme auteur, orateur ou politique.

On raconte que Fontenelle disait dans sa vieillesse : « Je suis Français, j'ai quatre-vingts ans, et je n'ai jamais prêté le plus petit ridicule à la plus petite vertu. » Ceci était une des meilleures preuves de sa sagesse et une protestation contre les railleries de la société au milieu de laquelle il vivait.

D'un autre côté, si le devoir s'applique en général aux affaires et aux hommes de la vie ordinaire, c'est aussi le point d'appui des caractères les plus élevés. On peut n'avoir ni argent, ni biens, ni science, ni pouvoir, mais il faut être ferme de cœur et riche d'esprit, honnête, fidèle, soumis. Quiconque s'efforce de remplir son devoir avec conscience atteint le but pour lequel il a été créé et pose en lui-même les principes d'un caractère viril. Il y a bien des gens dont on peut dire qu'ils ne possèdent au monde que leur caractère, et cependant ils s'y tiennent aussi haut qu'un roi couronné.

La culture intellectuelle n'est pas forcément unie à la pureté et à l'excellence du caractère. Dans le Nouveau Testament, on voit sans cesse des appels au cœur de l'homme

et à l'esprit dont nous sommes animés, tandis que les
allusions à l'intelligence y sont très-rares. « Une poignée
de bonnes actions, dit Georges Herbert, vaut un boisseau
de science. » Ce n'est pas une raison pour mépriser la
science, mais il faut qu'elle s'allie à la bonté. La capacité
intellectuelle se rencontre quelquefois chez les caractères
les plus vils, ceux dont la servilité envers les grands égale
l'arrogance envers les petits. Un homme peut être accompli
dans les arts, la littérature et les sciences, et pour la moralité, la vertu et la droiture, mériter d'être classé bien après
de pauvres paysans illettrés.

« Vous insistez, écrivait Perthes à un ami, sur le respect
qu'on doit avoir pour les savants. Je dis : *Amen!* Mais en
même temps n'oubliez pas que la largeur de l'esprit, la profondeur de la pensée, l'appréciation de ce qui est noble,
l'expérience du monde, la délicatesse des manières, le tact
et l'énergie dans l'action, l'amour de la vérité, la droiture
et la grâce, n'oubliez pas, dis-je, que toutes ces choses
peuvent manquer à l'homme le plus instruit[1]. »

Quelqu'un ayant parlé devant sir Walter Scott des talents
et des succès littéraires comme étant ce qu'on doit le plus
estimer et honorer : « Que Dieu nous protége! s'écria le
grand écrivain, ce monde serait trop triste si telle était la
vraie doctrine! J'ai lu bien des livres dans mon temps; j'ai
conversé avec des esprits éminents et très-cultivés, mais je
vous assure que j'ai entendu sortir des lèvres de pauvres
gens sans éducation, hommes ou femmes, des pensées et
des sentiments comme on n'en voit que dans la Bible, et
cela, pendant qu'ils luttaient avec un tranquille héroïsme
contre les difficultés et les afflictions de leur pénible existence. Nous n'apprendrons jamais à comprendre et à respecter notre véritable vocation et notre destinée si nous

---

[1] *Vie de Perthes*, t. II, p. 217.

ne nous habituons pas à regarder comme secondaire tout
ce qui ne concerne pas l'éducation du cœur [1]. »

La richesse a encore moins de rapports avec l'élévation
du caractère. Elle est même fréquemment une cause de
corruption et de dégradation. Richesse et corruption, luxe
et vice, ont entre eux d'étroites affinités. La richesse, quand
elle tombe entre les mains d'hommes faibles, sans principes
arrêtés, sans empire sur eux-mêmes et sur leurs passions,
n'est qu'une tentation et un piége, la source peut-être de
malheurs infinis pour eux et pour les autres.

Au contraire, une pauvreté relative est compatible avec
ce qu'il y a de plus noble dans le caractère. Un homme ne
possédant rien que son industrie, sa frugalité et sa droiture peut encore tenir le premier rang parmi les plus grands
de l'humanité.

L'avis donné à Burns par son père était le meilleur :

He bade me act a manly part, though I had ne'er a farthing,
For without an honest manly heart no man was worth regarding.

Il me voulait du cœur avec ou sans un liard,
Car tout homme sans cœur ne vaut pas un regard.

Un des caractères les plus purs et les plus nobles qu'ait
jamais connus l'auteur de ce livre était journalier dans un
comté du Nord, et il élevait convenablement sa famille avec
un revenu qui ne s'élevait jamais à plus de dix schellings
par semaine. Bien qu'il possédât tout juste les simples éléments d'une éducation ordinaire, qu'il avait reçue à une
école de paroisse, c'était un homme sage et réfléchi. Sa
bibliothèque se composait de trois livres : la *Bible, Flavel* et
Boston, ouvrages qu'à l'exception du premier peu de lecteurs ont dû lire. Ce brave homme aurait pu poser pour le

---

[1] *Vie de Scott* par LOCKHART.

portrait bien connu du *Wanderer* [1] de Wordsworth. Quand il eut terminé sa modeste vie de travail et de prière, et qu'il fut arrivé à son dernier repos, il laissa derrière lui une réputation de sagesse pratique, de bonté vraie et d'utilité généreuse que bien des hommes plus haut placés et plus riches auraient pu lui envier.

Quand Luther mourut, il ne laissa, ainsi qu'il l'avait déclaré dans son testament, ni argent, ni trésor d'aucune sorte. Il était même si pauvre à une certaine époque de sa vie, qu'il fut obligé, pour gagner son pain, de se faire tourneur, jardinier et fabricant d'horlogerie, ce qui ne l'empêcha pas d'exercer en Allemagne une très-grande influence.

Le caractère est une propriété. C'est la plus noble des possessions; c'est un droit à l'assentiment général et au respect des hommes. Ceux qui cherchent là le véritable bien n'arriveront peut-être jamais aux richesses de ce monde, mais ils trouveront leur récompense dans l'estime et la réputation qu'ils auront honorablement acquises. Et il est juste que dans cette vie les bonnes qualités aient leur influence; que l'industrie, la vertu et la bonté occupent le premier rang, et que les hommes vraiment supérieurs soient toujours en avant.

La simple droiture de vues chez un homme le suit longtemps dans sa carrière, si elle est fondée sur une juste estime de lui-même et une ferme soumission à la règle qu'il sait et qu'il sent être la bonne. Elle le maintient dans la ligne droite, elle lui donne de la force et du soutien, elle est pour lui une source d'action énergique. « Nul homme, disait jadis sir Benjamin Rudyard, n'est tenu d'être riche ou grand, ni même sage, mais tout homme est forcé d'être honnête [2]. »

Ses vues doivent être non-seulement honnêtes, mais

---

[1] L'homme errant.
[2] Débat sur la question du droit. A. D. 1628.

encore inspirées par des principes solides, et poursuivies sans s'écarter jamais de la vérité, de l'intégrité et de la droiture. Sans principes, un homme est comme un vaisseau sans gouvernail et sans boussole qu'on laisse ballotter à la merci du vent. Il semble n'avoir ni loi, ni règle, ni gouvernement. « Les principes moraux, dit Hume, sont d'une nature sociale et universelle. Ils forment en quelque sorte la ligue de l'espèce humaine contre le vice et le désordre, ses ennemis communs. »

Épictète reçut un jour la visite d'un magnifique orateur qui se rendait à Rome pour un procès et qui voulait questionner le stoïcien sur sa philosophie. Épictète accueillit froidement son visiteur, ne croyant pas à sa sincérité, et lui dit :

« Vous ne ferez que critiquer mon style et vous ne chercherez pas à retenir mes principes.

— Mais, répliqua l'orateur, si j'adoptais vos idées, je ne serais qu'un pauvre misérable comme vous, sans argenterie, sans équipages, sans terres.

— Je n'ai pas besoin de toutes ces choses, répondit Épictète ; et d'ailleurs vous êtes plus pauvre que moi. Être patron ou ne pas l'être, que m'importe! Vous, vous y tenez. Je suis plus riche que vous. Je ne m'occupe pas de ce que César pense de moi. Je ne flatte personne. Voilà ce que j'ai et ce qui remplace pour moi toute votre orfévrerie. Vous avez de la vaisselle d'argent, mais vos raisons, vos principes et vos appétits sont de terre. Mon esprit est pour moi un royaume, et il me procure d'abondantes et agréables occupations, tandis que vous n'avez qu'une paresse sans repos. Toutes vos possessions vous semblent petites, les miennes me semblent grandes. Votre désir est insatiable, le mien est satisfait[1]. »

---

[1] Tiré des *Seekers after God* (Chercheurs de Dieu), par le Rév. F. W. FARRAR, p. 241.

Le talent n'est pas rare dans le monde, ni même le génie. Mais peut-on se fier au talent ou au génie? Non, à moins qu'ils n'aient pour base la vérité. Cette qualité, plus que toute autre, commande l'estime et le respect, et assure la confiance d'autrui. Le culte du vrai est au fond de toute excellence personnelle. Il se manifeste dans la conduite. Il s'appelle rectitude, vérité en action, et brille chaque fois qu'on parle ou qu'on agit. Il est synonyme de confiance, et il l'inspire aux autres. Un homme est déjà quelque chose quand il est avéré qu'on peut se fier à lui, que ce qu'il dit savoir, il le sait, que ce qu'il promet de faire, il le fera. Ainsi cette sûreté devient un passe-port qui attire l'estime et la confiance générale de l'humanité.

Dans le commerce de la vie ou des affaires, le rôle de l'intelligence est moindre que celui du caractère, — la tête a moins d'action que le cœur, — le génie ne vaut pas l'empire sur soi-même, la patience et la discipline sous la règle du jugement. Il n'y a donc rien de meilleur pour la vie publique ou pour la vie privée qu'une bonne dose de bon sens guidé par la droiture. Le bon sens, formé par l'expérience et inspiré par la bonté, produit la sagesse pratique. Il est évident que la bonté, jusqu'à un certain point, implique la sagesse, — la plus haute sagesse, — l'union du temporel avec le spirituel. « Les rapports entre la sagesse et la bonté sont nombreux, dit sir Henry Taylor, et il est facile de comprendre que ces deux vertus ne peuvent être séparées l'une de l'autre, non-seulement parce que la sagesse des hommes les rend bons, mais encore parce que leur bonté les rend sages [1]. »

C'est à cause de cette puissance dominatrice du caractère que nous voyons des hommes exercer dans la vie une influence qui nous semble hors de proportion avec leurs

[1] *The Statesman* (l'Homme d'État), p. 30.

facultés intellectuelles. Ils paraissent agir au moyen d'un pouvoir caché, d'une force qu'ils tiennent en réserve et qui se fait sentir secrètement par leur seule présence. Ainsi que l'a dit Burke, d'un grand seigneur du siècle passé : « Ses vertus étaient ses moyens. » On sent que les vues de tels hommes sont pures et nobles, et ils agissent sur les autres par une force qui s'impose. Voilà tout le secret.

Bien que la réputation des hommes d'un caractère simple soit lente à s'établir, leurs véritables qualités ne restent jamais complétement ignorées. Ils peuvent être décriés par les uns, mal compris par les autres ; le chagrin et l'adversité peuvent les abattre pour quelque temps ; mais, avec de la patience et de la résignation, ils inspireront enfin le respect et la confiance qu'ils méritent réellement.

On a dit de Sheridan que s'il avait eu plus de sûreté de caractère, il eût pu gouverner le monde, tandis que, cette qualité lui manquant, ses magnifiques dons furent relativement inutiles. Il éblouissait et charmait, mais il n'avait ni poids ni influence dans la vie publique, ni dans la vie privée. Le pauvre comique de Drury Lane lui-même se sentait supérieur à lui. Un jour que Delpini pressait le directeur au sujet d'un arriéré de salaire, Sheridan le reprit durement en lui disant qu'il oubliait leurs positions respectives.

« Non vraiment, monsieur Sheridan, répondit Delpini, je n'ai rien oublié ; je sais parfaitement la différence qui existe entre nous. Par la naissance, la famille et l'éducation, vous êtes supérieur à moi, mais pour la conduite, le caractère et la tenue, je suis au-dessus de vous. »

Contrairement à Sheridan, Burke, son compatriote, était un homme d'un grand caractère. Il avait déjà trente-cinq ans quand il obtint un siége au Parlement, et néanmoins il trouva le temps de graver profondément son nom dans l'histoire politique d'Angleterre. C'était un homme de grands

moyens et d'une énergie remarquable. Cependant il avait
un côté faible qui devint un défaut sérieux. Il manquait de
sang-froid, il ne savait pas se rendre maître de lui-même, et
son génie était souvent sacrifié à son irritabilité. Ainsi, faute
de cette vertu qui paraît si minime, l'égalité d'humeur,
les talents les plus magnifiques peuvent être relativement
sans valeur pour celui qui les possède.

Le caractère est formé par une multitude de circonstances infimes qui dépendent plus ou moins de chaque
individu. Il ne se passe pas un jour qui ne le discipline soit
en bien, soit en mal. Il n'y a pas une action, si simple
qu'elle paraisse, qui n'entraîne avec elle sa suite de conséquences, de même qu'il n'y a pas un cheveu qui ne projette
son ombre. La mère de M. Schimmelpenninck était bien
sage quand elle lui conseillait de ne jamais céder aux petites
choses, car cette petite chose que vous aurez méprisée
finira un jour par vous dominer.

Chaque action, chaque pensée, chaque sentiment contribuent à former notre humeur, nos habitudes et notre
intelligence, et elles exercent une influence inévitable sur
tous les événements de notre vie future. Ainsi le caractère
subit un changement continuel en bien ou en mal, tantôt il
s'élève, tantôt il s'abaisse. « Il n'y a pas une faute ni une
folie de ma vie, dit M. Ruskin, qui ne tourne contre moi
pour m'emporter ma joie et amoindrir mes facultés, tandis
que chaque effort généreux de mon passé, tout ce que j'y
trouve de bon et de vertueux, est avec moi maintenant
pour m'aider à saisir cet art et ses visions [1]. »

La loi de nature qui dit que l'action et la réaction sont
égales s'applique aussi aux questions morales. Les bonnes
œuvres agissent et réagissent sur leurs auteurs ; le mal en
fait autant. Et même, leur effet est semblable par l'influence

[1] *Queen of the air* (la Reine de l'air), p. 127.

de l'exemple, sur ceux qui en sont les favorisés ou les victimes. Mais l'homme est moins l'esclave des circonstances qu'il n'en est le créateur[1], et par l'exercice de sa volonté libre, il peut diriger ses actions de manière qu'elles produisent du bien plutôt que du mal. « Rien ne peut m'être plus funeste que moi-même, disait saint Bernard ; le mal que je nourris, je le porte avec moi, et quand je souffre réellement, c'est toujours par ma faute. »

L'élite des caractères ne saurait cependant se former sans effort. Il faut nécessairement une vigilance et une discipline continuelles, et un grand empire sur soi-même. Il y aura sans doute bien des hésitations, des chutes, des défaillances momentanées ; on luttera contre de nombreuses difficultés et des tentations, et il faudra les vaincre. Mais si l'esprit est fort et si le cœur est droit, ne désespérez jamais du succès. Le seul désir d'avancer, de parvenir à un plus haut degré de l'échelon moral, inspire et vivifie, et quand même nous n'arriverions pas jusqu'au but, nous ne pouvons manquer de devenir meilleurs en raison de nos efforts pour nous élever.

Et avec la lumière des grands exemples pour nous guider, le spectacle de l'humanité dans ce qu'elle a de plus noble, nous avons tous le droit et l'obligation d'ambitionner une

---

[1] Au lieu de dire que l'homme est l'esclave des circonstances, il serait plus juste d'affirmer qu'il en est l'architecte. C'est le caractère qui se crée une existence d'après les circonstances. Notre force se mesure à l'étendue de notre puissance d'assimilation. Avec les mêmes matériaux, l'un construit des palais, un autre des chaumières, l'un des magasins et l'autre des villas. Les briques et le mortier restent mortier et briques, jusqu'à ce que l'architecte en puisse faire autre chose. C'est ainsi que dans la même famille, dans les mêmes circonstances, un homme élève un édifice princier, tandis que son frère, hésitant et incapable, vivra toujours au milieu des ruines. Le bloc de granit qui était un obstacle sur le chemin du faible devient un marchepied sur le chemin du fort. (G. H. LEWES, *Vie de Gœthe.*

place auprès de nos modèles. Nous n'envierons pas leurs richesses ni leur grandeur sociale, mais leur esprit, leur véritable honneur. Nous ne chercherons pas à être les plus habiles, ni les plus puissants, mais nous serons les plus sincères, les plus droits et les plus honnêtes.

Citons un trait caractéristique du prince Albert, qui étaît doué lui-même d'une âme d'élite, et qui exerça tant d'influence sur les autres par la pure force de sa bienveillante nature : chargé de fixer les conditions du prix annuel donné par la reine au collége Wellington, il décida que le prix serait accordé non à l'élève le plus intelligent, ni le plus savant; pas même au plus ponctuel, au plus appliqué, ni au plus sage; mais à l'enfant le plus noble, à celui qui semblerait le plus disposé à devenir un homme de cœur et de principes élevés [1].

Le caractère s'affirme dans les actes dirigés et inspirés par les principes, l'intégrité et la sagesse pratique. C'est, dans sa plus haute expression, la volonté individuelle agissant énergiquement sous l'influence de la religion, de la morale et de la raison. Il choisit sa route avec réflexion et la poursuit avec persévérance, estimant le devoir au-dessus de la réputation, et la joie de la conscience plus que les louanges du monde. Tout en respectant la personnalité des autres, il conserve son originalité et son indépendance, et il a le courage d'être honnête et moral quand même ce serait impopulaire, se fiant au temps et à l'expérience pour être mieux connu.

Bien que l'exemple ait toujours une grande influence sur la formation du caractère, la force d'âme que Dieu a mise en nous doit en être le principal appui. Elle seule peut nous soutenir dans la vie et donner à chacun l'énergie et

---

[1] *Introduction aux Discours et Adresses de S. A. R. le Prince Époux* (1862), pp. 39-40.

l'indépendance. « S'il ne peut s'élever au-dessus de lui-même, disait Daniel, poëte du siècle d'Élisabeth, quelle triste chose est l'homme! » Sans un certain degré de force pratique et efficace, mêlée de volonté qui est la racine, et de sagesse qui est la souche du caractère, la vie sera indécise et sans but, semblable à une eau stagnante, au lieu d'être le courant rapide qui rend de grands services et tient en mouvement tous les rouages d'un district.

Lorsque les éléments dont se compose un caractère sont unis par une volonté déterminée sous l'influence d'aspirations élevées, l'homme entre courageusement et persévère dans le sentier du devoir, quoi qu'il puisse en coûter à ses intérêts temporels, et l'on peut dire alors qu'il est bien près d'atteindre la perfection de son être. Son caractère se montre sous sa forme la plus intrépide et réalise la plus haute idée qu'on puisse se faire de la virilité. Les actes d'un tel homme se reflètent dans la vie et les actions des autres. Ses paroles mêmes vivent et agissent.

D'un autre côté, l'énergie sans l'intégrité et sans la bonté ne peut représenter que le principe du mal. Novalis remarque, dans ses *Pensées sur la morale,* que l'idéal de la perfection n'a pas de rival plus dangereux à combattre que l'idéal de la force excessive, de la vie la plus violente; c'est-à-dire le maximum de la barbarie, qui ne demande qu'un certain mélange d'orgueil, d'ambition et d'égoïsme pour devenir le parfait idéal du démon. Parmi les hommes de cette trempe, se trouvent les plus terribles fléaux et les dévastateurs du genre humain, ces grands coupables que la Providence, dans ses impénétrables desseins, semble avoir choisis tout exprès pour accomplir sur la terre l'œuvre de destruction [1].

[1] Parmi ceux-ci fut Napoléon « le Grand », homme d'une énergie sans pareille, mais dépourvu de principes. Il avait la plus triste opi-

Quelle différence avec l'homme dont le caractère énergique est inspiré par un cœur noble, dont les actions sont
dirigées par la droiture, et pour lequel le devoir est la loi
de l'existence ! Celui-ci sera juste et équitable dans ses relations d'affaires, dans sa vie publique comme dans sa vie
privée, car il sait que la justice est aussi essentielle au gouvernement d'une famille qu'au gouvernement d'une nation.
Il sera honnête en toutes choses, dans ses paroles et dans
ses œuvres. Il sera généreux et clément envers ses adversaires et envers de plus faibles que lui. On a dit avec vérité
de Sheridan, qui, malgré toute son imprévoyance, était bon
et n'a jamais fait de peine à personne, que

> His wit in the combat, as gentle as bright,
> Never carried a heart-stain away on its blade.
>
> Au combat son esprit, toujours doux et brillant,
> Ne remporta jamais de triomphe sanglant.

Tel était aussi le caractère de Fox, qui s'attirait l'affection
et le dévouement des autres par sa constante et sympathique
cordialité. Nul n'était plus facile à émouvoir quand on
s'adressait à son honneur. On raconte à ce sujet qu'un
fournisseur vint le trouver un jour pour réclamer le payement d'un billet à ordre qu'il lui présenta. Fox était occupé
à compter de l'or. Le fournisseur demanda à être payé avec
l'argent qu'il voyait devant lui.

nion de ses semblables. « Les hommes sont des pourceaux qui se
nourrissent d'or », disait-il un jour; « aussi, je leur jette de l'or et
j'en fais ce que je veux. »

Quand l'abbé de Pradt, archevêque de Malines, partit pour son
ambassade de Pologne, en 1812, les dernières instructions de Napoléon furent : « Tenez bonne table, et soignez les femmes », ce qui
fit dire à Benjamin Constant qu'une pareille observation adressée à
un faible prêtre de soixante ans montre le profond mépris de Bonaparte pour l'espèce humaine, sans distinction de personne ni de
sexe.

« Non, dit Fox, je dois cet argent à Sheridan, c'est une dette d'honneur ; s'il m'arrivait un accident, il n'aurait rien à montrer.

— Alors, dit le marchand, je transforme ma dette en une dette d'honneur » ; et il déchira le billet.

Fox fut conquis par cet acte ; il remercia l'homme de sa confiance, et il le paya en disant :

« Il faudra bien que Sheridan attende, car c'est votre créance qui est la plus ancienne. »

L'homme de caractère est consciencieux. On retrouve sa conscience dans ses œuvres, dans ses paroles et dans toutes ses actions. Lorsque Cromwell demanda au Parlement de lui donner des soldats pour remplacer les mercenaires dissolus et les ivrognes qui remplissaient l'armée de la République, il insista pour que ce fussent des hommes ayant la conscience de leurs actes, et c'est ainsi qu'il composa son célèbre régiment des *Ironsides* [1].

L'homme de caractère est également révérencieux. La possession de cette qualité est la marque distinctive des types les plus nobles et les plus élevés de l'un et l'autre sexe : ils ont tous un profond respect pour les choses consacrées par l'hommage des générations ; pour les grands objets, les idées pures, les nobles aspirations ; pour les grands hommes des temps passés et les génies cultivés de nos contemporains. Ce respect est également indispensable au bonheur des individus, des familles et des nations. Sans lui, il ne peut y avoir ni foi, ni confiance, soit en Dieu, soit en l'homme ; ni paix sociale, ni progrès. Car le respect implique l'idée de religion, qui lie les hommes les uns aux autres et tous à Dieu.

« L'homme d'un esprit élevé, dit sir Thomas Overbury, tire son expérience de tous les événements ; entre cette

---

[1] Côtes de fer.

expérience et sa raison, il y a une union étroite dont ses
actions sont le produit. Il se meut parce qu'il aime et non
pour être aimé; il estime la gloire et méprise la honte;
il obéit et gouverne avec la même assurance et pour le
même motif. Il sait que la raison n'est pas un don indifférent de la nature, et il se fait le pilote de sa propre destinée. La vérité est son culte, et, non content de s'en approcher, il veut la posséder. Dans la société des hommes, il
brille comme un astre dont la clarté dirige leurs pas. C'est
l'ami de l'homme sage, l'exemple de l'indifférent, le remède
du vicieux. Ainsi le temps ne s'éloigne pas de lui, mais il
marche avec lui, et il s'aperçoit des années par la force de
son âme plutôt que par la faiblesse de son corps. Il ne sent
pas la souffrance, mais il la regarde comme une amie
qui cherche à rompre ses liens et à l'aider à sortir de prison [1]. »

Une volonté énergique est l'âme de tous les grands caractères. Où elle se trouve, il y a de la vie; où elle n'est pas,
il n'y a que faiblesse, impuissance et découragement.
« L'homme fort et l'eau qui coule, dit le proverbe, creusent
leur propre chemin. » Le chef énergique qu'anime le feu
sacré non-seulement sait se conduire lui-même, mais il
entraîne les autres avec lui. Chacun de ses actes a une
signification personnelle qui indique la vigueur, l'indépendance, la confiance en soi, et qui, sans le savoir, attire le
respect, l'admiration et l'hommage. Cette intrépidité de
caractère se remarque chez Henri IV, Turenne, Cromwell,
Washington, Wellington, et chez tous les grands chefs qui
ont conduit les hommes.

« Je suis convaincu, disait M. Gladstone, peu de temps
après la mort de lord Palmerston, en décrivant les qualités
que ce dernier avait déployées dans la Chambre des com-

---

[1] Tiré des *Caractères* de sir Thomas OVERBURY (1614).

munes, je suis convaincu que c'est grâce à sa force de
volonté, au sentiment qu'il avait du devoir et à sa détermination de ne pas céder, qu'il a pu devenir un modèle pour
nous tous qui marchons sur ses traces d'un pas faible et
inégal ; grâce à cette force de volonté, il a pu encore, si ce
n'est combattre, du moins faire taire et tenir à distance les
infirmités de la vieillesse. Il avait une autre qualité dont nous
pouvons parler sans courir le moindre risque d'éveiller dans
un seul cœur une émotion douloureuse. Lord Palmerston
était d'une nature incapable d'éprouver la colère ou la
haine. Cette absence de sentiments haineux n'était pas le
résultat d'un effort pénible, mais le fruit spontané de son
âme. C'était un noble don de sa nature originale, un don
qu'on aime à distinguer par-dessus tous les autres. Ce don,
il nous est doux de le rappeler aujourd'hui en pensant à
celui qui n'est plus, et pour lequel nous ne pouvons plus
rien, si ce n'est chercher à suivre son exemple, et offrir
à sa mémoire notre tribut d'admiration et de reconnaissance. »

Un grand chef de parti attire à lui les hommes de caractères semblables, comme l'aimant attire le fer. Ainsi, sir John
Moore distingua de bonne heure les trois frères Napier de
la foule des officiers qui l'entouraient, et eux, de leur côté,
l'en récompensèrent par une admiration passionnée. Ils
étaient captivés par sa courtoisie, sa bravoure et son noble
désintéressement, et il devint le modèle qu'ils cherchèrent
à imiter et autant que possible à égaler. « L'influence de
Moore, dit le biographe de sir William Napier, eut un effet
magique pour former et mûrir leurs caractères ; et ce n'est
pas une petite gloire d'avoir été le héros de ces trois
hommes, tandis que la découverte immédiate de leurs qualités morales prouvait chez Moore une grande pénétration
et un jugement sain. »

Il y a quelque chose de contagieux dans les exemples de

conduite énergique. L'homme brave sert d'inspiration aux
faibles et les force en quelque sorte à marcher après lui.
Ainsi Napier raconte qu'au combat de Vera, quand le centre
de l'armée espagnole fut rompu et en fuite, un jeune officier, nommé Havelock, s'élança en avant, et, agitant son
chapeau, il cria à tous les Espagnols qui l'entouraient de le
suivre. Puis il éperonna son cheval, franchit l'abatis qui
protégeait le front des Français, et se jeta sur eux tête
baissée. Les Espagnols furent électrisés; en un instant ils
se précipitèrent après lui aux cris de : *Viva el chico blanco !*
(Vive l'enfant blond !) Du premier choc ils traversèrent la
ligne de l'ennemi et l'envoyèrent en déroute au bas de la
montagne [1].

Il en est ainsi dans la vie ordinaire. Les bons et les
grands en entraînent d'autres après eux. Ils éclairent et
élèvent tout ce qui est à portée de leur influence. Ce
sont autant de centres vivants d'activité bienfaisante. Qu'un
homme d'un caractère droit et énergique soit appelé à un
poste de confiance et d'autorité, tous ceux qui servent sous
ses ordres auront le sentiment que leur pouvoir à eux s'est
augmenté aussi. Lorsque Chatham fut nommé ministre, son
influence personnelle se fit sentir aussitôt dans toutes les
ramifications du ministère. Chaque matelot qui servait sous

---

[1] *Histoire de la guerre de la Péninsule,* t. V, p. 319. Napier cite un
autre exemple frappant de l'influence des qualités personnelles dans le
jeune Edward Freer, du même régiment (le 43e), qui, lorsqu'il
fut tué à l'âge de dix-neuf ans à la bataille de la Nivelle, avait déjà
vu plus de combats et de siéges qu'il ne comptait d'années. Il était
si délicat de sa personne et d'une beauté si surprenante que les Espagnols le prenaient souvent pour une jeune fille déguisée en homme.
Et cependant il était si vigoureux, si actif, si brave, que les vétérans
les plus hardis et les plus expérimentés ne le quittaient pas des yeux
sur le champ de bataille, et, le suivant partout où il les conduisait,
ils étaient toujours prêts à lui obéir comme des enfants, au moindre
signe et dans les situations les plus difficiles.

Nelson, et qui le savait à la tête de l'escadre, prenait sa part de l'inspiration du héros.

Le maréchal de Turenne était très-aimé de ses soldats. Il partageait toutes leurs privations, et ils avaient en lui une confiance absolue. Dans l'année 1772, Turenne et son armée furent envoyés dans l'Allemagne du Nord pour combattre Frédéric-Guillaume, électeur de Brandebourg. On était au cœur de l'hiver, et les marches par des routes difficiles étaient pénibles et fatigantes. Un jour que les troupes traversaient un profond marécage, de jeunes soldats se plaignirent; mais les anciens leur répliquèrent : « Soyez sûrs que Turenne est plus désolé que nous. Dans ce moment il songe au moyen de nous délivrer. Il veille pour nous pendant que nous dormons. Il est notre père et ne nous aurait pas fait endurer une pareille fatigue s'il n'avait en vue quelque grand projet que nous ne pouvons saisir. » Ces remarques furent entendues par Turenne, et il déclara que rien ne lui avait jamais fait plus de plaisir que cette conversation.

Il faut encore qu'un homme ait la force de se sacrifier lui-même pour ses concitoyens. Citons par exemple le courage magnanime du chevalier d'Assas, qui peut être comparé à celui d'Arnold de Winkelried, à la bataille de Sempach :

Louis XV avait envoyé une armée en Allemagne dans l'automne de 1760. Le marquis de Castries en avait été détaché avec vingt-cinq mille hommes vers Reinberg et avait pris une position très-forte à Klostercamp. Dans la nuit du 15 octobre, un jeune officier du régiment d'Auvergne, nommé d'Assas, fut envoyé en reconnaissance, et s'avança seul dans un bois à quelque distance de ses hommes. Tout à coup il se vit entouré par une troupe de soldats ennemis, dont les baïonnettes se croisaient sur sa poitrine, tandis qu'une voix murmurait à son oreille : « Pas le

moindre bruit, ou vous êtes mort. » En un instant il comprit tout. L'ennemi s'avançait pour surprendre l'armée
française et fondrait sur elle dès que la nuit serait plus
avancée. Cet instant décida de son sort. Il se mit à crier de
sa voix la plus forte : « A moi, d'Auvergne ! voici l'ennemi ! »
Lorsque ce cri parvint aux oreilles de ses hommes, leur
capitaine n'était plus qu'un cadavre ; mais sa mort avait
sauvé l'armée : la surprise n'avait pas réussi, et l'ennemi
s'était retiré.

Lorsque Washington consentit à prendre le commandement en chef, chacun sentit que les forces américaines
avaient plus que doublé. Bien des années après, en 1798,
quand Washington, devenu vieux, s'était retiré de la vie
publique et vivait dans la retraite à Mount-Vernon, il sembla
probable que la France allait déclarer la guerre aux États-
Unis, et le président Adams écrivit en ces termes à son
illustre prédécesseur : « Nous avons besoin de votre nom,
permettez-nous de nous en servir ; il produira plus d'effet
que bien des armées. » Telle était l'estime que le noble
caractère et les éminentes qualités de Washington inspi-
raient à ses concitoyens[1] !

L'historien de la guerre de la Péninsule raconte un incident qui prouve une fois de plus l'influence qu'un grand
capitaine exerce sur ses hommes. L'armée anglaise était à
Sauroren et Soult s'avançait, tout prêt à l'attaquer, avec

---

[1] A une époque où la dissolution de l'Union sembla imminente, et
où Washington voulut rentrer dans la vie privée, Jefferson lui écrivit
pour le supplier de rester au pouvoir. « La confiance de l'Union tout
entière », disait-il, « se concentre en vous. Votre présence aux affaires sera la meilleure réponse à tous les arguments qui tendent à
alarmer le peuple et à le pousser à la violence et à la sécession... »
« Il y a des caractères si éminents que la société a sur eux des droits
auxquels doivent se soumettre leurs préférences individuelles, et il
faut les restreindre à ce qui seul peut leur attirer les bénédictions du
genre humain dans le présent et dans l'avenir. Telle semble être votre

des forces considérables. Wellington était absent, et son
arrivée était attendue avec une vive anxiété. Soudain on
aperçoit un cavalier seul gravissant la montagne; c'était le
duc qui venait rejoindre ses troupes. Un des bataillons portugais de Campbell le reconnut le premier, et poussa un
cri de joie qui trouva son écho de régiment en régiment et
devint bientôt, en traversant les lignes, ce hourra formidable que jette le soldat anglais au moment de la bataille,
et qu'aucun ennemi n'a jamais pu entendre sans en être
troublé. Wellington s'arrêta tout à coup sur un point très
en vue, car il désirait que les deux armées fussent averties
de sa présence, et un espion lui montra Soult qui se trouvait si près de là, qu'il était facile de distinguer ses traits.
Le général anglais fixa attentivement ses yeux sur cet
homme formidable, et comme se parlant à lui-même, il dit :
« Voici là-bas un habile commandant, mais il est prudent,
et il retardera son attaque jusqu'à ce qu'il ait connu la
cause de ces vivats; cela donnera le temps à la sixième
division d'arriver, et je le battrai [1]. »

Dans certains cas le caractère agit par une sorte d'influence magique, comme si les hommes qui le possèdent
étaient les organes d'une force surnaturelle. « Je n'ai qu'à
frapper du pied sur la terre d'Italie, disait Pompée, pour
en faire sortir une armée. » Nous lisons dans l'histoire
qu'à la voix de Pierre l'Ermite, toute l'Europe se leva et
fondit sur l'Asie. On raconte du calife Omar que son bâton

---

condition et la loi que vous a imposée la Providence en formant votre
âme et en façonnant les événements sur lesquels elle doit opérer; et
c'est pour des motifs semblables, et non pour les préoccupations personnelles de gens qui n'ont nul droit de vous demander des sacrifices,
que je viens vous supplier aujourd'hui de revenir sur votre première
détermination, en ayant égard au nouvel aspect que les choses viennent de prendre. » (*Vie de Washington*, par SPARKS, t. I, p. 480.)

[1] *Histoire de la guerre de la Péninsule*, par NAPIER, t. V, p. 226.

de promenade inspirait plus de terreur à ceux qui le
voyaient, que le sabre d'un autre. Les noms seuls de certains hommes résonnent comme une fanfare. Douglas,
mortellement blessé sur le champ de bataille d'Otterburn,
demanda que son nom fût acclamé avec plus de force
encore qu'auparavant, en disant qu'une tradition de famille
annonçait qu'un Douglas mort remporterait une victoire.
Ses compagnons, inspirés par sa voix, retrouvèrent un nouveau courage, se rallièrent et vainquirent ; et comme l'a dit
le poëte écossais :

> The Douglas dead, his name hath won the field.
> Le nom d'un Douglas mort a gagné la bataille [1].

Il y a des hommes dont les plus grandes conquêtes n'ont
été achevées qu'après leur mort. « Jamais, dit Michelet,
César ne fut plus vivant, plus puissant, plus terrible, qu'au
moment où son corps usé, son cadavre flétri gisait par
terre, percé de coups ; il apparut alors purifié, racheté, et
ce qu'il était réellement, malgré de nombreuses taches,
l'homme de l'humanité [2]. » Jamais le grand caractère de
Guillaume d'Orange, surnommé le Taciturne, n'exerça
autant d'influence sur ses concitoyens qu'après l'assassinat
de ce prince à Delft. Le jour même de ce meurtre, les états
de Hollande résolurent de soutenir leur cause avec l'aide
de Dieu, jusqu'à la dernière extrémité, sans épargner l'or
ni le sang ; et ils tinrent parole.

La même observation s'applique à l'histoire de tous les
pays et à la philosophie. La carrière d'un grand homme
reste comme un monument durable de l'énergie humaine.
L'homme meurt et disparaît, mais ses pensées et ses actes

---

[1] *Histoire d'Écosse* de sir Walter SCOTT, vol. I, chap. XVI.
[2] MICHELET, *Histoire de Rome*, p. 394.

survivent, et impriment sur sa race une marque indélébile.
Et ainsi se prolonge et se perpétue le souffle inspirateur de
sa vie, moulant la pensée et la volonté, et contribuant par
là à former le caractère de l'avenir. Les hommes qui arrivent
à une telle supériorité sont les véritables phares du progrès
humain. Ils semblent placés tout exprès pour illuminer l'atmosphère morale qui les environne, et la lumière de leur
esprit continue à luire sur toutes les générations qui leur
succèdent.

Il est naturel d'admirer et de vénérer les hommes réellement grands. Ils sanctifient la nation à laquelle ils appartiennent, et ils entraînent non-seulement leurs contemporains, mais ceux qui leur survivent. Leur exemple devient
l'héritage de leur race ; et leurs grandes œuvres et leurs
grandes pensées sont autant de legs glorieux pour leur postérité. Ils relient le présent avec le passé et préparent un
avenir meilleur. Ils élèvent d'une main ferme l'étendard des
principes, soutiennent la dignité du caractère humain, et
pénètrent les âmes des traditions et des instincts de tout
ce qu'il y a de bon et de noble.

Le caractère représenté par la pensée et l'action est
d'une nature immortelle. L'idée d'un grand penseur demeure fixée pendant des siècles dans les esprits des hommes,
jusqu'à ce qu'enfin elle fasse partie de leur vie et de leurs
habitudes. Elle se fait entendre aux générations comme une
voix d'outre-tombe, et son influence dure des milliers d'années. Ainsi Moïse, David et Salomon, Platon, Socrate et
Xénophon, Sénèque, Cicéron, Épictète, semblent encore
vivre au milieu de nous. Ils fixent l'attention et influent sur
les caractères, bien que leurs pensées nous soient trans-
mises dans une langue qu'ils n'ont jamais parlée et n'ont
jamais connue. Théodore Parker a dit qu'un seul homme
comme Socrate était plus utile à un pays que beaucoup d'États
tels que la Caroline du Sud, car si ces États disparaissaient

aujourd'hui de ce monde, ils n'auraient pas rendu autant de services que Socrate [1].

Les grands travailleurs et les grands penseurs sont les véritables auteurs de l'histoire, qui n'est autre chose que la continuation de l'humanité influencée par des hommes de caractère, par de grands capitaines, des rois, des prêtres, des hommes d'État et des patriotes, la véritable aristocratie humaine. M. Carlyle a largement démontré que l'histoire universelle n'est au fond que l'histoire des grands hommes. Il est certain qu'ils marquent et désignent les époques de la vie d'une nation. Leur influence agit et réagit. Quoique leur esprit soit, dans une certaine mesure, celui de leur siècle, ils sont pour beaucoup dans la création de l'esprit public. Leur action individuelle s'identifie avec la cause et le résultat. Ils ont de grandes pensées qu'ils répandent au dehors, et ces pensées produisent les événements. Emerson a dit qu'on peut regarder chaque institution comme l'ombre prolongée de quelque grand homme : ainsi l'islamisme vient de Mahomet; le puritanisme, de Calvin; l'institution des Pères jésuites, de saint Ignace; le quakerisme, de Fox; le méthodisme, de Wesley; et l'abolitionnisme, de Clarkson.

L'histoire de chaque grande nation a été faite par une succession de grands hommes. Ainsi le caractère de la vieille France fut influencé par les paroles et les actes de saint Louis, de Bayard, de du Guesclin et de Henri IV, et par ses grands auteurs, Rabelais, Montaigne, saint François de Sales et Gerson. La grandeur intellectuelle de la France s'éleva à son plus haut degré pendant le règne de Louis XIV. C'était le grand siècle, où, parmi les hommes de l'Église, nous trouvons les noms de Bossuet, Fénelon, Fléchier et

---

[1] Érasme vénérait le caractère de Socrate au point de dire qu'en étudiant sa vie et ses doctrines, il était tenté de le placer sur le calendrier des saints, et de s'écrier : *Sancte Socrates, ora pro nobis !* Saint Socrate, priez pour nous!

Bourdaloue; et parmi les auteurs, ceux de Fontenelle, Pascal, la Fontaine, Corneille, Racine et Malebranche.

Mais bientôt les grands hommes de la vieille France disparurent. Il y eut une fin à la liberté politique et religieuse. Il n'y eut plus ni liberté de pensée, ni liberté de culte. La grandeur intellectuelle du pays s'évanouit pour un temps. On ne vit plus de grands hommes d'État après Colbert. Le génie militaire et naval de la France sembla paralysé. Plus de victoires comme celles de Condé et de Turenne sur terre, de Jean Bart et de Duquesne sur mer. L'armée de Louis XIV était démoralisée par sa chasse aux huguenots et par ses dragonnades.

La même stérilité frappa la littérature. Molière mourait de tristesse en 1674. Racine mourut en 1697, mais on peut dire que son génie avait jeté son dernier mot par la production de *Phèdre,* en 1676. Corneille mourut en 1684, mais sa dernière et non sa plus grande œuvre, *Suréna,* parut en 1674. La Fontaine publia ses dernières fables en 1676. Ainsi le résultat final du règne de Louis XIV fut de frapper de paralysie non-seulement la gloire, la liberté, le génie et le caractère de la France, mais encore l'Église même, qu'il cherchait à soutenir et à défendre, en bannissant les huguenots et en détruisant la liberté religieuse.

Et alors parut la nouvelle France. Le peuple français se révolta secrètement contre la tyrannie du grand Louis et les débauches de son successeur. Il y eut pourtant bien des hommes de génie et de caractère dans cet intervalle, tels que Montesquieu, Bernardin de Saint-Pierre et Malherbe, mais ces hommes n'avaient rien de commun avec la nouvelle France. Elle se fit sentir avec Voltaire, Rousseau, l'abbé Raynal, le Père Loménie, Condorcet, Diderot et les encyclopédistes. Ceux-ci amenèrent le renversement général, Robespierre et la Montagne. Danton exprimait bien le sentiment de son temps quand il s'écriait avec désespoir :

2

« L'humanité m'ennuie » ; et Barère en disant : « Je suis soûl des hommes. »

Vinrent ensuite le grand Napoléon et ses généraux ; et leurs immenses triomphes militaires qui eurent une grande influence sur l'esprit des Français en les accoutumant à des idées de guerre et de conquête. Quel sera le résultat de ces leçons pour la nouvelle France ? Nous ne pouvons prétendre le savoir. Mais les paroles de Michelet, un vrai patriote, peuvent être citées comme preuve qu'il vaut mieux être bon et bienveillant que belliqueux et altéré de sang : « Puisse la nouvelle France ne pas oublier le mot de l'ancienne : « Il « n'y a que les nobles cœurs qui sachent combien il y a de « gloire *à être bon*. » L'être et rester tel, entre les injustices des hommes et les sévérités de la Providence, ce n'est pas seulement le don d'une heureuse nature, c'est de la force et de l'héroïsme..... Garder la douceur et la bienveillance parmi tant d'aigres disputes, traverser l'expérience sans lui permettre de toucher à ce trésor intérieur, cela est divin. Ceux qui persistent et vont ainsi jusqu'au bout sont les vrais élus. Et quand même ils auraient quelquefois heurté dans le sentier difficile du monde, parmi leurs chutes, leurs faiblesses et leurs infamies, ils n'en resteront pas moins les enfants de Dieu [1]. »

Les hommes de grand talent impriment à leur siècle et à leur nation l'empreinte de leur esprit. C'est ce qui arriva à Luther pour l'Allemagne moderne et à Knox pour l'Écosse. Plus que tout autre, Dante devint le type de l'Italie moderne. Pendant les longs siècles que dura la décadence italienne, ses paroles ardentes furent comme une lumière et un feu de signal pour tous les hommes sincères. Il fut pour sa patrie le héraut de la liberté, bravant pour elle la persé-

---

[1] MICHELET, *Hist. de France*, l. X, chap. IX, p. 180 et suiv. Hachette, 1841.

cution, l'exil et la mort. Il fut toujours le plus national des
poëtes italiens, le plus aimé, le plus lu. A partir de sa
mort, tous ses compatriotes un peu lettrés surent par cœur
ses meilleurs morceaux, et les sentiments qu'ils contenaient
inspirèrent leur vie et influèrent sur l'histoire du pays.
« Les Italiens, écrivait lord Byron en 1821, parlent Dante,
écrivent Dante, pensent à Dante et rêvent de lui à un
point qui serait ridicule s'il ne méritait autant d'admiration [1]. »

Une succession d'hommes diversement doués, qui se sont
suivis dans une période de plusieurs siècles, depuis le roi
Alfred jusqu'au prince Albert, a contribué de la même
façon à mouler sous des formes variées le caractère anglais.
Parmi ces hommes, les plus influents furent sans doute ceux
du siècle d'Élisabeth et de Cromwell et des époques inter-
médiaires. On peut citer les noms de Shakespeare, Raleigh,
Burleigh, Sydney, Bacon, Milton, Herbert, Hampden, Pym,
Eliot, Vane, Cromwell et bien d'autres. Les uns se faisaient
remarquer par leur force, les autres par la dignité et la
pureté de leur caractère. Les vies de ces hommes font partie
du domaine public en Angleterre; leurs pensées et leurs
actes sont considérés comme le plus précieux héritage des
temps passés.

Ainsi Washington a laissé après lui, comme l'un des plus
grands trésors de son pays, l'exemple d'une vie sans tache,
d'un caractère élevé, pur et honnête, pouvant servir de
modèle à toutes les générations futures. Et chez Washington, comme chez beaucoup d'autres destinés à gouverner
les hommes, la grandeur ne consistait pas autant dans l'intelligence, l'habileté et le génie, que dans l'honneur, l'inté-

[1] *Vie de lord Byron*, par Moore, in-8°, p. 484.
Dante fut un réformateur religieux autant que politique. Il était
réformateur trois cents ans avant la Réforme, puisqu'il soutint la séparation du pouvoir spirituel et du pouvoir civil.

grité, la droiture, le sentiment impérieux du devoir; en un mot, dans la véritable noblesse de son caractère.

De tels hommes sont la véritable séve de la nation à laquelle ils appartiennent. Ils l'élèvent et la soutiennent, la fortifient et l'ennoblissent, et répandent sur elle la gloire de l'exemple qu'ils lui ont légué. « Le nom et la mémoire des grands hommes, dit un habile écrivain, sont le douaire d'une nation. Le veuvage, la ruine, l'abandon et même la servitude ne peuvent pas lui enlever cet héritage sacré...... Chaque fois que la fibre patriotique commence à battre plus fort... les héros morts surgissent dans la mémoire des vivants et leur apparaissent comme une solennelle approbation. Un pays ne peut être perdu lorsqu'il se sent contemplé par de si glorieux témoins. Ils sont comme le sel de la terre, dans la mort aussi bien que dans la vie. Ce qu'ils ont fait, leurs descendants ont le droit de le faire, et leur exemple sert dans leur patrie de stimulant et d'encouragement pour ceux qui ont le courage de les imiter[1]. »

Mais ce n'est pas seulement aux grands hommes qu'il faut s'en prendre pour apprécier les qualités d'une nation, il faut voir encore le caractère qui domine dans la masse du pays. Quand Washington Irving visita Abbotsford, sir Walter Scott le présenta à plusieurs de ses amis et de ses préférés, non-seulement parmi les fermiers voisins, mais encore chez de simples laboureurs. « Je veux vous montrer, disait Scott, quelques-uns de nos bons et vrais paysans écossais. Ce n'est pas par les gens élégants, par les beaux messieurs et les belles dames qu'on apprend à connaître une nation : ceux-là se rencontrent partout et sont partout les mêmes. » Les hommes d'État, les philosophes et les prêtres représentent la force pensante de la société, mais les gens qui fondent des industries et ouvrent de nouvelles

____

[1] *Blackwood's Magazine*, juin 1863, art. *Girolamo Savonarola.*

carrières, de même que la masse du peuple ouvrier, parmi lequel se recrute quelquefois le véritable esprit national, ceux-là possèdent nécessairement la force vitale, et ce sont eux qui constituent le véritable soutien d'un pays.

Les nations ont leur caractère à soutenir comme les individus; et sous les gouvernements constitutionnels, où toutes les classes participent plus ou moins à l'exercice du pouvoir politique, le caractère national dépend naturellement davantage des qualités morales du plus grand nombre que du plus petit. Et les mêmes qualités qui déterminent le caractère des individus déterminent aussi le caractère des nations. Si elles ne sont sincères, honnêtes et courageuses, si elles n'ont pas des vues élevées, elles seront tenues en légère estime par les autres nations, et n'auront aucun poids dans le monde. Pour avoir du caractère, il leur faut aussi le respect, la discipline, l'empire sur elles-mêmes et le dévouement au devoir. La nation qui n'a d'autre dieu que son plaisir, ses écus ou ses calicots, est dans une triste voie. Il vaudrait encore mieux revenir aux dieux d'Homère que conserver ceux-là ; car les divinités païennes représentaient au moins des vertus humaines, elles étaient un symbole.

Quant aux institutions, quelque bonnes qu'elles soient en elles-mêmes, elles ne sont pas suffisantes pour maintenir le type du caractère national. Ce sont les hommes pris individuellement, et l'esprit dont ils sont animés, qui déterminent la situation morale et la stabilité des nations. Le gouvernement, à la longue, n'est guère meilleur que le peuple qu'il gouverne. Si les masses ont la conscience, la moralité et les habitudes saines, la nation sera dirigée honnêtement et noblement ; si au contraire elles sont corrompues, égoïstes et déshonnêtes, si elles ne reconnaissent ni foi ni loi, la domination des coquins et des filous devient inévitable.

La seule barrière qu'on puisse opposer au despotisme de
l'opinion publique, qu'il vienne de la majorité ou de la
minorité, c'est une liberté individuelle éclairée et une grande
pureté de caractère. Sans cela il ne peut y avoir dans un
pays ni vigueur virile ni véritable indépendance. Les droits
politiques, quel que soit leur développement, ne pourront
relever un peuple dont les membres sont dépravés. Plus le
système du suffrage universel sera complet et respecté, plus
le vrai caractère du peuple se réfléchira comme sur un
miroir dans ses lois et son gouvernement. La moralité politique ne peut avoir d'existence solide quand elle est basée
sur l'immoralité individuelle. La liberté elle-même, entre les
mains d'un peuple avili, finirait par devenir un malheur, et
la franchise de la presse ne serait plus qu'un prétexte pour
la licence et l'abomination.

Les peuples, comme les individus, trouvent leur appui et
leur force dans le sentiment qu'ils appartiennent à une race
illustre, qu'ils sont les héritiers de sa grandeur, et doivent
perpétuer sa gloire. Il est d'une importance capitale qu'une
nation ait derrière elle un grand passé à contempler. C'est
là ce qui affermit sa vie dans le présent, ce qui l'élève et la
soutient, l'illumine et la transporte, par la mémoire des
grands actes, des nobles souffrances, des valeureuses entreprises de ses ancêtres. La vie des nations, comme celle des
hommes, est un vaste trésor d'expérience; bien employé, il
conduit au progrès social; mal employé, il n'en sort que
des rêves, des illusions et des fautes. Comme les hommes,
les nations se purifient et se fortifient par les épreuves. Les
chapitres les plus glorieux de leur histoire sont en général
ceux qui racontent les douleurs au milieu desquelles leur
caractère s'est développé. L'amour de la liberté et le sentiment patriotique peuvent avoir fait beaucoup, mais l'épreuve
et la souffrance noblement supportées ont fait bien davantage.

Ce qui s'appelle aujourd'hui le patriotisme n'est en grande partie qu'un vulgaire amalgame de bigoterie et d'étroitesse d'esprit. Ce faux patriotisme se manifeste par des préjugés nationaux, des vanités et des haines nationales. Il ne se montre pas par des actes, mais par des forfanteries ; il gesticule et appelle à son secours par des cris et des hurlements désespérés ; il agite des drapeaux et chante des chansons ; il ressasse à perpétuité l'éternelle antienne des griefs enterrés et des maux guéris depuis longtemps. Un semblable patriotisme est peut-être l'une des plus grandes malédictions qui puissent tomber sur un pays.

Mais s'il y a un ignoble patriotisme, il y en a aussi un noble, celui qui fortifie et élève une nation par ses grandes œuvres, qui fait son devoir toujours, qui mène une vie sobre, honnête et droite, et cherche à tirer le meilleur parti des occasions qui se présentent pour arriver au véritable progrès. Ce patriotisme chérit aussi la mémoire et l'exemple des grands hommes du temps passé ; de ceux qui, par leurs souffrances pour la cause de la religion ou de la liberté, ont acquis pour eux-mêmes une gloire immortelle et pour leurs descendants ces priviléges et ces institutions libres, dont ils sont les héritiers et les possesseurs.

Les nations, pas plus que les individus, ne doivent être jugées à leur taille :

> It is not growing like a tree
> In bulk, doth make man better be.

Pour qu'un homme soit meilleur, il ne lui suffit pas de pousser comme un arbre.

Pour qu'une nation soit grande, il n'est pas nécessaire qu'elle soit de large dimension, quoique la dimension soit souvent confondue avec la grandeur. Une nation peut être très-grande au point de vue du territoire et de la population, et cependant être dénuée de véritable grandeur. Le peuple d'Israël était petit, mais que son existence a été grande et que d'influence il a exercée sur les destinées du monde! La Grèce n'était pas grande, la population tout entière de l'Attique était moindre que celle du comté de Lancastre. Athènes était moins populeuse que New-York, mais que de grandeur dans les arts, la littérature, la philosophie et le patriotisme[1]!

Mais ce qui fit la faiblesse d'Athènes et ce qui la perdit, c'est que ses citoyens n'avaient pas de vraie famille, ni de vie intérieure, et que le nombre de ses hommes libres était de beaucoup dépassé par celui de ses esclaves. Ses hommes publics étaient de mœurs faciles, sinon corrompues. Ses femmes, même les plus accomplies, n'étaient pas chastes. De là sa chute devint inévitable, et fut même plus subite que son élévation.

Il en arriva ainsi pour Rome; son déclin et sa chute peuvent être attribués à la corruption générale du peuple et à son amour effréné du plaisir et de l'oisiveté, car le travail, dans les derniers jours de Rome, était réservé uniquement aux esclaves. Les citoyens cessaient de s'enorgueillir des vertus de leurs illustres ancêtres, et l'empire tomba, parce qu'il ne méritait pas de vivre. Ainsi les nations oisives et débauchées, celles qui « préfèrent », comme dit le vieux Burton, « perdre une livre de sang dans un duel qu'une goutte de sueur dans un travail honnête », celles-là sont inévita-

---

[1] Un orateur public parlait récemment avec mépris de la bataille de Marathon, parce que, du côté des Athéniens, 192 hommes seulement avaient péri, tandis qu'avec les engins perfectionnés et les procédés destructifs, 50,000 hommes et plus peuvent être maintenant détruits en quelques heures. Cependant le souvenir de la bataille de Marathon et de l'héroïsme dont elle fut le théâtre restera sans doute dans la mémoire des peuples, tandis que les gigantesques boucheries des temps modernes seront peut-être oubliées.

blement condamnées à mourir, et les nations énergiques et laborieuses devront prendre leur place.

Lorsque Louis XIV demanda à Colbert comment il se faisait que, régnant sur une contrée aussi grande et aussi populeuse que la France, il n'avait pu conquérir un pays si petit que la Hollande, le ministre répliqua : « Parce que, Sire, la grandeur d'un pays ne dépend pas de l'étendue de son territoire, mais du caractère de son peuple. C'est à cause de l'industrie, de la frugalité et de l'énergie des Hollandais que Votre Majesté les a trouvés si difficiles à vaincre. »

On raconte aussi de Spinola et de Richardel, les ambassadeurs envoyés par le roi d'Espagne pour négocier un traité à la Haye en 1608, qu'ils virent un jour huit ou dix personnes descendre d'une modeste embarcation, s'asseoir sur l'herbe, et procéder à un frugal repas composé de pain, de fromage et de bière.

« Qui sont ces voyageurs ? demandèrent les ambassadeurs à un paysan.

— Ce sont nos vénérés maîtres, les députés des états », répondit le paysan.

Spinola murmura tout de suite à l'oreille de son compagnon :

« Faisons la paix, il ne serait pas possible de vaincre ces hommes-là. »

En somme, la stabilité des institutions dépend forcément de la stabilité du caractère. Des unités dépravées, quel qu'en soit le nombre, ne peuvent former une grande nation. Tel peuple qui semble avoir atteint le plus haut degré de la civilisation peut être tout prêt à se dissoudre à la moindre touche de l'adversité. Sans intégrité individuelle, il ne peut avoir ni force réelle, ni cohésion, ni solidité. Il peut être riche, poli, artistique, et chanceler pourtant sur le bord de l'abîme. S'il vit en égoïste, n'ayant en vue que son plaisir,

si chacun se fait son propre petit dieu, ce peuple est condamné et sa décadence devient inévitable.

Lorsque le caractère national ne se soutient plus, une
nation peut être considérée comme bien près de sa perte.
Quand elle cesse d'estimer et de pratiquer les vertus de sincérité, d'intégrité et de justice, elle ne mérite plus de vivre.
Et quand les hommes ont été corrompus par les richesses,
dépravés par le plaisir, infatués par l'esprit de parti, il
arrive un moment où l'obéissance, la vertu, la loyauté,
l'ordre et l'honneur semblent devoir être rangés dans les
choses du passé. Alors, au milieu des ténèbres, s'il reste
des honnêtes gens qui se comptent et se cherchent, leur
seul espoir sera dans la restauration et l'élévation du caractère individuel ; car cela seul peut sauver une nation, et si
le caractère est irrévocablement perdu il ne restera plus
rien qui vaille la peine d'être sauvé.

CHAPITRE II.

PUISSANCE DE LA FAMILLE.

So build we up the being that we are
Thus Deeply drinking in the soul of things,
We shall be wise perforce.

WORDSWORTH.

Ainsi nous nous faisons l'être que nous sommes;
En nous pénétrant de l'esprit de toutes choses,
Il faudra forcément que nous devenions sages.

Les courants qui font tourner les rouages de
la machine du monde coulent dans les endroits
solitaires.

HELPS.

Dans une conversation qu'il avait avec madame
Campan, Napoléon fit cette remarque : « Les
vieux systèmes d'instruction ne semblent bons à
rien; que manque-t-il donc pour que le peuple
soit élevé convenablement? » *Des mères,* répliqua madame Campan. Cette réponse frappa
l'empereur. « Oui, dit-il, voilà tout le système
d'éducation dans un seul mot. Eh bien, je vous
charge de me former des mères qui soient un
jour capables d'élever leurs enfants. »

Aimé MARTIN.

La famille est la première et la plus importante école du
caractère. C'est là que tout être humain reçoit sa meilleure
éducation morale ou sa plus mauvaise; car c'est là qu'il
se pénètre des principes de conduite qui le suivent toute
sa vie.

Il y a un proverbe qui dit : « Les mœurs font l'homme »,

et un autre : « L'esprit fait l'homme » ; mais le troisième est le plus vrai : « C'est la famille qui fait l'homme. » Car l'éducation de la famille comprend non-seulement les mœurs et l'esprit, mais encore le caractère. C'est surtout dans la famille que le cœur s'ouvre, que les habitudes se forment, que l'intelligence s'éveille, et que le caractère se moule en bien ou en mal.

De cette source, pure ou impure, proviennent les principes et les maximes qui gouvernent la société. La loi elle-même n'est que la réflexion de la famille. Les moindres fragments d'opinion jetés dans l'esprit des enfants dans la vie privée se font jour plus tard dans le monde et deviennent l'opinion publique ; car les nations se recrutent parmi les enfants, et ceux qui les dirigent peuvent exercer une puissance plus grande encore que ceux qui tiennent les rênes du gouvernement [1].

Il est dans l'ordre de la nature que la vie domestique soit une préparation à la vie sociale, et que l'esprit et le caractère soient d'abord formés dans la famille. Là les membres futurs de la société commencent par être suivis en détail et façonnés un à un. En quittant la famille, ils entrent dans la vie, et d'enfants, deviennent des citoyens. Aussi peut-on regarder la famille comme l'école la plus influente de la civilisation. Car, après tout, la civilisation n'est qu'une question d'éducation individuelle, et la société sera plus ou moins civilisée selon que les parties qui la composent auront été plus ou moins bien élevées dans leur jeunesse.

L'éducation d'un homme, même le plus sage, ne peut manquer d'être fortement influencée par l'entourage moral

---

[1] Les vertus civiques, si elles ne tirent leur origine et leur consécration des vertus domestiques et privées, ne sont que des vertus de théâtre. Celui qui n'a pas de tendresse pour son enfant ne peut prétendre avoir un véritable amour pour l'humanité. (Jules SIMON, *le Devoir.*)

de ses premières années. Il arrive au monde dénué de tout
et incapable de s'aider lui-même. Il dépend absolument des
autres pour sa nourriture et sa culture. Dès son premier
souffle, l'éducation commence. Une mère demandant un
jour à un ecclésiastique quand il faudrait commencer l'éducation de son enfant qui avait alors quatre ans : « Madame,
répondit l'ecclésiastique, si vous n'avez pas encore commencé, vous avez perdu quatre années. Au premier sourire
qui brille sur les lèvres de l'enfant, le moment est venu. »

Mais, dans ce cas même, l'éducation avait déjà commencé, car l'enfant apprend par simple imitation, sans
effort, presque à travers les pores de sa peau. « Le figuier
qui regarde un figuier finit par porter son fruit », dit un
proverbe arabe. Il en est ainsi pour les enfants. Leur premier maître est l'exemple.

Quelque triviales que puissent paraître les influences qui
contribuent à former le caractère de l'enfant, elles le suivent
toute la vie. Le caractère de l'enfant est le noyau de celui
de l'homme ; toute éducation ultérieure n'est que superpo-
sition ; la forme du cristal demeure la même. Ainsi se
trouve en grande partie justifié ce mot du poëte : « L'enfant
est le père de l'homme » ; et ces paroles de Milton : « L'enfance montre l'homme, comme le matin montre le jour. »
Les penchants qui durent le plus, et sont le plus profondément enracinés, ont toujours leur origine près de notre
berceau. C'est alors que commencent à s'implanter les
germes des vertus ou des vices, des impressions ou des sentiments qui déterminent le caractère pour toute la vie.

L'enfant est en quelque sorte déposé à l'entrée d'un
monde inconnu ; et ses yeux s'ouvrent sur des choses qui
sont pour lui nouvelles et étonnantes. Il se contente d'abord
de regarder, mais peu à peu il commence à voir ; il
observe, il compare, il apprend, il amasse des impressions
et des idées ; et sous une sage direction, les progrès qu'il

3

fait sont vraiment merveilleux. Lord Brougham a remarqué
qu'à l'âge de dix-huit à trente mois, un enfant en apprend
davantage sur le monde matériel, ses propres facultés, les
objets qui l'entourent, sur son esprit et celui des autres,
qu'il n'en apprend dans tout le reste de sa vie. Les connaissances qu'un enfant accumule pendant cette période, et les
idées qui germent dans son cerveau, sont d'une telle importance, que, s'il était permis de supposer qu'elles puissent
jamais être effacées, toute la science d'un lauréat de Cambridge ou d'Oxford ne lui serait plus d'aucun secours, et
ne lui servirait même pas à prolonger son existence d'une
semaine.

C'est surtout dans l'enfance que l'âme est accessible aux
impressions, et prête à s'enflammer à la première étincelle
qui la touche. Les idées s'attrapent vite et durent longtemps. On assure que Scott dut son premier penchant pour
les ballades et ce genre de littérature aux récitations de sa
mère et de sa grand'mère bien avant qu'il ne sût lire. L'enfance est semblable à un miroir; elle réfléchit dans la vie
ultérieure les images qu'on lui a présentées au début. La
première impression ne s'oublie jamais chez l'enfant. La
première joie, le premier chagrin, le premier succès, le
premier échec tracent le premier plan du tableau de sa vie.

Pendant ce temps, l'éducation du caractère progresse
toujours, comme celle de l'humeur, de la volonté, des
habitudes, qui ont tant d'influence sur le bonheur futur.
Bien que l'homme soit doué d'une certaine puissance d'action et de réaction qui lui permet de s'aider lui-même et de
contribuer à son propre développement, indépendamment
des circonstances dont il est entouré, la direction morale
imprimée à son caractère, dès la première partie de sa vie,
n'en reste pas moins d'une extrême importance.

Placez le philosophe le plus élevé dans un milieu de
gêne, d'immoralité et d'avilissement, il penchera insensible-

ment vers la bestialité. Mais combien plus susceptible encore est l'enfant impressionnable et faible, dans un pareil entourage ! Il n'est pas possible d'élever une nature douce, sensible au mal, pure d'esprit et de cœur, au milieu de la vulgarité, de la misère et de l'impureté.

Ainsi les foyers domestiques, écoles des enfants qui deviennent plus tard des hommes et des femmes, seront bons ou mauvais selon l'influence qui les gouverne. De ceux où pénètre l'esprit d'amour et de devoir, où la tête et le cœur dirigent avec sagesse, où la vie de chaque jour est honnête et vertueuse, où la règle est douce, bonne et aimante; de ceux-là nous pouvons espérer voir sortir des êtres sains, utiles et heureux, capables, quand la force leur viendra, de marcher sur les traces de leurs parents, de se conduire eux-mêmes dans une ligne droite et sage, et de répandre le bien-être autour d'eux.

Si, au contraire, leur entourage est ignorant, grossier, égoïste, ils prendront les mêmes défauts sans s'en apercevoir; ils arriveront à l'âge adulte rudes et sans culture, et seront d'autant plus dangereux pour la société, qu'ils se trouveront placés au milieu des nombreuses tentations de ce qu'on appelle la vie civilisée. « Faites élever votre enfant par un esclave, disait un Grec de l'antiquité, et au lieu d'un esclave vous en aurez deux. »

L'enfant ne peut s'empêcher d'imiter ce qu'il voit. Tout lui sert de modèle, il copie les manières, les gestes, le langage, les habitudes, le caractère. « Pour l'enfant, dit Richter, l'époque la plus importante de la vie est le moment où, à peine sorti du berceau, il commence à se dessiner et à se modeler par le contact avec les autres. Chaque nouveau maître obtient moins d'effet que son prédécesseur, et si nous considérons la vie entière comme une vaste école, nous voyons que le navigateur qui fait le tour du monde est moins influencé par toutes les nations qu'il y rencontre,

qu'il ne l'a été par sa nourrice [1]. » Les modèles sont donc
de la plus haute importance pour former la nature de l'enfant, et si nous voulons de beaux caractères, ayons de beaux
modèles. Or, le modèle qui se trouve le plus constamment
sous les yeux de l'enfant, c'est la mère.

Une bonne mère, dit Georges Herbert, vaut cent maîtres.
Dans la famille elle est « un aimant pour tous les cœurs,
une étoile polaire pour tous les yeux ». On l'imite sans
cesse, et cette imitation, Bacon la compare à « un globe de
préceptes ». Mais l'exemple est bien au-dessus du précepte.
C'est l'enseignement en action, l'enseignement sans paroles,
qui en démontre souvent plus que ne pourrait le faire
aucune langue. En face du mauvais exemple, les meilleurs
des préceptes ne serviraient à rien. L'exemple est suivi, et
non pas le précepte. Et même le précepte, s'il n'était pas
en harmonie avec la pratique, serait plus nuisible qu'utile,
car il ne servirait qu'à enseigner le plus lâche de tous les
vices, l'hypocrisie. Les enfants savent bien voir si l'on est
conséquent à soi-même, et les leçons des parents qui
disent une chose et font tout le contraire sont vite jugées
par eux. Que valait la morale de ce moine qui prêchait
l'honnêteté avec une oie volée dans sa manche ?

Par l'imitation des actes, le caractère se forme d'une
manière lente et imperceptible, mais décisive. Ces différents
actes peuvent nous paraître infimes, mais il en est le plus
souvent ainsi dans la vie quotidienne. Comme des flocons
de neige, ils tombent inaperçus ; chaque flocon, ajouté à la
masse, n'y apporte aucun changement sensible, et cependant
cette accumulation de flocons produit une avalanche. Ainsi
les actes répétés, l'un suivant l'autre, finissent par se con-
solider en habitude, déterminent le penchant de l'être
humain pour le bien ou le mal, et, en un mot, forment le
caractère.

[1] *Levana, ou la Doctrine de l'éducation.*

C'est parce que la mère influe bien plus que le père sur la conduite de l'enfant, que son exemple a dans la famille une bien plus grande importance. Il est facile de le comprendre. Le foyer domestique est le domaine de la femme, son royaume. Elle y règne entièrement, et son pouvoir sur les petits sujets qu'elle gouverne est absolu. Ils s'adressent à elle pour tout. Elle est l'exemple et le modèle qu'ils ont sans cesse devant les yeux, qu'ils observent et qu'ils imitent sans en avoir conscience.

Cowley, parlant de l'influence des premiers exemples et des premières idées qui pénètrent nos âmes, les compare à des lettres gravées sur l'écorce d'un jeune arbre, qui croissent et s'élargissent avec les années. Les impressions que l'on reçoit alors, quelque légères qu'elles semblent, ne sont jamais effacées. Les notions qui s'implantent dans l'esprit sont comme des graines semées dans la terre : elles y demeurent pour un temps et y germent, et plus tard elles produisent des actes, des pensées et des habitudes. Ainsi la mère revit dans ses enfants. Ils copient sans le savoir ses paroles, sa conduite et sa manière de vivre. Ses habitudes deviennent les leurs, et son caractère se reflète visiblement en eux.

Cet amour maternel est la providence visible de notre race, son influence est constante et universelle. Elle commence avec l'éducation de l'être humain au début de la vie, et se prolonge plus tard en vertu de l'action qu'une bonne mère exerce sur ses enfants. Une fois lancés dans le monde, pour prendre chacun leur part de ses labeurs, de ses tourments et de ses épreuves, ils vont retrouver leur mère quand viennent les chagrins ou les difficultés, pour en recevoir soit des conseils, soit des consolations. Les pensées nobles et pures qu'elle a implantées dans leur cœur quand ils étaient enfants continuent à porter de bons fruits longtemps après sa mort, et quand il ne reste plus rien d'elle que sa mémoire, ses enfants l'honorent et la bénissent.

On peut affirmer sans crainte que le bonheur ou le malheur, les lumières ou l'ignorance, la civilisation ou la barbarie, qu'on rencontre dans le monde, dépendent beaucoup du pouvoir exercé par la femme dans son royaume à elle, le foyer domestique. Emerson va même jusqu'à dire, et il a raison, que « l'influence des femmes vertueuses donne une mesure suffisante de civilisation ». On peut dire que c'est la postérité qui se tient devant nous dans la personne de l'enfant sur les genoux de sa mère. Ce que cet enfant deviendra plus tard dépend surtout de la première éducation qu'elle lui aura donnée.

L'éducation de la femme est humaine par-dessus toutes les autres. L'homme est la tête, mais la femme est le cœur de l'humanité; il en est la raison, elle en est le sentiment; il en est la force, elle en est la grâce, l'ornement et la consolation. L'intelligence même de la femme la meilleure semble n'agir que par ses affections. Et ainsi, bien que l'homme dirige le jugement, c'est la femme qui cultive les sentiments, et ce sont les sentiments qui déterminent le caractère. Tandis qu'il remplit la mémoire, elle occupe le cœur. Elle nous fait aimer ce qu'il ne peut que nous faire croire, et c'est elle surtout qui nous rend capables d'arriver jusqu'à la vertu.

Les influences diverses du père et de la mère sur la formation et le développement du caractère se montrent d'une manière frappante dans la vie de saint Augustin. Son père était un pauvre citoyen de Tagaste, qui, tout fier des talents de son fils, cherchait à orner son esprit de la science la plus élevée qu'on puise dans les écoles, et s'attirait les éloges de ses amis par les sacrifices « au-dessus de ses moyens » qu'il s'imposait dans ce but. La mère de saint Augustin, au contraire, sainte Monique, ne songeait qu'à diriger l'âme de son fils vers les plus hautes régions du bien. Avec le tact et le soin que lui suggérait sa douce piété, elle l'entourait de ses avis, de ses conseils, et le suppliait d'être chaste ; au milieu même des angoisses et des chagrins que lui causait la vie déréglée de ce fils si cher, elle ne cessa jamais de prier pour lui jusqu'à ce que Dieu entendît ses prières et les exauçât. Ainsi son amour finit par triompher, la patience et la bonté de la mère furent récompensées non-seulement par la conversion éclatante de son illustre fils, mais encore par celle de son mari.

Plus tard, et après la mort de son mari, Monique, poussée par sa tendresse, suivit à Milan saint Augustin afin de veiller sur lui, et il avait trente-trois ans quand elle y mourut. Mais ce fut, dit-il, dans la première partie de sa vie que l'exemple et les instructions de sa mère pénétrèrent plus profondément dans son cœur, et déterminèrent son caractère futur.

Il n'est pas rare de voir les premières impressions qui ont frappé l'esprit de l'enfant se traduire plus tard, dans le courant de la vie, en œuvres méritoires, après une période intermédiaire d'égoïsme et de vice. Souvent les parents font tout ce qu'ils peuvent pour développer chez leurs enfants un caractère droit et honnête, et ils semblent travailler en vain. C'est comme si l'on jetait de la poudre au vent. Et quelquefois cependant, lorsque les parents ont depuis longtemps disparu de ce monde — peut-être vingt ans après — peut-être davantage — le sage précepte, le bon exemple qu'ils ont donnés à leurs fils et à leurs filles finissent par germer et par porter leurs fruits.

Le révérend John Newton d'Olney, l'ami de Cowper, le poëte, nous offre l'une des preuves les plus remarquables de ce que nous venons de dire. Ce fut longtemps après la mort de son père et de sa mère, et après avoir mené une vie mauvaise, comme homme et comme marin, qu'il s'éveilla tout à

coup au sentiment de sa dépravation. Alors les leçons de sa
mère surgirent dans sa mémoire. Sa voix, qu'il crut entendre comme sortant du tombeau, le ramena doucement à
la vertu et à la sagesse.

Un autre exemple du même genre est celui de John Ran-
dolph, l'homme d'État américain, qui disait un jour :
« J'aurais été un athée si j'avais pu oublier une seule chose
— le souvenir du temps où ma pauvre mère prenait ma
petite main dans la sienne, et me faisait mettre à genoux
pour dire : « Notre Père qui êtes aux Cieux ! »

Mais de tels exemples doivent être regardés comme
exceptionnels. Le caractère conserve en général le pli qu'on
lui a donné dès l'enfance, et il arrive graduellement à sa
forme décisive à mesure qu'on approche de l'âge adulte.
« Quelle que soit la durée de votre vie », disait Southey,
« les vingt premières années seront toujours les plus longues
et les plus fertiles en conséquences. »

Lorsque le docteur Wolcot, usé par sa triste vie de
diffamation et de scandale, fut sur son lit de mort, un de
ses amis lui demanda s'il ne pourrait rien faire pour lui
être agréable : « Oui, répondit le mourant avec vivacité,
rendez-moi ma jeunesse. » Sa jeunesse ! il ne lui fallait
que cela, et il se serait repenti, il se serait réformé. Mais il
était trop tard ! Sa vie était depuis longtemps liée et asservie
par les chaînes de l'habitude[1].

Grétry, le célèbre compositeur, avait une si haute idée
de l'importance de la femme pour l'éducation du caractère,
qu'il décrivait une bonne mère comme « le chef-d'œuvre de

---

[1] Parlant de la force de l'habitude, saint Augustin dit dans ses *Confessions* : « Je soupirais, mon Dieu, après cette liberté de ne plus
penser qu'à vous ; mais je soupirais étant encore attaché, non par
des fers étrangers, mais par ma propre volonté, qui était plus dure
que le fer. Le démon la tenait en sa puissance ; il en avait fait une
chaîne et il m'en avait lié ; car en se déréglant dans la volonté, on

la nature ». Et il avait raison, car les bonnes mères, bien plus que les pères, tendent à la rénovation perpétuelle de l'humanité, en créant comme elles le font l'atmosphère morale du foyer domestique qui alimente l'esprit de l'homme de même que l'atmosphère physique alimente son corps. Par sa bonne humeur, sa douceur et sa bonté, sous l'égide de son intelligence, la femme pénètre tous ceux qui l'entourent d'une sensation de bien-être, de contentement et de paix, également favorable au développement des natures les plus pures et les plus viriles.

La plus humble demeure où règne une femme vertueuse, économe, gaie et propre, peut devenir un asile de confort, de vertu et de bonheur ; elle peut être le théâtre des relations de famille les plus honorables ; elle rappellera à l'homme les plus chers souvenirs, et sera pour son cœur un sanctuaire, un refuge contre les orages de la vie, un doux lieu de repos après le travail ; il y trouvera encore sa consolation dans le malheur, son orgueil dans la prospérité, et sa joie en tous temps.

Un bon intérieur est donc la meilleure des écoles, non-seulement dans la jeunesse, mais encore dans l'âge mûr. C'est là surtout que les jeunes et les vieux puisent la gaieté, la patience, l'empire sur eux-mêmes, l'esprit de sacrifice et de devoir. Isaac Walton, parlant de la mère de George Herbert, dit qu'elle gouvernait sa famille avec un soin judicieux, sans rigueur ni âpreté, mais elle était si douce, et se mêlait avec tant de complaisance aux récréations et aux plaisirs des jeunes, que ceux-ci étaient toujours disposés à

s'engage dans la passion ; en s'abandonnant à la passion, on s'engage dans l'habitude ; et en ne résistant pas à l'habitude, on s'engage à la nécessité de demeurer dans le vice. Ainsi, cette suite de corruption et de désordres, comme autant d'anneaux enlacés les uns dans les autres, formait cette chaîne, avec laquelle mon ennemi me tenait captif dans une cruelle servitude. » (*Confessions* de saint Augustin, liv. VIII, chap. v.)

passer près d'elle le plus de temps possible, ce qui lui causait une grande joie.

Le foyer domestique est la véritable école de la courtoisie dont la femme fut toujours le meilleur et le plus pratique des maîtres. « Sans la femme, dit le proverbe provençal, les hommes ne seraient que des ours mal léchés. » La philanthropie émane du foyer domestique comme d'un centre. « Aimons le petit noyau auquel nous appartenons dans la société, dit Burke, et nous aurons le germe de toutes les affections. » Les hommes les plus sages et les meilleurs n'ont pas eu honte d'avouer qu'ils trouvaient leur plus grande joie et leur plus grand bonheur à se tenir assis derrière des têtes d'enfant dans le cercle inviolable de la famille. Une vie privée pure et bien remplie n'est pas la moins efficace des préparations pour une vie de devoirs et de labeurs publics ; et l'homme qui aime son foyer, n'en sera que mieux disposé à aimer et servir son pays.

Mais ces foyers, qui sont les pépinières du caractère, au lieu d'être la meilleure des écoles, peuvent aussi en être la plus mauvaise. Entre l'enfance et l'âge adulte, le mal que peut causer l'ignorance dans la famille est incalculable. Depuis le premier souffle de vie jusqu'au dernier, que de maladies, que de souffrances morales sont quelquefois occasionnées par des mères ou des bonnes inhabiles ! Confiez un enfant aux soins d'une femme ignorante et indigne, et aucune culture ne pourra remédier plus tard au mal que vous aurez causé. Que la mère soit oisive, vicieuse, malpropre ; que sa maison soit envahie par l'esprit de chicane, de révolte et de mécontentement, cette maison ne sera plus qu'une demeure misérable qu'il faudra fuir au lieu de la rechercher ; et les enfants, élevés dans un pareil milieu, deviendront rabougris et difformes, et seront une cause de malheur pour eux-mêmes et pour d'autres.

Napoléon Bonaparte avait coutume de dire « que la con-

duite future d'un enfant, bonne ou mauvaise, dépendait
entièrement de la mère ». Il attribuait en partie sa grande
élévation au soin qu'avait pris sa mère de développer sa
volonté, son énergie, son empire sur lui-même. « Personne
n'avait d'autorité sur lui, dit un de ses biographes, excepté
sa mère, qui, par un mélange de tendresse, de sévérité et
de justice, trouva le moyen de s'en faire aimer, respecter et
obéir. »

M. Tufnell, dans l'un de ses rapports sur les écoles, nous
montre d'une manière curieuse à quel point le caractère de
l'enfant est considéré comme dépendant de celui de la mère.
Cette vérité est si bien établie qu'on la fait servir à un calcul intéressé. « On m'a raconté, dit-il, dans une grande
fabrique où beaucoup d'enfants étaient employés, que les
directeurs, avant de recevoir un petit garçon, s'informaient
toujours du caractère de la mère, car, si les renseignements
étaient satisfaisants, on était à peu près sûr que les enfants
se conduiraient bien. Mais on ne faisait aucune attention au
caractère du père [1]. »

On a remarqué aussi que dans certains cas où le père
avait mal tourné, où il était devenu ivrogne et débauché, la
famille se soutenait encore, pourvu que la mère fût pru-
dente et sensée, et les enfants se frayaient dans la vie un
chemin honorable ; tandis qu'au contraire quand c'est la
mère qui tourne mal, il est rare que les enfants puissent
réussir plus tard, quelle que soit la bonne conduite du
père.

La majeure partie de l'influence exercée par la femme
sur la formation du caractère reste nécessairement incon-
nue. Elle accomplit son œuvre dans l'intimité calme et dis-
crète du foyer de la famille par des efforts soutenus, et

M. TUFNELL, dans ses *Rapports des inspecteurs des écoles parois-
siales de l'Union, en Angleterre et dans le pays de Galles.* 1850.

suit avec une douce persévérance le sentier du devoir. Ses plus grands triomphes, étant d'une nature privée et intime, sont rarement racontés. On ne dit presque jamais, même dans les biographies des hommes distingués, le rôle qu'ont joué leurs mères dans leur éducation, la pente vers le bien qu'elles leur ont imprimée. Et cependant elles ne sont pas restées sans récompense. L'influence qu'elles ont exercée leur survit, malgré le silence de l'histoire, et continue à se propager dans ses résultats.

Il est rare qu'on parle de grandes femmes comme on parle de grands hommes. Ce sont surtout les femmes vertueuses qu'on nous cite pour modèles, et il est probable qu'en dirigeant vers le bien les caractères qu'elles sont chargées de former, elles accomplissent une œuvre plus méritoire que si elles peignaient des tableaux magnifiques, si elles écrivaient de beaux livres ou composaient de grands opéras. « Il est très-vrai, disait Joseph de Maistre, que les femmes n'ont pas produit de chefs-d'œuvre. Elles n'ont écrit ni l'*Iliade*, ni la *Jérusalem délivrée*, ni *Hamlet*, ni *Phèdre*, ni le *Paradis perdu*, ni *Tartufe ;* elles n'ont pas construit la basilique de Saint-Pierre ; elles n'ont pas composé la *Messiade*, ni sculpté l'*Apollon du Belvédère*, ni peint le *Jugement dernier ;* elles n'ont inventé ni l'algèbre, ni les télescopes, ni les machines à vapeur ; mais elles ont fait des choses plus grandes et plus belles que tout cela, car sur leurs genoux ont été élevés des êtres droits et vertueux, hommes et femmes, et ce sont là les plus belles productions de la nature. »

De Maistre, dans ses lettres et ses écrits, parle de sa mère avec un grand amour et un profond respect. Son noble caractère rendait à ses yeux toutes les femmes vénérables. Il la dépeignait comme sa « sublime mère, un ange auquel Dieu avait prêté un corps pour une courte saison ». C'est à elle qu'il attribuait la tendance de son caractère et ses aspirations vers le bien, et lorsqu'il eut atteint l'âge mûr et qu'il fut ambassadeur à Saint-Pétersbourg, il rapportait à son noble exemple et à ses préceptes l'influence qui avait dirigé toute sa vie.

Écrivant un jour à un de ses frères, il lui disait : « A six cents lieues de distance, les idées de famille, les souvenirs de l'enfance, me ravissent de tristesse. Je vois ma mère qui se promène dans ma chambre avec sa figure sainte, et, en t'écrivant ceci, je pleure comme un enfant ! » De Maistre avait à cette époque cinquante et un ans.

L'un des traits les plus charmants du caractère de Samuel Johnson, en dépit de son extérieur rude et inculte, fut la tendresse avec laquelle il parlait invariablement de sa mère [1], femme d'une intelligence supérieure, qui, ainsi qu'il le reconnaît lui-même, implanta dans son esprit ses premières notions religieuses. Il avait coutume, même dans les circonstances les plus difficiles de sa vie, de puiser dans son mince revenu pour contribuer largement au bien-être de la pauvre vieille ; et l'un de ses derniers actes de piété filiale fut d'écrire *Rasselas,* afin de payer les petites dettes et les funérailles de sa mère.

Georges Washington n'avait que onze ans, et il était l'aîné de cinq enfants, quand son père mourut. Sa mère était une femme tout à fait supérieure, s'entendant aux affaires, ménagère accomplie, et douée d'une grande force d'âme. Elle avait ses enfants à élever, une grande maison à gouverner, de vastes propriétés à diriger, et elle remplit tous ces devoirs avec un succès complet. Son bon sens, son assiduité, sa tendresse, son industrie et sa vigilance lui permirent de surmonter tous les obstacles ; et comme récom-

[1] Voyez les lettres écrites par Johnson à sa mère quand elle avait quatre-vingt-dix ans et lui cinquante (13, 16, 18, 20 et 23 janvier 1759). — Dans *Bosivel* de CROKER, éd. in-8°, p. 113 et 114.

pense de sa sollicitude et de ses peines, elle eut le bonheur de voir tous ses enfants entrer dans la vie sous d'heureux auspices et s'acquitter de la mission imposée à chacun d'une manière également honorable pour eux-mêmes et pour la mère vénérée qui avait été le seul guide de leurs principes, de leur conduite et de leurs habitudes [1].

Le biographe de Cromwell parle peu du père du Protecteur; mais il s'étend sur le caractère de sa mère qu'il dépeint comme étant une femme d'une rare vigueur et d'une grande décision, « une femme, dit-il, qui possédait la précieuse faculté de se suffire à elle-même quand toute autre assistance lui faisait défaut; que les caprices de la fortune trouvèrent toujours prête, même l'adversité la plus extrême; dont le courage et l'énergie égalaient la douceur et la patience; qui, par le travail de ses mains, put donner à ses cinq filles des dots suffisantes pour leur permettre de s'allier à des familles aussi honorables, mais plus riches que la leur; une femme dont l'unique orgueil était la vertu et la seule passion l'amour des siens; qui conserva dans le somptueux palais de Whitehall les goûts simples qu'elle y avait apportés de la vieille brasserie de Huntingdon, et qui, au milieu de toute sa splendeur, n'était préoccupée que d'une chose, le salut de son fils dans sa dangereuse élévation [2] ».

Nous avons cité la mère de Napoléon Bonaparte comme une femme d'une grande force de caractère. Telle était aussi la mère du duc de Wellington, dont celui-ci fut le portrait vivant, tant au physique qu'au moral. Son père se distinguait surtout comme compositeur de musique et comme exécutant [3]. Mais, chose étrange, la mère de Wel-

[1] *Vie de Washington* de Fared SPARKS.
[2] *Les Grands Hommes d'État anglais*, par FORSTER (Cabinet cyclop.), vol. in-8°.
[3] Le comte DE MORNINGTON, auteur de *Here in cool grot*, etc.

lington le prenait pour un niais, et, pour une raison ou pour une autre, elle l'aima moins que ses autres enfants, jusqu'à ce qu'il sût par ses exploits la forcer enfin à être fière de lui.

Les frères Napier furent favorisés dans leur père et dans leur mère, mais ce fut surtout leur mère, lady Sarah Lennox, qui chercha de bonne heure à inspirer à ses fils des pensées élévées, l'admiration des grandes choses et des sentiments chevaleresques, dont toute leur vie n'a été qu'une constante application.

Dans l'histoire des hommes d'État, des jurisconsultes et des hommes d'église, nous trouvons mentionnées d'une manière toute spéciale les mères des lords chanceliers Bacon, Erskine et Brougham, toutes femmes d'une grande capacité, et en ce qui concerne la première, d'une vaste érudition. On cite également les mères de Canning, de Curran et du président Adams; d'Herbert, de Paley et de Wesley. Lord Brougham parle en termes qui approchent de la vénération de sa grand'mère, sœur du professeur Robertson, comme ayant puissamment contribué à pénétrer son esprit d'un violent désir de s'instruire, et lui ayant inspiré cette énergie persévérante dans la poursuite de toutes les branches des connaissances humaines, qui fut l'un des traits les plus caractéristiques de sa vie.

La mère de Canning n'était pas une femme ordinaire; c'était une Irlandaise d'une grande intelligence, pour laquelle son illustre fils conserva un véritable culte jusqu'à la fin de sa carrière.

En vérité, dit le biographe de Canning, « si déjà nous n'avions pris nos informations aux sources les plus sûres, il serait impossible de contempler ce dévouement si profond et si touchant sans être amené à conclure que l'objet d'une pareille affection devait posséder des qualités bien rares et bien supérieures. La mère de Canning était estimée dans le cercle où elle vivait comme une femme d'une grande énergie morale. Sa conversation était vive et animée et se faisait remarquer par son originalité et par le choix de sujets nouveaux et frappants, tout à fait en dehors de la routine ordinaire. Pour les personnes qui la connaissaient peu, l'énergie de ses manières avait quelque chose d'excentrique [1]. »

Curran parle avec une grande tendresse de sa mère, qui était aussi d'une rare intelligence, et il attribuait à ses sages conseils, à sa piété solide, à la louable ambition qu'elle s'efforçait de faire naître dans le cœur de ses enfants, tous les succès qu'il avait obtenus dans sa vie. « Le seul et très-mince héritage que j'aie reçu de mon pauvre père, disait-il quelquefois, fut un physique peu attrayant comme le sien ; et si jamais le monde m'a reconnu plus de valeur que n'en a le physique ou la richesse terrestre, c'est qu'un être plus cher encore que mon père a donné à son enfant une portion du trésor de son cœur [2]. »

Un jour que l'ex-président Adams assistait à un examen de jeunes filles dans une école de Boston, les élèves lui présentèrent une adresse qui l'émut profondément ; il les remercia et saisit cette occasion pour parler de l'influence considérable que l'éducation et la mémoire d'une femme avaient exercée sur sa propre vie et sur son caractère. « Tout enfant, dit-il, j'ai joui du plus grand bonheur qui puisse être accordé à un homme, celui d'avoir une mère anxieuse et capable de diriger ses enfants dans la voie du bien. C'est d'elle que j'ai reçu, surtout en religion et en morale, toutes les leçons qui ont pénétré dans ma longue vie — je ne dis pas qu'elles y ont amené la perfection qu'on pouvait en attendre, mais je puis dire, parce que c'est justice pour la

[1] *Vie de Canning*, par Robert BELL, p. 37.
[2] *Vie de Curran*, par son fils, p. 4.

mémoire de celle que je vénère, que dans le cours de cette vie, s'il y a eu quelque imperfection, si je me suis écarté de ce qu'elle m'avait enseigné, la faute en est à moi et non à elle. »

Quelle délicieuse peinture nous fait Marmontel de ses premières années ! C'est pour ses enfants qu'il écrivit ses *Mémoires* contenant toute l'histoire de sa vie. Il raconte que lorsqu'il fut envoyé au collège, et qu'il revenait à la maison chargé de prix, car il était habituellement le premier de sa classe, sa mère le recevait avec admiration.

« Ma bonne mère en était ravie. Lorsque mes vestes de basin lui étaient renvoyées, elle regardait vite si la chaîne d'argent qui suspendait la croix avait noirci ma boutonnière, et lorsqu'elle y voyait cette marque de mon triomphe, toutes les mères du voisinage étaient instruites de sa joie ; nos bonnes religieuses rendaient grâce au Ciel ; mon cher abbé Vaissière en était rayonnant de gloire. »

Le premier livre des *Mémoires* de Marmontel est des plus charmants ; il contient l'histoire de son enfance, de sa famille, de ses premières études, de ses premières affections. Il se termine par la brusque nouvelle de la mort de son père, qui fut son premier grand chagrin et inaugura pour lui la vie sérieuse qu'il mena plus tard.

Les frères Wesley étaient particulièrement attachés à leurs parents par les liens d'une piété naturelle, quoique la mère bien plus que le père influençât leur esprit et développât leur caractère. Le père était un homme d'une volonté ferme, mais quelquefois dur et tyrannique dans ses rapports avec sa famille [1] ; tandis que la mère, avec

---

[1] Le père des Wesley était même décidé, à une certaine époque, à abandonner sa femme, qui, par scrupule de conscience, refusait de s'unir aux prières qu'on faisait alors pour le monarque régnant, et il ne fut sauvé des conséquences de cette résolution irréfléchie que par la mort accidentelle de Guillaume III. Il montra la même intolérance

une grande force d'intelligence et un amour ardent de la vérité, était douce, persuasive, affectueuse et simple. Elle se
faisait l'institutrice et l'aimable compagne de ses enfants,
qui graduellement se modelèrent sur son exemple. C'est à
la direction qu'elle donna à l'esprit de ses fils en matière
religieuse qu'ils durent la tendance qui, dès leurs premières années, leur attira le nom de Méthodistes.

Dans une lettre à son fils Samuel Wesley, lorsqu'il était
étudiant à Westminster, en 1709, elle écrivait : « Je vous
conseillerais, autant que possible, de classer vos occupations d'après une certaine *méthode* qui vous permette d'utiliser vos moindres instants et de trouver une facilité indi-
cible dans l'accomplissement de tous vos devoirs. » Elle
continue à décrire cette *méthode* en exhortant son fils à
« n'agir en toutes choses que d'après un principe ». On
suppose que la société fondée plus tard à Oxford par les
deux frères, Jean et Charles, est en grande partie le résultat
de ses exhortations.

En ce qui concerne les poëtes, les hommes littéraires et
les artistes, l'influence du sentiment et du goût de la mère
est sans aucun doute pour beaucoup dans la direction du
génie de leur fils; nous en trouvons des exemples frappants
dans les vies de Gray, Thomson, Scott, Southey, Bulwer,
Schiller et Gœthe. Gray hérita presque entièrement de la
nature bonne et aimante de sa mère, tandis que son père
était dur et peu aimable. Gray tenait beaucoup de la
femme : il était timide, réservé, et manquait d'énergie;
mais sa vie et son caractère furent toujours irréprochables.
La mère du poëte soutint la famille après que son indigne
mari l'eut abandonnée, et, à sa mort, Gray plaça sur sa
tombe, à Stoke-Pogis, une épitaphe où il la dépeignait

vis-à-vis de ses enfants, forçant sa fille Mehetabel à épouser malgré
sa volonté un homme qu'elle n'aimait pas et qui se montra tout à
fait indigne d'elle.

comme « la mère soigneuse et tendre de nombreux enfants dont un seul avait le malheur de lui survivre ». Le poëte fut, d'après son désir, enterré lui-même près de ce tombeau vénéré.

Gœthe, comme Schiller, devait la pente de son esprit et de son caractère à sa mère, qui était une femme remarquablement douée. Elle était remplie d'esprit naturel, d'un esprit joyeux et pétillant, et elle possédait au plus haut degré l'art de stimuler les âmes jeunes et actives, et de leur apprendre la science de la vie, d'après les trésors de sa grande expérience [1]. Un voyageur, qui avait eu avec elle une longue entrevue, s'écriait dans son enthousiasme : « Je comprends maintenant comment Gœthe est devenu ce qu'il est ! » Gœthe chérissait avec tendresse la mémoire de sa mère. « Elle était digne de vivre ! » dit-il un jour ; et, quand il visita Francfort, il rechercha chacune des personnes qui avaient été bonnes pour sa mère et les remercia toutes.

La mère d'Ary Scheffer dont le peintre aimait tant à reproduire les traits charmants dans ses tableaux de Béatrice, de sainte Monique et autres, encourageait chez son fils l'étude de l'art, et, avec une grande abnégation, elle lui procura les moyens de la continuer. Pendant qu'elle vivait à Dordrecht, en Hollande, elle l'envoya d'abord étudier à Lille, et plus tard à Paris. Les lettres qu'il recevait d'elle étaient toujours pleines de sages conseils maternels et de tendre et

---

[1] Gœthe lui-même dit :

« Vom Vater hab'ich die statur
Des Lebens ernstes Führen ;
Von Mütterchen die Frohnatur
Und Lust zu fabuliren. »

« De mon père j'ai la stature, et l'esprit sérieux de la vie ; de ma petite mère, la gaie nature, sa bonne humeur pour plaisanter. »

féminine sympathie. « Si tu pouvais me voir, écrivait-elle
un jour, embrassant ton image, puis un instant après la
reprenant encore, et, les larmes dans les yeux, t'appelant
mon fils bien-aimé, tu comprendrais alors combien il m'en
coûte d'employer quelquefois le langage sévère de l'autorité
et de t'occasionner un moment de chagrin... Travaille avec
ardeur, sois par-dessus tout modeste et humble, et si tu
t'aperçois que tu surpasses les autres, compare ce que tu
as fait avec la nature elle-même ou avec l'idéal que tu t'étais
formé, et le contraste sera si apparent qu'il te mettra en
garde contre l'orgueil et la présomption. »

Bien des années plus tard, lorsque Ary Scheffer était lui-
même grand-père, il se rappelait avec affection les conseils
de sa mère et les répétait à ses enfants. C'est ainsi que la
force vitale du bon exemple se transmet de génération en
génération, et conserve au monde sa jeunesse et sa fraî-
cheur. Écrivant à sa fille, madame de Marjolin, en 1846,
les paroles de sa mère lui revinrent à l'esprit, et il dit :
« Fixez bien dans votre mémoire, ma chère enfant, ces trois
mots : *il le faut*. Votre grand'mère les oubliait rarement, car
il est sûr que dans le courant de la vie, rien ne porte son fruit
comme ce qui est gagné par le travail des mains, ou ce que
nous obtenons au prix d'un sacrifice. Le sacrifice est une
condition essentielle de bien-être et de bonheur..... Maintenant que je ne suis plus jeune, je peux vous affirmer que les
instants de ma vie qui m'ont donné le plus de satisfaction
sont ceux où j'ai fait des sacrifices, où je me suis refusé
des jouissances. *Das Entsagen* (le renoncement) est la
devise du sage ; Jésus-Christ nous a donné l'exemple du
renoncement le plus absolu [1]. »

L'historien français Michelet consacre à sa mère un passage touchant dans la préface de l'un de ses ouvrages les

---

[1] *Vie d'Ary Scheffer*, par madame GROTE, p. 154.

plus populaires, qui a été l'objet de bien des controverses au moment où il parut :

« En écrivant tout ceci, dit-il, j'ai songé à une femme dont l'esprit sérieux et fort n'eût pas manqué de me soutenir dans ces luttes. Je l'ai perdue, il y a trente ans (j'étais enfant alors) — et cependant elle vit toujours dans mon souvenir et me suit d'année en année.

« Elle a souffert avec moi dans ma pauvreté, et il ne lui a pas été permis de partager ma meilleure fortune. Quand j'étais jeune, je lui faisais de la peine, et maintenant je ne peux plus la consoler. Je ne sais même pas où reposent ses restes ; j'étais alors trop pauvre pour acheter le terrain nécessaire à sa tombe !

« Et pourtant je lui dois beaucoup. Je sens profondément que je suis le fils d'une femme. A chaque instant, dans mes pensées et dans mes paroles (pour ne rien dire de mes traits et de mes gestes), je retrouve ma mère en moi. C'est le sang de ma mère qui me donne la sympathie que j'éprouve pour les temps passés et le tendre souvenir de tous ceux qui ne sont plus.

« Que pourrais-je donc lui offrir, moi qui avance déjà vers la vieillesse, pour tout ce que je lui dois ? Une seule chose, dont elle m'eût remercié, cette protestation en faveur des femmes et des mères [1]. »

Mais si une mère peut influencer en bien l'esprit poétique et artistique de son fils, elle peut aussi l'influencer en mal. Ainsi les traits caractéristiques de lord Byron, le caprice de ses impulsions, son impatience de tout frein, l'amertume de sa haine et l'irréflexion de ses ressentiments peuvent être attribués sans contredit à la mauvaise influence exercée sur son esprit, dès son berceau, par sa mère, femme violente, capricieuse et entêtée. Elle allait même

---

[1] MICHELET, *Des Prêtres, des Femmes et des Familles.*

jusqu'à railler son fils sur son infirmité, et il n'était pas rare, dans les querelles très-vives qui s'élevaient entre eux, de lui voir prendre le poker ou les pinces et les lancer après lui comme il fuyait sa présence [1]. Ce fut ce traitement dénaturé qui répandit sur toute l'existence de Byron quelque chose de morbide. Et, dévoré de soucis, malheureux, grand, tout faible qu'il était, il portait avec lui le poison maternel qu'il avait sucé dans son enfance.

C'est ce qui le fait s'écrier dans son *Child-Harold :*

> Yet must I think less wildly : — I have thought
> Too long and darkly, till my brain became,
> In its own eddy boiling and o'er wrought,
> A whirling gulf of phantasy and flame.
> And thus, *untaught in youth my heart to tame*
> *My springs of life were poisoned.*

Il faut aujourd'hui que je pense moins follement : — je me suis agité si longtemps dans des pensers si sombres, que mon cerveau surexcité par son propre bouillonnement est devenu un gouffre de fantaisie et de flamme ; et parce que, *dans ma jeunesse, je n'ai pas appris à maîtriser mon cœur, les sources de ma vie ont été empoisonnées.*

Lord BYRON, *Child-Harold*

Quoique d'une manière différente, le caractère de mistress Foote, mère du gai et jovial acteur, se reproduit en traits vraiment curieux dans la vie de son fils. Après avoir été l'héritière d'une grande fortune, elle l'eut bientôt dépensée et finit par être emprisonnée pour dettes. Dans cette occurrence, elle écrivit à Sam, qui lui allouait cent livres sterling par an sur ses revenus d'acteur :

« Cher Sam, je suis en prison pour dettes ; venez au secours de votre tendre mère.

« E. FOOTE. »

---

[1] On dit que mistress Byron mourut d'un accès de colère, causé par la lecture du mémoire de son tapissier.

A quoi son fils répondit :

« Chère mère, je suis dans la même position, ce qui empêche votre fils affectionné de remplir ses devoirs envers sa tendre mère.

« Sam FOOTE. »

Une mère insensée peut encore gâter un fils bien doué en imprégnant son esprit de sentiments malsains. On dit, par exemple, que la mère de Lamartine l'éleva dans des idées fausses sur la vie, à l'école de Rousseau et de Bernardin de Saint-Pierre, ce qui exagéra, au lieu de les réprimer, ses dispositions naturelles au sentimentalisme[1]; et il fut toute sa vie la victime des larmes, de l'affectation et de l'imprévoyance. Il est presque ridicule d'entendre Lamartine, dans ses *Confidences,* se représenter lui-même comme une « statue de l'Adolescence élevée sur un piédestal pour servir de modèle aux jeunes gens[2] ». De même qu'il était l'enfant gâté de sa mère, il a été celui de son pays jusqu'à la fin de sa vie, qui fut amère et triste. Sainte-Beuve dit de lui : « Il était sans cesse l'objet des dons les plus magnifiques, qu'il ne savait pas ménager; il les prodiguait et les gaspillait tous, excepté le don de la parole qui semblait inépuisable, et dont il continua à se servir jusqu'à la fin comme d'une flûte enchantée[3]. »

Nous avons parlé de la mère de Washington comme s'entendant parfaitement aux affaires; cette qualité est non-seulement compatible avec la vraie nature de la femme, mais elle est, dans une certaine mesure, essentielle au confort et au bien-être de toute famille bien ordonnée. L'habitude des affaires ne se rapporte pas seulement au commerce, mais elle peut s'appliquer à toutes les choses

---

[1] SAINTE-BEUVE, *Causeries du lundi,* t. I, p. 23.
[2] *Ibid.,* t. I, p. 22.
[3] *Ibid.,* t. I, p. 23.

pratiques de la vie, à tout ce qui doit être organisé, prévu et exécuté. Et, sous bien des rapports, la direction d'une famille et d'une maison est aussi importante que celle d'une boutique ou d'un comptoir. Elle exige de la méthode, de l'exactitude, un esprit d'organisation, d'industrie et d'économie; de la discipline, du tact, du savoir-faire, et l'art de proportionner les dépenses avec les revenus. Tout ceci est du ressort des affaires; il est donc aussi indispensable pour les femmes d'en prendre l'habitude, si elles veulent réussir dans leur intérieur et le rendre heureux, que pour les hommes qui s'occupent d'industrie, de commerce ou de manufactures.

Cependant jusqu'ici l'idée a prévalu que les femmes n'avaient pas à s'occuper de pareilles questions, et que l'habitude des affaires et les qualités qu'elles réclament ne regardaient que les hommes. Voyez, par exemple, la science des chiffres. M. Bright a dit, en parlant des garçons : « Apprenez à fond l'arithmétique à un petit garçon, et vous en faites un homme. » Pourquoi? Parce que vous lui enseignez la méthode, l'exactitude, la valeur, les proportions, les relations. Mais y a-t-il beaucoup de jeunes filles qui sachent l'arithmétique? Bien peu, en vérité. Et quelle en est la conséquence? C'est que, lorsque la jeune fille se marie, si elle ne connaît rien aux chiffres, si elle est novice en additions et en multiplications, elle ne pourra pas tenir compte de ses revenus et de ses dépenses, et il y aura probablement une succession de méprises qui pourront être dans l'intérieur une source de discussions. La femme n'étant pas à la hauteur de ses fonctions, c'est-à-dire ne sachant pas diriger ses affaires de ménage d'après les simples notions de l'arithmétique, sera exposée par pure ignorance à commettre des extravagances qui peuvent être funestes à la paix et au bien-être de son intérieur.

L'ordre, qui est l'âme de toutes les affaires, est également d'une importance capitale dans une maison. On ne peut venir à bout du travail qu'avec de l'ordre. L'ordre exclut la confusion. Il exige l'exactitude, autre qualité essentielle en affaires. La femme inexacte, de même que l'homme inexact, inspire du dégoût, parce qu'elle gaspille le temps et qu'elle nous fait penser que nous n'avons pas assez d'importance à ses yeux pour la rendre plus prompte. Pour l'homme d'affaires, le temps vaut de l'argent; pour la femme, l'ordre est plus encore : c'est la paix, le confort et la prospérité de la famille.

La franchise est encore une qualité importante en affaires, autant pour les hommes que pour les femmes. La prudence est la sagesse pratique et vient d'un jugement éclairé. Elle cherche en toutes choses ce qui est bien et convenable; elle décide avec sagesse ce qui doit être fait, et comment on doit le faire. Elle calcule les moyens, le moment et la manière d'agir. La prudence s'apprend par l'expérience hâtée par l'instruction.

On voit par toutes ces raisons combien il est nécessaire de cultiver chez les femmes l'habitude des affaires, afin qu'elles puissent être des aides efficaces dans la vie et le travail de chaque jour. Il y a plus : pour exercer sagement le pouvoir qui leur est dévolu; pour suivre leurs enfants dès le berceau et les élever, les diriger, les instruire, les femmes ont besoin de tout ce que l'éducation intellectuelle peut donner de force et de secours.

L'amour instinctif seul n'est pas suffisant : l'instinct qui guide les créatures inférieures s'apprend naturellement; mais l'intelligence humaine, si indispensable dans une famille, a besoin d'être développée. La santé physique des générations futures est confiée par la Providence aux soins de la femme; et c'est dans la nature physique que se trouve enfermée la nature morale. C'est donc en agissant d'accord avec les lois naturelles qu'on peut obtenir pour les siens la santé du corps et la santé de l'âme. Mais pour suivre ces lois, il faut qu'une femme les connaisse, et si elle les ignore, tout l'amour de la mère n'est que trop souvent récompensé par un cercueil d'enfant [1] !

Il est banal de dire que l'intelligence dont Dieu a doué la femme, de même que l'homme, lui a été donnée pour s'en servir et non « pour la laisser moisir sans en user ». De tels avantages ne sont jamais accordés sans un but. Le Créateur peut prodiguer ses dons, il ne les dissipe jamais.

Il n'a pas voulu faire de la femme un souffre-douleur sans initiative, un joli jouet destiné à charmer les loisirs de l'homme. Elle existe pour elle-même aussi bien que pour d'autres, et les devoirs sérieux qu'elle est appelée à remplir dans la vie n'exigent pas moins les lumières de son intelligence que les sympathies de son cœur. Sa plus haute mission ne consiste pas à exceller dans ces talents frivoles pour lesquels on dépense aujourd'hui tant de moments précieux, car bien que les talents puissent rehausser les charmes de la jeunesse et de la beauté, qui sont déjà par eux-mêmes suffisamment charmants, on les trouvera très-peu utiles dans les exigences de la vie réelle.

Le plus grand éloge que les anciens Romains pouvaient faire d'une noble matrone, c'est qu'elle restait dans sa maison à filer. — *Domum mansit, lanam fecit.* On a dit de notre temps qu'une femme avait bien assez de science quand elle savait assez de chimie pour faire bouillir son pot-au-feu, et assez de géographie pour connaître les chambres de sa maison. Lord Byron, dont les sympathies

---

[1] Si un tiers des enfants qui naissent meurent avant l'âge de cinq ans, on ne peut l'attrib.... qu'à l'ignorance des mères en fait de lois naturelles; elles ignorent pour la plupart la constitution humaine, l'usage du grand air, de l'eau pure, et l'art de préparer et d'administrer une nourriture saine. Une telle mortalité n'existe pas chez les animaux.

pour la femme étaient d'une nature très-imparfaite, déclarait qu'il voudrait limiter leur bibliothèque à une Bible et
un livre de cuisine. Mais cette manière d'envisager le caractère et l'éducation des femmes est aussi absurdement
étroite et inintelligente que la manière opposée, si en vogue
aujourd'hui, est extravagante et contre nature — celle qui
consiste à croire que la femme doive être élevée en vue de
devenir en tous points l'égale de l'homme, afin qu'il n'y ait
entre eux que la différence des sexes, qu'elle ait les mêmes
droits, y compris celui de voter, en un mot, qu'elle soit son
compétiteur en tout ce qui fait de la vie un combat égoïste
et acharné, une chasse aux places, aux honneurs et
à l'argent.

En général, l'éducation et la discipline qui conviennent le
mieux à l'un des sexes au début de la vie sont aussi ce qu'il
y a de meilleur pour l'autre. La culture morale et intellectuelle qui remplit l'esprit de l'homme sera également salutaire à la femme. Tous les arguments qu'on a mis en avant
en faveur de l'instruction supérieure des hommes plaident
aussi fortement en faveur de l'instruction supérieure des
femmes. Dans toutes les branches de ses attributions,
l'intelligence de la femme ajoutera à son utilité, à son efficacité. Elle lui donnera la pensée et la prévoyance, lui permettra de parer aux éventualités de la vie, lui suggérera
d'utiles améliorations, et la fortifiera en tout. La puissance
de ses facultés intellectuelles la protégera bien davantage
contre la déception et l'imposture qu'une ignorance naïve et
sans soupçon. Dans son éducation morale et religieuse, elle
puisera des causes d'influence plus fortes et plus durables
que dans ses attractions physiques, et dans une juste mesure d'indépendance et de confiance en elle-même, elle
découvrira les véritables sources du bien-être et du bonheur
domestiques.

Mais si l'esprit et le caractère des femmes doivent être

cultivés en vue de leur propre bien-être, il ne faut pas moins songer qu'elles peuvent beaucoup pour le bonheur des autres. Les hommes par eux-mêmes ne sauraient être sains d'esprit et de cœur lorsque les femmes sont le contraire; et si, comme nous le comprenons, la condition morale d'un peuple dépend surtout de l'éducation de la famille, il en résulte que l'éducation des femmes doit être regardée comme une question d'importance nationale. Le caractère moral et la force mentale de l'homme trouvent leur meilleure sauvegarde et leur appui dans la pureté et l'élévation morale de la femme, et plus les facultés de chacun seront développées, plus il y aura d'ordre et d'harmonie dans la société, plus on sera sûr de sa grandeur et de ses progrès.

Lorsque Napoléon Ier disait, il y a environ cinquante ans, que la France manquait de mères, il voulait dire, en d'autres termes, que le peuple français avait besoin d'une éducation de famille présidée par des femmes bonnes, vertueuses et intelligentes. La première révolution française offre un terrible exemple des malheurs sociaux qui peuvent résulter du mépris de cette influence régénératrice de la femme. Quand cette grande explosion eut lieu, la société était livrée au vice et au déréglement. La morale, la religion, la vertu étaient noyées dans le sensualisme. Le caractère de la femme était devenu dépravé; la fidélité conjugale n'était pas respectée; la maternité n'était plus en honneur. La corruption avait atteint le foyer de la famille. Il n'était plus assez pur pour lier la société. La France n'avait pas de mères, et ses enfants furent bientôt déchaînés. La révolution éclata « au milieu des hurlements et de la farouche violence des femmes [1] ».

[1] Le *Figaro* de Beaumarchais, qui fut accueilli en France avec tant d'enthousiasme un peu avant la révolution, peut être considéré comme une pièce symbolique; elle représentait ce qu'était alors la moralité

Mais la terrible leçon fut méconnue, et plus d'une fois encore la France a gravement souffert du manque de cette discipline, de cette obéissance. de cet empire sur soi-même et de ce respect de soi-même, qui ne s'apprennent bien que dans la famille. On dit que le troisième Napoléon attribuait à la frivolité et au manque de principes du peuple, et à son goût effréné du plaisir, cette impuissance de la France, qui, dans ces derniers temps, l'a fait tomber sans force et toute sanglante aux pieds de ses vainqueurs. Il aurait dû reconnaître qu'il n'avait lui-même que trop contribué à développer ce goût. Pour que la France soit grande et bonne, elle a donc besoin de la discipline indiquée par Napoléon Ier : l'éducation de la famille par des mères vertueuses.

L'influence de la femme est la même partout. Dans tous

chez les grands comme chez les petits. « Décorez les hommes du nom que vous voudrez », dit Herbert Spencer, rangez-les dans la *haute*, dans la *moyenne* ou dans la *basse* classe, ils n'en seront pas moins tous les membres de la même société, travaillés par le même esprit de leur siècle, et modelés d'après le même type de caractère. La loi physique qui dit que l'action et la réaction sont égales s'applique aussi à la morale. Ce qu'un homme fait à un autre tend à produire plus tard le même effet sur tous les deux, soit en bien, soit en mal. Mettez-les seulement en rapport, et il n'y a ni division de caste, ni différence de fortune qui puisse empêcher les hommes de s'assimiler les uns aux autres.

« ..... Les mêmes influences qui adaptent rapidement l'individu à sa société assurent, quoique par des progrès plus lents, l'uniformité de tout caractère national.

« ..... Et tant que les influences assimilantes qui produisent ce résultat continueront à être en jeu, c'est folie de supposer qu'aucun membre de la communauté puisse être moralement différent des autres. Si vous voyez de la corruption, dans quelque rang que ce soit, soyez sûr qu'elle gagnera tous les rangs, et que c'est le symptôme d'une crise sociale. Si le virus de la dépravation existe dans une partie du corps politique, aucune de ses parties ne peut rester saine. » (*Statistiques sociales*), chap. XX, § 7.

4.

les pays, les mœurs, les manières, le caractère du peuple dépendent d'elle. Quand elle est dépravée, la société est dépravée ; et plus elle est moralement pure et éclairée, plus la société sera noble et digne.

Donc, instruire la femme, c'est instruire l'homme ; élever le caractère de l'une, c'est élever celui de l'autre ; élargir la liberté morale de la femme, c'est assurer celle de la communauté tout entière. Car les nations sont le produit des foyers de famille, et les peuples celui des mères.

Mais s'il est prouvé qu'une nation ne peut que gagner aux lumières et au perfectionnement de la femme, il est plus que douteux qu'il puisse y avoir aucun avantage à la mettre en concurrence avec l'homme pour le rude labeur des affaires et de la politique. Les femmes dans ce monde ne peuvent pas plus faire la besogne spéciale des hommes que les hommes ne peuvent faire celle des femmes. Et toutes les fois que la femme a été enlevée à sa maison et à sa famille pour s'occuper d'un autre travail, le résultat, au point de vue social, a été désastreux. Dans ces dernières années, les efforts de quelques grands philanthropes ont tendu à empêcher les femmes de travailler côte à côte avec les hommes dans les houillères, les manufactures, les clouteries et les briqueteries. Il n'est pas rare, dans le Nord, de voir les maris rester oisifs à la maison, pendant que leurs femmes et leurs filles travaillent à la manufacture ; il en résulte le plus souvent une subversion complète de l'ordre, de la discipline et de la règle de la famille et du foyer [1].

---

[1] Il y a environ vingt-huit ans, l'auteur écrit et publié le passage qui va suivre, non sans avoir une connaissance pratique de son sujet ; et malgré la grande amélioration qui s'est introduite dans le sort des ouvriers de fabriques, grâce aux nobles efforts de lord Shaftesbury, la description est encore en grande partie exacte.

« Le système des manufactures a pu augmenter beaucoup la richesse du pays, mais il a eu l'effet le plus délétère sur la condition

Il n'y a pas de raison non plus pour supposer qu'on puisse assurer l'élévation et le progrès des femmes en les investissant d'un pouvoir politique. De nos jours cependant bien des gens croient à l'efficacité des « votes [1] » et espèrent un bien indéfini de « l'émancipation » des femmes. Il n'est pas nécessaire de discuter ici cette question. Qu'il nous suffise de constater que si le pouvoir politique n'a pas été donné à la femme, il est plus que compensé par celui qu'elles exercent dans la vie privée, en dressant au sein de la famille ceux qui plus tard doivent devenir des hommes et des femmes, et accomplir tous les travaux de ce monde. Le radical Bentham a dit que l'homme, même s'il le vou-

domestique du peuple. Il a envahi le sanctuaire du foyer, et rompu les liens de la famille et de la société. Il a enlevé la femme à son mari, et les enfants à leurs parents. Sa tendance a été surtout d'abaisser le caractère de la femme. Celle-ci a pour mission spéciale d'accomplir des devoirs domestiques, de diriger sa maison, d'élever sa famille. Elle doit prévoir les besoins et ménager les ressources. Mais la fabrique ne lui laisse pas le temps de remplir ces devoirs. Elle n'a plus de chez elle. Les enfants croissent, négligés et sans culture. Les plus chères affections s'émoussent. La femme n'est plus la douce et tendre compagne, l'amie de l'homme, elle est son camarade de travail et de peine. elle est exposée à des influences qui trop souvent effacent cette modestie de pensée et de conduite, l'une des meilleures sauvegardes de la vertu. Sans jugement et sans principes solides pour les guider, les jeunes filles des fabriques acquièrent de bonne heure le sentiment de l'indépendance. Toutes prêtes à secouer la contrainte qui leur est imposée par leurs parents, elles quittent la maison et deviennent bien vite initiées aux vices de leurs compagnes. L'atmosphère physique et morale dans laquelle elles vivent, stimule leurs instincts grossiers; l'influence du mauvais exemple devient contagieuse parmi elles, et le mal se propage de tous les côtés. » (*L'Union*, janvier 1843.)

[1] Un auteur satirique français, signalant les nombreux plébiscites, les continuelles élections de ces dernières années, et le manque progressif de croyances en toutes choses, excepté dans les votes, disait, en 1870, que nous semblions approcher rapidement du jour où l'unique prière des hommes et des femmes serait : « Donnez-nous aujourd'hui notre vote de chaque jour. »

lait, ne pourrait enlever le pouvoir de la femme; car c'est
elle qui gouverne en ce monde « avec toute la puissance
d'un despote [1] », quoique son sceptre soit un sceptre
d'amour. Et pour former le caractère de toute la race humaine, il faut un pouvoir beaucoup plus grand que ne
pourrait en donner aux femmes le droit de voter pour les
membres du Parlement, ou même de faire des lois.

Il y a cependant une branche spéciale des attributions
de la femme qui demande la sérieuse attention de tous les
réformateurs féminins, car c'en est une qui a été jusqu'ici
étonnamment négligée. Nous voulons parler de la préparation meilleure et plus économique de la nourriture humaine,
pour laquelle on dépense aujourd'hui d'une manière presque scandaleuse, faute de connaître les premiers éléments
de l'art culinaire. S'il faut considérer comme un bienfaiteur
de son espèce l'homme qui a fait pousser deux épis de blé
sur le terrain qui jadis n'en produisait qu'un, à plus forte
raison devons-nous honorer publiquement la sage ménagère dont les efforts tendent sans cesse à diminuer les
dépenses, et à tirer le meilleur parti possible des produits
alimentaires dus au travail et à l'industrie de l'homme.
L'usage perfectionné de nos ressources acquises serait à lui
seul l'équivalent d'une extension immédiate de la terre cul-
tivable de notre pays, et il aurait des avantages immenses
au point de vue de la santé, de l'économie et du bien-être

---

[1] Il est de nécessité primordiale et absolue que les relations entre
la mère et l'enfant soient beaucoup plus complètes, quoique moins
souvent citées comme exemple, que celles qui existent entre le père et
le fils..... D'après sir Robert Filmer, l'hypothèse du pouvoir aussi
nécessaire qu'absolu du père sur ses enfants fut la fondation et
l'origine, puis la justification du pouvoir du monarque dans tous les
États politiques. Il eût été plus vrai de citer la domination de la
femme comme la seule forme légitime de gouvernement. (*Déontologie*, t. II, p. 121.)

domestiques. Puissent nos réformatrices employer avec succès, dans ce but, toute leur énergie ; elles s'attireront la reconnaissance de toutes les familles, et mériteront d'être classées parmi les plus grands des philanthropes pratiques.

CHAPITRE III.

LA SOCIÉTÉ ET L'EXEMPLE.

> Formez-vous une bonne société, et vous en
> serez l'un des membres.
>
> George HERBERT.

> For mine own part,
> I shall be glad to learn of noble men.
>
> Pour ma part, je serai bien aise d'être instruit
> par des hommes grands et nobles.
>
> SHAKESPEARE.

> Examples preach to th'eye. — Care then, mine says,
> Not how you end, but how you spend your days.
>
> Les exemples prêchent aux yeux. — Prenez donc
> garde, disent les miens, non pas à votre fin, mais à
> toute votre vie.
>
> Henry MARTEN, *Dernières Pensées*.

> Dis-moi qui tu admires, et je te dirai qui tu es.
>
> SAINTE-BEUVE.

> Celui qui veut devenir un grand peintre cherchera
> à dessiner d'après les plus parfaites copies, et il
> guidera chaque coup de son crayon sur le meilleur
> modèle qu'il aura devant lui; de même, celui qui
> désire avoir une belle page dans la vie devra se
> proposer avec soin les meilleurs exemples et ne
> jamais être content jusqu'à ce qu'il les ait égalés ou
> surpassés.
>
> Owen FELTHAM.

L'éducation première de la famille se prolonge bien
avant dans la vie, et même elle ne cesse jamais tout à fait.
Mais il arrive un moment, dans la progression des années,
où l'influence exercée par la famille n'est plus aussi abso-

lue ; elle est remplacée par l'éducation plus artificielle du
collége, et par la société d'amis et de camarades qui continuent à mouler le caractère par la force toute-puissante de
l'exemple.

Les hommes jeunes ou vieux, — mais les jeunes plutôt
que les vieux, — ne peuvent s'empêcher d'imiter ceux avec
lesquels ils se trouvent en contact. La mère de George
Herbert disait à ses fils les paroles suivantes pour leur
servir de guide : « De même que nos corps prennent une
nourriture en rapport avec la viande qui nous sert d'aliment, ainsi la vertu ou le vice pénètrent insensiblement
dans nos âmes par l'exemple et la conversation de la bonne
ou de la mauvaise société. »

Il est vraiment impossible que le contact avec ceux qui
nous entourent ne produise pas une très-grande influence
sur la formation du caractère, car les hommes sont par
nature très-imitateurs, et chacun se laisse plus ou moins
impressionner par les paroles, les allures, les gestes et
même par la manière de voir de ses compagnons. « L'exemple
n'est-il rien ? disait Burke. Il est tout. L'exemple est l'école
de l'humanité, et elle ne veut apprendre que là. » La
grande devise de Burke, qu'il écrivit pour les tablettes du
marquis de Rockingham, vaut la peine d'être citée : « Rappelez-vous, imitez, persévérez. »

L'imitation est en général si inconsciente, que ses effets
passent presque inaperçus, mais son influence n'en est pas
moins permanente. C'est seulement lorsqu'une nature capable de faire impression est placée en contact avec une
autre nature susceptible d'être impressionnée, que le changement qui se produit dans le caractère devient reconnais-
sable. Cependant les natures les plus faibles elles-mêmes
exercent aussi leur influence sur ceux qui les entourent. Le
rapprochement de sentiments, de pensées et d'habitudes
est continuel et l'action de l'exemple incessante.

Emerson a même remarqué que les vieux couples, ou les personnes qui ont demeuré sous le même toit pendant un certain nombre d'années, finissent peu à peu par se ressembler, de sorte que, si elles vivaient assez longtemps, nous pourrions à peine les distinguer les unes des autres. Mais si cela est vrai pour les vieux, combien l'est-ce davantage pour les jeunes, dont les natures flexibles sont bien plus tendres et plus impressionnables, et sont toujours prêtes à se modeler sur la vie et la conversation de ceux qui les entourent !

« On a beaucoup parlé sur l'éducation, remarquait sir Charles Bell, dans une de ses lettres, mais je trouve qu'on a perdu de vue l'exemple qui est tout. Ma meilleure éducation fut l'exemple que me donnèrent mes frères. Chacun dans la famille comptait sur soi-même et possédait une vraie indépendance que j'ai obtenue par imitation [1]. »

Il est dans la nature des choses que les circonstances qui contribuent à former le caractère exercent surtout leur influence pendant que l'enfant grandit. Avec les années, l'exemple et l'imitation se transforment graduellement en habitudes. Ces habitudes finissent par prendre sur nous un tel empire, qu'avant même de nous en apercevoir, nous leur avons déjà sacrifié, dans une certaine mesure, notre liberté personnelle.

On raconte de Platon qu'ayant un jour reproché à un petit garçon de jouer à un jeu ridicule :

« Tu me reprends, dit l'enfant, pour une bien petite chose.

— Une habitude, répondit Platon, n'est pas une petite chose. »

Une anecdote semblable est rapportée du chevalier Bayard, qui, entendant deux de ses jeunes pages jurer en vain par le saint nom de Dieu, les punit sévèrement.

[1] *Lettres* de sir Charles BELL.

« Chevalier Bayard, lui dit un de ses amis, vous punissez ces enfants pour une bien petite chose.

— Une petite chose ! s'écria Bayard. Une *mauvaise habitude* contractée dans la jeunesse n'est pas une petite chose, mais c'en est une *très-grande !* »

Un mauvais pli qui dégénère en habitude devient pour nous si tyrannique qu'on a vu des hommes s'accrocher au vice tout en le maudissant. Ces hommes sont devenus les esclaves d'habitudes, à la puissance desquelles ils sont incapables de résister. Aussi Locke prétend que créer et maintenir cette vigueur d'esprit qui nous permette de lutter contre l'empire d'une habitude, doit être regardé comme l'un des grands objets de la discipline morale.

Bien que l'éducation du caractère par l'exemple soit en général spontanée et inconsciente, les jeunes gens ne doivent pas être forcément les imitateurs passifs de ceux qui les entourent. Leur propre conduite, bien plus que celle de leurs compagnons, tend à fixer le but et à former les principes de leur vie. Chacun possède en lui-même une force de volonté et de libre action qui, si elle est courageusement employée, lui permettra de choisir à lui seul ses amis et sa société. C'est par manque de résolution que les jeunes, aussi bien que les vieux, deviennent les esclaves de leurs inclinations, ou s'abandonnent à une imitation servile d'autrui.

On dit généralement que les hommes se font connaître par la société qu'ils fréquentent. Les gens sobres ne se lient pas avec les ivrognes, les raffinés avec les vulgaires, les pudiques avec les impudiques. S'associer avec des personnes dépravées témoigne d'un goût peu élevé et de tendances vicieuses, et les fréquenter conduit à une dégradation de caractère inévitable. « La conversation de pareilles gens, dit Sénèque, est très-préjudiciable, car, en supposant qu'elle ne fasse pas un mal immédiat, elle laisse toujours

5

son germe dans l'esprit, et nous poursuit même quand nous ne pouvons plus l'entendre ; c'est comme un fléau qui s'élèvera contre nous dans la résurrection future. »

Si les jeunes gens reçoivent une sage influence et une bonne direction et qu'ils exercent consciencieusement leurs propres forces, ils rechercheront la société de ceux qui leur sont supérieurs et feront tous leurs efforts pour les imiter. Dans la société des bons, les jeunes natures trouveront toujours leur meilleur aliment, tandis que la société des méchants ne portera de fruits que pour le mal. Connaître certaines personnes, c'est les aimer, les honorer, les admirer ; il y en a d'autres, au contraire, que l'on méprise et qu'on évite dès qu'on les connaît, celles *dont le savoir n'est que bêterie,* comme dit Rabelais, en parlant de l'éducation de Gargantua. Vivez avec des caractères élevés, et vous vous sentirez vous-même élevé et transfiguré ; « vivez avec les loups », dit le proverbe espagnol, « et vous apprendrez à hurler. »

Les relations avec les gens vulgaires et égoïstes peuvent être également très-nuisibles, en produisant dans l'âme une disposition sèche, sombre, renfermée, personnelle, ennemie de la véritable grandeur de l'homme et de la largeur du caractère. L'esprit s'habitue à courir dans des sillons étroits, le cœur se resserre et se contracte, et la nature morale devient faible, irrésolue, trop facile, ce qui est la ruine de toute ambition généreuse, et de toute supériorité réelle.

Au contraire, la fréquentation de personnes plus sages, meilleures et plus expérimentées que nous-mêmes est toujours une source d'inspiration et de vigueur. Par elles, notre propre science de la vie se trouve rehaussée. Nous corrigeons nos jugements d'après les leurs, et nous devenons les associés de leur sagesse. Nous agrandissons notre champ d'observation en voyant par leurs yeux, nous profitons de leur expé-

rience, et nous apprenons non pas seulement par leurs
jouissances, mais, ce qui est plus instructif encore, par
ce qu'elles ont souffert. Si elles sont plus fortes que nous,
nous participons à leur force. De là vient que la société
d'hommes sages et énergiques ne manque jamais d'avoir
une influence très-utile sur la formation du caractère. Elle
augmente nos ressources, elle fortifie nos résolutions, elle
élève nos aspirations et nous permet d'exercer une plus
grande habileté dans nos propres affaires et une utilité plus
efficace pour celles des autres.

« J'ai souvent déploré en moi-même », dit madame
Schimmelpenninck, « tout ce que j'ai perdu par la solitude de
mes premières années. Nous n'avons pas de plus mauvais
compagnons que nos personnalités stériles; un être qui vit
seul devient non-seulement tout à fait ignorant de ce
qu'il pourrait faire pour aider ses semblables, mais il
arrive à n'avoir même pas le sentiment des besoins qui
demandent le plus à être secourus. La société, quand elle
ne nous absorbe pas au point de nous enlever nos heures de
retraite et de solitude, peut être considérée comme un
excellent moyen de nous fournir une expérience riche et
variée, et les sympathies que le contact fait naître ne
manquent jamais de rapporter de grands trésors à la
maison, bien que, à l'inverse de la charité, elles prennent
leur source au dehors. L'association sert encore à fortifier
le caractère et à nous permettre de nous diriger avec
sagesse et sûreté, sans jamais perdre de vue notre grand
objet [1]. »

Une direction entièrement nouvelle peut être donnée à la
vie d'un jeune homme par une inspiration heureuse, un
avertissement opportun, ou le conseil bienveillant d'un ami
honnête. Ainsi, l'existence d'Henry Martyn, qui fut plus

---

[1] Autobiographie de Mary-Anne Schimmelpenninck, p. 179.

tard missionnaire dans les Indes, semble avoir été singuliè-
rement influencée par une amitié qu'il forma, étant tout jeune
garçon, à l'école primaire de Truro. Martyn était d'une
constitution faible, d'un tempérament nerveux et délicat;
manquant de force physique, il prenait peu de plaisir aux
jeux de l'école, et, comme il était d'un caractère assez iras-
cible, les garçons plus grands que lui trouvaient charmant
de le contrarier et de le taquiner. L'un des plus grands,
cependant, conçut pour Martyn une grande amitié; il le
prit sous sa protection, se plaça entre lui et ses persécuteurs, et non-seulement il se battit pour lui, mais encore il
l'aida dans ses devoirs. Quoique Martyn ne fût pas un élève
très-avancé, son père désirait beaucoup qu'il eût les avantages d'une éducation de collége, et, à l'âge de quinze ans
environ, il l'envoya à Oxford concourir pour un *Corpus
scholarship* [1]. Le jeune homme échoua et resta deux ans
encore à l'école de grammaire de Truro, puis il alla à Cambridge, où on le fit entrer au collége de Saint-Jean. Quelle ne
fut pas sa surprise en retrouvant là son ancien camarade de
Truro ! Leur amitié se renouvela, et depuis ce moment, le
plus âgé des deux étudiants servit de mentor au plus jeune.
Martyn était capricieux dans ses études, facile à exciter,
très-vif, et quelquefois sujet à des accès de rage presque irré-
sistibles. Son grand ami, au contraire, était un garçon
posé, patient, laborieux, et il ne cessa jamais de veiller
sur son irritable condisciple, de le guider et de le conseiller.
Il éloignait Martyn de la mauvaise société, l'engageait à
travailler ferme, « non pour la louange des hommes, mais
pour la gloire de Dieu », et il l'assista dans ses études avec
tant de succès qu'à l'examen de Noël, Martyn fut le premier
de tous ceux de l'année. Cependant, ce mentor, si bon et si
sage, n'arriva jamais lui-même à une grande distinction. Il

---

[1] Bourse au collége de Corpus.

passa inaperçu, suivant probablement quelque carrière utile, mais obscure. Son plus grand objet dans la vie avait été de former le caractère de son ami, de fortifier son âme, et de le préparer pour l'œuvre de zèle qu'il entreprit bientôt dans les Indes.

Un incident presque semblable se présenta, dit-on, dans la vie de collége du docteur Paley. Pendant qu'il était étudiant au collége du Christ, à Cambridge, il se faisait remarquer à la fois par sa finesse et par sa gaucherie, et il était en même temps le favori et le point de mire de ses compagnons. Quoique ses capacités naturelles fussent très-grandes, il était léger, paresseux et dissipateur, et au commencement de sa troisième année, il avait fait relativement peu de progrès. Après une nuit de plaisir comme il n'en passait que trop souvent, il trouva le lendemain matin un de ses amis au chevet de son lit.

« Paley, lui dit cet ami, je n'ai pu fermer l'œil à force de penser à vous, à votre folie. Il m'est permis à moi d'être dissipé, paresseux, j'en ai le moyen; vous, vous êtes pauvre, et c'est trop cher pour vous. Il est probable que moi je ne pourrais rien faire, même si j'essayais : vous, vous êtes capable de tout. J'ai passé toute la nuit à me dire que vous étiez un fou, et je suis venu aujourd'hui vous avertir solennellement. Si vous persistez dans votre indolence, et si vous continuez à vivre de cette vie, il me faudra renoncer absolument à votre société ! »

On raconte que Paley fut tellement impressionné par cette admonestation que, dès ce moment, il devint un autre homme. Il se fit un plan de vie entièrement nouveau et il le poursuivit avec ardeur. Il devint l'un des étudiants les plus appliqués, distança un à un tous ses compétiteurs, et à la fin de l'année il était *senior wrangler* [1]. On sait

---

[1] Premier lauréat.

ce qu'il fut plus tard comme écrivain et comme pasteur.

Personne ne reconnaissait l'influence de l'exemple sur la jeunesse comme le docteur Arnold. C'était là le grand levier dont il se servait pour élever les caractères dans son collège. Il cherchait d'abord à rendre droit l'esprit des élèves moniteurs, en faisant appel à leurs bons et généreux sentiments, puis il les employait comme instruments pour propager le même esprit chez les autres par la force de l'imitation, de l'exemple et de l'admiration. Il tâchait de leur faire sentir à tous qu'ils travaillaient à la même œuvre que lui, et qu'ils devaient partager la responsabilité morale que lui imposait la conduite de tant d'âmes. Un des premiers effets de cette grande direction fut d'inspirer aux jeunes garçons la force et le respect d'eux-mêmes. Ils sentaient qu'on avait confiance en eux. Il y avait certainement des mauvais sujets à Rugby comme dans toutes les écoles, et c'était le devoir du maître de les surveiller et d'empêcher leur mauvais exemple de gâter les autres. Le docteur Arnold dit un jour à un maître assistant :

« Voyez-vous ces deux garçons qui se promènent ensemble ? C'est la première fois que je les vois réunis. Faites-vous un point essentiel d'observer la société qu'ils fréquentent : rien n'indique aussi bien les changements du caractère chez un enfant. »

L'exemple du docteur Arnold était un enseignement. Devant lui les jeunes gens apprenaient à se respecter, et le respect de soi-même a fait germer bien des vertus viriles. « Sa présence seule, dit son biographe, semblait créer chez ses élèves une nouvelle source de santé et de vigueur, et donner à leur vie un intérêt et une élévation qu'elle conservait longtemps. Il demeurait dans leurs pensées comme une image vivante, et, quand la mort l'eût emporté, le lien ne fut pas rompu, et le sentiment de la séparation se perdit presque dans le sentiment plus profond encore d'une vie et d'une union indestructible [1]. » Et ce fut ainsi que le docteur Arnold forma de grands et nobles caractères qui répandirent l'influence de son exemple dans toutes les parties du monde.

On disait aussi de Dugald Stewart qu'il inspirait l'amour de la vertu à des générations entières de disciples. « Pour moi, disait feu lord Cockburn, il me semblait, en l'entendant, voir les cieux s'ouvrir ; je sentais que j'avais une âme. Ses nobles pensées, traduites dans un magnifique langage, me transportaient dans un monde supérieur... Toute ma nature était changée. »

Le caractère a de l'influence dans toutes les conditions de la vie. Un artisan honorable donne le ton à ses camarades et élève toutes leurs aspirations. On assure que Franklin, pendant qu'il était ouvrier à Londres, réforma tout un atelier. L'homme, au contraire, dont la vie est mauvaise, dont toute l'énergie est employée au vice, sera, sans en avoir conscience, une cause d'abaissement et de ruine morale pour ses compagnons. Le capitaine John Brown, — le « progressif » Brown, — disait un jour à Emerson « que pour fonder une colonie un seul homme vertueux et croyant en valait plus de cent et même plus de mille qui n'auraient pas de principes ». Son exemple est si contagieux qu'il a sur ses semblables une influence directe et efficace, et il les élève insensiblement jusqu'à sa sphère d'activité et d'énergie.

La communication avec les bons produit invariablement le bien, et le bien a besoin d'expansion. « J'étais une argile vulgaire avant que des roses fussent plantées en moi », dit une terre aromatique dans la fable orientale. Les semblables engendrent les semblables, et le bien crée le bien. « C'est étonnant, dit le chanoine Moseley, quel bien fait la bonté.

---

[1] *Vie du docteur Arnold*, par le doyen STANLEY.

Le bon et le mauvais ne restent jamais isolés ; ils rendent bons ou mauvais d'autres êtres autour d'eux, et puis d'autres encore, et ainsi de suite, comme une pierre lancée dans un étang qui, de ricochets en ricochets, finit par atteindre le rivage..... Presque tout le bien qui existe dans le monde a dû nous venir traditionnellement des temps reculés et souvent de régions ignorées [1]. » C'est ce qui fait dire à M. Ruskin que « ce qui est né du mal engendre le mal, et ce qui sort d'une source vaillante et honorable nous enseigne la valeur et l'honneur ».

De là vient que l'existence de chacun se passe journellement à inculquer aux autres le bon ou le mauvais exemple. La vie d'un homme de bien est à la fois la leçon de vertu la plus éloquente et le blâme le plus sévère du vice. Le docteur Hooker décrivait la vie d'un pieux ecclésiastique de sa connaissance comme une « rhétorique visible », convainquant même les plus impies de la beauté du bien. Et l'excellent Georges Herbert disait en prenant possession de sa paroisse : « Par-dessus tout, il me faudra bien vivre, car la vertu d'un pasteur est son plus puissant argument pour inspirer le respect et l'amour, ou du moins le désir de marcher sur ses traces. Et j'y tiendrai d'autant plus, ajoutait-il, que nous vivons, je le sais, dans un temps où les bons exemples sont plus utiles que les préceptes. » Ce pieux ministre dit encore cette belle parole à quelqu'un qui lui reprochait d'avoir rempli, auprès d'un pauvre, une œuvre de charité qu'on trouvait indigne de ses fonctions : « Le souvenir de cet acte sera pour moi comme une douce musique au milieu de la nuit [2]. » Isaac Walton parle d'une lettre écrite par Georges Herbert à l'évêque Andrewes à

---

[1] Tiré d'une lettre du chanoine Moseley lue à une séance commémorative, peu de temps après la mort de feu lord Herbert de Lea.

[2] *Vie de Georges Herbert*, par Isaac WALTON

propos d'une vie sainte; lettre que ce dernier plaça dans son sein, et quand il l'avait montrée à ses disciples, il la remettait toujours à la même place, près de son cœur, et il la garda ainsi jusqu'au dernier jour de sa vie.

La bonté a un immense pouvoir pour charmer et pour gouverner; l'homme qu'elle inspire est un roi véritable qui attire tous les cœurs. Quand le général Nicholson gisait blessé sur son lit de mort devant Delhi, il dicta ce dernier message pour son noble et vaillant ami sir Herbert Edwardes : « Dites-lui que je serais devenu un homme meilleur si j'avais continué à vivre avec lui et si nos devoirs publics ne m'avaient pas empêché de le voir davantage dans l'intimité. Je me suis toujours bien trouvé d'un séjour près de lui et de sa femme, quelque court qu'il fût. Mes amitiés à tous les deux ! »

Il y a des hommes dans la présence desquels il nous semble respirer une sorte d'ozone spirituel, qui nous rafraîchit et nous vivifie, comme si nous aspirions l'air des montagnes ou que nous nous donnions la jouissance d'un bain de soleil. Le pouvoir qu'exerçait la douce nature de sir Thomas More était si grand, qu'il s'imposait aux méchants en même temps qu'il inspirait les bons. Lord Brooke dit de son ami sir Philip Sydney, après sa mort, « que son esprit et son intelligence battaient contre son cœur pour faire de lui et des autres, des hommes bons et grands, non en paroles ou en pensées, mais dans leur vie et dans leurs actions ».

La vue seule d'un homme grand et généreux est souvent une inspiration pour la jeunesse, qui ne peut s'empêcher d'admirer et d'aimer ce qui est doux, noble et vrai. Chateaubriand ne vit Washington qu'une fois, mais il s'en souvint toute sa vie. Après avoir raconté l'entrevue, il ajoute : « Washington est descendu dans la tombe avant qu'un peu de bruit se soit attaché à mes pas ; j'ai passé devant lui comme l'être le plus inconnu ; il était dans tout son

éclat, moi dans toute mon obscurité; mon nom n'est peut-
être pas demeuré un jour entier dans sa mémoire : heureux
pourtant que ses regards soient tombés sur moi ! je m'en
suis senti échauffé le reste de ma vie : il y a une vertu dans
les regards d'un grand homme. »

Quand Niebuhr mourut, son ami Frédéric Perthes dit de
lui : « Quel contemporain ! La terreur de tous les hommes
mauvais et vils, l'appui de ceux qui sont honnêtes et purs,
l'ami et le soutien de la jeunesse. » Perthes ajoute ailleurs :
« Il est salutaire, pour un homme qui lutte, d'être constamment entouré par des lutteurs dont les preuves sont faites ;
les mauvaises pensées s'envolent quand l'œil rencontre le
portrait de celui devant lequel nous eussions rougi de les
avouer. » Un usurier catholique, au moment de tromper,
avait l'habitude de tirer un voile sur l'image de son saint
favori. Hazlitt a dit, en parlant du portrait d'une charmante femme, qu'il serait impossible de faire devant lui
aucune mauvaise action. Et une pauvre femme allemande,
zélée protestante, disait qu'elle se croyait meilleure quand
elle avait contemplé l'image de Luther, suspendue au mur
de son humble logis.

Le seul portrait d'un homme de bien, accroché dans
une chambre, est pour nous une sorte de société. Il nous
fait prendre plus d'intérêt à celui qu'il représente. En regardant ses traits, il nous semble que nous le connaissons
mieux, et que nous avons avec lui une parenté plus proche.
C'est un lien qui nous unit à une nature plus élevée et
meilleure que la nôtre. Et quoique nous soyons peut-être
loin d'atteindre au mérite de notre héros, nous sommes,
jusqu'à un certain point, soutenus et fortifiés par la présence de l'image que nous avons constamment sous les
yeux.

Fox était fier de reconnaître combien il devait à l'exemple
et à la conversation de Burke. Il disait un jour que s'il met-

tait dans une balance, d'un côté, tout le savoir politique qu'il avait appris par la science, tout ce que la connaissance du monde lui avait enseigné ; et de l'autre, les progrès que lui avaient fait faire les entretiens et les instructions de M. Burke, la balance pencherait certainement de ce dernier côté.

Le professeur Tyndall dit que l'amitié de Faraday donnait « l'énergie et l'inspiration ». Après avoir passé une soirée avec lui, il écrivait : « Ses œuvres excitent l'admiration, mais son contact réchauffe et élève le cœur. Il est certain qu'il y a là un homme fort. J'aime la force, mais je n'oublierai jamais quel exemple m'a donné l'union de cette force avec la modestie, la tendresse et la douceur, ce que j'ai trouvé dans le caractère de Faraday. »

Les plus douces natures elles-mêmes ont une grande puissance pour influencer en bien les caractères de ceux qui les entourent. Ainsi Wordsworth semble avoir été particulièrement impressionné par sa sœur Dorothée, qui exerça sur lui une influence durable. Il la dépeint comme ayant été son bon ange, quand il était enfant et quand il devint homme. Quoiqu'elle fût plus jeune que lui de deux ans, sa tendresse et sa douceur contribuèrent grandement à former la nature de son frère et à initier son esprit aux charmes de la poésie :

> She gave me eyes, she gave me ears,
> And humble cares, and delicate fears;
> A heart, the fountain of sweet tears,
>   And love and thought and joy.

Elle m'a donné des yeux et des oreilles, et d'humbles soins et des craintes délicates ; un cœur, source de douces larmes, et l'amitié, la pensée et la joie.

Ainsi les natures les plus tendres ont, par le pouvoir de l'affection et de l'intelligence, le don de former les carac-

tères des hommes qui doivent eux-mêmes diriger et élever
leur race dans les siècles futurs.

Sir William Napier attribuait la première direction de
son caractère, d'abord à l'impression que faisait sur lui sa
mère quand il était enfant, et, plus tard, au noble exemple
de son chef, sir John Moore. Moore distingua de bonne
heure les qualités du jeune officier, et il fut de ceux auquel
le général adressa cet encouragement à la Corogne : « Bravo,
mes majors ! » Écrivant à sa mère et lui dépeignant la
petite cour dont Moore était entouré, il disait : « Où trou-
verons-nous un pareil roi ? » C'est en grande partie à son
affection personnelle pour son chef que nous devons le
grand ouvrage de sir William Napier, l'*Histoire des guerres
de la Péninsule*. Mais il fut également poussé à écrire ce
livre par les conseils d'un autre ami, lord Langdale, un
jour qu'il se promenait avec lui à travers les champs sur
lesquels s'élève aujourd'hui Belgravia. « C'est, dit-il, lord
Langdale qui, le premier, alluma le feu sacré en moi. » Et
en parlant de sir William Napier lui-même, son biographe
dit avec raison « qu'aucune personne sérieuse ne s'est jamais
trouvée en contact avec lui sans être fortement impressionnée par son génie ».

Toute la carrière de feu le docteur Marshall-Hall fut une
longue preuve vivante de l'influence du caractère, pour former d'autres caractères. Beaucoup d'hommes éminents de
nos jours rapportent leur succès dans la vie à son assistance
et à ses conseils, sans lesquels, peut-être, ils ne se seraient
pas livrés dès leur jeunesse à d'utiles sujets d'études et de
recherches. « Prenez un sujet, traitez-le à fond, et vous ne
pourrez manquer de réussir, » disait quelquefois le docteur
Marshall aux jeunes gens qui l'entouraient. Et, souvent, il
jetait une idée nouvelle dans l'esprit d'un jeune ami en lui
disant : « Je vous en fais présent, elle vaut une fortune si
vous la poursuivez avec énergie. »

L'énergie de caractère a toujours le pouvoir de provoquer celle des autres. Elle agit par sympathie, la plus puissante des influences humaines. L'homme zélé et énergique entraîne avec lui ses semblables, sans en avoir conscience; son exemple est contagieux et force à l'imiter. Il exerce sur tous ceux qui l'entourent une sorte de puissance électrique, qui fait tressaillir chacune de leurs fibres, pénètre dans leur nature, et en fait sortir des étincelles de feu.

Le biographe du docteur Arnold, en parlant de cette domination que ce dernier exerçait sur les jeunes gens, dit : «Ce n'était pas seulement une admiration enthousiaste pour son génie, sa science ou son éloquence, qui les animait; c'était un frémissement sympathique, causé par un esprit dont l'ardent travail en ce monde était sain, soutenu et sans cesse animé de la crainte de Dieu ; travail basé sur le sentiment profond du devoir et de sa propre valeur. [1] »

Une telle puisance exercée par des hommes de génie inspire le courage, l'enthousiasme et le dévouement. C'est cette immense admiration pour certaines individualités — telle qu'on ne pourrait la concevoir vis-à-vis des masses — qui, de tout temps, a produit les héros et les martyrs. C'est ainsi que se fait sentir l'empire du caractère. Il agit par inspiration, activant et vivifiant les natures soumises à son influence.

Les grands cœurs sont riches d'une force de rayonnement; non-seulement ils exercent le pouvoir, mais encore ils le communiquent et même ils le font naître. Ainsi Dante enleva et entraîna après lui une foule de grands génies; Pétrarque, Boccace, le Tasse et bien d'autres. Par lui, Milton apprit à souffrir les dards des méchantes langues et les outrages des mauvais jours; et, bien des

---

[1] *Vie du docteur Arnold et recueil de ses lettres,* par STANLEY, p. 33.

années plus tard, Byron pensant à Dante, sous les pins de Ravenne, tira de sa harpe des chants plus beaux que jamais. Dante inspira les plus grands peintres de l'Italie — Giotto, Orcagna, Michel-Ange et Raphaël. — L'Arioste et le Titien s'inspirèrent mutuellement et furent la source de leur gloire réciproque.

Les hommes grands et généreux entraînent les autres en excitant l'admiration spontanée de l'humanité. Cette admiration des nobles caractères élève l'esprit et tend à le racheter de son propre esclavage ; l'une des plus grandes pierres d'achoppement du progrès moral. Le souvenir de ceux qui se sont signalés par de grandes pensées ou de grandes œuvres semble créer autour de nous une atmosphère plus pure, et nous sentons que nos tendances et nos vues s'élèvent insensiblement.

« Dites-moi ce que vous admirez », dit Sainte-Beuve, « et je vous dirai ce que vous êtes, du moins en ce qui concerne vos talents, vos goûts et votre caractère. » Admirez-vous les hommes médiocres? — C'est que votre propre nature est médiocre. Admirez-vous les richesses? — C'est que votre esprit est mondain. Admirez-vous les titres? — C'est que vous êtes un flagorneur ou un parasite [1]. Admirez-vous les hommes honnêtes, braves et énergiques? — C'est que vous êtes vous-même d'une nature honnête, brave et énergique.

C'est dans la jeunesse, quand le caractère se forme,

---

[1] Philippe de Comines nous donne un curieux spécimen de l'imitation servile et forcée de Philippe, duc de Bourgogne, par ses courtisans. Quand ce prince tomba malade et se fit raser la tête, il ordonna que tous ses nobles, au nombre de cinq cents, fussent rasés de la même manière, et l'un d'eux, Pierre de Hagenbach, pour prouver son dévouement, n'apercevait pas plutôt un gentilhomme non rasé, qu'il le faisait saisir et conduire chez le barbier! — Philippe DE COMINES, *éd. de Bohn*, p. 243.

que le besoin d'admirer est le plus grand. A mesure que nous avançons en âge, nous nous encroûtons dans nos habitudes, et *Nil admirari* (ne rien admirer) devient trop souvent notre devise. Il est bon d'encourager l'admiration des grands caractères, pendant que la nature est maniable et susceptible de recevoir des impressions ; car, si l'on n'admire pas ce qui est bon, comme il faut aux jeunes gens des héros, il est à craindre qu'ils n'en prennent de mauvais pour modèles. Aussi, le docteur Arnold se réjouissait-il toujours d'entendre ses disciples exprimer leur admiration pour de grandes actions, et s'enthousiasmer pour les personnes, ou même pour la beauté d'un paysage. « Je pense », disait-il, « que le *nil admirari* est le texte favori du diable, qui ne pouvait en choisir un meilleur pour initier ses adeptes aux parties les plus occultes de sa doctrine. Et voilà pourquoi j'ai toujours considéré un homme atteint de ce mal antiromantique comme ayant perdu la plus belle partie de sa nature, et sa meilleure protection contre tout ce qui est vil et absurde. »

La promptitude avec laquelle le prince Albert exprimait sa généreuse admiration pour les grandes actions des autres était l'un des plus beaux traits de son caractère. « Il prenait plaisir », nous dit celui de ses historiens qui l'a le mieux dépeint, « à tout ce qui se disait et se faisait de bien autour de lui. Il s'en réjouissait et en parlait pendant des jours entiers, et, que la noble parole ou la belle action vînt d'un petit enfant ou d'un vieil homme d'État, sa satisfaction était la même. Il était charmé de trouver du bien dans l'humanité en toute occasion, et de toute manière [1]. »

« Aucune qualité », dit le docteur Johnson, « ne nous

---

[1] Introduction aux adresses et principaux discours de S. A. R. le Prince Époux, p. 33.

fait plus d'amis qu'une sincère admiration des qualités d'autrui. Elle indique une nature généreuse, de la franchise,
de la simplicité et une cordiale reconnaissance du mérite. »
Ce fut à la sincère, — on pourrait presque dire à la révé-
rentielle admiration de Boswell pour Johnson, que nous
devons l'une des meilleures biographies qui aient jamais
été écrites. Il faut croire qu'il y avait chez Boswell des qualités vraiment bonnes, pour qu'il se soit senti attiré ainsi
vers un homme comme Johnson, et qu'il soit resté fidèle
à son culte, malgré bien des rebuffades et bien des répri-
mandes. Macaulay parle de Boswell comme d'un personnage tout à fait méprisable, — fat et ennuyeux, — faible,
vain, intrigant, curieux et bavard, et n'ayant ni esprit,
ni sel, ni éloquence. Mais Carlyle est, sans doute, plus
juste dans sa définition du biographe, qu'il nous représente, quoique vain et absurde sous bien des rapports,
comme un homme pénétré de ce sentiment de vénération
que les disciples avaient autrefois pour leurs maîtres,
et plein d'amour et de respect pour la bonté et la véritable
sagesse. Sans de telles qualités, ajoute Carlyle, la « vie de
Johnson n'eût jamais été écrite ». « Boswell a fait un bon
livre », dit-il, « parce qu'il avait un cœur et des yeux pour
distinguer la sagesse, et des paroles pour la démontrer;
une connaissance approfondie du genre humain, un talent
enjoué, e , par-dessus tout, une affection et une franchise
d'enfant. »

La plupart des jeunes gens au cœur généreux ont un
héros, surtout s'ils sont grands liseurs. C'est ainsi qu'Allan
Cunningham, quand il était apprenti maçon à Nithsdale,
alla à pied jusqu'à Édimbourg, uniquement pour voir sir
Walter Scott passer dans la rue. Nous admirons malgré
nous l'enthousiasme du jeune homme, et nous respectons
le motif qui le poussa à faire le voyage. On raconte de sir
Josué Reynolds qu'à l'âge de dix ans, il avança sa main à

travers plusieurs rangées de personnes, pour toucher Pope, comme s'il y avait une sorte de vertu dans le contact. Bien des années après, le peintre Haydon fut fier, lui aussi, de voir et de toucher Reynolds, dans une visite qu'il fit à son pays natal. Le poëte Rogers aimait à raconter quel ardent désir il eut étant enfant de voir le docteur Johnson ; mais dès qu'il eut mis la main sur le marteau de la porte dans *Bolt Court*, le courage lui manqua et il revint sur ses pas. Isaac Disraeli, étant jeune, alla aussi à *Bolt Court* dans la même intention ; mais quand il frappa, il fut informé par le domestique, à sa grande désolation, que le célèbre lexicographe venait de rendre le dernier soupir quelques heures auparavant.

Les esprits étroits et sans générosité, au contraire, ne peuvent rien admirer franchement. Pour leur malheur, ils ne savent pas reconnaître et encore moins vénérer les grands hommes et les grandes choses. Une nature médiocre admire la médiocrité. Pour un crapaud, la plus grande beauté est celle du crapaud. Pour un petit parvenu, il n'y a rien dans l'humanité qui soit au-dessus d'un grand parvenu. Le marchand d'esclaves estime un homme d'après ses muscles. Sir Godfrey Kneller ayant dit un jour en présence de Pope à un trafiquant de la Guinée, qu'il avait devant lui deux des plus grands hommes qui fussent au monde, ce dernier répliqua : « Je ne sais à quel point vous êtes grands, mais je n'aime pas votre mine. J'ai souvent acheté des hommes qui valaient mieux que vous deux ensemble, tout en os et en muscles, pour dix guinées ! »

Bien que la Rochefoucauld dise dans ses maximes que « dans l'adversité de nos meilleurs amis, nous trouvons toujours quelque chose qui ne nous déplaît pas », les natures étroites et mesquines peuvent seules trouver du plaisir dans le désappointement de leur prochain et de l'ennui dans ses succès. Il y a, malheureusement, des personnes ainsi faites, qu'elles n'ont pas le cœur d'être généreuses. Les gens les plus insupportables de tous sont ceux qui vivent de dénigrement et de railleries. Ils en arrivent à regarder les succès des autres, même dans une bonne œuvre, comme une sorte d'offense personnelle. Ils ne peuvent souffrir d'entendre louer quelqu'un, surtout si ce quelqu'un appartient à leur art, à leur profession, à leur sphère. Ils pardonneront à un homme ses erreurs, mais il ne pourront jamais lui pardonner de réussir mieux qu'eux. Là où ils ont échoué on est sûr de trouver en eux des détracteurs impitoyables. L'acerbe critique dit de son rival :

When Heaven with such parts has blest him,
Have I not reason to detest him?

Puisque le ciel l'a doué de si riches dons,
Pour le détester n'ai-je pas mille raisons?

L'esprit médiocre s'occupe à railler, à médire et à critiquer, et il est toujours prêt à se moquer de tout, excepté de l'impudente effronterie ou du vice heureux. La plus grande consolation de pareilles gens est de trouver des défauts chez les hommes d'un grand caractère. « Si les sages n'erraient pas », disait Georges, Herbert, « ce serait bien dur pour les sots. » Cependant, quoique les sages apprennent quelquefois des sots à éviter leurs fautes, il est rare que les sots profitent de l'exemple que leur donnent les sages. Un écrivain allemand a dit que ce sont les pauvres natures qui ne cherchent à découvrir que des taches dans les caractères des grands hommes ou des grandes époques. Jugeons-les plutôt avec la charité de Bolingbroke. Quelqu'un lui rappelant un jour des faiblesses qu'on reprochait à Marlborough : « C'était un si grand homme », répondit-il, « que j'avais oublié qu'il eût ce défaut. »

L'admiration des grands hommes fait naître naturellement en nous, à un degré plus ou moins vif, le désir de les imiter. Lorsqu'il était tout jeune, l'esprit de Thémistocle fut enflammé par les grandes actions de ses contemporains, et il était impatient de pouvoir se distinguer au service de son pays. Après la bataille de Marathon, il tomba dans une espèce de mélancolie, et, quand ses amis lui en demandèrent la cause, il répondit « que les trophées de Miltiade l'empêchaient de dormir ». Quelques années plus tard, nous le trouvons à la tête de l'armée athénienne, battant la flotte persane de Xerxès, au combat de Salamine, et sa patrie reconnaissante déclarait qu'elle avait été sauvée par sa sagesse et par sa valeur.

On raconte de Thucydide qu'étant petit garçon, il fondit en larmes en entendant Hérodote lire son histoire, et que l'impression produite sur son esprit détermina la pente de son propre génie. Et Démosthène fut un jour si enthousiasmé de l'éloquence de Callistrate, que, dès lors, toute son ambition fut de devenir un orateur lui-même. Cependant Démosthène était physiquement délicat, sa voix était faible, sa prononciation indistincte, sa respiration courte, et il ne put surmonter ces défauts que par une étude assidue et une résolution invincible. Mais avec tout son talent, il n'eut jamais l'improvisation facile; tous ses discours, surtout les plus célèbres, portent les traces d'une élaboration ardue; l'art et le travail de l'orateur se reconnaissent presque à chaque phrase.

On rencontre sans cesse dans l'histoire des exemples de grands caractères imitant d'autres grands caractères et se modelant d'après le style, les manières et le génie des grands hommes. Les guerriers, les hommes d'État, les orateurs, les poëtes et les artistes ont tous été formés, souvent sans en avoir conscience, par les vies et les actions de ceux qu'on leur présentait comme modèles.

Parmi les hommes du plus grand caractère, dont l'influence s'étend non-seulement sur la France, mais sur tous les pays où l'on reconnaît le respect, la pureté, la bonté et le courage, il faut citer Bayard, le chevalier sans peur et sans reproche. Il était à la fois sans tache et sans crainte, homme d'un grand cœur, juste, généreux, compatissant et sincère, et le modèle des vertus les plus viriles. Comme preuve du respect que Bayard avait pour le caractère, on peut citer sa réponse à quelqu'un qui lui demandait un jour quels biens et quels trésors un gentilhomme devait léguer à ses enfants : « Un père », dit-il, « doit laisser à ses enfants ce qui ne craint ni la pluie, ni la tempête, ni le bon plaisir de l'homme, ni la faiblesse de la justice humaine, c'est-à-dire : *la sagesse et la vertu*, de même que celui qui veut planter un jardin ne doit y mettre que des arbres solides et sains. »

Une autre personne disait à Bayard avec un air railleur :

« Eh bien, Bayard, je puis contempler de belles terres et les richesses de ce monde, mais je ne peux jamais reposer mes yeux sur cette prudence et cette sagesse que vous avez tant vantées. »

Bayard répliqua :

« Certes, je ne m'étonne pas que vous voyiez les biens de la terre, car vous avez les yeux de ce monde, des yeux terrestres ; et vous n'avez pas les yeux du ciel pour reconnaître la prudence et pour apercevoir la sagesse. »

Les grands hommes ont excité l'admiration des rois, des papes, des empereurs. François de Médicis ne parla jamais à Michel-Ange sans se découvrir, et le pape Jules III le faisait asseoir à ses côtés, pendant qu'une douzaine de cardinaux se tenaient debout. Charles V se rangeait pour laisser passer le Titien ; et, un jour que la main du peintre laissa échapper le pinceau, Charles se baissa et le ramassa en disant : « Vous méritez d'être servi par un empereur. » Le pape Léon X menaça d'excommunication quiconque imprimerait et vendrait les poëmes de l'Arioste sans le consentement de l'auteur. Le même pape assista Raphaël à son lit de mort, et François Ier fut témoin des derniers moments de Léonard de Vinci.

Quoique Haydn ait dit une fois avec malice qu'il était aimé et estimé par tout le monde excepté par les professeurs de musique, cependant les plus grands musiciens étaient toujours prêts à reconnaître leur talent réciproque. Haydn lui-même semble avoir été complétement étranger aux jalousies mesquines. Son admiration pour le fameux Porpora était telle qu'il résolut de se faire admettre dans sa maison et de le servir en qualité de valet. Ayant fait la connaissance de la famille avec laquelle vivait Porpora, on lui permit d'entrer en fonction. Tous les matins de bonne heure il brossait avec soin les habits du vieillard, cirait ses souliers et mettait en ordre sa perruque usée. D'abord Porpora grogna l'intrus, mais son aspérité s'adoucit et finit par se changer en affection. Il découvrit bientôt le génie de son valet, et, par ses conseils, le dirigea dans la ligne où Haydn acquit plus tard tant de célébrité.

Haydn était également enthousiaste dans son admiration de Handel : « Il est notre père à tous », dit-il un jour. Scarlatti avait pour Handel une espèce de culte, il le suivait dans toute l'Italie, et, quand son nom était prononcé, il se signait pour marquer son respect. Mozart reconnaissait non moins franchement l'immense mérite du grand compositeur. « Quand il le veut, disait-il, il frappe comme la foudre. » Beethoven le saluait comme « le monarque du royaume musical ». Lorsque Beethoven fut sur son lit de mort, un de ses amis lui envoya en présent les œuvres de Handel en quarante volumes. On les apporta dans sa chambre ; en les regardant, son œil se ranima ; il les montra du doigt et s'écria : « C'est là qu'est la vérité ! »

Haydn reconnaissait non-seulement le génie des grands

hommes qui n'étaient plus, mais encore celui de ses jeunes
contemporains, Mozart et Beethoven. Les hommes médiocres
peuvent être envieux de leurs semblables, mais les hommes
véritablement grands se recherchent et s'aiment. Haydn
écrivait en parlant de Mozart : « Je voudrais pouvoir inspirer à tous les amateurs de musique, et aux grands hommes
en particulier, l'immense sympathie et la profonde admiration pour la musique inimitable de Mozart, que j'éprouve
moi-même et dont je jouis pleinement. Alors toutes les
nations se disputeraient à l'envi la possession d'un pareil
joyau. Prague ne devrait pas seulement chercher à retenir
cet homme précieux, elle devrait encore le rémunérer, car,
sans cela, la vie d'un grand génie est par trop triste en
vérité..... J'enrage de penser que l'incomparable Mozart
n'est pas encore engagé par quelque cour impériale ou
royale. Pardonnez à mon émotion ; mais j'aime cet homme
si tendrement ! »

Mozart reconnaissait généreusement aussi tous les mérites d'Haydn : « Monsieur, disait-il un jour à un critique,
si vous et moi étions fondus ensemble, on ne trouverait
pas en nous deux l'étoffe d'un Haydn. » Et lorsque Mozart
entendit pour la première fois Beethoven, il fit cette remarque : « Écoutez ce jeune homme, et soyez sûr qu'il se
fera un grand nom dans le monde. »

Buffon plaçait Newton au-dessus de tous les autres philosophes, et l'admirait si franchement qu'il avait toujours son
portrait devant lui quand il était au travail. Ainsi Schiller
regardait avec respect Shakespeare ; il l'étudia avec zèle et
vénération jusqu'à ce qu'il fût en état de comprendre la
nature à première vue, et alors son admiration devint encore
plus ardente qu'auparavant.

Pitt fut le maître et le héros de Canning, qui le suivit et
l'admira avec attachement et ardeur. « Je fus dévoué à un
homme, disait Canning, de tout mon cœur, de toute mon

âme. Depuis la mort de M. Pitt, je ne reconnais aucun chef, et mon obéissance politique demeure ensevelie dans sa tombe [1]. »

Un jour, pendant qu'un physiologiste français, M. Roux, faisait son cours à ses élèves, sir Charles Bell, dont les découvertes étaient encore plus connues et mieux appréciées à l'étranger que dans son propre pays, entra dans la salle. Le professeur, reconnaissant son visiteur, arrêta aussitôt sa démonstration en disant : « Messieurs, c'est assez pour aujourd'hui, vous avez vu sir Charles Bell ! »

La première fois qu'un jeune artiste rencontre sur sa route une grande œuvre d'art, cela devient presque toujours, et pour toute sa vie, un événement très-important. Quand il fut donné au Corrége de contempler la *Sainte Cécile* de Raphaël, il sentit qu'une nouvelle puissance s'éveillait en lui, et il s'écria : « Et moi aussi, je suis peintre ! » C'est ainsi que Constable aimait à se rappeler son premier coup d'œil jeté sur le tableau d'*Agar* de Claude, comme ayant fait époque dans sa carrière. Sir George Beaumont avait pour ce même tableau une telle admiration qu'il l'emportait toujours avec lui dans sa voiture quand il voyageait.

Les exemples que nous donnent les hommes vraiment bons et grands ne meurent pas avec eux, ils continuent à vivre et à instruire les générations suivantes. M. Disraëli fit cette remarque d'une manière saisissante dans la Chambre des Communes bientôt après la mort de M. Cobden. « Il nous reste, dit-il, une consolation après nos immenses et irréparables pertes : c'est que les grands hommes que nous pleurons ne sont pas tout à fait perdus pour nous. Leurs paroles seront souvent citées dans cette Chambre ; on se rappellera leurs exemples, on cherchera à les suivre, et

[1] Discours à Liverpool, 1812.

leurs expressions mêmes feront partie de nos discussions et de nos débats. Il y a maintenant, j'ose le dire, quelques membres du Parlement, qui, bien qu'ils n'y siégent plus, appartiennent toujours à cette Chambre, et qui sont aujourd'hui à l'abri des dissolutions, du caprice des gouvernements, et même de la marche du temps. M. Cobden est de ce nombre. »

La grande leçon qu'enseigne la biographie consiste à nous montrer tout ce qu'un homme peut être et peut faire de mieux. Elle sert à donner aux autres hommes une nouvelle force et une nouvelle confiance. Les plus humbles, même devant les plus grands, peuvent encore admirer, espérer et prendre courage. Ces grands, qui sont nos frères par la chair et le sang, qui vivent aujourd'hui d'une vie universelle, nous parlent encore du fond de leurs tombeaux et nous appellent dans les sentiers qu'ils ont parcourus. Car la noblesse du caractère est un legs perpétuel, qui subsiste d'âge en âge et qui tend constamment à se reproduire.

« Le sage, disent les Chinois, professe dans tous les siècles. Quand on entend parler de Loo, les sots deviennent intelligents, les incertains déterminés. » Ainsi les actes de la vie d'un homme vertueux continuent à être comme une sorte d'évangile de liberté et d'émancipation pour ceux qui viennent après lui :

> To live in hearts we leave behind
> Is not to die.

> Revivre dans les cœurs que nous avons quittés,
> Non, ce n'est pas mourir.

Les belles paroles qui ont été dites, les bons exemples qui ont été donnés, se perpétuent dans tous les siècles : ils pénètrent dans nos cœurs, ils nous assistent dans le chemin de la vie, et souvent nous consolent à l'heure de la mort. « La plus misérable ou la plus pénible des morts », a dit Henry Marten, le républicain, qui mourut en prison, « n'est rien en comparaison du souvenir que laisse une vie bien remplie, et celui-là seul est grand qui a mérité le glorieux privilége de transmettre une telle leçon et un pareil exemple à ses descendants! »

6

CHAPITRE IV.

LE TRAVAIL.

Lève-toi donc et travaille, et que le Seigneur soit avec toi.
L. 1 des Chroniques, XXII, 16.

Travaille comme s'il te fallait vivre pour cela;
Prie comme si tu devais mourir aujourd'hui
Proverbe toscan.

C'est par le travail qu'on règne.
Louis XIV.

Travail béni ! si tu étais de Dieu une malédiction,
Que serait-ce donc alors que sa bénédiction !
J. B. SELKIRK.

Il faut qu'un homme soit occupé, et que son occupation
soit aussi élevée que le comporte sa nature, afin qu'il puisse
mourir avec la conscience d'avoir fait de son mieux
SYDNEY SMITH.

C'est par le travail que se forme surtout le caractère pratique. Il fait naître et discipline l'obéissance, l'empire sur soi-même, l'application et la persévérance. Il donne à l'homme l'adresse et l'habileté dans sa profession, l'aptitude et l'intelligence indispensables pour bien conduire les affaires de la vie.

Le travail est la loi de notre existence, — le principe qui pousse en avant les hommes et les nations. La plupart des hommes sont forcés, pour vivre, de travailler de leurs mains, mais tous, sans distinction, doivent s'occuper d'une manière ou d'une autre, s'ils veulent jouir de la vie comme on doit en jouir.

Le travail est peut-être un fardeau et un châtiment, mais c'est aussi un honneur et une gloire : sans lui, rien ne peut s'accomplir. Tout ce qu'il y a de grand dans l'homme vient par le travail, et la civilisation est son produit. Si le travail était aboli, la race d'Adam serait aussitôt frappée d'une mort morale.

C'est la paresse qui est pour l'homme une malédiction, et non le travail. La paresse ronge le cœur des hommes comme la rouille consume le fer. Quand Alexandre conquit les Perses, et qu'il eut l'occasion d'observer leurs mœurs, il remarqua qu'ils ne semblaient pas se douter qu'il pût y avoir rien de plus servile qu'une vie de plaisir, et rien de plus princier qu'une vie de labeur.

Lorsque l'empereur Sévère fut sur son lit de mort, à York, où on l'avait transporté du pied des monts Grampians, son dernier mot d'ordre à ses soldats fut : *Laboremus* (travaillons); et ce n'est que par un travail constant que les généraux romains maintenaient leur pouvoir et étendaient leur autorité.

En décrivant la condition sociale de l'Italie dans les temps reculés, Pline nous montre les généraux triomphants et leurs soldats retournant avec bonheur à la charrue. « Dans ces jours-là, les terres étaient cultivées par les mains des généraux eux-mêmes, et le sol était fier sous un soc de charrue couronné de lauriers, et guidé par un laboureur illustre par ses triomphes. » (*Ipsorum tunc manibus imperatorum colebantur agri : ut fas est credere, gaudente terra vomere laureato et triomphali aratore* [1].) Ce fut seulement

---

[1] Dans le troisième chapitre de son *Histoire naturelle*, Pline raconte en quel grand honneur était tenue l'agriculture dans les premiers temps de Rome. Les terres se mesuraient par la quantité que

quand les esclaves eurent été employés dans toutes les
branches de l'industrie que le travail commença à être considéré comme déshonorant et servile. Et dès que l'indolence
et le luxe furent devenus les caractères dominants des
classes élevées à Rome, la chute plus ou moins prochaine
de l'empire devint inévitable.

Il n'y a peut-être pas, dans toute notre nature, une seule
tendance contre laquelle nous devions nous mettre plus en
garde que contre la paresse. M. Gurney rencontrant un
jour un étranger intelligent, qui avait voyagé dans la
plus grande partie du globe, lui demanda s'il avait remarqué quelque qualité qui, plus que toute autre, pût être considérée comme un signe distinctif de notre race, et l'étranger répondit en mauvais anglais : « Me tink dat all men
love lazy » (je crois que tous les hommes aiment à être
paresseux). C'est l'un des caractères du sauvage comme du
despote. Il est dans la nature humaine de chercher à jouir
des fruits du travail sans en prendre la peine. Ce désir est
si universel que James Mill en conclut que c'est pour em-

pouvait labourer un attelage de bœufs dans un certain espace de
temps; le *jugerum* (arpent) représentait le travail d'une journée;
l'*actus* (mesure de terre de 120 pieds de long sur 4 de large), ce
qui pouvait se faire tout d'un trait. La plus grande récompense qu'on
pût accorder à un général ou à un vaillant citoyen était un *jugerum*.
Les premiers surnoms avaient pour origine l'agriculture ; Pilumnus
vient de *pilum*, pilon à broyer le grain; Piso, de *piso*, mortier;
Fabius, de *faba*, fève; Lentulus, de *lens*, lentille; Cicéron, de *cicer*,
pois chiche; Babulcus, de *bos*, bœuf, etc. Être appelé bon agriculteur
ou bon laboureur était considéré comme le plus grand compliment.
Faire paître les bestiaux secrètement la nuit sur des moissons non
mûres était un crime capital pour lequel on était pendu. Les tribus
rurales occupaient le premier rang, tandis que celles de la ville
étaient en discrédit, comme race indolente. « *Gloriam denique ipsam,
a farris honore adoream appellabant* » ; *adorea* ou gloire, la
récompense de la valeur, vient d'*Ador* ou épeautre, espèce de
grain.

pêcher de s'y laisser aller, que furent inventés dans le principe les systèmes de gouvernement.

L'indolence est également dégradante pour les individus et pour les nations. Elle n'a jamais fait son chemin dans le monde et ne le fera jamais. Elle n'a jamais franchi de montagne ni surmonté aucune difficulté qu'elle pouvait éviter.

L'indolence a toujours échoué dans la vie et elle échouera toujours. Il est dans la nature des choses qu'elle ne réussisse en rien. Elle est un fardeau, une gêne et un ennui — toujours inutile, mécontente, mélancolique et misérable.

Burton, dans son livre curieux et original, le seul, dit Johnson, qui l'ait jamais fait sortir de son lit deux heures plus tôt qu'il n'y songeait — dépeint les causes de la mélancolie comme reposant sur la paresse[1]. « La paresse », dit-il, « est le fléau du corps et de l'âme, la gardienne de la méchanceté, la mère de tout ce qu'il y a de mauvais en ce monde, l'un des sept péchés capitaux, le marchepied du diable, son oreiller et son principal appui... Un chien oisif devient galeux, comment une personne oisive resterait-elle saine ? L'oisiveté de l'esprit est mille fois pire que celle du corps. — L'esprit sans emploi devient une maladie, — la rouille de l'âme, une plaie, un enfer à lui seul. De même que, dans une eau stagnante, pullullent les vers et les reptiles immondes, ainsi se multiplient les pensées mauvaises et corrompues chez une personne oisive ; l'âme est souillée.

..... Bien plus, j'ose dire avec assurance que ceux qui vivent dans l'oisiveté, hommes ou femmes, quelle que soit leur position, fussent-ils riches, bien apparentés, heureux, eussent-ils toutes choses en abondance, toute la félicité,

----

[1] Essai sur le gouvernement, dans l'*Encyclopédie britannique*.

tous les bonheurs que le cœur peut désirer, je dis que
ceux-là, tant qu'ils resteront oisifs, ne seront jamais satisfaits. Ils souffriront toujours dans le corps ou dans l'âme,
ils seront languissants, maladifs, ennuyés, dégoûtés de
tout; ils passeront leur temps à soupirer, à pleurer, à se
lamenter ; le monde entier les offensera, ils voudront se
fuir eux-mêmes ou mourir, ou bien ils se laisseront emporter par quelque absurde fantaisie [1]. »

Burton en dit encore bien plus sur le même sujet; le
refrain et la morale de son livre sont personnifiés dans la
sentence par laquelle il termine : — « Prends ceci comme
corollaire et comme conclusion : Si tu tiens à préserver ton
propre bonheur, la santé de ton âme et celle de ton corps,
contre la mélancolie, rappelle-toi qu'il ne faut pas te laisser
aller à la solitude et à la paresse. — *Ne sois pas solitaire,
ne sois pas oisif* [2]. »

Les indolents, à la vérité, ne sont jamais tout à fait indolents. Le corps a beau éviter le travail, le cerveau ne se
repose jamais. S'il n'y pousse pas de grain, il y vient des
chardons, qui s'élèvent à chaque pas durant toute la vie de
l'homme paresseux. Les spectres de l'indolence surgissent
la nuit, fixent le lâche en face, et le tourmentent sans
cesse :

> The gods are just and of our pleasent vices
> Make instruments to scourge us.

> Et pour nous châtier, les dieux, dans leur justice,
> Comme instruments vengeurs, se servent de nos vices.

Le véritable bonheur ne se trouve jamais dans la torpeur
des facultés [3], mais dans leur action et dans leur sage em-

---

[1] *Anatomie de la mélancolie*, par Burton; part. I, mem. 2,
sub. 6.

[2] *Ibid.* Fin du dernier chapitre.

[3] Un trait caractéristique des Hindous, c'est qu'ils regardent l'inac-

ploi. C'est l'indolence qui épuise et non l'action, dans laquelle, au contraire, on trouve la vie, la santé, le bonheur. Les esprits peuvent être fatigués, harrassés même par le travail, mais c'est une véritable dévastation que produit en eux la paresse. De là vient qu'un habile médecin avait coutume de regarder l'occupation comme un de ses remèdes les plus efficaces. « Rien n'est plus pernicieux », disait le docteur Hall, « qu'un temps inoccupé. » Un archevêque de Mayence comparait le cœur humain à une meule de moulin : si vous y mettez du grain, elle le broie en farine ; si vous ne mettez pas de grain, elle broie toujours, mais c'est elle-même qu'elle use. »

L'indolence trouve toujours des excuses, et le fainéant, bien qu'il ne veuille pas travailler, est souvent un énergique sophiste. « Il y a un lion sur le chemin », ou « la montagne est difficile à gravir » ; ou bien : « il est inutile d'essayer, j'ai déjà esssayé et j'ai échoué, je ne peux pas le faire. » En réponse à de pareils sophismes, sir Samuël Romilly écrivait un jour à un jeune homme : « Mon attaque contre votre indolence, votre perte de temps, etc., était très-sérieuse, et je crois vraiment que c'est à votre habitude de ne jamais vous donner aucun mal, qu'il faut attribuer les singuliers arguments dont vous usez pour votre défense. Votre théorie est celle-ci : chaque homme fait tout le bien qu'il peut faire. Si par hasard un individu ne fait aucun bien, c'est une preuve qu'il est incapable d'en faire. Donc, parce que vous n'écrivez pas, il faut en conclure que vous ne pouvez pas écrire, et votre défaut d'inclination démontre votre manque de talent. Quel admirable système ! Et quels effets salutaires en sortiraient, s'il était universellement admis ! »

tion complète comme l'état le plus parfait et qu'ils appellent l'Être suprême : l'*Immuable*.

On a dit avec raison que le désir de posséder, sans se donner la peine d'acquérir, est un signe de faiblesse, tandis que le grand secret de la force pratique consiste à reconnaître que tout ce qui mérite d'être possédé ne s'obtient qu'à grand prix. Les loisirs mêmes ne peuvent être une jouissance si on ne les a pas gagnés par quelque effort. Il faut qu'ils soient le prix du travail pour qu'on les ait suffisamment payés [1].

Il doit y avoir travail d'abord et travail ensuite, avec des loisirs dans l'intervalle pour se reposer ; mais le loisir sans travail devient aussi insipide que la satiété. La vie doit nécessairement avoir le même dégoût pour l'homme riche et oisif que pour l'homme pauvre et paresseux qui n'a pas d'ouvrage, ou qui, s'il en a, ne veut pas le faire. Les mots qu'on a trouvés tatoués sur le bras droit d'un mendiant sentimental de quarante ans, qui subissait son huitième emprisonnement dans la prison de Bourges, pourraient être adoptés comme devise par tous les fainéants : « Le passé m'a trompé ; le présent me tourmente ; l'avenir m'épouvante. »

Le devoir d'être industrieux s'applique à toutes les classes et à toutes les conditions de la société. Chacun dans sa sphère a son œuvre à accomplir, le riche aussi bien que le pauvre [2]. Le gentleman de naissance et d'éducation, de quelques richesses qu'il soit doué, ne peut pas s'empêcher

---

[1] Lessing était tellement convaincu qu'une satisfaction stagnante était fatale à l'homme, qu'il allait jusqu'à dire : « Si le Tout-Puissant, tenant dans une main la vérité, et dans l'autre la recherche de la vérité, me disait : « Choisis », je lui répondrais : « O Tout-Puissant, gardez pour vous la vérité et laissez-moi la recherche, qui est meilleure pour moi. » D'un autre côté, Bossuet disait : « Si je concevais une nature purement intelligente, il me semble que je n'y mettrais qu'entendre et aimer la vérité, et que cela seul la rendrait heureuse. »

[2] Feu sir John Patteson, étant dans sa soixante-dixième année,

de sentir qu'il est tenu, en conscience, d'apporter sa quote-part d'efforts pour le bien-être général auquel il participe. Il ne peut lui suffire d'être bien nourri et bien vêtu par le travail des autres, sans donner quelque chose en retour à la société qui l'entretient. Un homme honnête et digne se révolterait à la pensée de s'asseoir à une fête et d'en partager les jouissances, puis de s'en aller sans payer son écot. Ce n'est ni un honneur ni un privilége d'être paresseux et inutile ; et bien qu'il puisse suffire à des natures mesquines de n'avoir en ce monde qu'à consommer, *fruges consumere nati,* des hommes plus largement doués, dont les aspirations sont viriles et les desseins honnêtes, comprendront qu'une pareille condition est incompatible avec le véritable honneur et la vraie dignité.

« Je ne crois pas, disait à Glasgow lord Stanley (aujourd'hui comte de Derby), qu'un homme sans emploi, quelque

---

assistait à un dîner donné à l'occasion d'un concours annuel de charrues, à Feniton, dans le Devonshire, et là il trouva utile de combattre la notion trop générale que, parce qu'un homme n'agit pas avec ses mains ou avec ses muscles, il ne mérite pas le titre de travailleur. « En repassant dans ma mémoire plusieurs réunions semblables à celle-ci, dit-il, je me rappelle qu'un jour mon ami John Pyle me jeta presque à la face que je n'avais pas travaillé pour rien ; mais je lui répondis : Monsieur Pyle, vous ne savez pas de quoi vous parlez. Nous sommes tous ouvriers. L'homme qui laboure les champs et qui creuse les fossés est un ouvrier, mais il y en a d'autres dans toutes les conditions de la vie. Pour moi, je puis dire que j'ai toujours travaillé depuis mon enfance..... Puis j'ajoutai que l'office de juge n'était nullement une sinécure, car un juge travaillait aussi péniblement qu'aucun homme de la campagne. Il faut qu'il étudie des questions très-ardues, qui s'offrent continuellement à lui et lui donnent beaucoup de peine ; quelquefois la vie de ses semblables se trouve entre ses mains et dépend beaucoup de la façon dont il présente les faits au jury. Et ce n'est pas un petit souci, je puis vous l'avouer. Que chacun en pense ce qu'il voudra, mais tout homme qui a été soumis à cette épreuve aussi longtemps que moi ne pourra s'empêcher de sentir l'importance de la gravité du pouvoir dévolu à un juge.

aimable et quelque respectable qu'il ait jamais été, ou qu'il puisse jamais être, soit réellement heureux. Comme le travail fait partie de notre existence, montrez-moi ce que vous faites, et je vous montrerai ce que vous êtes. J'ai parlé de l'amour du travail comme le meilleur antidote contre les goûts bas et vicieux. J'irai plus loin, et je dirai que c'est aussi le meilleur préservatif contre les inquiétudes puériles et tous les ennuis qui nous viennent de l'amour exagéré de nous-mêmes. On a vu bien des gens s'imaginer qu'ils pourraient trouver un refuge contre les chagrins et les contrariétés en se retranchant pour ainsi dire dans un monde à eux. L'expérience a souvent été tentée, et toujours avec le même résultat. Vous ne pouvez échapper aux inquiétudes et au travail, c'est la destinée de l'humanité... Ceux qui craignent d'envisager le chagrin sont à peu près sûrs que le chagrin viendra à eux. L'indolent peut s'arranger pour diminuer sa part de labeur dans le travail du monde; mais la nature, proportionnant l'instinct au travail, s'arrange à son tour pour que cette petite part semble au paresseux très-grande et très-lourde. L'homme qui n'a qu'à se plaire à lui-même finit par trouver tôt ou tard, et probablement plus tôt que plus tard, qu'il a un maître très-dur; et l'excessive faiblesse, qui fait reculer devant toute responsabilité, a aussi sa propre punition; car, les grands intérêts étant exclus, les petites choses deviennent capitales, et l'esprit s'use et se gaspille souvent dans ces ennuis puérils et imaginaires qui germent et se multiplient dans un cerveau inoccupé, tandis qu'il eût pu se dépenser utilement et sainement au profit des véritables intérêts de la vie[1]. »

Même en se plaçant sur le terrain le plus infime, celui des jouissances personnelles, une occupation constante et

[1] Discours de lord Stanley aux étudiants de l'Université de Glasgow, à son installation comme lord recteur, en 1869.

utile est nécessaire. Celui qui ne travaille pas ne peut jouir de la récompense du travail. « Nous dormons bien, disait sir Walter Scott, et nos heures de veille sont occupées ; il est indispensable que nous ayons le sentiment d'avoir fait quelque effort, pour que nous éprouvions le bien-être de nos loisirs, même quand nous les avons gagnés par l'étude, ou qu'ils ont été sanctionnés par l'accomplissement de nos devoirs. »

Il est vrai qu'il y a des hommes qui meurent d'excès de travail, mais il y en a bien plus qui meurent d'égoïsme, de faiblesse et de paresse. Quand un homme tombe par excès de travail, c'est presque toujours parce qu'il n'a pas bien ordonné sa vie, et qu'il a négligé les conditions ordinaires de la santé physique. Lord Stanley avait probablement raison quand il disait dans son discours aux étudiants de Glasgow, cité plus haut, qu'il doutait fort qu'un « rude travail, assidûment et régulièrement conduit, ait jamais fait mal à personne ».

D'ailleurs, la longueur des *années* ne prouve pas la longueur de la *vie*. La vie d'un homme doit se mesurer par ce qu'il fait et ce qu'il sent. Plus il accomplit de travail utile, plus il pense et plus il sent, plus il vit réellement. L'homme oisif et inutile, quelle que soit la longueur de son existence, ne vit pas, il végète.

Les premiers apôtres du Christianisme ennoblissaient par leur exemple la loi du travail. « Celui qui ne veut pas travailler, dit saint Paul, ne mangera pas non plus », et il se glorifiait d'avoir lui-même travaillé de ses mains et de n'avoir jamais été à charge à personne. Quand saint Boniface débarqua en Bretagne, il vint avec l'Évangile dans une main et une règle de charpentier dans l'autre ; d'Angleterre il passa en Allemagne où il importa l'art de construire. Les hommes qui, pour une raison ou pour une autre, se sont rendus célèbres, et qui ont exercé sur leur pays le plus d'influence, étaient tous de grands travailleurs. Nous avons dit plus haut que Luther se livrait à toutes sortes d'ouvrages pour gagner son pain. Il jardinait, construisait, tournait, et faisait même de l'horlogerie [1].

Un trait caractéristique de Napoléon quand il visitait une œuvre industrielle remarquable, c'était le grand respect qu'il témoignait à son inventeur : en prenant congé de lui, il le saluait très-bas. Un jour à Sainte-Hélène, pendant qu'il se promenait avec Mme Balcombe, des domestiques portant une lourde charge passèrent près d'eux. La dame, d'un ton colère, leur ordonna de s'éloigner, mais Napoléon intervint en disant : « Respectez leur fardeau, madame. » Il n'est pas jusqu'à l'occupation basse et pénible du plus humble manœuvre qui ne contribue au bien-être général de la société, et un empereur chinois a dit sagement que, « s'il y avait un seul homme qui ne travaillât pas, ou une seule femme qui fût paresseuse, il y aurait toujours quelqu'un dans l'Empire qui souffrirait du froid ou de la faim ».

L'habitude d'une occupation constante et utile est, pour la femme comme pour l'homme, une condition essentielle de bonheur et de bien-être. Sans elle les femmes sont sujettes à tomber dans un état d'ennui et d'inutilité accompagné de migraines et d'attaques de nerfs. Caroline Perthes avertit soigneusement sa fille mariée, Louisa, de prendre bien garde d'éviter cet écueil. « Moi-même, dit-elle, quand

---

[1] Écrivant à un abbé de Nuremberg qui lui avait envoyé une provision d'outils à tourner, Luther disait : « J'ai fait des progrès considérables en horlogerie, et j'en suis très-enchanté, car ces ivrognes de Saxons ont constamment besoin qu'on leur rappelle ce qu'est le temps ; non pas qu'ils s'en soucient beaucoup ; car, pourvu que leurs verres soient toujours pleins, ils s'inquiètent fort peu de savoir si les horloges, les horlogers, et le temps lui-même, marchent bien. »

(*Luther*, de MICHELET.)

les enfants sont sortis pour une après-midi, je me sens quelquefois aussi triste qu'un hibou en plein jour ; mais il ne faut pas se laisser aller à cette disposition qui arrive plus ou moins à toutes les jeunes femmes. Le meilleur remède est le travail entrepris avec intérêt et application. Travaillez donc constamment et assidûment à une chose ou à une autre ; car la paresse est le piége du diable pour les petits et les grands, comme dit votre grand-père, et il dit vrai [1]. »

Une occupation constante et utile est donc saine, non-seulement pour le corps, mais aussi pour l'âme. Pendant que le fainéant se traîne avec indolence le long de la vie, et que la meilleure partie de sa nature dort d'un profond sommeil, si déjà elle n'est pas morte moralement et spirituellement, l'homme énergique, au contraire, est une source d'activité et d'agrément pour ceux qui sont placés dans le rayon de son influence. L'occupation la plus humble vaut encore mieux que l'oisiveté. Fuller dit de sir Francis Drake, qui fut de bonne heure envoyé sur mer et tenu de près au travail par son maître, « que tout le mal qu'il s'était donné dans sa jeunesse, et la patience qu'il avait eue, avaient resserré les jointures de son âme et les avaient rendues plus solides et plus compactes ». Schiller disait souvent qu'il considérait comme un grand avantage d'avoir tous les jours à accomplir un devoir machinal, quelque travail régulier qui rende nécessaire une application soutenue.

Des milliers d'individus peuvent affirmer la vérité de ce que disait le peintre Greuze, que le travail, — une occupation utile, — un bon emploi du temps — sont l'un des plus grands secrets du bonheur. Casaubon fut une fois poussé par les sollicitations de ses amis à prendre quelques jours de repos complet, mais il retourna à sa

---

[1] *Vies de Perthes*, t. II, p. 20.

besogne avec cette remarque qu'il était plus facile de supporter la maladie en faisant quelque chose qu'en ne faisant rien.

Lorsque Charles Lamb fut délivré pour toujours de son humble travail de bureau, aux affaires des Indes, il se sentit le plus heureux des hommes. « Je ne retournerais pas dans ma prison », disait-il à un ami, « pour dix ans de plus, quand on me donnerait dix mille livres. » Il écrivait aussi à Bernard Barton avec les mêmes transports. « C'est à peine si je me sens la tête assez sûre pour composer une lettre », disait-il. « Je suis libre! libre comme l'air! Je vivrai encore cinquante ans.

...Si je pouvais vous vendre un peu de mes loisirs! Positivement, ce qu'un homme peut faire de mieux, c'est — rien! et après cela peut-être, des bonnes œuvres. » Deux années, — deux longues et fastidieuses années se passèrent, et les sentiments de Charles Lamb avaient subi une transformation complète. Il découvrait alors que la routine obligée, la tâche journalière, le travail officiel, tout assommant qu'il fût, avaient été bons pour lui, sans qu'il s'en doutât. Le temps, autrefois son ami, était devenu son ennemi. Il écrivit de nouveau à Bernard Barton : « Je vous assure qu'il est mille fois pire de ne pas travailler du tout que de travailler trop. L'esprit vit de soi-même, et c'est la plus malsaine des nourritures. J'en suis arrivé à ne me soucier de rien... Jamais les eaux du ciel ne sont tombées sur une tête plus misérable. La seule chose que je puisse faire jusqu'à me surmener, — c'est marcher. Je suis un sanguinaire bourreau du temps. Mais l'oracle est silencieux. »

Personne ne pouvait mieux comprendre l'importance pratique du travail que sir Walter Scott, qui était le plus laborieux et le plus infatigable des hommes. Lockhart dit de lui qu'en réunissant tous les siècles et tous les pays, c'est dans les annales des grands souverains et des grands capitaines, plutôt que dans celles des génies littéraires, qu'il faudrait chercher ce rare exemple que Scott nous a donné, d'une énergie indomptable, jointe au calme le plus serein. Scott lui-même était très-désireux d'imprimer dans les cœurs de ses propres enfants l'importance de l'industrie comme moyen d'utilité et de bonheur dans ce monde. Pendant que son fils Charles était au collége, il lui écrivait : « Je ne saurais trop pénétrer votre esprit de cette pensée, que le travail nous a été imposé par Dieu dans toutes les conditions de la vie. Rien qui vaille la peine d'être possédé ne peut être obtenu sans cela, depuis le pain que le paysan gagne à la sueur de son front, jusqu'aux plaisirs par lesquels l'homme riche cherche à se débarrasser de son ennui... Quant à la science, il est aussi impossible de l'implanter sans travail dans l'esprit humain, que de faire produire du blé à un champ sans l'usage préalable de la charrue. Il peut arriver, il est vrai, par l'effet du hasard ou des circonstances, qu'un autre moissonne ce que le fermier a semé, mais il n'y a ni accident ni malheur qui puisse priver un homme du fruit de ses propres études, et tout le savoir qu'il acquiert servira à son usage personnel. Travaillez donc, mon cher garçon, et mettez le temps à profit. Dans la jeunesse, nos pas sont légers, nos esprits sont flexibles, et la science s'y amasse facilement ; mais si nous négligeons notre printemps, nos étés seront inutiles et méprisables, notre automne sera frivole, l'hiver de notre vieillesse sera désolé, et personne ne le respectera [1]. »

Southey était un travailleur aussi laborieux que Scott. En vérité, on eût pu dire que le travail faisait partie de sa religion. Il n'avait que dix-neuf ans quand il écrivit ces

_____

[1] *Vie de Scott,* par LOCKHART (éd. de 1820), p. 442.

mots : — « Dix-neuf ans ! J'ai passé, certainement, le quart de ma vie ; peut-être une partie bien plus grande encore ! et cependant je n'ai rendu aucun service à la société. Le paysan qui fait peur aux corneilles pour quatre sous par jour est plus utile que moi ; il préserve le pain que je mange dans l'oisiveté. » Et cependant Southey n'avait pas été un garçon paresseux ; au contraire, c'était un écolier très-appliqué. Non-seulement il avait beaucoup lu toute la littérature anglaise, mais encore il connaissait bien, par des traductions, le Tasse, l'Arioste, Homère et Ovide. Il lui semblait cependant que sa vie avait été sans but, et il résolut de faire quelque chose. Il se mit à l'œuvre, et depuis ce temps il poursuivit une carrière incessante de travail littéraire jusqu'à la fin de sa vie, — « progressant tous les jours en savoir », pour me servir de ses propres paroles, « moins instruit qu'il n'est pauvre, moins pauvre qu'il n'est fier, et moins fier qu'il n'est heureux ».

Les maximes des hommes révèlent souvent leur caractère [1]. Celle de Walter Scott était : « Ne jamais rester sans rien faire. » Robertson, l'historien, dès sa quinzième année adopta cette maxime : *Vita sine litteris mors est.* (La vie sans la science, c'est la mort.) Voltaire avait pour devise : *Toujours au travail.* La maxime favorite de Lacépède, le naturaliste, était : *Vivre, c'est veiller.* C'était aussi celle de Pline. Quand Bossuet était au collége, il était si remarquable par son ardeur à l'étude que ses camarades, jouant sur son nom, le désignaient ainsi : *Bos suetus aratro.* (Le bœuf habitué à la charrue.) Le nom de *Vitalis* (la vie est une lutte) que prit le poëte suédois Sjoberg, et celui de *Novalis* que se donna Frédérick de Harden-

---

[1] Southey dit dans le *Docteur* que le caractère d'une personne peut être mieux connu par les lettres que d'autres personnes lui écrivent, que par celles qu'elle écrit elle-même.

berg, dépeignent les aspirations et les travaux de ces deux grands hommes de génie.

Nous avons parlé du travail comme d'une discipline : il élève ausi le caractère. Le travail, quand même il ne produirait aucun résultat, vaut mieux que la torpeur, car, en développant les facultés, il prépare au travail utile. L'habitude du travail enseigne la méthode. Elle nous force à épargner le temps et à n'en disposer qu'avec une sage réflexion. Et quand une fois nous aurons acquis par l'expérience l'art de remplir la vie d'occupations utiles, chaque minute sera mise à profit, et quand les loisirs viendront, leur jouissance aura pour nous une bien plus grande saveur.

Coleridge a dit [1] avec raison que, si l'on dépeint les paresseux comme tueurs du temps, on peut dire avec justice que l'homme méthodique lui donne de la vie et en fait un être moral, auquel il soumet, non-seulement son sentiment, mais encore sa conscience. Il organise les heures et leur donne une âme, et par cette âme dont l'essence même consiste à paraître et à disparaître, il participe à une nature spirituelle et impérissable. Du bon et fidèle serviteur dont toute l'énergie ainsi dirigée est régularisée avec cette méthode, on peut dire qu'il vit en mesure, et avec plus de vérité encore, qu'il a la mesure en lui; ses journées, ses mois, ses années, comme autant de points et de virgules dans les annales des devoirs accomplis, survivront à la ruine des mondes et demeureront quand le temps lui-même ne sera plus.

C'est parce que l'application aux affaires enseigne la méthode qu'elle est si utile pour former le caractère. Les qualités efficaces se développent mieux au contact actif et sympathique d'autrui, dans le cours de la vie habituelle.

---

[1] *Dissertation sur la science de la Méthode.*

Peu importe qu'il s'agisse de conduire une maison ou un peuple ; comme nous avons cherché à le démontrer dans le chapitre précédent, l'habile ménagère doit avoir nécessairement l'aptitude des affaires. Il faut qu'elle régularise et qu'elle contrôle les détails de son intérieur, qu'elle proportionne sa dépense à ses moyens, qu'elle arrange toutes choses d'après un plan et un système, et qu'elle dirige sagement ceux qui lui sont soumis. Pour bien conduire une maison, il faut de l'industrie, de l'assiduité, de la méthode, une discipline morale, de la réflexion, de la prudence, une habileté pratique, la pénétration des caractères et la puissance d'organisation, — qualités qui sont également requises pour la direction efficace de toutes sortes d'affaires.

Les qualités nécessaires aux affaires ont, il est vrai, un vaste champ d'action. Elles comprennent l'aptitude, la compétence indispensable pour faire face avec succès aux devoirs de la vie, soit que le stimulant se trouve dans la direction intérieure ou la conduite d'une profession, dans l'industrie ou dans le commerce, dans l'organisation sociale ou le gouvernement politique ; et l'éducation qui nous enseigne à mener avec succès ces différentes entreprises est la plus utile de toutes dans la vie pratique [1]. Elle est aussi la meilleure école pour le caractère, car elle

---

[1] Le passage suivant, tiré d'un article récent de la *Pall mall Gazette,* se recommandera de lui-même à l'approbation générale :

« On ne peut mettre en doute aujourd'hui que l'application au travail, le contact avec les hommes, l'absorption dans les affaires et le fardeau qu'elles nous imposent ne donnent une noble impulsion à l'intelligence, et une magnifique occasion de discipliner le caractère. C'est une manière vulgaire d'envisager le travail, de ne le considérer que comme un moyen d'existence. Le travail d'un homme, c'est sa participation à l'œuvre du monde, sa part de la grande activité qui rend la société possible. Il peut l'aimer ou ne pas l'aimer, mais le travail s'impose toujours, et il exige l'application, l'abnégation et la disci-

développe en nous bien des vertus : la diligence, la vertu, l'abnégation, le jugement, le tact; elle nous aide à connaître nos semblables et à sympathiser avec eux.

Une telle discipline donne bien plus de bonheur et de véritable utilité dans la vie que n'importe quel degré de science littéraire ou de solitude méditative, car dans une longue carrière on finira presque toujours par découvrir que l'habileté pratique l'emporte sur l'intelligence, et l'humeur et les habitudes sur le talent. Il faut ajouter cependant que ce genre de culture ne peut s'obtenir que par une observation constante et une expérience soigneusement acquise. Le général Trochu a écrit dans une récente publication : « ..... Assurément, si, comme le dit l'adage populaire, et comme j'en suis convaincu, *il faut, pour être bon forgeron, avoir forgé toute sa vie,* il faut, pour être bon administrateur d'armée, avoir passé sa vie tout entière dans l'étude et dans la pratique des affaires[1]. »

On remarquait chez sir Walter Scott le plus grand respect pour les hommes d'affaires capables, et il affirmait que, selon lui, il n'y avait pas de distinction littéraire qui pût être comparée aux supériorités des hautes régions

pline. L'homme est en quelque sorte soumis à une manœuvre qu'il ne peut posséder à fond s'il ne s'y donne tout entier, retenant ses fantaisies, réprimant ses désirs et se renfermant dans la routine des petits détails. — Il faut, en un mot, qu'il accepte sa besogne avec toutes ses exigences. Mais cette obligation qu'imposent les affaires d'être toujours prêt, de savoir se dominer et rester vigoureux, cet appel constant à l'intelligence, ce frein sur la volonté, cette nécessité d'avoir le jugement rapide et responsable — toutes ces choses constituent une haute culture, pas la plus haute cependant. Elle fortifie et vivifie, mais n'épure pas toujours; elle donne de la force, si ce n'est du poli, le *fortiter in re,* sinon le *suaviter in modo.* Elle fait des hommes forts et actifs et leur donne une grande capacité pour les affaires, bien qu'elle n'en fasse pas toujours des hommes recherchés ou des gentlemen. »

[1] Général Trochu, *L'armée française en* 1867, p. 133

de la vie pratique, — et encore moins à un grand capitaine.

Celui-ci ne laisse rien au hasard, mais il se tient prêt
pour toutes les éventualités. Il condescend à entrer dans des
détails qui paraissent presque futiles. Ainsi, lorsque Wellington était à la tête de son armée en Espagne, il dirigeait
jusqu'à la manière dont les soldats devaient faire cuire
leurs provisions. Dans l'Inde, il décidait avec quelle vitesse
les bœufs devaient être conduits; chaque détail d'équipe-
ment était soigneusement arrangé d'avance. Il assurait
ainsi le bien-être de ses hommes, et s'attirait leur dévouement et leur entière confiance [1].

Comme certains autres grands capitaines, Wellington
avait pour le travail une aptitude presque sans limites.
Étant encore secrétaire d'État pour l'Irlande, il préparait
les principaux points d'un projet de loi sur la police de
Dublin, tout en traversant péniblement l'embouchure du
Mondégo, pendant que Junot et l'armée française l'attendaient sur la rive opposée. De même, César écrivit, dit-on,
un essai sur la rhétorique latine en passant les Alpes à la tête
de son armée. Et Wallenstein conduisant 60,000 hommes
en campagne, avec l'ennemi devant lui, dictait de son
quartier général le traitement médical de sa basse-cour.

Washington était également un homme d'affaires infatigable. Dès son enfance il se plia de lui-même à des habitudes d'application, d'étude et de travail méthodique. Ses
cahiers de collége, qu'on a conservés, montrent que dès

---

[1] Quand on publia pour la première fois ses *Dépêches,* un de ses
amis, qui venait de lire les rapports de ses campagnes dans l'Inde, lui
dit un jour : « Il me semble, duc, que votre grand souci dans l'Inde
était de vous procurer du riz et des bœufs. » « Oui, c'est vrai,
répliqua Wellington, car tant que j'avais du riz et des bœufs, j'avais
des hommes, et avec des hommes, j'étais sûr de pouvoir battre
l'ennemi. »

l'âge de treize ans il s'occupait volontairement à copier toutes sortes de choses telles que formules de quittances, billets à ordre, lettres de change, obligations, actes de propriété et autres documents aussi arides, tous écrits avec le plus grand soin. Et les habitudes qu'il acquit ainsi de bonne heure furent la base de ces admirables qualités dont il se servit plus tard avec tant de succès pour les affaires du gouvernement.

L'homme ou la femme qui réussit dans la direction de quelque grande entreprise mérite peut-être autant d'honneur que l'artiste qui peint un tableau, l'auteur qui écrit un livre, ou le soldat qui gagne une bataille. Qui sait si l'un et l'autre n'ont pas rencontré autant de difficultés, s'il ne éur a pas fallu autant d'efforts? Et la victoire qu'ils ont remportée est au moins une victoire paisible qui ne laisse pas de sang sur leurs mains.

Quelques personnes se figurent que l'habitude des affaires est incompatible avec le génie. Dans la vie de Richard Lovell Edgeworth [1], on parle d'un M. Bicknell, — homme respectable, mais ordinaire, dont on ne sait pas grand'chose, si ce n'est qu'il épousa Sabrina Sidney, l'élève de Thomas Day, auteur de *Sandford and Merton*, — et l'on dit de lui « qu'il avait quelques-uns des défauts trop communs aux hommes de génie; c'est-à-dire qu'il détestait les détails pénibles des affaires ». Ceci est une grave erreur. Les plus grands génies ont été, sans exception, les plus grands travailleurs, et sont descendus jusqu'aux occupations les plus serviles. Non-seulement ils ont travaillé plus laborieusement que les hommes ordinaires, mais ils ont apporté à leur travail des facultés plus puissantes et un esprit plus ardent. Rien de grand ni de durable ne fut jamais improvisé. Ce n'est que par une noble patience et un noble labeur que les œuvres de génie ont pu être achevées.

---

[1] Maria EDGEWORTH, *Mémoires de R. L. Edgeworth*, II, 94.

La puissance n'appartient qu'aux travailleurs ; les paresseux sont toujours impuissants. Ce sont les hommes laborieux qui se donnent de la peine, qui gouvernent le monde.
Il ne s'est pas trouvé un homme d'État un peu éminent qui
ne fût un homme d'industrie. « C'est par un travail pénible,
disait Louis XIV lui-même, que les rois gouvernent. » Clarendon, en dépeignant Hampden, nous le représente comme
« ayant une industrie et une vigilance que les plus laborieux ne peuvent user ni fatiguer ; des qualités auxquelles
les plus fins et les plus subtils ne peuvent en imposer, et
un courage personnel égal à ses meilleures qualités ». Au
milieu de ses occupations laborieuses, quoique volontaires,
Hampden écrivait un jour à sa mère : « Ma vie n'est qu'un
labeur, et c'est ainsi depuis bien des années, tantôt pour la
république, tantôt pour le roi... Je n'ai même pas le temps
de faire mon devoir envers mes chers parents, ni même de
leur envoyer un message. » Tous les hommes d'État de
la république étaient de grands travailleurs, et Clarendon
lui-même, soit qu'il fût au ministère ou qu'il en fût dehors,
était un homme d'une application et d'une industrie infa-
tigables.

La même énergie et la même vigueur au travail ont distingué tous les hommes éminents de notre siècle et des
siècles passés. Pendant le mouvement occasionné par la loi
sur les grains, Cobden, écrivant à un ami, disait en parlant
de lui-même « qu'il travaillait comme un cheval sans avoir
un moment de répit ». Lord Brougham était un remarquable exemple de l'homme actif, laborieux et infatigable,

[1] Un ami de lord Palmerston nous a communiqué l'anecdote suivante.
Cet ami lui demandant un jour à quel âge il considérait qu'un homme
fût dans la force de la vie, il répondit aussitôt : « A soixante-dix-
neuf ans ! mais, ajouta-t-il en clignant son œil, comme je viens d'entrer dans ma quatre-vingtième année, peut-être suis-je un peu au
delà. »

et l'on peut dire de lord Palmerston que dans son extrême
vieillesse il se donnait encore plus de mal pour réussir
qu'il ne s'en était jamais donné, conservant jusqu'à la fin
toute son aptitude au travail, son égalité d'humeur et sa
bonhomie. Il avait coutume de dire qu'il était bon pour
sa santé d'être au ministère, et d'avoir par conséquent une
surcharge de travail. Cela le sauvait de l'ennui. Helvétius
prétendait que ce sentiment d'ennui qui existe chez l'homme
était la principale cause de sa supériorité sur la brute,
car la nécessité qu'il éprouve d'échapper à une si intolérable souffrance le force à s'occuper activement, et devient
le grand stimulant des progrès humains.

De tout temps, rien n'a mieux servi à développer davantage la vitalité énergique des natures fortes que ce principe
de travail constant, d'occupations variées et de contact pratique avec les hommes dans les affaires de la vie. Ces
habitudes d'occupations, cultivées et disciplinées, sont également utiles dans toutes les carrières, soit en politique, en
littérature, dans les sciences ou dans les arts. Ainsi la plupart des grandes œuvres littéraires ont été faites par des
hommes rompus à la conduite des affaires. La même industrie, la même application, l'économie de temps et de travail qui les a rendus utiles dans une sphère d'occupation,
leur a servi également dans l'autre.

Les premiers écrivains anglais étaient presque tous des
hommes d'affaires, car il n'existait alors aucune classe littéraire excepté dans le clergé. Chaucer, le père de la poésie
anglaise, fut d'abord soldat, et ensuite contrôleur des
douanes. Cette charge n'était pas une sinécure, car il
avait à écrire tous les rapports de sa propre main, et quand
il avait fait ses comptes au bureau de la douane, il retournait avec délices à ses études favorites, chez lui, dévorant
ses livres jusqu'à ce que ses yeux fussent troubles et
alourdis.

Les grands écrivains du règne d'Élisabeth, pendant lequel il se fit un tel développement de vie intellectuelle en Angleterre, n'étaient pas des hommes littéraires dans la moderne acception du mot, mais presque tous étaient des hommes d'action, rompus aux affaires. Spencer remplissait les fonctions de secrétaire du lord député en Irlande; Raleigh fut, tour à tour, courtisan, soldat, marin et homme de découvertes; Sydney était un politique, un diplomate et un soldat; Bacon fut un laborieux jurisconsulte avant de devenir garde des sceaux et lord-chancelier; sir Thomas Browne était médecin de province à Norwich; Hooker, le pasteur très-occupé d'une paroisse de campagne; Shakespeare fut directeur d'un théâtre, dans lequel il n'était qu'un acteur ordinaire, et il paraissait se soucier davantage de ses émoluments que de ses productions intellectuelles. Et cependant tous ces hommes, aux habitudes régulières et actives, figurent parmi les plus grands écrivains qu'il y ait eu dans aucun temps : le règne d'Élisabeth et celui de Jacques Ier ressortent dans l'histoire d'Angleterre comme la période de son plus grand mouvement et de sa plus grande splendeur littéraire.

Sous le règne de Charles Ier, Cowley occupa plusieurs postes de confiance. Il servit de secrétaire intime à quelques-uns des chefs royalistes, et fut ensuite engagé comme secrétaire particulier de la reine, pour chiffrer et déchiffrer la correspondance qu'elle entretenait avec le roi ; ce travail occupa toutes ses journées, et souvent ses nuits, pendant plusieurs années. Et tandis que Cowley était ainsi absorbé par la cause royale, Milton était employé par la République dont il fut l'interprète latin, avant d'être le secrétaire du lord Protecteur. Cependant dans la première partie de sa vie, Milton remplissait les humbles fonctions d'instituteur, « et dans son école, nous dit Johnson, comme dans tout ce qu'il entreprenait, il travaillait avec grande diligence ». Ce fut après la Restauration, quand ses fonctions officielles cessèrent, que Milton commença la plus belle œuvre littéraire de sa vie ; mais, avant d'entreprendre son grand poëme épique, il jugea indispensable d'ajouter « à des lectures assidues et choisies une observation sûre et une connaissance approfondie des affaires et des arts libéraux [1] ».

Locke occupa des fonctions sous des règnes différents : d'abord sous Charles II, il fut secrétaire des présentations aux bénéfices, et ensuite sous Guillaume III, commissaire des appels, puis commissaire du commerce et des colonies. Beaucoup d'hommes littéraires éminents occupèrent des fonctions sous la reine Anne. Ainsi Addison fut secrétaire d'État ; Steele, commissaire du timbre ; Prior, sous-secrétaire d'État et plus tard ambassadeur de France ; Tickell, sous-secrétaire d'État et secrétaire des lords-juges d'Irlande ; Congreve, secrétaire de la Jamaïque, et Gay, secrétaire de la légation de Hanovre.

L'habitude des affaires, loin de rendre un esprit cultivé incapable de poursuivre une carrière scientifique ou littéraire, est souvent pour lui la meilleure préparation. Voltaire disait avec raison que le véritable esprit de la littérature est le même que celui des affaires, car la perfection de l'un et de l'autre consiste dans l'union de l'énergie et de la réflexion, de l'intelligence cultivée et de la sagesse pratique, de l'essence active et contemplative. Union que lord Bacon a louée parce qu'elle concentre tout ce qu'il y a de meilleur dans la nature humaine. On a dit qu'un homme, malgré tout son génie, ne pourrait rien écrire qui vaille la peine d'être lu, sur les affaires de ce monde, s'il n'avait pas été mêlé d'une manière ou d'une autre au commerce sérieux de la vie pratique.

[1] *Reasons of Church government*. Book II. (Raison d'être du gouvernement de l'Église. Livre II)

De là vient que la plupart des meilleurs livres qui existent ont été écrits par des hommes d'affaires, pour lesquels la littérature était un passe-temps plutôt qu'une profession. Gifford, l'éditeur de la *Quarterly Review*, qui savait tout ce qu'il y avait de pénible à écrire pour vivre, faisait un jour cette remarque, « qu'une heure d'improvisation, dérobée au travail quotidien, valait mieux que toute une journée de labeur pour celui qui fait de la littérature un état ; dans le premier cas, l'esprit vient joyeusement se rafraîchir comme le cerf à la fontaine ; dans l'autre cas, il poursuit son misérable chemin, haletant et harassé, ayant derrière lui les loups affamés de la nécessité [1] ».

Les premiers grands écrivains de l'Italie n'étaient pas seulement des hommes de lettres ; c'étaient des hommes d'affaires, des commerçants, des hommes d'État, des diplomates, des juges et des soldats. Villani, l'auteur de la meilleure histoire de Florence, était marchand ; Dante, Pétrarque et Boccace furent tous engagés dans des ambassades

---

[1] Coleridge exprimait la même pensée dans les avis qu'il adressait à ses jeunes amis. « A l'exception d'un homme vraiment extraordinaire, leur dit-il, je n'ai jamais connu aucun individu, et surtout aucun homme de génie qui fût bien portant et heureux sans profession, c'est-à-dire sans un emploi régulier qui ne dépende pas de la volonté du moment, et qui puisse être poursuivi assez machinalement pour qu'une moyenne ordinaire de santé, d'ardeur et d'efforts intelligents, suffise à le remplir avec fidélité. Trois heures de loisir, sans mélange d'aucune préoccupation étrangère, anticipées avec délices comme un changement et une récréation, suffiront pour réaliser en littérature des productions plus grandes, plus fécondes que ne pourraient le faire plusieurs semaines de travail forcé..... S'il faut des faits pour prouver la possibilité d'accomplir des œuvres littéraires importantes tout en remplissant des fonctions indépendantes et actives, les écrits de Cicéron et de Xénophon parmi les anciens, de sir Thomas More, de Bacon, Baxter, ou (pour nous reporter à des exemples récents et contemporains) de Darwin et de Roscoe, tranchent la question d'une manière décisive. » (*Biographie littéraire*, chap. XI.)

plus ou moins importantes, et Dante, avant de devenir
diplomate, fut quelque temps occupé comme chimiste et
droguiste. Galilée, Galvani et Farini étaient médecins, et
Goldoni homme de loi. Le talent de l'Arioste pour les
affaires était presque aussi grand que son génie poétique.
A la mort de son père, il fut appelé à diriger les biens de
la famille dans l'intérêt de ses plus jeunes frères et sœurs,
et il le fit avec habileté et intégrité. Son intelligence des
affaires ayant été reconnue, il fut chargé par le duc de Ferrare de missions importantes à Rome et ailleurs. Ayant été
nommé ensuite gouverneur d'une province turbulente dans
les montagnes, il parvint à y rétablir de l'ordre et de la
sécurité, grâce à son administration ferme et juste. Les
bandits eux-mêmes le respectaient. Ayant été arrêté un
jour dans les montagnes par une bande de brigands, il se
nomma, et aussitôt tous lui offrirent de l'escorter· sûrement où il voudrait aller.

On a vu de pareils exemples dans d'autres pays. Vattel,
l'auteur du *Droit des gens,* était un diplomate pratique et
un homme d'affaires de premier ordre. Rabelais était médecin et exerçait sa profession avec succès ; Schiller était chirurgien ; Cervantes, Lope de Vega, Calderon, Camoëns,
Descartes, Maupertuis, la Rochefoucauld, Lacépède, La-
marque, furent tous soldats dans leur jeunesse.

En Angleterre, beaucoup d'hommes connus aujourd'hui
par leurs écrits ont d'abord gagné leur vie par leur commerce. Lillo passa la plus grande partie de son existence à
travailler comme joaillier dans la *Poultry*[1], occupant ses
loisirs à la production d'œuvres dramatiques, dont quelques-
unes ont un mérite reconnu. Isaac Walton était marchand
de toiles dans Fleet street, lisant beaucoup dans ses moments perdus et garnissant son esprit de faits pour servir

---

[1] Rue de Londres.

plus tard à son travail de biographe. De Foé fut tour à tour maquignon, fabricant de briques et de tuiles, boutiquier, auteur et agent politique.

Samuel Richardson savait allier avec succès la littérature aux affaires, écrivant ses romans dans son arrière-boutique de *Salisbury court, Fleet street,* et les vendant sur le comptoir de son magasin. William Hatton, de Birmingham, combinait aussi avec bonheur les occupations de libraire et d'auteur. Il dit dans son autobiographie qu'un homme peut vivre un demi-siècle et ne pas connaître son propre caractère. Il ne savait pas qu'il était antiquaire jusqu'à ce que le monde l'en informât, après avoir lu son histoire de Birmingham. Et alors il s'en aperçut lui-même. Benjamin Franklin fut également remarquable comme imprimeur et comme libraire, comme auteur, philosophe et homme d'État.

En descendant jusqu'à nos jours, nous trouvons Ebenezer Elliott poursuivant son commerce de fer, à Sheffield, pendant qu'il écrivait et publiait le plus grand nombre de ses poëmes, et son succès dans les affaires fut tel, qu'il lui permit de se retirer à la campagne et d'y bâtir une maison où il passa le reste de ses jours. Isaac Taylor, auteur de l'*Histoire naturelle de l'enthousiasme,* occupait une partie de son temps à des inventions mécaniques, entre autres celle des *beer-taps* (champelures à bière), et d'une machine pour graver sur cuivre, qui est employée en grand par les imprimeurs d'indiennes de Manchester.

Les premiers travaux importants de **John Stuart Mill** furent écrits dans les intervalles de travail officiel, pendant qu'il remplissait les fonctions d'inspecteur principal à la compagnie des Indes orientales, — dans laquelle Charles Lamb, Peacock, l'auteur de *Headlong Hall,* et Edwin Norris, le philologue, étaient également clercs. Macaulay écrivit ses *Chants de l'ancienne Rome* (*Lays of ancient Rome*) au minis-

tère de la guerre où il occupait le poste de secrétaire. Il est
bien connu que les écrits méditatifs de M. Helps sont litté-
ralement des *Essais écrits dans les intervalles des affaires*
(*Essays written in the intervals of business*). Beaucoup de
nos meilleurs auteurs vivants, tels que sir Henry Taylor,
sir John Kaye, Anthony Trollope, Tom Taylor, Mathew
Arnold et Samuel Warren, remplissent des fonctions publiques importantes.

M. Proctor, le poëte, plus connu sous le nom de *Barry
Cornwall*, était avocat et commissaire chargé d'examiner
les aliénés. Très-probablement il prit son pseudonyme pour
la même raison que le docteur Paris publia sans le signer
son livre *Philosophy in sport made science in earnest*[1],
parce qu'il craignait de compromettre sa position professionnelle s'il était reconnu. Car c'est un préjugé assez commun qui prévaut encore parmi les gens des villes, que quiconque a écrit un livre, et surtout un poëme, n'est bon à
rien par rapport aux affaires. Cependant Sharon Turner,
bien qu'il fût un excellent historien, n'en était point pour
cela un plus mauvais *solicitor*; tandis que les frères Horace
et James Smith, auteurs des *Rejected addresses* (Adresses
rejetées), étaient des hommes tellement supérieurs dans
leur profession, qu'ils furent choisis pour remplir le poste
important et lucratif d'agent du contentieux à l'amirauté, et
ils le remplirent on ne peut mieux.

C'est pendant que feu M. Broderip, l'avocat, était employé à Londres comme magistrat de police, qu'il se sentit
attiré vers l'étude de l'histoire naturelle, à laquelle il consacra la plus grande partie de ses loisirs. Il écrivit ses principaux articles sur ce sujet pour l'*Encyclopédie* à un sou,
et en outre plusieurs ouvrages séparés d'un grand mérite,
particulièrement les *Récréations zoologiques*, et les *Pages du*

---

[1] La philosophie en jouant fit de la science sérieuse.

carnet d'un naturaliste [1]. On raconte de lui que bien qu'il donnât beaucoup de temps à la production de ses œuvres, ainsi qu'à la société zoologique et à l'admirable établissement de *Regent's Park,* dont il était l'un des fondateurs, ses études n'entravèrent jamais la principale occupation de sa vie, et l'on n'a jamais entendu faire la moindre critique de sa conduite ou de ses décisions. Et pendant que M. Broderip se vouait à l'histoire naturelle, le lord chef baron Pollock consacrait ses loisirs aux sciences naturelles, se récréant dans la pratique de la photographie et l'étude des mathématiques, dans lesquelles il était très-versé.

Parmi les banquiers littérateurs, nous trouvons les noms de Rogers, le poëte; Roscoe, de Liverpool, le biographe de Lorenzo de Médicis; Ricardo, l'auteur de *Political economy and taxation* (Principes de l'économie politique et de l'impôt) [2]; Grote, auteur de l'*Histoire de la Grèce;* sir John Lubbock, l'antiquaire scientifique [3]; et Samuel Bailey, de Sheffield, auteur des *Essais sur la formation et la publication des opinions,* outre divers ouvrages importants sur l'esthétique, l'économie politique et la philosophie.

D'un autre côté, les hommes véritablement instruits et versés dans la science se sont toujours montrés à la hauteur des affaires les plus difficiles. La meilleure culture est celle qui forme les habitudes d'application et d'industrie, qui discipline l'esprit, développe ses ressources et lui donne la liberté et la vigueur d'action ; toutes choses également

[1] Leaves from the Notebook of a Naturalist.

[2] M. Ricardo publia sa célèbre *Theory of Rent* (théorie sur la rente) à la demande pressante de James Mill qui était, comme son fils, principal clerc à la Compagnie des Indes, et qui écrivit l'histoire des Indes anglaises. Quand la *Theory of Rent* fut écrite, Ricardo en était si mécontent qu'il voulait la brûler; mais M. Mill le décida à la publier, et le livre eut un grand succès.

[3] Feu sir John Lubbock, son père, fut également remarquable comme astronome et mathématicien.

indispensables pour conduire heureusement les affaires. Ainsi les jeunes gens qui se sont livrés à des études sérieuses ont généralement de la fermeté de caractère, car il leur a fallu une attention continuelle, de la diligence, et la capacité et l'énergie nécessaires pour se rendre maîtres de la science; chez eux encore on trouvera presque toujours, dans une grande proportion, la promptitude, l'adresse et l'habileté.

Montaigne a dit des vrais philosophes que « s'ils étaient grands dans la science, ils étaient encore bien plus grands dans l'action....., et toutes les fois qu'ils ont été mis à l'épreuve, on les a vus s'élever à des régions si hautes que leurs âmes paraissaient agrandies et enrichies par la connaissance des choses [1]. »

Il faut reconnaître en même temps qu'une dévotion trop exclusive à la littérature fictive et philosophique peut, jusqu'à un certain point, rendre un homme incapable de s'assujettir à la doctrine de la vie pratique, surtout si cette étude se prolonge jusqu'à ce que les habitudes soient tout à fait enracinées. Il y a la capacité spéculative et la capacité pratique, et l'homme qui, dans son cabinet, sa plume en main, se montre susceptible de former de grandes vues, peut se trouver tout à fait insuffisant pour les rendre pratiques.

La capacité spéculative dénote une pensée énergique, la

---

[1] Thalès se répandant un jour en invectives dans la conversation contre la peine et le souci que se donnent les hommes pour devenir riches, quelqu'un lui répondit qu'il imitait le renard en trouvant mauvais ce qu'il ne pouvait obtenir. Cette plaisanterie inspira à Thalès le désir de prouver le contraire; et usant de toutes ses facultés pour les employer dans un but lucratif, il monta un commerce qui, en une seule année, lui rapporta de si grandes richesses, que c'est à peine si, avec toute leur industrie, les gens plus experts dans ce même métier auraient pu en réunir autant, pendant leur vie entière. (*Essais* de MONTAIGNE, livre I, chap. XXIV.)

capacité pratique une action vigoureuse, et les deux qualités se trouvent habituellement combinées dans des proportions très-inégales. L'homme spéculatif est souvent indécis ; il retourne une question de tous les côtés, et son action reste en suspens, tandis qu'il pèse avec soin le pour et le contre, qui tiennent la balance presque en équilibre ; l'homme pratique, au contraire, saute par-dessus les préliminaires logiques, arrive à certaines convictions définies, et procède de là à mettre son système en action [1].

Cependant il y a eu de grands hommes de science qui se sont montrés dans les affaires d'une habileté consommée. On n'a jamais dit que sir Isaac Newton ait fait un mauvais directeur de la monnaie parce qu'il était le plus grand des philosophes. Il n'y a jamais eu de critiques non plus sur la capacité de sir John Herschell, qui remplissait les mêmes fonctions. Les frères Humboldt réussissaient également dans tout ce qu'ils entreprenaient, soit en littérature, en philosophie, dans les mines, la philologie, la diplomatie ou la politique.

Niebuhr, l'historien, se distingua par son énergie et ses succès comme homme d'affaires. Il montra tant d'intelligence quand il était secrétaire et agent comptable au consulat d'Afrique, où il avait été nommé par le gouvernement danois, qu'il fut choisi plus tard comme l'un des commissaires chargés de diriger les finances nationales, et

---

[1] « L'intelligence, dit M. Bailey, qui est habituée à poursuivre un enchaînement d'idées, devient en quelque sorte incapable de ces mouvements brusques et versatiles qu'on apprend dans le commerce du monde et qui sont indispensables à ceux qui y prennent part. La pensée profonde et les talents pratiques exigent des tournures d'esprit si différentes, qu'en cherchant l'une on court grand risque de perdre l'autre. C'est pourquoi, ajoute-t-il, nous voyons bien des hommes qui dans leur cabinet sont des géants, et qui dans le monde ne sont que des enfants. » (*Essais sur la formation et la publication des opinions*, pp. 251 à 253.)

il quitta cette position pour entreprendre la direction d'une banque à Berlin. C'est au milieu de toutes ces occupations qu'il trouva le temps d'étudier l'histoire romaine, de posséder à fond l'arabe, le russe et autres langues slaves, et de se créer la grande réputation d'auteur qui lui est toujours restée.

D'après les idées qu'exprimait Napoléon 1er sur les hommes de science, on pouvait s'attendre à ce qu'il cherchât à fortifier son administration en les appelant à son aide. Quelques-unes de ses nominations furent malheureuses, d'autres réussirent complétement. Ainsi, on donna à Laplace le ministère de l'intérieur, mais à peine fut-il nommé qu'on s'aperçut de la méprise ; Napoléon disait de lui plus tard : « Laplace n'envisageait aucune question à son véritable point de vue. Il cherchait toujours des subtilités ; toutes ses idées étaient des problèmes, et il portait l'esprit de calcul infinitésimal jusque dans la direction des affaires. » C'est que les habitudes de Laplace s'étaient formées dans le cabinet, et il était trop vieux pour les adapter aux exigences de la vie pratique.

Avec Daru c'était différent. D'ailleurs Daru, avait l'avantage d'avoir été un peu initié aux affaires, car il avait servi comme intendant de l'armée en Suisse, sous Masséna, et pendant ce temps il s'était également distingué comme auteur. Quand Napoléon proposa de le nommer conseiller d'État et intendant de la Maison impériale, Daru hésita à accepter ces fonctions. « J'ai passé la plus grande partie de ma vie dans les livres », disait-il, « et je n'ai pas eu le temps d'apprendre l'état de courtisan. » « Des courtisans », répliqua Napoléon, « j'en ai assez autour de moi, ils ne manqueront jamais, mais j'ai besoin d'un ministre qui soit à la fois éclairé, ferme et vigilant, et c'est pour ces qualités que je vous ai choisi. » Daru céda au désir de l'Empereur, et devint plus tard son premier ministre. Il se montra

à la hauteur de cette position, tout en restant l'homme
modeste, honorable et désintéressé qu'il avait été toute
sa vie.

Les hommes dont les facultés sont rompues au travail en
contractent tellement l'habitude que l'oisiveté leur devient
intolérable, et quand les circonstances les arrachent à leur
genre d'occupation, ils trouvent refuge dans d'autres travaux. L'homme diligent trouve vite à employer ses loisirs,
et il peut s'en créer, tandis que l'homme paresseux n'y parvient jamais. « Celui-là n'a pas de loisirs », dit Georges
Herbert, « qui ne sait pas en profiter. » « L'homme le
plus actif ou le plus occupé », dit Bacon, « a sans doute
bien des heures de liberté pendant qu'il guette le flux et le
reflux des affaires, à moins qu'il ne soit lent et peu expé-
ditif, ou qu'il ait la petitesse de vouloir se mêler lui-même
de choses qui pourraient être mieux faites par d'autres. »
C'est ainsi que de grandes œuvres ont été accomplies pendant *ces heures de loisir,* par des hommes pour lesquels le
travail était devenu une seconde nature et qui trouvaient
plus facile de travailler que de rester oisifs.

Les *marottes* mêmes peuvent être utiles pour développer
les facultés actives. Il faut encore une certaine industrie
pour se livrer à une marotte, et elle procure souvent une
agréable occupation. Il ne s'agit pas de marottes comme
celle de Domitien qui passait son temps à attraper des
mouches ; celle du roi de Macédoine qui faisait des lan-
ternes, et celle du roi de France qui faisait des serrures,
étaient d'un ordre plus respectable. La routine d'un emploi
mécanique est quelquefois un soulagement pour les esprits
qui sont constamment tendus ; c'est comme une intermit-
tence dans le travail, un repos, un temps d'arrêt, et le
plaisir qu'on y trouve consiste plutôt dans le travail par lui-
même que dans le résultat.

Mais les meilleures sont les marottes intellectuelles.

Ainsi des hommes d'un esprit actif quittent leurs affaires de tous les jours, pour trouver dans d'autres poursuites la récréation dont ils ont besoin. — Les uns la demandent à la science, d'autres aux arts, et le plus grand nombre à la littérature. De telles récréations sont un des meilleurs préservatifs contre l'égoïsme et les sentiments vulgaires. On croit que c'est lord Brougham qui a dit : « Bienheureux l'homme qui a une marotte ! » Et avec la grande versatilité de sa nature, lui-même en avait beaucoup ; depuis la littérature jusqu'à l'optique, depuis l'histoire et la biographie jusqu'à la science sociale. On dit même que lord Brougham a écrit un roman, et que le remarquable récit de *The man in the Bell* [1], qui parut il y a bien des années dans *Blackwood,* est sorti de sa plume. Il ne faut pas cependant enfourcher trop vivement les marottes intellectuelles, car alors au lieu de récréer, de rafraîchir et de vivifier la nature de l'homme, elles n'auraient pour effet que de le renvoyer à ses affaires épuisé, énervé, abattu.

Beaucoup d'hommes d'État laborieux outre lord Brougham ont occupé leurs loisirs, ou se sont consolés de quitter leurs fonctions, en composant des ouvrages qui aujourd'hui ont un rang dans la littérature. Ainsi les *Commentaires* de César survivent encore comme classiques ; le style clair et énergique dans lequel ils sont écrits place leur auteur sur le même rang que Xénophon, qui, lui aussi, combinait avec succès la poursuite des lettres avec les exigences de la vie active.

Lorsque le grand Sully fut disgracié comme ministre et relégué dans l'isolement, il occupa ses loisirs à écrire ses *Mémoires,* par anticipation du jugement que porterait la postérité sur sa carrière politique. En outre, il commença un roman dans le genre Scudéri. On en trouva le manuscrit parmi ses papiers après sa mort.

[1] L'homme dans la cloche.

Turgot trouva une consolation pour la perte de son ministère, dont il avait été chassé par les intrigues de ses ennemis, dans l'étude de la science physique. Il revint aussi à son premier goût pour la littérature classique. Pendant ses longs voyages, et la nuit quand il était tourmenté par la goutte, il s'amusait à faire des vers latins; mais la seule ligne de lui qui ait été conservée est celle qui voulait désigner le portrait de Benjamin Franklin :

Eripuit cœlo fulmen, sceptrumque tyrannis.

Parmi les hommes d'État français plus modernes pour lesquels la littérature était une profession tout autant que la politique, on peut citer de Tocqueville, Thiers, Guizot et Lamartine. Napoléon III songea aussi un moment à se créer des titres à l'Académie par son *Histoire de Jules César*.

La littérature a été également la principale consolation de nos plus grands politiques anglais. Quand Pitt se retira du ministère, comme son grand contemporain Fox, il revint avec délices à l'étude des classiques grecs et latins. Grenville considérait Pit comme le meilleur helléniste qu'il eût jamais connu. Canning et Wellesley, dans leur retraite, s'occupaient à traduire les odes et les satires d'Horace. La passion de Canning pour la littérature se montrait dans toutes ses entreprises et se reflétait sur toute sa vie. Son biographe raconte qu'après un dîner chez Pitt, pendant que le reste des convives se dispersait pour causer, on le voyait avec Pitt dans un coin du salon, absorbés tous deux par quelque vieil auteur grec. Fox était aussi un disciple assidu des classiques grecs, et comme Pitt, il lisait Xénophon. Il fut aussi l'auteur d'une histoire de Jacques II, mais cet ouvrage n'est guère qu'une esquisse, et il faut bien l'avouer, il a été une déception.

L'un des plus capables et des plus laborieux de nos

hommes d'État modernes, pour lesquels la littérature était une marotte aussi bien qu'une étude, fut sir George Cornewall Lewis. C'était un homme d'affaires consommé, diligent, exact, se donnant beaucoup de peine. Il remplit tour à tour les fonctions de président du conseil d'administration de la taxe des pauvres, dont il créa lui-même tout le mécanisme, de chancelier de l'échiquier, de secrétaire du ministère de l'intérieur, et de secrétaire du ministère de la guerre. Dans chacun de ces emplois, il acquit la réputation d'un administrateur habile et heureux. Pendant les intervalles de ses travaux officiels, il s'occupait à des recherches sur toutes sortes de sujets : l'histoire, la politique, la philologie, l'anthropologie et les antiquités. Ses ouvrages sur l'*Astronomie des anciens* et ses *Essais sur la formation des langues romanes* sont dignes des savants allemands les plus profonds. Il prenait un plaisir tout particulier à poursuivre les sciences les plus abstraites, et il y trouvait son plus grand bonheur et sa récréation. Lord Palmerston lui faisait quelquefois des remontrances et lui disait qu'il dépensait une trop grande partie de lui-même, en mettant de côté les papiers officiels après les heures de bureau, pour étudier ses livres. Quant à Palmerston, lui-même, il déclarait qu'il n'avait le temps de lire aucun livre, car la lecture des manuscrits était bien suffisante pour lui.

Sir George Lewis poussa sans doute sa marotte trop loin, car s'il avait eu moins d'ardeur pour l'étude, sa vie utile se serait peut-être prolongée davantage. En fonction ou hors de fonction, il lisait, écrivait et étudiait. Il renonça à être éditeur de la *Revue d'Édimbourg,* pour devenir chancelier de l'échiquier, et quand il ne fut plus occupé à préparer des budgets, il se mit à copier des manuscrits grecs au musée britannique. Il trouvait un grand charme aux recherches difficiles dans l'antiquité classique. L'un des divers sujets qui l'occupèrent beaucoup fut de savoir

8

ce qu'il y avait de vrai dans les cas de longévité qu'on citait devant lui, et que, suivant son habitude, il mettait en doute ou se refusait à croire. Cette idée dominait dans son esprit tandis qu'il poursuivait sa campagne électorale dans l'Herefordshire en 1852. Un jour qu'il s'adressait à un électeur pour avoir son appui, il reçut un refus décisif. « Je suis fâché », répliqua le candidat, « que vous ne puissiez me donner votre vote, mais peut-être pourrez-vous me dire si jamais personne n'est mort dans votre paroisse à un âge extraordinaire ! »

Les contemporains de sir George Lewis nous fournissent aussi bien des preuves remarquables des consolations que peut apporter la littérature aux hommes d'État fatigués des travaux de la vie publique. Quand la porte des ministères est fermée, celle de la littérature reste toujours ouverte, et des hommes qui en politique sont à couteaux tirés se donnent la main sur le terrain de la poésie d'Homère et d'Horace. Le comte de Derby, après s'être retiré du pouvoir, publia sa belle traduction de l'*Iliade*, qui continuera sans doute à être lue quand ses discours auront été oubliés. Comme lui, M. Gladstone occupait ses loisirs à préparer ses *Études sur Homère* [1], et à éditer une traduction des *États romains de Farini* ; et M. Disraeli 'ait sa retraite des affaires par la publication de son *L   ire*. Parmi les hommes d'État qui ont figuré comme romanciers, on doit citer, outre M. Disraeli, lord Russell, qui paya aussi un large tribut à l'histoire et à la biographie ; le marquis de Normanby, et le vétéran des romanciers, lord Lytton, duquel on peut dire que la politique était sa récréation,

---

[1] M. Gladstone est un aussi grand enthousiaste en littérature que l'était Canning. On raconte de lui qu'étant à Liverpool, dans sa salle de comité, à attendre le résultat des votes, un jour d'élection dans le sud du comté de Lancastre, il s'occupait à continuer la traduction d'un ouvrage qu'il était sur le point de publier.

tandis que la littérature était la principale occupation de sa vie.

Nous pouvons donc conclure qu'une sage mesure de travail est bonne pour l'esprit aussi bien que pour le corps. L'homme est une intelligence nourrie et soutenue par des organes corporels, et il est nécessaire à la santé de les exercer activement. Ce n'est pas le travail, c'est l'excès de travail qui est nuisible; et le rude travail fait moins de mal qu'un travail monotone, rebutant et sans espoir. Tout travail est sain quand il est soutenu par l'espérance, et l'un des grands secrets du bonheur, c'est de se sentir occupé utilement avec l'espoir de réussir. — Le travail intellectuel, quand il est modéré, n'use pas davantage que les autres travaux. Bien réglé, il est aussi utile à la santé que les exercices du corps, et si l'on prend un soin suffisant du système physique, on n'est pas exposé à exiger d'un homme plus qu'il ne peut supporter. Ce qui est malsain, c'est de passer sa vie à manger, à boire et à dormir. L'usure par la rouille se produit plus vite encore que par l'usage.

Mais l'excès de travail est toujours une mauvaise économie, c'est même une perte de temps, surtout s'il se combine avec la tristesse. La tristesse tue bien plus que le travail. Elle ronge, elle excite, elle consume le corps comme le sable et le grès, qui occasionnent une friction excessive, usent les roues d'une machine. Il faut également se mettre en garde contre l'excès de travail et la tristesse. — Il ne faut pas que le travail moral soit un travail forcé, car il use et détruit selon qu'il est d'une nature plus ou moins excessive. Et le travailleur intellectuel peut épuiser et excéder son esprit par l'abus, tout comme l'athlète peut fouler ses muscles et se casser le cou en entreprenant des tours au-dessus des forces de son système physique.

CHAPITRE V.

LE COURAGE.

It is not but the tempest that doth show,
The seaman's cunning; but the field that tries
The captain's courage; and we come to know
Best what men are, in their worst jeopardies.

DANIEL.

La tempête nous découvre l'habileté du marin;
la valeur du capitaine se mesure sur le champ de
bataille, et c'est dans les moments de péril que
nous apprenons le mieux à connaître les hommes.

If thou canst plan a noble deed,
And never flag till it succeed,
Though in the strife thy heart should bleed,
Whatever obstacles control,
Thine hour will come — go on, true soul!
Thou'lt win the prize, thou'lt reach the gaol.

C. MACKAY.

Si tu peux projeter une noble entreprise, et
ne jamais faiblir jusqu'à ce qu'elle réussisse,
ton cœur dût-il se briser dans la lutte; si tu
peux surmonter n'importe quels obstacles, alors
ton heure viendra. — Courage, âme vaillante! Tu
remporteras le prix, tu atteindras le but.

L'exemple héroïque des temps passés est la
principale source du courage de chaque génération; les hommes marchent avec calme vers
les entreprises les plus périlleuses, attirés en
avant par les ombres des braves qui ne sont plus

HELPS.

That which we are, we are,
One equal temper of heroic hearts,

Made weak by time and fate, but strong in will.
To strive, to seek, to find, and not to yield.

TENNYSON.

Ce que nous sommes, c'est un ensemble égal
de cœurs héroïques, affaiblis par le temps et par
la destinée, mais d'une volonté forte pour lutter,
chercher, trouver, sans jamais nous lasser.

Le monde doit beaucoup aux hommes et aux femmes de
courage. Il ne s'agit pas ici du courage physique, pour
lequel nous sommes à peine les égaux du bouledogue, qui
lui-même n'est pas considéré comme le plus sage de son
espèce.

Le courage qui se traduit par de silencieux efforts, celui
qui ose tout supporter et tout souffrir par amour de la
vérité et du devoir, est plus héroïque que les exploits de la
valeur physique, qu'on récompense par des honneurs et
des titres, ou par des lauriers souvent trempés dans le
sang.

C'est le courage moral qui caractérise la véritable grandeur de l'homme et de la femme; le courage de dire vrai,
d'être juste et honnête; le courage de résister à la tentation,
et de faire son devoir. L'homme et la femme, s'ils ne
possèdent pas cette vertu, ne peuvent être sûrs de conserver
les autres.

Chaque progrès dans l'histoire de notre race s'est fait
au milieu des difficultés et des oppositions, et il a été
accompli et consolidé par des hommes intrépides et vaillants,
qui guidaient les autres dans le domaine de la pensée; ces
hommes étaient de grands inventeurs, de grands patriotes
et de grands travailleurs. Il n'y a peut-être pas une seule
vérité ni une seule doctrine qui n'ait eu à lutter pour se
faire reconnaître contre la détraction, la calomnie et la
persécution. « Partout », dit Heine, « où une grande âme
donne l'essor à ses pensées, elle rencontre un calvaire. »

8.

> Many loved Truth and lavished life's best oil,
> Amid the dust of books to find her,
> Content at last, for guerdon of their toil,
> With the cast mantle she had left behind her,
> Many in sad faith sought for her,
> Many with crossed hands sighed for her,
> But these, our brothers, fought for her,
> At life's dear peril wrought for her,
> So loved her that they died for her,
> Tasting the raptured fleetness
> Of her divine completeness [1].

Beaucoup d'hommes aimèrent la Vérité et dépensèrent le meilleur temps de leur vie dans la poussière des livres, espérant la trouver; heureux enfin, pour prix de leurs travaux, de saisir le manteau qu'elle laissait derrière elle. Beaucoup la cherchèrent dans de tristes croyances. D'autres, les bras croisés, l'appelaient de leurs soupirs; mais ceux-ci, nos frères, luttèrent pour elle au péril de leur vie, l'aimant jusqu'à mourir, et connurent un instant les délicieux transports que donne sa plénitude.

Les Athéniens condamnèrent Socrate à boire la ciguë dans sa soixante-douzième année, parce que ses enseignements étaient contraires aux préjugés et à l'esprit de parti de son siècle. Il fut accusé de corrompre la jeunesse d'Athènes en l'excitant à mépriser les dieux tutélaires de l'État. Il eut le courage moral de braver non-seulement la tyrannie des juges qui le condamnèrent, mais celle de la populace qui ne pouvait le comprendre. Il mourut en discourant sur l'immortalité de l'âme, et en adressant à ses juges ces dernières paroles : « Il est temps que nous nous quittions, moi pour mourir, vous pour vivre; mais qui de nous a le meilleur destin, personne ne le sait, excepté Dieu. »

Combien de grands hommes et de grands penseurs ont été persécutés au nom de la religion!

Galilée fut de ce nombre, et son caractère comme homme de science est presque éclipsé par celui de martyr. Dénoncé

[1] James Russell Lowell.

du haut de la chaire pour les idées qu'il professait sur le mouvement de la terre, il fut appelé à Rome dans sa soixante-dixième année pour répondre de son hétérodoxie. Et il fut emprisonné au tribunal de l'Inquisition et forcé de se rétracter pour échapper à la torture.

Roger Bacon, le moine franciscain, fut persécuté à cause de ses études sur la philosophie naturelle, et ses expériences de chimie le firent accuser de s'occuper de magie. Ses écrits furent condamnés, et lui-même enfermé pendant dix ans.

Ockham, l'un des plus anciens philosophes spéculatifs anglais, fut excommunié par le pape, et mourut en exil à Munich où il avait été protégé par l'amitié du roi de Bavière.

Vésale, l'un des plus habiles médecins de son temps, fut poursuivi pour avoir révélé l'homme à l'homme, de même que Galilée l'avait été pour avoir révélé les Cieux à l'homme. Vésale eut la hardiesse d'étudier la structure du corps humain par la dissection, pratique presque absolument défendue jusque-là. Il posa les fondements d'une science, mais ce fut au prix de sa vie. Pour le soustraire au jugement et à la mort qui l'attendaient, le roi d'Espagne, Philippe II, l'obligea à faire un pèlerinage en Terre sainte. Comme il en revenait, son vaisseau fit naufrage; et, jeté dans l'île de Zante, il y mourut, jeune encore, de faim et de misère.

Quand le *Novum Organum* parut, un haro général s'éleva contre lui à cause de ses tendances présumées à produire « des révélations dangereuses », à « bouleverser les gouvernements », et à « renverser l'autorité de la religion [1] »,

---

[1] Cependant Bacon lui-même écrit : « J'aimerais mieux croire à tous les articles de la légende du Talmud et de l'Alcoran, que de vouloir admettre que ce système universel est sans âme. »

et un certain docteur Henry Stubbe (dont le nom sans cela eût été oublié) écrivit un livre contre la nouvelle philosophie, dénonçant toute la secte des expérimentateurs comme « une génération à face de Bacon ».

On s'opposa même à l'établissement de la Société Royale, sous prétexte que « la philosophie expérimentale est contraire à la foi chrétienne ».

Tandis que les disciples de Copernic étaient persécutés comme infidèles, Keppler fut marqué des stigmates de l'hérésie « parce que », dit-il, « je suis la marche qui me paraît se rapprocher davantage de la parole de Dieu ».

Le pur et naïf Newton, dont l'évêque protestant Burnet disait que son âme était « la plus blanche » qu'il ait jamais connue, lui dont la pureté de cœur était celle d'un enfant, Newton lui-même fut accusé de « détrôner la Divinité » par sa sublime découverte de la loi de gravitation ; et une semblable accusation fut faite contre Franklin quand il expliqua la nature de la foudre.

Spinosa fut proscrit par les Juifs, ses coreligionnaires, à cause de ses notions en philosophie qu'ils supposaient contraires à leur religion, et plus tard un assassin attenta à sa vie pour la même raison.

La philosophie de Descartes fut dénoncée comme menant à l'irréligion ; les doctrines de Locke produisaient, disait-on, le matérialisme, et de nos jours le docteur Buckland, M. Sedgwick et autres grands géologues ont été accusés de dénaturer la révélation, en ce qui regarde la constitution et l'histoire de la terre.

En vérité, on peut dire qu'il n'y a pas eu de découverte soit en astronomie, en histoire naturelle ou en science physique, qui n'ait été attaquée par des esprits étroits et prévenus, comme menant à l'infidélité.

Quelques grands inventeurs, bien qu'ils n'aient pas été taxés d'irréligion, n'en ont pas moins encouru plus d'un blâme d'une nature professionnelle et publique. Quand le docteur Harvey publia sa théorie sur la circulation du sang, sa clientèle se retira [1], et le corps médical le signala comme fou. « Les quelques bonnes choses que j'ai pu faire », disait John Hunter, « ont été accomplies au milieu des plus grandes difficultés, et elles ont rencontré la plus grande opposition. » Pendant que sir Charles Bell se livrait aux importantes études sur le système nerveux, qui se terminèrent par l'une des plus grandes découvertes physiologiques, il écrivait à un ami : « Si je n'étais si pauvre, et si je n'avais tant de contrariétés à subir, comme je serais heureux ! » Mais lui aussi remarquait que beaucoup de ses malades l'abandonnaient après la publication de chacune des phases de sa découverte.

Ainsi presque toujours les accroissements du domaine de la science, par lesquels nous avons appris à mieux connaître les Cieux, la terre et nous-mêmes, ont été produits par l'énergie, le dévouement, l'abnégation et le courage des grands esprits des temps passés, qui, malgré l'opposition et les outrages qu'ils ont pu trouver chez leurs contemporains, sont maintenant classés parmi ceux que la partie éclairée du genre humain se fait une gloire d'honorer.

Et cette injuste intolérance manifestée aux hommes de science dans le passé porte avec elle son enseignement dans le présent. Elle nous montre à être indulgents envers ceux qui diffèrent d'opinion avec nous, pourvu que leurs observations soient patientes, leurs pensées honnêtes, et qu'ils expriment leurs convictions en toute liberté et toute vérité. Platon a dit que « le monde est l'épître de Dieu à

---

[1] Aubrey, dans son *Histoire naturelle de Wiltshire*, faisant allusion à Harvey, raconte : « Il m'a dit lui-même qu'après avoir publié son livre, il perdit beaucoup de sa clientèle. »

l'humanité », et savoir lire et étudier cette épître de manière à comprendre sa véritable signification ne peut avoir d'autre effet sur un esprit bien ordonné que de le conduire à une impression plus profonde du pouvoir, à une vue plus claire de la sagesse et au sentiment plus reconnaissant de la bonté de Celui de qui nous tenons tout.

Le courage des martyrs de leur foi n'est pas moins glorieux que celui des martyrs de la science. La résignation passive de l'homme et de la femme qui, par amour du devoir, se montrent prêts à tout souffrir, à tout supporter dans la solitude, sans avoir même la douceur d'être encouragés par une voix sympathique, exige un courage d'un ordre bien supérieur à celui qu'on déploie sur un champ de bataille, où les plus faibles eux-mêmes se sentent inspirés par l'entraînement de l'exemple et l'influence du nombre. Le temps nous manquerait pour dire les noms immortels de ceux qui, malgré les difficultés, les dangers et les souffrances, ont combattu pour leurs principes et sont devenus vaillants dans la lutte morale que leur livrait le monde, s'estimant heureux de donner leur vie, plutôt que de mentir à leur croyance [1].

Des hommes de cette trempe, inspirés par un profond sentiment du devoir, ont, dans les temps passés, montré du courage jusqu'à l'héroïsme et continuent à nous offrir quelques-uns des plus nobles spectacles qu'on puisse voir dans l'histoire. Les femmes elles-mêmes, avec toute leur tendresse et leur douceur, ont su prouver, non moins que les hommes, qu'elles étaient capables de manifester le courage le plus inébranlable, comme celui, par exemple, d'Anne Askew, qui, torturée jusqu'à ce que ses os fussent

---

[1] Toutes les religions ont eu leurs martyrs; sachons plaindre ceux qui ont souffert pour défendre une erreur, mais respectons leur bonne foi et admirons leur courage. (*Note du traducteur.*)

disloqués, ne fit entendre aucun cri, ne remua aucun
muscle, mais regarda ses bourreaux tranquillement, en
face et refusa d'avouer et de se rétracter; ou celui de
Latimer et de Ridley, qui, au lieu de se lamenter sur leur
triste sort et de se frapper la poitrine, allèrent à la mort
aussi gaiement qu'un fiancé à l'autel, s'exhortant l'un
l'autre à la confiance; ou encore comme celui de Mary
Dyer, la quakeresse pendue par les puritains de la Nou-
velle-Angleterre pour avoir prêché au peuple. Elle monta
d'un pas ferme les marches de l'échafaud, et, après s'être
adressée avec calme à ceux qui étaient autour d'elle, elle
se remit entre les mains de ses persécuteurs et mourut en
paix et avec joie.

Mais de toutes les nobles femmes martyres, Jeanne d'Arc
fut la plus grande. Tandis qu'elle était martyre pour son
pays, elle fut aussi victime de la superstition. Jeanne, dès
ses plus jeunes années, restait à la maison, sous l'œil de sa
mère, à coudre et à filer, apprenant sur les choses saintes
tout ce que sa mère savait. Elle était bonne et douce, et
très-enfant. En grandissant, elle eut des songes, des
visions; elle entendit des paroles solennelles qui lui étaient
adressées. On lui disait d'aller au secours du roi de France,
l'assurant qu'elle devait lui rendre son royaume.

La France était alors déchirée par la guerre civile. Les
Anglais étaient entrés à Paris et assiégeaient Orléans. Les
voix qui avaient déjà parlé à Jeanne parlèrent encore.
Saint Michel lui apparut, dit-on, lui inspira du courage et
la conjura d'avoir pitié du royaume de France. Elle ne put
résister à cette voix angélique, et, malgré tout ce qu'on fit
pour la décourager, elle quitta Domremy, en Lorraine, où
elle était née, et alla joindre l'armée française. Le peuple
de Vaucouleurs crut en elle et lui donna des armes; le sire
de Baudricourt lui offrit une épée. Le roi lui-même, après
toutes ses défaites, était résolu à tenter tous les moyens

pour chasser les Anglais. Il fit demander Jeanne d'Arc et la pria de rester près de lui à la cour.

Enfin, après avoir évité une embuscade auprès de Chinon, après avoir été menacée de désertion par sa petite escorte de six hommes, qui se disaient que peut-être elle n'était qu'une sorcière; après avoir été reçue à la cour malgré l'opposition des évêques et des prêtres, qui la croyaient inspirée par le diable, elle atteignit le camp français. Les Anglais assiégeants commençaient déjà à être inquiets. Ils étaient restés tout l'hiver devant Orléans, et leurs forces s'épuisaient. Après la mort de Salisbury, la plupart des hommes d'armes qu'il avait enrôlés quittèrent le camp. Les Bourguignons aussi avaient été rappelés par leur duc. Il ne restait plus que deux ou trois mille Anglais environ, et ceux-ci étaient répandus sur une douzaine de *bastilles,* entre lesquelles il n'y avait aucune communication. Les forces des Français s'élevaient à plusieurs milliers d'hommes, et ils purent sans difficulté les faire sortir d'Orléans. « Quand on lit, dit Michelet, la liste formidable des capitaines qui se jetèrent dans Orléans à la tête des troupes, la délivrance de la ville ne semble plus aussi miraculeuse[1]. »

Mais Jeanne n'était pas satisfaite. Il fallait chasser les Anglais du pays. Les soldats croyaient en elle, et elle était prête à les conduire. Les Anglais furent chassés des bastilles. Mais à l'assaut de la dernière (les Tournelles), la jeune fille fut blessée. L'armée, sous sa direction, suivit les Anglais à Patay, où ils furent encore battus.

Alors vint le couronnement de Charles VII à Reims, comme Jeanne l'avait prédit. « L'originalité de la Pucelle, dit Michelet, ce qui fit son succès, ce ne fut pas tant sa vaillance ou ses visions, ce fut son bon sens... En menant

[1] MICHELET, *Histoire de France.*

son roi droit à Reims, elle gagna de vitesse sur les Anglais et remporta l'avantage décisif du sacre... Elle avait fait et fini ce qu'elle avait à faire; aussi, dans la joie même de cette solennité, elle eut l'idée, le pressentiment peut-être de sa fin prochaine [1]. »

Les Anglais et les Bourguignons se réunirent encore et mirent le siége devant Compiègne. Les habitants s'étaient déjà déclarés pour Charles VII, et la Pucelle se jeta aussitôt dans la place. Le jour même, elle dirigea une sortie, et elle avait presque surpris les assiégeants, quand elle fut repoussée jusqu'aux portes de la ville, où elle fut entourée par les Bourguignons, renversée de son cheval et faite prisonnière !

Son souverain Charles VII, qui devait son royaume et son trône à son jeune enthousiasme, ne fit aucune démarche pour sa délivrance. Et les Bourguignons ne protestèrent pas contre l'horrible peine qu'elle allait encourir.

Il ne nous est pas possible, avec l'espace restreint dont nous disposons, de raconter toutes les circonstances du procès et de la mort de Jeanne d'Arc. On en trouvera les détails dans l'histoire de Michelet. Qu'il nous suffise de dire qu'elle fut abandonnée par ses compatriotes les Bourguignons aux Anglais, qui la livrèrent ensuite à l'Inquisition, dont le vicaire la jugea, assisté par l'évêque de Beauvais, l'évêque de Lisieux et d'autres prêtres. D'Estivet, chanoine de Beauvais, fut fait promoteur du procès. L'Université de Paris, le grand tribunal théologique, ayant été consultée, décida que cette fille appartenait au diable et devait être traitée en conséquence.

Il était d'usage dans ce temps-là de brûler les sorcières; elle fut donc condamnée à être brûlée. Son martyre eut lieu à Rouen, à l'endroit qu'on appelle aujourd'hui place

---

[1] *Histoire de France.*

de la Pucelle, non loin du quai du Havre, où une statue a été érigée en son honneur.

« Il y a eu des martyrs », dit Michelet; « l'histoire en cite d'innombrables, plus ou moins purs, plus ou moins glorieux. L'orgueil a eu les siens et la haine et l'esprit de dispute. Aucun siècle n'a manqué de martyrs batailleurs, qui sans doute mouraient de bonne grâce quand ils n'avaient pu tuer. Ces fanatiques n'ont rien à voir ici. La sainte fille n'est point des leurs, elle eut un signe à part. Bonté, charité, douceur d'être. Elle eut la douceur des anciens martyrs, mais avec une différence. Les premiers chrétiens ne restaient doux et purs qu'en fuyant l'action, en s'épargnant la lutte et l'épreuve du monde. Celle-ci fut douce dans la plus âpre lutte, bonne parmi les mauvais, pacifique dans la guerre même, la guerre, ce triomphe du diable; elle y porta l'esprit de Dieu [1]. »

Bien courageuse aussi fut la conduite du bon sir Thomas More, qui marcha volontiers à l'échafaud, et y mourut gaiement, plutôt que de faillir à sa conscience. Quand More fut tout à fait décidé à soutenir ses principes, il lui sembla qu'il venait de remporter une victoire, et il dit à son gendre Roper : « Mon fils Roper, je remercie Dieu, la bataille est gagnée! » Le duc de Norfolk l'avertit du danger qu'il courait en disant : « Par la messe, master More, il est périlleux de lutter contre les princes; leur colère est mortelle! » « Est-ce là tout, mylord? » répondit sir Thomas; « alors la seule différence qu'il y ait entre vous et moi, c'est que je mourrai aujourd'hui et vous demain. »

Certains grands hommes dans les moments de difficultés et de danger ont été soutenus et fortifiés par leurs femmes. More ne connut pas cette douceur, sa moitié fut loin de le consoler pendant son emprisonnement à la Tour [2]. Elle ne

---

[1] MICHELET, *Histoire de France*, livre VII, chap. IV.
[2] La première femme de sir Thomas More, Jane Colt, était une

pouvait concevoir qu'il y eût aucune raison pour le faire rester là, tandis qu'il lui suffirait d'obéir au Roi, pour jouir aussitôt de sa liberté, et pour retrouver sa belle habitation de Chelsea, sa bibliothèque, son verger, sa galerie, et la société de sa femme et de ses enfants. « Je m'étonne », lui dit-elle un jour, « que vous, qu'on a toujours pris pour un sage, vous soyez aujourd'hui assez fou pour rester ici dans cette prison étroite et sale, enfermé avec des souris et des rats, tandis que vous pourriez courir en liberté si vous vouliez seulement faire ce que les évêques ont fait. » Mais sir Thomas More voyait son devoir à un point de vue bien différent; pour lui il y avait autre chose qu'une question de bien-être personnel, et les remontrances de sa femme furent inutiles. Il la repoussa doucement, et dit d'un ton enjoué : « Est-ce que cette maison n'est pas aussi près du ciel que la mienne? » A quoi elle répondit avec mépris : « Quelle bêtise ! »

La fille de More, Marguerite Roper, au contraire, l'encourageait à soutenir ses principes, le consolait et le distrayait dans sa prison. Privé d'encre et de plumes, il lui écrivait avec un morceau de charbon, et dans une de ses lettres il lui dit : « S'il me fallait exprimer tout le plaisir que me causent vos lettres si tendres et si filiales, un boisseau de charbon ne suffirait pas pour me servir de plumes. » More fut martyr de la vérité : il ne voulut pas être parjure,

---

simple jeune fille de campagne, qu'il instruisit lui-même et qu'il forma à ses goûts et à ses habitudes. Elle mourut jeune, laissant un fils et trois filles, dont la noble Marguerite Roper était celle qui ressemblait le plus à More. Sa seconde femme fut Alice Middleton, une veuve qui avait sept ans de plus que lui et qui n'était pas belle, car il la dépeint comme *nec bella, nec puella ;* c'était une femme égoïste et mondaine, qui n'était nullement disposée à sacrifier sa paix et son bien-être aux considérations qui influençaient si fortement l'esprit de son mari.

et il mourut parce qu'il était sincère. Lorsque sa tête fut tranchée, on la plaça sur le pont de Londres, d'après la coutume barbare de ce temps. Marguerite Roper eut le courage de demander qu'on lui donnât cette tête, et quand elle mourut, emportant sa tendresse au delà du tombeau, elle désira que la tête de son père fût enterrée avec elle. Longtemps après, en ouvrant son cercueil, on trouva la précieuse relique sur la poussière de ce qui avait été le cœur de Marguerite Roper.

Pour l'homme brave et honorable la mort n'est rien auprès de l'ignominie. On raconte que le jour où le comte de Strafford, le royaliste, monta à l'échafaud à Tower-Hill, sa démarche et ses manières n'étaient pas celles d'un condamné à mort, mais d'un général conduisant son armée à une victoire certaine. Le républicain Henry Vane alla bravement aussi au-devant de la mort, sur le même lieu, en disant : « Mieux vaut souffrir dix mille morts que de mentir à ma conscience, dont j'estime la pureté et l'intégrité plus que toutes choses en ce monde. » Le plus grand souci de Vane était pour sa femme, qu'il fallait laisser derrière lui. Quand il la vit le regardant d'une fenêtre de la Tour, il se redressa dans le char, agita son chapeau et s'écria : « Je vais au ciel, ma bien-aimée! au ciel! et je vous laisse dans la tourmente! » Comme il poursuivait sa route, quelqu'un dans la foule lui cria : « Voilà le plus beau siège sur lequel vous vous soyez jamais assis »; il répondit : « Oui, c'est vrai ! » et il paraissait tout joyeux [1].

Bien que le succès soit la récompense pour laquelle tous

[1] Au moment d'être décapité, Vane dit : « O mort, tu n'es qu'un petit mot, mais c'est un grand travail que de mourir. » Dans ses *Pensées en prison*, il écrit : « Celui qui ne craint pas de mourir ne craint rien... Il y a un temps pour vivre et un temps pour mourir. Une bonne mort est mille fois préférable à une mauvaise vie. La vie la plus longue n'est pas toujours la meilleure. »

les hommes se donnent de la peine, il arrive cependant qu'ils travaillent quelquefois avec persévérance, sans avoir en perspective la plus légère ombre de succès. Il leur faut alors vivre de leur courage, semer leur grain dans les ténèbres, espérant qu'il lèvera quand même, et portera d'heureux fruits. Les causes les meilleures ont eu à lutter contre bien des obstacles, et beaucoup de combattants sont morts sur la brèche avant de triompher. L'héroïsme qu'ils ont déployé doit se mesurer non pas au succès qu'ils ont obtenu, mais aux difficultés qu'ils ont rencontrées et au courage avec lequel ils ont soutenu la lutte.

Le patriote qui combat pour une cause perdue, le martyr qui marche à la mort au milieu des cris de triomphe de ses ennemis, l'homme de découvertes, comme Christophe Colomb, dont le cœur reste ferme pendant les longues années de son amer chagrin, sont des exemples sublimes qui excitent dans le cœur des hommes un intérêt plus profond que les succès les plus complets et les plus apparents. En comparaison de pareils faits, qu'elles semblent petites, ces grandes actions d'éclat qui poussent les hommes à se précipiter à la mort au milieu de l'excitation frénétique d'un champ de bataille !

Mais le courage le plus nécessaire en ce monde n'est pas toujours d'une nature héroïque. Il faut du courage pour la vie ordinaire comme pour les grandes entreprises qui appartiennent au domaine de l'histoire. Il y a, par exemple, le courage d'être honnête — de résister à la tentation — de dire la vérité — le courage d'être ce que nous sommes réellement et de ne pas prétendre passer pour ce que nous ne sommes pas — le courage de vivre honorablement avec nos propres moyens, et de ne pas mener une vie honteuse avec les ressources des autres.

Le malheur et quelquefois le vice qu'on rencontre dans le monde sont dus en grande partie à la faiblesse et à l'incertitude du but qu'on se propose — en d'autres termes, au manque de courage. Les hommes peuvent savoir ce qui est bien, et cependant n'avoir pas le courage de le faire ; ils peuvent comprendre leur devoir, mais ils n'ont pas toujours assez de résolution pour l'accomplir. L'homme faible et indiscipliné est à la merci de toutes les tentations. Il ne sait pas dire « non », et il succombe. S'il a une société mauvaise, il sera facilement entraîné à mal faire par le mauvais exemple.

Le caractère ne peut être soutenu et fortifié que par sa propre énergie. Rien n'est plus certain. La volonté, qui est la force centrale du caractère, doit être formée à des habitudes de décision ; — autrement elle ne sera capable ni de résister au mal ni d'imiter le bien. La décision nous donne le pouvoir de nous tenir fermes, tandis que si nous cédons, quelque peu que ce soit, nous aurons fait peut-être le premier pas qui nous précipitera vers la ruine.

Appeler les autres à son secours pour prendre une décision est plus qu'inutile. L'homme doit former ses habitudes de manière à compter sur ses propres ressources et à dépendre de son propre courage dans les moments de difficultés. Plutarque raconte qu'un roi de Macédoine, au milieu d'un combat, se retira dans la ville voisine sous prétexte de sacrifier à Hercule, tandis que son adversaire Emilius, en même temps qu'il implorait l'aide de la Divinité, cherchait la victoire le sabre à la main, et gagnait la bataille. Et il en est souvent ainsi dans les actions de la vie habituelle.

Que de nobles pensées ne se traduisent qu'en paroles ; que de grandes entreprises restent inachevées ; que de desseins projetés, et jamais exécutés ! Et tout cela, faute d'un peu de courage et de décision. Mieux vaut la langue silencieuse, mais l'action éloquente. Car dans la vie et dans les affaires, l'expédition vaut mieux que les discours, et la plus courte réponse à tout, c'est : *agir*. « Pour les choses de grande importance », dit Tillotson, « et qui doivent être faites, il n'y a pas d'argument qui prouve un esprit faible, comme l'irrésolution — être indécis quand le cas est si simple et la nécessité si urgente. Avoir toujours l'intention de vivre d'une nouvelle vie, et ne jamais trouver le temps de s'y mettre — comme si un homme pouvait attendre de jour en jour pour boire, manger, dormir, jusqu'à ce qu'il en meure. »

Il faut aussi un certain degré de courage moral pour résister aux influences corruptrices de ce qu'on appelle « la société ». Son influence est prodigieuse. Presque toutes les femmes et quelquefois les hommes sont moralement les esclaves de la caste à laquelle ils appartiennent. Il existe entre eux une sorte de complot contre leur individualité réciproque. Chaque cercle, chaque classe a ses habitudes et ses usages, auxquels il faut se conformer sous peine d'être montré au doigt. Les uns se retranchent derrière la mode, d'autres sont esclaves des usages, de l'opinion, et il y en a bien peu qui aient le courage de penser, d'agir en dehors du cercle tracé, et de faire preuve de liberté individuelle. Nous nous habillons, nous mangeons, non selon nos moyens, mais selon les usages de notre société, et nous suivons la mode en risquant de nous endetter et de tomber dans la ruine et dans la misère. Nous avons beau parler avec mépris des Indiens qui aplatissent leur tête ou des Chinois qui écrasent leurs doigts de pied, nous n'avons qu'à regarder autour de nous les absurdités de la mode pour voir que son empire est universel.

La lâcheté morale se montre tout autant dans la vie publique que dans la vie privée. On ne se contente plus de flagorner les riches, mais il arrive souvent aussi qu'on flagorne les pauvres. Autrefois l'adulation consistait à ne pas oser dire la vérité aux gens très-haut placés, aujourd'hui on ose encore moins la dire à ceux qui occupent des positions infimes. Maintenant que « les masses[1] » exercent un pouvoir politique, il y a une tendance générale à les aduler, à les flatter et à ne leur faire entendre que de douces paroles. On leur prête des vertus qu'elles savent bien ne pas posséder. On évite d'énoncer publiquement des vérités salutaires, mais désagréables, et, afin d'obtenir leur faveur, on affecte souvent de la sympathie pour des vues qu'on sait impossibles à mettre en pratique.

Ce n'est pas l'homme du plus noble caractère, ni de la plus grande distinction, dont on recherche aujourd'hui la faveur; on lui préfère celle de l'homme le plus bas, le moins instruit, le moins distingué, parce que son vote est généralement celui de la majorité. On voit des gens qui possèdent le rang, la fortune, l'éducation, et qui se prosternent devant un ignorant pour obtenir son vote. Ils sont tout prêts à se montrer injustes et sans principes plutôt qu'impopulaires, car il est bien plus facile pour certains hommes de s'abaisser et de flatter que d'être grands, résolus et magnanimes, et de se plier aux préjugés plutôt que de les

[1] M. S. S. MILL, dans son livre *Sur la liberté*, dépeint « les masses » comme des « médiocrités collectives ». « L'initiation à tout ce qui est sage et noble, dit-il, vient et doit venir des individus, et d'abord d'un seul individu. L'honneur et la gloire de l'homme, c'est d'être capable de suivre cette initiation, de pouvoir y correspondre intérieurement et de se laisser conduire vers le bien les yeux ouverts... Dans ce siècle, le simple refus de se courber quand même devant les usages peut être considéré comme un service rendu. Précisément parce que la tyrannie de l'opinion fait de l'excentricité un sujet de blâme, il est désirable, afin de détruire cette tyrannie, qu'il y ait des gens excentriques.

« L'excentricité a toujours paru partout où il y a eu de la force de caractère; et le plus ou moins d'excentricité dans une société est en proportion du plus ou moins de génie, de vigueur et de courage moral. Le petit nombre de gens qui osent aujourd'hui être excentriques nous montre le principal danger de notre siècle. » P. 120 et 121.

combattre. Il faut de la force et du courage pour nager contre le courant, tandis qu'un poisson mort peut le suivre en flottant.

Cette complaisance servile pour la popularité s'est rapidement accrue depuis quelques années, et sa tendance a été d'abaisser et de dégrader le caractère des hommes publics. Les consciences sont devenues plus élastiques. Il y a maintenant une opinion pour la Chambre, une autre pour la galerie. On caresse en public des préjugés qu'on méprise en particulier. Les prétendues conversions, — qui accompagnent invariablement les intérêts de parti, — sont plus subites ; et c'est à peine si aujourd'hui l'hypocrisie est déconsidérée.

La même lâcheté morale descend autant qu'elle monte. L'action et la réaction sont égales. L'hypocrisie et la servilité d'en haut sont suivies de l'hypocrisie et de la servilité d'en bas. Si les hautes classes n'ont pas le courage de leur opinion, que doit-on attendre des basses classes ? Elles imiteront les exemples qui leur seront donnés. On les verra aussi se dérober, biaiser et prévariquer, — être prêtes à parler d'une façon et à agir de l'autre, — tout comme leurs supérieures. Donnez-leur une boîte cachetée, ou quelque trou dans un coin pour cacher leurs actions ; et alors, peut-être, jouiront-elles de leur « liberté » !

La popularité, comme on l'obtient de nos jours, n'est pas du tout une présomption en faveur de celui qui en est l'objet, mais elle est souvent au contraire une présomption contre lui. « Nul homme, dit un proverbe russe, ne peut parvenir aux honneurs, s'il a une échine roide. » Mais l'échine du coureur de popularité est toute en cartilages ; et il peut sans difficulté se plier et se courber dans toutes les directions pour recueillir le souffle des suffrages de la foule.

Lorsque la popularité s'acquiert en flattant le peuple, en lui dissimulant la vérité, en parlant et en écrivant pour les

goûts les plus vulgaires, et, ce qui est pis encore, en faisant appel à la haine des classes[1], cette popularité doit
paraître méprisable à tous les honnêtes gens.

Jeremy Bentham, parlant d'un homme public bien connu,
disait : « Sa profession de foi en politique résulte moins
de son amour pour ses semblables que de sa haine pour

---

[1] M. Arthur Helps, dans un livre publié en 1845, fait quelques
observations à ce sujet qui ont encore non moins d'actualité aujourd-
d'hui. Il dit : « C'est une triste chose de voir la littérature servir
à encourager la haine de caste à caste. Et malheureusement ceci n'est
que trop fréquent. Un grand homme a résumé la nature des romans
français en les appelant la littérature du désespoir; le genre d'écrits
que je blâme en ce moment pourrait s'appeler la littérature de
l'envie... Les auteurs disent peut-être qu'ils aiment à jeter leur
influence du côté le plus faible, mais ce n'est pas la véritable
manière d'envisager les choses. Je crois que s'ils pouvaient voir
combien leurs procédés manquent de générosité, cela seul les arrê-
terait. Ils devraient se rappeler que, s'il y a la flagornerie de
l'aristocratie, il y a aussi celle des masses, et c'est là que sont
aujourd'hui les tendances. Et ce qu'il y a de plus mauvais dans ce
genre d'écrits, c'est le mal qu'ils peuvent faire à la population
ouvrière. Si vous avez à cœur son véritable bien-être, vous ne vous
contenterez pas de la voir bien nourrie et bien vêtue, mais vous aurez
soin de ne pas encourager en elle des aspirations déraisonnables et
de ne pas la rendre ingrate et insatiable. Par-dessus tout, vous chercherez à lui conserver la confiance en elle-même. Vous tâcherez de
ne pas lui laisser croire que sa condition peut changer totalement
sans aucun effort de sa part. Vous ne voudriez pas vous-même qu'elle
pût changer ainsi. Une fois que vous aurez formé votre idéal de ce
que vous désirez de plus heureux au peuple, vous n'admettrez pas
facilement dans vos écrits la moindre chose qui puisse gâter son
caractère moral, dût-il en résulter, selon vous, quelque bienfait
physique. Et voilà comment vous rendrez votre génie le plus secourable à l'humanité. Soyez-en sûr, les basses classes comme les hautes
classes ont besoin qu'on leur dise de bonnes et franches vérités,
et de nos jours les basses classes ont beaucoup moins de chances de
s'en entendre dire. »

(*Claims of labour* [Droit au travail], p. 253 et 254.)

quelques-uns; il se laisse trop dominer par une influence égoïste et antisociale. » Combien d'hommes aujourd'hui ne pourrait-on dépeindre de la même manière !

Les hommes d'un caractère pur ont le courage de dire la vérité, même quand elle est impopulaire. La femme du colonel Hutchinson dit de lui qu'il ne cherchait pas les suffrages, et ne s'en enorgueillissait jamais. Ses délices étaient de bien faire plutôt que d'être loué, et il n'estima jamais les éloges de la foule au point de chercher à les obtenir en agissant contre sa conscience et sa raison; il ne pouvait non plus s'empêcher de faire une bonne action qui lui semblait utile, quand même tout le monde la désapprouvait, car il voyait toujours les choses comme elles étaient réellement, et non à travers le prisme obscur d'une estimation vulgaire [1].

« La popularité, dans le sens le moins élevé et le plus ordinaire, ne vaut pas la peine d'être obtenue », a dit, dans une occasion récente [2], sir John Pakington. « Faites votre devoir le mieux que vous pourrez, méritez l'approbation de votre conscience, et vous deviendrez certainement populaire dans la meilleure et la plus noble acception du mot. »

Richard Lovell Edgeworth, vers la fin de sa vie, étant

---

[1] *Mémoires du colonel Hutchinson* (éd. de Bohn), p. 32.

[2] A une réunion publique tenue à Worcester, en 1867, en reconnaissance des services rendus par sir J. Pakington, comme président de la session trimestrielle des juges de paix, pendant une période de vingt-quatre ans. Les remarques suivantes, faites par sir John à cette occasion, sont aussi justes et utiles qu'elles sont modestes : « Je suis redevable, dit-il, de la mesure de succès que j'ai obtenue dans ma vie publique à une combinaison de talents ordinaires avec la droiture d'intention, la fermeté de principes et la sûreté de conduite. Si j'avais à offrir mes conseils à un jeune homme désireux de se rendre utile, je résumerais le fruit de mon expérience en trois courts préceptes, si simples, que tout homme peut les comprendre, et si faciles, que chacun peut en faire la règle de sa conduite. Mon

devenu très en renom dans tout son voisinage, dit un jour à sa fille : « Maria, je deviens terriblement populaire; un homme ne peut être bon à grand'chose quand il a tant de popularité, et bientôt je ne vaudrai plus rien. » Il songeait sans doute à la malédiction de l'Évangile : « Malheur à vous lorsque tous les hommes vous loueront, car c'est ainsi que firent leurs pères envers les faux prophètes. »

L'intrépidité intellectuelle est une des conditions vitales de l'indépendance du caractère. Il faut qu'un homme ait le courage d'être lui-même, et non l'ombre ou l'écho d'un autre. Il faut qu'il exerce ses propres facultés, qu'il ait ses pensées à lui, et qu'il exprime ses propres sentiments. Il faut qu'il discute ses propres opinions, et qu'il se forme des convictions. On a dit que celui qui n'ose pas avoir une opinion doit être un lâche; que celui qui ne veut pas doit être un paresseux, et que celui qui ne peut pas doit être un sot.

Mais c'est précisément quand il s'agit de montrer cette intrépidité, que tant de personnes restent en arrière et ne répondent pas aux espérances de leurs amis. Elles arrivent jusqu'au lieu dû combat, mais à chaque pas leur bravoure s'évanouit. Il leur manque la décision, le courage et la persévérance. Elles calculent les risques et mesurent les

premier précepte serait : Laissez à d'autres le soin de juger quels sont les devoirs que vous pouvez remplir et quelle est la position qui vous convient; mais ne refusez jamais vos services, quelle que soit la décision de ceux qui sont aptes à savoir comment vous pouvez faire du bien à vos semblables ou à votre pays. Mon second précepte, le voici : Lorsque vous aurez consenti à prendre des fonctions publiques, concentrez toute votre énergie et toutes vos facultés dans la ferme volonté de remplir vos devoirs le mieux que vous pourrez. En dernier lieu, je vous conseillerais, avant de suivre votre ligne politique, de vous laisser guider par ce qui vous semblera juste après mûre réflexion, et non par ce qui pourrait être, dans le moment, fashionable ou populaire. »

chances, jusqu'à ce que l'occasion de tenter un effort efficace soit passée, peut-être pour ne jamais revenir.

Nous sommes tenus d'être vrais par amour pour la vérité. « J'aime mieux souffrir pour la vérité, disait John
Pym, le républicain, que de faire souffrir la vérité par mon
silence. » Lorsque les convictions d'un homme se sont formées honnêtement après ample et mûre réflexion, il est
bien juste qu'il cherche par tous les moyens légitimes à les
traduire en actions. Il y a certaines crises dans la société
et dans les affaires contre lesquelles on est forcé de parler
haut, car se soumettre et se taire serait non-seulement
une faiblesse, mais un crime. Les grands maux n'ont quelquefois d'autre remède que la résistance ; on ne peut les
effacer avec des larmes, il faut les vaincre par le combat.

L'honnête homme est naturellement ennemi de la fraude,
l'homme sincère du mensonge ; l'homme juste a horreur
de l'oppression, et l'homme pur, du vice et de l'iniquité. Ils
auront donc à lutter contre tous ces obstacles pour tâcher
de les vaincre. Ce sont de pareils hommes qui, de siècle
en siècle, représentent la force morale du monde. Inspirés
par leur charité et soutenus par leur courage, ils ont toujours été le centre et le soutien de toute rénovation sociale
et de tout progrès. Sans leur continuel antagonisme contre
le mal, le monde serait presque entièrement livré à la domination de l'égoïsme et du vice. Les grand réformateurs
et les martyrs étaient des combattants ennemis du mensonge et des mauvaises actions. Les Apôtres eux-mêmes
formaient une bande d'opposition sociale, et luttaient contre
l'orgueil, l'égoïsme, la superstition et l'irréligion. De nos
jours, les vies d'hommes tels que Clarkson et Granville
Sharpe, le Père Mathieu et Richard Cobden, ont montré ce
que peut effectuer l'antagonisme social lorsque son but est
noble et élevé.

Ce sont les hommes forts et courageux qui dirigent et

gouvernent le monde. Les faibles et les timides ne laissent aucune trace derrière eux, tandis que la vie d'un seul homme droit et énergique est comme une traînée de lumière. On se rappelle son exemple et on le suit, et ses pensées, son esprit, son courage, continuent à inspirer les générations qui se succèdent.

L'énergie — dont l'élément central est la volonté — produit dans tous les siècles des miracles d'enthousiasme. Elle est partout la source de ce qu'on appelle la force de caractère, et le soutien de toutes les grandes actions. Dans une cause juste, l'homme déterminé s'appuie sur son courage comme sur un bloc de granit ; et comme David, il ira au-devant de Goliath, le cœur ferme, quand même une multitude serait armée contre lui.

On a vu des hommes vaincre des difficultés par le seul sentiment de leur puissance. Leur confiance en eux-mêmes attire celle des autres. Un jour que César était en mer, un orage éclata, et le capitaine du vaisseau se laissa abattre par la peur. « Que crains-tu ? » s'écria le grand homme ; « ton vaisseau porte César ! » Le courage de l'homme brave est contagieux, et entraîne les autres. Sa nature forte impose silence aux plus faibles, ou leur inspire sa propre volonté et ses vues.

L'homme persistant ne se laissera pas déjouer ou repousser par l'opposition. Diogène, désirant devenir le disciple d'Antisthène, alla se présenter au cynique. Il fut refusé. Diogène insista, et le cynique leva son bâton noueux, menaçant de le frapper s'il ne s'en allait pas. « Frappe », dit Diogène, « tu ne trouveras pas de bâton assez solide pour triompher de ma persévérance. » Antisthène, vaincu, ne trouva pas un mot à répondre, et, dès lors, il accepta Diogène comme son élève.

L'énergie de tempérament jointe à une mesure modérée de sagesse peut mener un homme très-loin, et sans elle, eût-il n'importe quel degré d'intelligence, il ne réussira à rien. L'énergie donne à l'homme l'utilité pratique, la force pour lutter. Elle est la puissance la plus active du caractère, et combinée avec de la pénétration et du sang-froid, elle rend un homme capable de déployer ses facultés de la manière la plus avantageuse dans toutes les circonstances de la vie.

Et voilà pourquoi l'on a vu des gens comparativement médiocres arriver à des résultats si extraordinaires. Car ceux qui ont exercé dans le monde la plus grande influence étaient moins des hommes de génie que des hommes à convictions profondes, de grands travailleurs, poussés par une énergie irrésistible et une détermination que rien ne pouvait vaincre.

Le courage, combiné avec l'énergie et la persévérance, triomphe de difficultés qui paraissaient insurmontables. Il donne aux efforts de la force et de l'élan, et leur coupe la retraite. Tyndall dit de Faraday que « dans ses moments d'ardeur, il formait une résolution qu'il mettait en pratique quand il était refroidi ». La persévérance, bien dirigée, s'accroît avec le temps, et lorsqu'elle est exercée avec suite, même par les plus humbles, il est rare qu'elle ne reçoive pas sa récompense.

Il est presque inutile de se fier à l'aide d'autrui. Michel-Ange dit en voyant mourir l'un de ses plus grands protecteurs : « Je commence à comprendre que les promesses de ce monde ne sont que de vains fantômes, et que ce qu'il y a de plus sûr, c'est d'avoir confiance en soi-même et de devenir un homme de mérite et de valeur. »

Le courage n'est nullement incompatible avec la tendresse. Au contraire, la douceur 'endresse ont souvent caractérisé les hommes autant que s femmes qui ont accompli les actions les plus courageuses. Sir Charles Napier renonça à la chasse, parce qu'il ne pouvait supporter l'idée de faire du mal à de pauvres créatures qui ne pouvaient se plaindre. La même douceur et la même tendresse étaient remarquables chez son frère, sir William, l'historien de la guerre de la Péninsule[1]. Tel était aussi le caractère de sir James Outram, surnommé par sir Charles Napier le « Bayard des Indes, *sans peur et sans reproche* », l'un des hommes les plus braves, et cependant les plus doux; respectueux et plein de déférence envers les femmes, tendre pour les enfants, secourable aux faibles, sévère pour les vicieux, mais plein de bonté pour les gens honnêtes et méritants. Lui-même était droit et pur. On pouvait dire de

---

[1] Nous trouvons dans sa biographie l'anecdote suivante citée comme exemple d'un de ses nombreux actes de bonté : « Il faisait un jour une longue promenade à la campagne, près de Freshford, lorsqu'il rencontra une petite fille de cinq ans environ, qui sanglotait devant un bol cassé; elle l'avait laissé tomber en revenant du champ où elle venait de porter le dîner de son père, et elle dit qu'elle serait battue à son retour à la maison, pour l'avoir brisé; puis avec une soudaine lueur d'espoir dans les yeux, elle regarda innocemment sir William et lui dit : Mais vous pouvez le raccommoder, n'est-ce pas?

« Mon père expliqua à l'enfant qu'il lui était impossible de raccommoder le bol, mais qu'il pouvait réparer le malheur en lui donnant six pence pour en acheter un autre. Ouvrant sa bourse, il n'y trouva pas de monnaie, et il s'excusa en promettant de venir trouver sa petite amie le jour suivant, au même endroit et à la même heure, et de lui apporter les six pence. Il lui recommanda en attendant de dire à sa mère qu'elle avait vu un monsieur qui lui apporterait le lendemain l'argent du bol. L'enfant mit en lui une entière confiance et s'en alla consolée. En rentrant chez lui, sir William trouva une invitation pour un dîner à Bath le lendemain soir, et il devait trouver là quelqu'un qu'il désirait voir particulièrement. Il hésita un instant et tâcha de combiner la possibilité de ne pas manquer au rendez-vous qu'il avait donné à sa petite amie du bol cassé, et d'arriver encore à temps pour le dîner de Bath; mais voyant qu'il n'y avait pas moyen, il écrivit pour refuser l'invitation « à cause d'un engagement antérieur », et il nous dit : Je ne peux pas la désappointer, elle s'est confiée à moi si entièrement. »

lui ce que Fulke Greville disait de Sidney : « C'était un vrai type de vertu, un homme capable de conquérir, de réformer, de créer, d'entreprendre, en un mot, les actions les plus grandes et les plus difficiles, son principal objet étant par-dessus tout le bien de ses semblables et le service de son souverain et de son pays. »

Lorsque le Prince Noir gagna la bataille de Poitiers, dans laquelle il fit prisonnier le roi de France et son fils, il les invita le soir à un banquet et insista pour les servir à table. La conduite et la courtoisie chevaleresques du vaillant jeune prince gagnèrent les cœurs de ses captifs, comme sa bravoure avait conquis leurs personnes ; car, malgré sa jeunesse, le prince Édouard était un vrai chevalier, le premier et le plus brave de son temps, un noble modèle à suivre ; ses deux devises, *hochmuth* (courage indomptable) et *ich dien* (je sers), expriment assez bien ses qualités dominantes.

L'homme courageux, plus que tout autre, peut se permettre d'être généreux ; ou plutôt il est dans sa nature de l'être. Fairfax, à la bataille de Naseby, ayant arraché un drapeau des mains d'un enseigne qu'il avait renversé dans le combat, le donna à garder à un simple soldat. Le soldat, ne pouvant résister à la tentation, se vanta devant ses camarades d'avoir lui-même enlevé l'étendard, et cette forfanterie fut répétée à Fairfax. « Qu'il en garde l'honneur, répondit le général, j'en ai assez sans cela. »

Ainsi Douglas, à la bataille de Bannockburn, voyant Randolphe, son rival, sur le point d'être écrasé par le nombre des ennemis, se hâta de voler à son secours ; mais en approchant il vit que Randolphe et sa troupe reprenaient le dessus, et il s'écria : « Mes amis, arrêtons-nous ! Nous sommes arrivés trop tard pour les aider ; ne diminuons pas le mérite de leur victoire en affectant de vouloir la partager. »

Tout aussi chevaleresque, quoique dans un ordre d'idées bien différent, fut la conduite de Laplace envers le jeune philosophe français Biot, après que celui-ci eût lu à l'Académie française son travail sur l'*Intégration des équations aux différences partielles*.

Les savants assemblés l'avaient comblé de félicitations. Monge était enchanté de son succès, Laplace lui-même loua Biot pour la clarté de ses démonstrations, puis il l'invita à le suivre chez lui. Arrivé là, Laplace prit dans une armoire de sa bibliothèque un papier jauni par le temps, et le tendit au jeune philosophe. A la grande surprise de Biot, ce papier contenait les solutions, toutes résolues, pour lesquelles il venait de recevoir tant d'éloges. Avec une rare magnanimité, Laplace s'abstint de paraître avoir la moindre connaissance du sujet, jusqu'à ce que Biot eût établi sa réputation devant l'Académie; de plus, il lui enjoignit le silence, et cet incident serait demeuré un secret si Biot lui-même ne l'avait publié cinquante ans après.

On raconte d'un ouvrier français l'anecdote suivante, qui montre encore, sous une autre forme, un grand exemple d'esprit de sacrifice : Sur le devant d'une maison très-élevée qu'on bâtissait à Paris, il y avait l'échafaudage ordinaire chargé d'hommes et de matériaux. L'échafaudage, étant trop faible, s'écroula tout à coup, et les hommes qui étaient dessus furent précipités sur le sol, tous, excepté deux, un jeune homme et un autre plus âgé; ils se tenaient suspendus à une planche étroite qui pliait sous leur poids, et qui était évidemment sur le point de se rompre. « Pierre », cria le plus âgé des deux, « lâchez, je suis père de famille. » « C'est juste », dit Pierre, et abandonnant aussitôt son appui, il tomba dans le vide et fut tué sur-le-champ. Le père de famille fut sauvé.

L'homme brave est doux autant que magnanime. Il ne prendra même pas son ennemi dans une condition défavorable, et il aura pitié d'un homme tombé, incapable de se défendre. Au milieu des luttes les plus acharnées, on a vu de pareils exemples de générosité. Ainsi à la bataille de Dettingen, au plus fort de l'action, un escadron de cavalerie française chargeait un régiment anglais ; mais au moment où le jeune commandant français allait attaquer le chef anglais, il s'aperçut que ce dernier n'avait qu'un bras, dont il se servait pour tenir la bride de son cheval ; alors le Français salua son adversaire courtoisement de l'épée, et passa outre [1].

On raconte de Charles V qu'après le siége et la prise de Wittenbourg par l'armée impériale, il alla voir le tombeau de Luther. En lisant l'inscription qui était gravée dessus,

---

[1] Miss Florence Nightingale a raconté le trait suivant comme s'étant passé devant Sébastopol : « Je me rappelle un sergent qui, étant de piquet, lorsque tous ses camarades eurent été tués et lui-même blessé à la tête, revint en trébuchant jusqu'au camp et ramassa sur sa route un blessé qu'il rapporta sur ses épaules ; mais à peine arrivé, il tomba sans connaissance. Bien des heures après, lorsqu'il reprit ses sens (je crois que ce fut après avoir été trépané), ses premières paroles furent pour s'informer de son camarade : Est-il vivant ? — Votre camarade, en vérité ! Oui, il est vivant, et c'est le général. Au même moment le général, quoique sérieusement blessé, parut au chevet du lit. — Oh ! général, c'est donc vous que j'ai rapporté ? J'en suis si content ! Je ne connaissais pas Votre Honneur, mais si j'avais su que c'était vous, je vous aurais sauvé tout de même. » Voilà le véritable esprit du soldat.

Dans la même lettre, miss Nightingale dit : « L'Angleterre à cause de ses succès mercantiles et commerciaux, a été appelée sordide ; Dieu sait qu'elle ne l'est pas. Y a-t-il une nation où l'on rencontre davantage à la guerre ce courage simple, cette patience pour tout supporter, ce bon sens, cette force pour souffrir en silence, qu'on trouve chez le dernier soldat anglais ? J'ai vu des hommes mourant de la dyssenterie dédaigner de se dire malades pour ne pas imposer à leurs camarades un surcroît de besogne. Ils allaient quand même à la tranchée, qui souvent devenait leur lit de mort. Il n'y a rien dans l'histoire qui puisse être comparé à cela... »

l'un des serviles courtisans qui accompagnaient le prince
lui proposa d'ouvrir le tombeau et de jeter au vent les
cendres de « l'hérétique ». Les joues du monarque bril-
lèrent d'indignation : « Je ne fais pas la guerre aux morts,
répondit-il ; que ce lieu soit respecté. »

Le portrait que nous a tracé, il y a plus de deux mille
ans, le grand païen Aristote de l'homme magnanime, en
d'autres termes, du vrai gentilhomme, est aujourd'hui aussi
fidèle qu'il l'était alors. « L'homme magnanime, dit-il, se
conduira avec modération dans la bonne et dans la mauvaise fortune. Il saura se tenir dans les positions les plus
élevées comme dans les plus humbles. Il ne se laissera ni
transporter par le succès, ni abattre par l'adversité. Sans
rechercher le danger, il ne le fuira pas, car il y a peu de
choses qui l'inquiètent. Il est sobre de paroles et lent à
s'exprimer, mais il dit ouvertement et avec courage sa manière de penser, quand l'occasion l'exige. Il sait admirer ce
qui mérite de l'être. Il dédaigne les injures. Il n'est pas
porté à parler de lui-même ni des autres, car il ne se soucie pas d'être loué, ni que les autres soient blâmés. Il ne se
plaint pas pour des bagatelles, et il n'implore l'assistance de
personne. »

Les hommes mesquins, au contraire, admirent d'une façon
mesquine. Ils n'ont ni modestie, ni générosité, ni magnanimité. Ils sont prêts à profiter des faiblesses d'autrui, surtout
lorsqu'ils se sont eux-mêmes élevés jusqu'au pouvoir par des
moyens peu scrupuleux. Les parvenus haut placés sont
encore moins tolérables que les petits parvenus, parce qu'ils
ont plus souvent l'occasion de montrer en eux l'absence de
dignité. Ils prennent de plus grands airs, et sont prétentieux
dans tout ce qu'ils font ; plus leur élévation est grande, plus
l'incongruité de leur position est apparente. « Plus haut
grimpe le singe », dit le proverbe, « et plus on voit sa queue. »

Tout dépend de la manière dont une chose est faite. Telle

action qui passerait pour une preuve de bonté, si elle était inspirée par un cœur généreux, peut paraître mesquine, si ce n'est dure et même cruelle, quand on sent qu'elle est faite à contre-cœur. Lorsque Ben Johnson était étendu malade sur son misérable lit, le roi lui envoya un piètre message accompagné d'une gratification. La réponse du rude poëte, au franc parler, fut celle-ci : « Je suppose qu'il m'envoie cela parce que je vis dans une ruelle ; dites-lui qu'une ruelle est aussi la demeure de son âme. »

D'après ce que nous avons dit, il est évident qu'il est d'une grande importance pour la formation du caractère d'avoir un esprit courageux et endurant. C'est non-seulement une source d'utilité dans la vie, mais encore de bonheur. Tandis qu'au contraire on peut considérer comme l'un des plus grands malheurs d'avoir une nature timide, et surtout lâche. Un homme sensé avait coutume de dire que l'un des principaux objets qu'il se proposait dans l'éducation de ses fils , et de ses filles, c'était de les habituer à ne rien redouter autant que la peur ; et l'habitude de ne pas avoir peur peut certainement se donner comme toutes les autres ; ainsi c'est par habitude qu'on devient attentif, diligent, studieux, enjoué même.

La peur est souvent un effet de l'imagination ; elle nous fait voir des maux qui pourraient arriver, mais qui arrivent rarement. Bien des personnes capables de rassembler tout leur courage pour lutter contre des dangers réels et pour les vaincre se laissent abattre et paralyser par ceux qui sont imaginaires. Si la folle du logis n'est retenue par une discipline sévère, nous sommes sujets à aller au-devant des malheurs, à en souffrir par anticipation et à nous imposer des fardeaux que nous créons nous-mêmes.

L'étude du courage n'est pas généralement comprise parmi les branches de l'éducation des femmes, et cependant elle est beaucoup plus importante que la musique, les langues étrangères et l'astronomie. Contrairement aux vues de sir Richard Steele, qui trouve que la femme doit se distinguer par une « tendre crainte » et une « infériorité qui la rend charmante », nous voudrions voir inculquer aux femmes de la résolution et du courage, comme moyen de les rendre plus secourables, plus indépendantes, et beaucoup plus utiles et heureuses.

Il n'y a rien d'attirant dans la timidité, rien de charmant dans la peur. Toute faiblesse, soit d'esprit, soit de corps, équivaut à une difformité et n'est rien moins qu'intéressante. Le courage est gracieux et digne, tandis que la peur, de quelque manière quelle se traduise, est mesquine et répulsive. La plus grande tendresse et la plus grande douceur peuvent s'allier avec le courage. Ary Scheffer, le grand artiste, écrivait un jour à sa fille : « Chère fille, efforcez-vous d'avoir bon courage, et que votre cœur soit tendre ; ce sont là les véritables qualités de la femme. Chacun de nous doit être préparé aux chagrins, et il n'y a qu'une manière d'envisager la destinée ; soit qu'elle nous apporte des bienfaits ou des douleurs, il faut savoir les accepter dignement. Nous ne devons jamais perdre courage, car c'est ce qu'il y aurait de pis pour nous et pour ceux que nous aimons. Lutter, lutter encore et toujours, voilà l'héritage de la vie [1]. »

Dans la maladie et les afflictions, personne ne sait souffrir comme les femmes. Et leur courage en ce qui touche le cœur est proverbial :

> O femmes, c'est à tort qu'on vous nomme timides,
> A la voix de vos cœurs vous êtes intrépides.

L'expérience a prouvé que les femmes peuvent supporter aussi bien que les hommes les plus lourdes épreuves, mais on ne cherche pas assez à leur apprendre à dominer des

---

[1] *Vie d'Ary Scheffer*, par madame GROTE, pp. 154-5.

craintes puériles et des contrariétés frivoles. Toutes ces petites misères, quand on s'y laisse aller, se changent en sensibilité maladive, et deviennent le tourment de la vie. Elles
entretiennent leurs victimes et ceux qui les entourent dans
un état de malaise chronique.

Le meilleur correctif pour cette disposition d'esprit, c'est
une saine discipline morale et intellectuelle. La force intellectuelle est aussi nécessaire pour le développement du caractère de la femme que pour celui de l'homme. Elle lui
donne la capacité indispensable pour traiter les affaires de
la vie, et la présence d'esprit qui lui permet d'agir avec
vigueur et d'une manière efficace dans les moments de
grandes difficultés. Le caractère chez la femme comme chez
l'homme sera toujours le meilleur gardien de la vertu, le
plus ferme appui de la religion, et le seul correctif du temps.

La beauté physique passe bien vite, mais la beauté de
l'âme et du caractère acquiert de nouveaux charmes en
vieillissant.

Ben Johnson fait en quelques lignes le portrait frappant
d'une noble femme :

> I meant she should be courteous, facile, sweet,
> Free from that solemn vice of greatness, pride;
> I meant each softed virtue there should meet,
>   Fit in that softer bosom to abide.
>   Only a learned and a manly soul,
> I purposed her, that should with even powers,
> The rock, the spindle, and the shears control
> Of destiny, and spin her own free hours.

J'ai voulu qu'elle fût douce, polie, facile, exempte d'orgueil, ce
vice solennel des grands; j'ai voulu que chaque douce vertu se ren-
contrât en elle, pour demeurer dans ce cœur, plus doux encore.
Mais j'ai rêvé aussi une âme instruite et forte, qui puisse l'aider à
diriger la quenouille, le fuseau et les ciseaux de la Parque, et à filer
elle-même sa propre destinée.

Le courage de la femme n'est pas moins véritable parce

qu'il est en général passif. Il n'est pas excité par les applaudissements du monde, car il s'exerce surtout dans le calme secret de la vie privée. Il y a cependant chez les femmes des cas de patience et de souffrance héroïque, qui de temps en temps se font jour. L'un de ces exemples les plus remarquables dans l'histoire est celui de Gertrude Von der Wort. Son mari, faussement accusé d'être complice du meurtre de l'empereur Albert, fut condamné au plus horrible des supplices, c'est-à-dire à être écartelé vif sur la roue. La noble femme avait une conviction profonde de l'innocence de son mari, et elle resta à ses côtés jusqu'à la fin, veillant sur lui deux jours et deux nuits, bravant la colère de l'impératrice et l'intempérie de la saison, dans l'espoir d'adoucir sa dernière agonie [1].

Les femmes ne se sont pas seulement distinguées par leur courage passif : poussées par l'affection ou par le sentiment du devoir, elles sont quelquefois devenues héroïques. Lorsque les conspirateurs qui en voulaient à la vie de Jacques II d'Écosse pénétrèrent dans ses appartements à Perth, le roi cria aux dames qui étaient dans la chambre qui précédait la sienne de tenir la porte le mieux qu'elles le pourraient pour lui laisser le temps de s'échapper. Les conspirateurs avaient commencé par détruire les serrures, de sorte qu'on ne pouvait pas s'enfermer ; ils avaient même enlevé le verrou de l'appartement des dames. Mais à leur approche la brave Catherine Douglas, avec le courage héréditaire de sa race, jeta hardiment son bras à travers la

---

[1] Les souffrances de cette noble femme et celles de son infortuné mari sont racontées d'une manière touchante dans une lettre qu'elle adressa plus tard à une amie, et qui fut publiée il y a quelques années à Haarlem, sous le titre de : *Gertrude Von der Wort*, ou la fidélité jusqu'à la mort. Mistress Hemans a écrit sur cette triste histoire un beau poëme rempli de sentiment, dans ses *Records of women* (Annales des femmes).

porte, à la place du verrou, et le tint là jusqu'à ce qu'il fût brisé. Alors les conspirateurs se précipitèrent dans la chambre avec des épées et des poignards à la main, renversant les nobles femmes, qui, bien que sans armes, essayaient encore de leur résister.

La défense de l'hôtel Lathom par Charlotte de la Trémouille, la digne descendante de Guillaume de Nassau et de l'amiral de Coligny, est encore un exemple remarquable de bravoure héroïque. Sommée de se rendre par les troupes du Parlement, elle répondit que son mari lui avait confié la défense de la maison et qu'elle ne l'abandonnerait pas sans l'ordre de son cher seigneur, mais qu'elle se confiait en Dieu pour être protégée et délivrée. Dans ses préparatifs pour la défense, on la dépeint comme « n'ayant rien oublié de ce que son œil pouvait prévoir, et qui pût être mis ensuite sur le compte du hasard ou de la négligence, et comme ayant ajouté à la patience qu'elle avait déjà une grande force d'âme et de résolution ». La noble femme défendit contre l'ennemi sa maison et sa famille pendant toute une année, et durant trois mois surtout la place fut serrée de près et bombardée — jusqu'à ce qu'enfin l'approche de l'armée royale fît lever le siége.

Nous ne devons pas oublier non plus le courage de lady Franklin, qui persévéra jusqu'à la fin à poursuivre la recherche de son mari, quand personne n'avait plus aucun espoir. Lorsque la Société royale de géographie résolut d'offrir à lady Franklin « the Founder's medal », sir Roderick Murchison fit remarquer que, dans le cours de leur longue amitié, il avait eu de nombreuses occasions d'observer et de mettre à l'épreuve les qualités si pures d'une femme qui s'était montrée digne de l'admiration du monde entier. « Ne se laissant jamais abattre par tous ses insuccès, pendant douze longues années d'espoir déçu, elle a persévéré dans son idée fixe avec une ténacité et un dévoue-

ment sans pareils. Et maintenant que la dernière expédition du *Fox*, conduite par le brave Mac Clintock, a prouvé
jusqu'à l'évidence ces deux faits importants : que son
mari avait traversé de larges mers ignorées des autres
navigateurs, et qu'il était mort en découvrant un passage
nord-ouest, — maintenant, dis-je, l'offrande de la mé-
daille serait acclamée par la nation comme l'une des nombreuses récompenses auxquelles la veuve de l'illustre
Franklin a si éminemment droit. »

Mais ce dévouement au devoir qui marque le caractère
héroïque est plus souvent dépensé par les femmes en actes
de charité et de miséricorde. Ceux-là pour la plupart ne
sont jamais connus, car ils sont accomplis dans la vie intime, loin de l'œil du monde, et pour le seul amour du
bien. Il se peut que la réputation les fasse sortir de l'ombre,
à cause du succès qui s'attache à leurs laborieux efforts,
mais cette réputation arrive alors d'une manière inattendue,
sans être recherchée, et elle pèse souvent comme un fardeau. Qui n'a pas entendu parler des visites et des réformes
de mistress Fry et de miss Carpenter dans les prisons, de
mistress Chisholm et de miss Rye comme instigatrices de
l'émigration, et de miss Nightingale et de miss Garrett
comme apôtres de la charité dans les hôpitaux?

Que ces femmes soient sorties de la sphère commune de
la vie privée et domestique, pour se ranger parmi les chefs
de la philanthropie, indique chez elles un grand courage
moral, car la tranquillité, le bien-être et le calme sont en
général ce que préfèrent les femmes. Il y en a bien peu qui
franchissent les limites du foyer domestique pour chercher
un plus vaste champ d'action et de mérite. Mais toutes les
fois qu'elles l'ont cherché, elles l'ont trouvé sans peine.

Il y a d'innombrables moyens pour aider ses semblables.
Il ne s'agit que d'avoir le cœur ouvert et la main toujours
prête. La plupart des femmes philanthropes que nous avons

nommées n'ont pas été influencées par leur propre choix. Elles ont rencontré le devoir sur leur route, devant elles, et elles l'ont suivi, sans s'inquiéter de la réputation, ni d'autre récompense que celle de leur conscience.

Parmi les femmes qui se sont dévouées à l'œuvre des prisons, Sarah Martin est beaucoup moins connue que mistress Fry, bien qu'elle l'ait précédée.

Il est intéressant de connaître son histoire, car elle nous fournit un remarquable exemple de sincérité de cœur et de véritable courage féminin.

Sarah Martin était fille de parents pauvres, et resta orpheline dès son bas âge. Elle fut élevée par sa grand'-mère, à Caistor, près de Yarmouth, et elle gagnait sa vie en allant en journée comme ouvrière en robes, à un schelling par jour. En 1819, une femme fut jugée et condamnée à la détention dans la prison de Yarmouth pour avoir cruellement battu et maltraité son enfant, et ce crime défraya toutes les conversations de la ville. La jeune couturière fut très-impressionnée par le récit du jugement, et le désir de visiter cette femme et d'essayer de la ramener au bien s'empara d'elle. Souvent déjà, en passant le long des murs de la prison, elle s'était sentie poussée à s'en faire ouvrir les portes, pour voir ses tristes hôtes, leur lire les Écritures et chercher à les réconcilier avec la société dont ils avaient violé les lois.

Enfin, son désir devint irrésistible. Elle entra sous le porche de la prison, souleva le marteau et demanda au geôlier la permission d'entrer. Pour une raison ou pour une autre, il refusa ; mais elle revint, réitéra sa demande, et cette fois elle fut admise. Bientôt la mère coupable se trouva devant elle. Quand Sarah Martin eut expliqué le but de sa visite, la criminelle fondit en larmes et la remercia. Ces larmes et ces remercîments décidèrent de toute la vie ultérieure de Sarah Martin ; et la pauvre ouvrière qui ne se soutenait que par le produit de son aiguille continua à passer tous ses moments de loisirs avec les prisonniers, cherchant par tous les moyens possibles à améliorer leur condition. Elle se constituait leur chapelain et leur institutrice, car à cette époque ils n'en avaient pas d'autres. Elle leur lisait les Écritures, et leur apprenait à lire et à écrire. Elle sacrifiait à cela un jour entier par semaine sans compter les dimanches, et quelques autres intervalles de loisirs, sentant, disait-elle, que la bénédiction de Dieu l'accompagnait. Elle enseignait aux femmes à tricoter, à coudre et à tailler; la vente des articles confectionnés lui permettait d'acheter d'autres matériaux, et de continuer l'éducation industrielle ainsi commencée. Elle apprenait également aux hommes à faire des chapeaux de paille, des casquettes d'homme et d'enfant, des chemises de coton gris, et même à rapiécer n'importe quoi, pour les préserver de la paresse, et les empêcher de s'appesantir sur leurs propres pensées. Avec tout ce que gagnaient ainsi les prisonniers, elle formait un fonds, qu'elle employait à leur fournir de quoi travailler à leurs frais; ce qui leur permettait de recommencer le vie honnêtement, et lui procurait en même temps, disait-elle, « l'avantage d'observer leur conduite ».

Tandis qu'elle s'occupait si exclusivement de cette œuvre des prisons, Sarah Martin laissa tomber son commerce de couture, et elle se demanda si, pour le relever, elle devait renoncer à son œuvre. Mais sa résolution était déjà prise. « J'avais calculé ce qu'il m'en coûterait, dit-elle, et j'étais décidée d'avance. » Si, tandis que je cherche à répandre la vérité autour de moi, je devenais exposée aux privations temporelles, ce ne serait rien auprès du bonheur que j'éprouve à obéir au Seigneur et à secourir mes semblables. Elle consacra alors six ou sept heures par jour aux prisonniers, transformant ce qui eût été sans elle un séjour de paresse dissolue en une véritable ruche où régnaient l'ordre et l'industrie. Les nouveaux venus étaient quelquefois réfractaires, mais sa douceur persistante finissait par gagner leur respect et leur coopération. Les vieillards endurcis dans le crime, les plus roués pick-pockets de Londres, les marins et les jeunes gens dépravés, les femmes dissolues, les contrebandiers, les braconniers et toute la horde confuse de criminels que peut contenir la prison d'un port de mer et d'un chef-lieu de canton, tous subissaient la bénigne influence de cette excellente femme, et, sous sa surveillance, on pouvait les voir, pour la première fois de leur vie, chercher à tenir une plume ou à déchiffrer les caractères de leur alphabet à un sou. Elle recevait leurs confidences, veillait, pleurait, priait, et s'identifiait à chacun tour à tour. Elle fortifiait leurs bonnes résolutions, remontait les affligés et les désespérés, et tâchait de les mettre tous et de les maintenir dans la voie de la réparation.

Pendant plus de vingt ans cette admirable femme poursuivit son œuvre, recevant peu d'encouragements et pas beaucoup de secours. Ses moyens d'existence ne consistaient guère qu'en un revenu annuel de dix ou douze livres que lui avait laissé sa grand'mère, et auquel venaient s'ajouter ses minces profits comme couturière. Pendant les deux dernières années qu'elle exerça son charitable ministère, les magistrats de Yarmouth, voyant que le travail qu'elle s'imposait volontairement leur épargnait la dépense d'un maître d'école et d'un chapelain (que d'après la nouvelle loi ils étaient tenus de nommer), lui offrirent un salaire annuel de douze livres par an; mais ils le firent d'une manière si indélicate qu'ils la blessèrent profondément. Il lui répugnait de devenir le fonctionnaire salarié de la corporation et d'échanger contre de l'argent des services qu'elle avait rendus jusque-là par pure charité. Mais le comité de la prison

l'informa brutalement que, s'il lui permettait de continuer
ses visites, il fallait qu'elle se soumît aux conditions qu'on
lui imposait, sans quoi elle serait exclue. Pendant deux
ans elle reçut donc douze livres chaque année, témoignage
de reconnaissance de la corporation de Yarmouth pour ses
nombreux services à la prison! Elle commençait alors à
devenir vieille et infirme, et l'atmosphère malsaine qu'elle
respirait sans cesse contribua beaucoup à détruire sa santé.
Pendant sa dernière maladie, elle se livra à un talent
qu'elle avait autrefois pratiqué dans ses moments de loisirs,
la poésie sacrée. Comme art, ses œuvres peuvent ne pas
exciter l'admiration; cependant jamais vers ne furent écrits
dans un esprit plus vrai, plus pénétré d'amour chrétien.
Mais toute son existence fut un poëme plus noble encore
que ceux qu'elle écrivit; elle fut pleine de courage, de persévérance, de charité et de sagesse, le véritable commentaire de ses propres paroles :

The high desire that others may be blest savours of heaven.

Le grand désir que d'autres soient bénis nous vient du ciel.

CHAPITRE VI.

L'EMPIRE SUR SOI-MÊME.

L'honneur et le profit ne se trouvent pas toujours dans le même sac.

George HERBERT.

Dans le gouvernement de soi-même consiste la seule véritable liberté individuelle.

Frédéric PERTHES

C'est à force de patience, de souffrance et de tolérance que se découvre tout ce qu'il y a de bon chez l'homme et chez la femme.

Arthur HELPS.

Temperance, proof
Against all trials; industry severe
And constant as the motion of the day;
Stern self-denial round him spread, with shade
That might be deemed forbidding, did not there
All generous feelings flourish and rejoice;
Forbearance, charity in deed and thought,
And resolution competent to take
Out of the bosom of simplicity
All that her holy customs recommand.

WORDSWORTH.

Une tempérance à l'épreuve de toutes les tentations, un travail austère et constant comme le mouvement du jour, l'esprit de sacrifice dans toute sa rigueur, régnaient autour de lui et répandaient des ombres qui eussent paru repoussantes, si l'on n'avait senti qu'il y avait là le rayonnement heureux des pensées les plus pures et les plus généreuses, et cette résolution qui sait tirer du sein de la simplicité tout ce qui se recommande à notre culte et à notre respect.

L'empire sur soi-même n'est que le courage sous une autre forme. On peut presque le considérer comme l'essence primitive du caractère. C'est à cause de cette qualité que Shakespeare définit l'homme comme un être « qui regarde en avant et en arrière ». Elle forme la principale distinction entre l'homme et la brute; et sans elle il ne peut y avoir de véritable grandeur.

L'empire sur soi-même est la racine de toutes les vertus. Qu'un homme lâche la bride à ses sentiments et à ses passions, et dès ce moment il renonce à sa liberté morale. Il est emporté par le courant de la vie et devient l'esclave de son caprice le plus violent.

Pour être moralement libre, pour s'élever au-dessus de la brute, l'homme doit avoir la force de résister à ses instincts, et il ne l'acquiert qu'en prenant l'habitude de se maîtriser lui-même. C'est donc cette faculté qui constitue la différence réelle entre la vie physique et la vie morale et qui forme la base principale du caractère individuel.

Dans la Bible, on donne des louanges, non pas à l'homme fort « qui s'empare d'une cité », mais à l'homme plus fort encore « qui gouverne son propre esprit ». Cet homme plus fort est celui qui exerce un frein continuel sur ses pensées, ses paroles et ses actions. Les neuf dixièmes de ces désirs vicieux qui dégradent la société, et qui, lorsqu'on les satisfait, en deviennent la honte, se réduiraient à rien, si on leur opposait une ferme discipline, le respect de soi-même et l'empire sur soi-même. Par la pratique vigilante de ces vertus, la pureté de cœur et d'esprit passe à l'état d'habitude et le caractère s'édifie dans la chasteté, la vertu et la tempérance.

Le meilleur appui du caractère se rencontre toujours dans l'habitude, qui, selon que la volonté nous dirige bien ou mal, sera pour nous le maître le plus doux ou le plus cruel despote. Nous pouvons être les sujets volontaires du premier ou les esclaves serviles du second : l'un nous guidera dans la route du bien, l'autre nous précipitera vers la ruine.

L'habitude se forme par une éducation soignée. Et tout ce qu'on obtient par une discipline systématique et un exercice régulier est vraiment étonnant. Sous leur influence, voyez ce que deviennent les éléments les plus ingrats, ces voyous ramassés dans les rues, ou ces paysans incultes arrachés au labour, chez lesquels se développent des qualités de courage, de patience et d'abnégation, qu'on n'aurait jamais soupçonnées en eux; ces hommes, disciplinés avec soin, ont donné au monde sur le champ de bataille, ou dans les périls plus redoutables encore de la mer, tels que l'incendie du *Sarah Sand* ou le naufrage du *Birkenhead*, des exemples remarquables de véritable bravoure poussée quelquefois jusqu'à l'héroïsme !

La discipline morale, l'exercice régulier ont non moins d'influence sur la formation du caractère. Sans eux il n'y a ni système, ni ordre dans le règlement de la vie. Avec eux se développent le respect de soi-même, le sentiment du devoir, et l'obéissance devient une habitude. L'homme qui sait le mieux se gouverner lui-même, et qui par conséquent est le plus indépendant, reste toujours soumis à une discipline : et plus cette discipline sera parfaite, plus le niveau moral sera élevé. Il faut maîtriser ses désirs et les assujettir aux facultés plus hautes de sa nature, afin qu'ils obéissent au guide qui est en nous, — la conscience ; autrement on devient l'esclave de ses inclinations, le jouet du caprice et du premier mouvement.

« L'une des perfections de l'homme idéal », dit Herbert Spencer, « consiste dans la suprématie de l'empire sur soi-même. Ne pas suivre toutes ses impulsions, ne pas se laisser entraîner ici ou là par chacun des désirs qui tour à tour nous dominent, mais au contraire savoir se maintenir dans une juste balance, se laisser gouverner par les sentiments réunis en une sorte de conseil, devant lequel chacune de nos actions aura été débattue et décidée de sang-froid, voilà ce que l'éducation, l'éducation morale tout au moins, s'efforce de produire[1]. »

La première école de discipline morale, et la meilleure, ainsi que nous l'avons déjà démontré, c'est la famille ; ensuite vient le collége, et enfin le monde, cette grande école de la vie pratique. Chacun de ces degrés prépare à l'autre, et tout l'avenir de l'homme et de la femme dépend en général de leur passé. S'ils n'ont pas eu l'avantage de la famille ni de la pension, si on les a laissés croître sans éducation, sans instruction et sans discipline, alors malheur à eux, malheur à la société dont ils font partie !

La famille la mieux ordonnée est toujours celle où la discipline est la plus parfaite, et où cependant elle se fait le moins sentir. La discipline morale agit avec la force d'une loi de nature. Ses sujets s'y soumettent sans en avoir conscience ; et bien qu'elle forme et modèle tout le caractère, jusqu'à ce que la vie se cristallise en habitude, l'influence qu'elle exerce est presque toujours invisible et se fait à peine sentir.

L'importance d'une stricte discipline au foyer domestique est curieusement démontrée par un fait que raconte dans ses mémoires mistress Schimmelpenninck : Une dame qui avait visité avec son mari la plupart des asiles d'aliénés en Angleterre et sur le continent remarqua que la catégorie la plus nombreuse des malades était composée de ceux qui avaient été enfants uniques, et dont les volontés n'avaient presque jamais été contrariées ou disciplinées dans leur jeunesse ; tandis que ceux qui appartenaient à de nombreuses familles et qu'on avait habitués de bonne heure à se réprimer étaient beaucoup moins fréquemment victimes de la maladie.

Bien que la nature morale dépende en grande partie du tempérament et de la santé physique, ainsi que de la

[1] *Statistiques sociales*, p. 185.

première éducation et de l'exemple de ceux qui nous entourent, il est cependant possible à chaque individu de
diriger sa propre nature, de la maintenir et de la discipliner en veillant sur elle avec persévérance. Un habile
professeur a dit, en parlant des habitudes et des penchants,
qu'ils peuvent s'enseigner tout aussi bien que le latin et le
grec, et qu'ils sont beaucoup plus essentiels au bonheur.

Le docteur Johnson qui, par sa constitution, était lui-
même porté à la mélancolie, et qui en a souffert plus que
personne dès ses premières années, dit que lorsqu'un
homme est de bonne ou de mauvaise humeur, cela dépend
beaucoup de sa volonté. Nous pouvons prendre l'habitude
d'être toujours patients et satisfaits, ou celle de murmurer
et d'être mécontents. Nous pouvons nous accoutumer à
exagérer les petits malheurs et à ne pas assez reconnaître
les grands bonheurs. Nous pouvons devenir les victimes
d'ennuis puérils en nous y laissant aller. C'est donc nous
qui formons en nous-mêmes une disposition heureuse ou
un état morbide. L'habitude d'envisager les choses du bon
côté et d'avoir confiance dans la vie peut s'implanter en
nous comme toute autre habitude [1].

---

[1] Toutes les fois, dit Jeremy Bentham, que la force de la volonté
peut avoir de l'action sur les pensées, dirigez ces pensées vers le
bonheur. Cherchez le côté le plus brillant des choses, et n'en dé-
tournez plus votre visage... Une grande partie de l'existence se
passe forcément dans l'inaction. Le jour (pour citer un exemple
entre mille), tandis que vous vous occupez des autres, et que votre
temps se perd dans l'attente; la nuit, lorsque le sommeil se refuse à
fermer les paupières, l'économie du bonheur exige qu'on s'entre-
tienne de pensées agréables. Lorsqu'on marche au dehors, ou qu'on
se repose à la maison, l'esprit ne saurait rester vide, et ses pensées
peuvent être utiles ou inutiles, et même pernicieuses pour le
bonheur. Dirigez-les bien, et l'habitude des pensées heureuses se
développera en vous comme toute autre habitude. (*Déontologie*,
t. II, pages 105-6.)

Ce n'était donc pas une exagération chez le docteur Johnson de dire que cette manière de voir toujours le beau côté de tous les événements valait plus qu'un revenu de mille livres par an.

L'homme religieux passe toute sa vie à se discipliner et à se dominer. Il faut qu'il soit sobre et vigilant, qu'il évite le mal et fasse le bien, qu'il marche suivant l'esprit, qu'il soit obéissant jusqu'à la mort, qu'il résiste aux mauvais jours et se tienne toujours debout; qu'il lutte contre le mal et contre l'esprit des ténèbres, qu'il soit enraciné et ferme dans sa foi, et jamais las de bien faire, car il viendra une heure où il moissonnera, s'il n'a pas faibli.

L'homme d'affaires doit également se soumettre à une règle et à un système sévères. Les affaires comme la vie se dirigent par la puissance d'une sorte de levier moral; et leur succès dépend beaucoup de cette égalité d'humeur, et de cette ferme discipline qui permet à l'homme sage non-seulement de se dominer lui-même, mais encore de dominer les autres. La patience et l'empire sur soi-même aplanissent le chemin de la vie et ouvrent beaucoup d'autres voies qui sans cela seraient restées closes. Il en est ainsi du respect de soi-même : car les hommes qui se respectent respectent en général la personnalité d'autrui.

Il en est de la politique comme des affaires. Les succès y sont acquis moins par le talent que par le sang-froid, moins par le génie que par le caractère. L'homme qui n'a pas d'empire sur lui-même manquera de patience et de tact et ne pourra gouverner ni lui, ni les autres. Un jour qu'on discutait devant M. Pitt la question de savoir quelle était la qualité la plus nécessaire à un premier ministre, l'un des interlocuteurs dit que c'était « l'éloquence », un autre « la science », et un troisième « le travail ». « Non, dit Pitt, c'est la patience. » Et la patience implique l'empire sur soi-même, qualité dans laquelle Pitt excellait. Son ami George Rose a dit de lui qu'il ne l'avait jamais vu une seule fois de mauvaise humeur [1]. Cependant, quoique la patience soit généralement regardée comme la vertu des *lents,* Pitt savait l'allier à la promptitude la plus extraordinaire, à beaucoup de vigueur et à une grande rapidité de pensée aussi bien que d'action.

C'est par la patience et l'empire sur soi-même que se perfectionne le caractère véritablement héroïque. Le grand Hampden possédait au plus haut degré ces éminentes et nobles qualités, que reconnaissaient généreusement ses ennemis politiques eux-mêmes. C'est ainsi que Clarendon nous le dépeint, comme un homme d'une égalité d'humeur et d'une modestie rares, d'un naturel vif et enjoué, et d'une politesse innée. Il était affable et doux, quoique intrépide ; sa conversation était irréprochable, et son cœur avait pour l'humanité tout entière les sympathies les plus

---

[1] L'extrait suivant d'une lettre de M. Boyd, esq., nous est donné par lord STANHOPE dans ses *Mélanges :* « Voici un fait qui m'a été raconté par feu M. Christmas, qui pendant bien des années occupa une position importante à la banque d'Angleterre. Je crois qu'il avait été, dans sa première jeunesse, clerc à la trésorerie ou dans quelque autre bureau ministériel, et pendant quelque temps il avait rempli près de M. Pitt les fonctions de secrétaire intime. Christmas était l'un des hommes les plus obligeants que j'aie jamais connus ; et bien que sa position l'exposât à des interruptions continuelles, je ne lui ai jamais vu un seul instant d'humeur. Un jour, je le trouvai encore plus occupé que de coutume, car il avait une masse de comptes à préparer pour une des cours de justice, et lui voyant toujours la même sérénité, je ne pus résister au désir de connaître le secret du vieillard : Vous le saurez, monsieur Boyd, me dit-il ; c'est M. Pitt qui me l'a donné : *Ne jamais m'impatienter, si c'est possible, en aucun temps, et jamais surtout dans les heures de bureau.* Mon travail ici (à la banque d'Angleterre) commence à neuf heures et finit à trois heures ; et me conformant aux avis de l'illustre homme d'État, *je ne m'impatiente jamais pendant ces heures-là.*

ardentes. Ce n'était pas un homme de beaucoup de paroles ; mais son caractère étant sans tache, chaque mot sorti de sa bouche avait du poids. « Nul homme n'a jamais eu une plus grande puissance sur lui-même... Il était très-sobre et savait exercer sur toutes ses passions et sur ses affections un contrôle absolu, ce qui lui donnait une grande influence sur celles des autres hommes. » Sir Philip Warwick, également adversaire politique de Hampden, parle incidemment de cette influence à propos d'un certain débat que ce dernier avait apaisé : « Nous nous serions pris aux cheveux, et nous nous serions donné des coups d'épée, si M. Hampden, par quelques paroles pleines de sagesse et de calme, ne nous en eût empêchés, en nous décidant à remettre notre orageuse discussion au lendemain matin. »

Un caractère ardent n'est pas toujours un mauvais caractère. Mais plus le caractère est ardent, plus il a besoin de se discipliner et de se dominer. Le docteur Johnson dit que les hommes deviennent meilleurs en vieillissant, grâce à leur expérience, mais ceci dépend de la largeur, de la profondeur et de la générosité de leur nature. Ce ne sont pas tant les fautes des hommes qui les ruinent, que la manière dont ils se conduisent après leurs fautes. Les sages profitent de la souffrance qu'elles occasionnent, et les évitent à l'avenir ; mais il y en a d'autres sur lesquels l'expérience n'exerce aucune influence, et qui avec le temps deviennent encore plus étroits, plus mauvais et plus vicieux.

Ce qu'on appelle chez un jeune homme un caractère ardent indique souvent une grande somme d'énergie qui n'a pas eu le temps de mûrir, mais qui se dépensera en travail utile, si on lui en facilite le moyen. On raconte d'Étienne Gérard, un Français qui a eu aux États-Unis une carrière remarquablement heureuse, que lorsqu'il entendait parler d'un clerc ayant un caractère ardent, il le prenait volontiers à son service et le faisait travailler dans une chambre tout seul ; car Gérard était d'avis que les hommes de cette trempe étaient les meilleurs travailleurs, et qu'ils pouvaient utiliser ainsi toute leur énergie pourvu qu'on les mît à l'abri des querelles.

L'ardeur de caractère ne signifie quelquefois qu'une volonté forte et irritable. Libre, elle se manifeste par de fantasques accès de colère ; dirigée et contenue, comme la vapeur dans l'admirable organisme d'une machine, elle peut devenir une source de grande énergie, de grande utilité. Quelques-uns des plus grands caractères que nous voyons dans l'histoire ont été des hommes d'un tempérament violent et d'une résolution non moins ardente pour maintenir leur puissance motrice sous une règle et sous un contrôle sévères.

Le célèbre comte de Strafford était d'une nature extrêmement colère et passionnée, et il eut beaucoup à lutter contre lui-même dans ses efforts pour vaincre son humeur. Faisant allusion au conseil d'un de ses amis, le vieux secrétaire Cooke, qui était assez franc pour lui parler de sa faiblesse, et pour le prémunir contre le danger de s'y laisser aller, il écrivait : « Vous m'avez donné une bonne leçon de patience ; il est vrai que mon âge et mes inclinations naturelles me rendent plus ardent qu'il ne faudrait l'être ; mais j'espère que l'expérience et une grande vigilance sur moi-même finiront par calmer et dominer tout cela. En attendant, ce qui pourra peut-être me faire pardonner, c'est que mon ardeur sera toujours dépensée pour la justice, l'honneur et l'intérêt de mon maître ; du reste, ce n'est pas tant la colère que la façon dont elle se manifeste, qui la rend si blâmable et si nuisible pour ceux qui s'y laissent aller [1]. »

----

[1] *Strafford Papers*, t. I, p. 87.

Cromwell nous est dépeint également comme ayant eu dans sa jeunesse un caractère capricieux et emporté, maussade, opiniâtre et ingouvernable, avec une vaste somme de jeune énergie qui se traduisait par une grande variété de méfaits. Il obtint même dans sa ville natale une réputation de tapageur, et s'en allait grand train vers le vice, quand la religion, sous une de ses formes les plus rigides, s'empara de cette violente nature et la soumit à la règle de fer du calvinisme. Une direction entièrement nouvelle fut ainsi donnée à l'énergie de son tempérament; il se fraya un chemin dans la vie publique et parvint à dominer l'Angleterre pendant une période de près de vingt ans.

Les princes héroïques de la maison de Nassau se distinguaient tous par leur empire sur eux-mêmes, leur abnégation et la fermeté de leurs vues. Guillaume le Taciturne fut ainsi nommé, non parce qu'il était vraiment silencieux, — car il savait être éloquent et puissant orateur quand l'éloquence était nécessaire, — mais parce qu'il savait aussi ne rien dire quand il était plus sage de ne pas parler, et parce qu'il gardait discrètement ses propres opinions lorsqu'il pouvait être dangereux pour son pays de les révéler. Il avait des manières douces et conciliantes, et ses ennemis en parlaient comme d'un homme timide et pusillanime. Mais quand venait le moment d'agir, son courage était héroïque, sa détermination invincible. « Le rocher dans l'Océan », dit M. Motley, l'historien des Pays-Bas, « tranquille au milieu des flots en fureur, était l'emblème favori par lequel ses amis exprimaient le sentiment qu'ils avaient de sa fermeté. »

M. Motley compare Guillaume le Taciturne à Washington, auquel il ressemblait sous bien des rapports. Le patriote américain, de même que le patriote hollandais, ressort dans l'histoire comme la véritable personnification de la dignité, de la bravoure, de la pureté et de l'excellence individuelle.

Il dominait si bien ses impressions dans les moments mêmes de grandes difficultés et de danger, que ceux qui ne le connaissaient pas intimement pouvaient se figurer que cette impassibilité et ce calme étaient innés chez lui. Cependant Washington était par nature ardent et impétueux ; sa douceur, sa politesse, ses égards pour les autres étaient le résultat de la discipline rigide et infatigable à laquelle il s'astreignit lui-même dès son enfance. Son biographe dit de lui « qu'il avait un tempérament ardent, des passions vives, et que dans un milieu où les causes de tentations et d'excitations se renouvelaient sans cesse, il fit de constants efforts pour en triompher, et eut plus tard toute la gloire d'avoir réussi ». Le biographe ajoute plus loin : « Ses passions étaient violentes, et parfois elles éclataient avec véhémence, mais il avait la force de les réprimer aussitôt. Son empire sur lui-même était peut-être le trait le plus remarquable de son caractère. Il le devait en grande partie à la discipline qu'il s'était imposée, mais la nature semble aussi lui avoir accordé cette puissance à un degré qui a été refusé à beaucoup d'autres hommes [1]. »

Le tempérament du duc de Wellington, comme celui de Napoléon, était irritable à l'extrême, et ce fut à force de veiller sur lui-même qu'il parvint à le modérer. Il s'étudiait à rester calme et de sang-froid au milieu du danger, comme un vrai chef indien. A Waterloo et partout ailleurs, il donna ses ordres, dans les moments les plus critiques, d'un ton de voix moins élevé encore que de coutume [2].

Wordsworth, le poëte, était dans son enfance « d'une humeur roide, capricieuse et violente ; il était contrariant et entêté, et bravait tous les châtiments ». Quand l'expérience de la vie l'eut discipliné, il apprit à exercer sur lui-même

[1] Jared SPARKS' *Life of Washington,* pages 7 et 534.
[2] BRIALMONT's *Life of Wellington.*

une plus grande domination ; mais en même temps les tendances qui le distinguaient comme enfant lui furent utiles
plus tard en lui permettant de dédaigner les critiques de
ses ennemis. Wordsworth fut remarquable, à toutes les
époques de sa vie, par son respect de lui-même et sa résolution, aussi bien que par la conscience qu'il avait de sa
force.

Henry Martyn, le missionnaire, nous offre un autre
exemple de l'homme chez lequel la force de caractère ne
fut d'abord qu'une grande énergie qui avait besoin de se répandre et de mûrir. Petit garçon, il était impatient, pétulant,
contrariant, mais il lutta si bien contre sa tendance à l'obstination qu'il obtint peu à peu la force nécessaire pour la
vaincre entièrement et pour acquérir ce qu'il ambitionnait
par-dessus tout, le don de patience.

Un homme peut être faible de constitution, mais s'il est
doué d'un heureux tempérament, son âme n en sera pas
moins grande, active, noble, et elle régnera quand même.
Le professeur Tyndall nous a tracé un beau portrait du
caractère de Faraday, et de ses travaux si désintéressés
pour la cause de la science ; il nous le représente comme
un homme d'une nature forte, originale, ardente, et cependant d'une extrême tendresse et d'une grande sensibilité.
« Sous sa douceur et sa mansuétude, nous dit-il, se cachait
le foyer d'un volcan. Il était vif et inflammable, mais il
s'était dompté ; il n'avait pas laissé le feu se consumer en
passions inutiles, il l'avait converti en un centre de rayons
lumineux pour éclairer sa vie et celle des autres. »

Un trait charmant du caractère de Faraday, qui vaut la
peine d'être mentionné et qui a quelque affinité avec son
empire sur lui-même, c'est son abnégation. En se consa-
crant à la chimie analytique, il eût pu réaliser rapidement
une grande fortune, mais il résista noblement à la tentation
et préféra suivre le sentier de la science véritable. « En

calculant la durée de sa vie, dit M. Tyndall, on voit que ce fils de forgeron, cet apprenti relieur, eut à choisir entre une fortune de 150,000 livres d'un côté, et sa science désintéressée de l'autre. Il choisit la dernière et mourut pauvre. Mais il eut la gloire de maintenir très-haut pendant quarante ans le renom scientifique de l'Angleterre parmi les autres nations [1]. »

Nous trouvons chez l'historien français Anquetil un semblable exemple d'abnégation. Il était du petit nombre des hommes de lettres qui refusèrent de se courber sous le joug napoléonien. Il tomba dans une grande pauvreté, vivant de pain et de lait, et limitant ses dépenses à trois sous par jour. « Il me reste encore deux sous par jour », disait-il, « pour le vainqueur de Marengo et d'Austerlitz. » — « Mais si vous veniez à être malade, répondait un ami, vous auriez besoin du secours d'une pension. Pourquoi ne pas imiter les autres, faire la cour à l'empereur? vous avez besoin de lui pour vivre. » — « Je n'ai pas besoin de lui pour mourir », fut la réplique de l'historien. Mais Anquetil ne mourut pas de pauvreté; il vécut jusqu'à l'âge de quatre-vingt-quatorze ans, disant à un ami, la veille de sa mort : « Venez voir un homme qui meurt encore plein de vie ! »

Sir James Outram montra aussi la même abnégation dans une sphère tout à fait différente. Comme le grand roi Arthur, c'était un homme qui ne tenait aucun compte de son propre intérêt. Il se fit remarquer pendant toute sa carrière, par son absence complète d'égoïsme. Bien qu'il désapprouvât quelquefois la politique dont il était obligé d'exécuter les plans, il ne broncha jamais dans le sentier du devoir. Ainsi il blâmait l'envahissement de Scinde, et pourtant ses services pendant toute la campagne furent reconnus, par son général sir C. Napier, comme ayant été des

---

[1] Professor TYNDALL, *On Faraday as a discoverer*, p. 156.

plus brillants. Mais quand la guerre fut terminée, et que les riches dépouilles de Scinde furent déposées aux pieds du vainqueur, Outram dit : « J'ai désapprouvé la politique de cette guerre, je n'accepterai aucune part dans le butin ! »

Il donna encore une preuve bien frappante de sa généreuse abnégation lorsqu'il fut envoyé avec des forces nombreuses pour aider Havelock dans sa marche sur Lucknow. Étant l'officier le plus élevé en grade, il avait le droit de prendre le commandement en chef; mais, reconnaissant ce que Havelock avait déjà fait, il eut le rare désintéressement d'abandonner à son jeune camarade la gloire de compléter la campagne, offrant de servir sous ses ordres comme volontaire. « Avec la réputation que le major général Outram s'est acquise par lui-même, dit lord Clyde, il peut se permettre de partager avec d'autres la gloire et les honneurs. Mais cela ne diminue pas la valeur du sacrifice qu'il a fait avec une si noble générosité. »

Tout homme qui veut parcourir la vie d'une manière honorable et paisible doit nécessairement apprendre à pratiquer l'abnégation dans les petites choses comme dans les grandes. Il faut savoir tantôt souffrir et tantôt s'abstenir. L'humeur doit être soumise au jugement, et les petits démons d'irritabilité, de pétulance et de moquerie doivent être résolûment tenus à distance. Si on leur donne une fois l'entrée de l'esprit, ils seront très-disposés à revenir et à s'y établir d'une façon permanente.

Il est nécessaire pour notre bonheur individuel d'exercer un contrôle sur nos propres paroles autant que sur nos actes : car il y a des mots qui frappent plus cruellement que des coups de poignard. *Un coup de langue*, dit le proverbe, *est pire qu'un coup de lance*. Qu'il est difficile quelquefois de retenir la répartie mordante qu'on a sur les lèvres et qui, si elle partait, couvrirait votre adversaire de confusion ! « Dieu nous garde », dit miss Bremer dans son

Foyer domestique, « du pouvoir destructif des mots ! Il y a des mots qui divisent les cœurs mieux que les épées les plus affilées ; des mots dont la blessure fait souffrir toute la vie. »

Le caractère consiste donc à contrôler ses discours comme tout le reste. L'homme sage et tolérant réprimera une parole piquante et sévère qui pourrait froisser les sentiments d'autrui, tandis que le fou dit étourdiment ce qui lui passe par la tête, et sacrifiera son ami plutôt qu'une plaisanterie. «La bouche de l'homme sage», dit Salomon, « est dans son cœur ; le cœur du fou est dans sa bouche. »

Il y a pourtant des hommes qui ne sont pas des fous et qui sont inconsidérés dans leur langage comme dans leurs actions, à cause de leur manque d'indulgence et de patience. L'homme de génie et d'impulsion, dont la pensée est prompte et la parole incisive, encouragé par les applaudissements, laisse échapper quelquefois un mot sarcastique qui retombe sur lui plus tard et lui fait le plus grand tort. On pourrait même citer des hommes d'État qui n'ont pas réussi parce qu'ils étaient incapables de résister à la tentation de dire des choses spirituelles et mordantes aux dépens de leur adversaire. « Un tour de phrase », dit Bentham, « a décidé du sort de plus d'une amitié, et peut-être, qui sait ? de plus d'un royaume. » Ainsi lorsqu'on est tenté d'écrire un mot spirituel, mais dur, il vaut toujours mieux le laisser au fond de son encrier, quelle que soit la difficulté qu'on ait à le retenir. « La plume d'une oie », dit le proverbe espagnol, « blesse souvent plus que la griffe d'un lion. »

Carlyle dit en parlant d'Olivier Cromwell : « Celui qui ne peut garder ses pensées en lui-même ne saura jamais accomplir de grandes choses. »

Un des plus grands ennemis de Guillaume le Taciturne a dit de lui qu'on n'avait jamais entendu sortir de sa bouche une parole arrogante ou indiscrète. Comme lui, Washington était la discrétion en personne, ne profitant jamais de ses avantages contre ses adversaires, et ne cherchant pas un triomphe éphémère dans les discussions politiques. D'ailleurs il est dit qu'à la longue le monde finit par entourer et par soutenir le sage qui sait reconnaître le moment opportun où il est bon de se taire.

Nous avons entendu des hommes de grande expérience dire qu'ils avaient souvent regretté d'avoir parlé, mais jamais de s'être tus. « Taisez-vous », dit Pythagore, « ou dites quelque chose de meilleur que le silence. »

« Parlez à propos », dit George Herbert, « ou gardez un silence prudent. » Saint François de Sales, que Leigh Hunt a surnommé le *Gentilhomme saint,* disait un jour : « Il vaut mieux rester silencieux que de dire la vérité avec malveillance, et de gâter ainsi un excellent plat en le couvrant d'une mauvaise sauce. »

Un autre Français, Lacordaire, place la parole au premier rang et ensuite le silence. « Après la parole, dit-il, le silence est la plus grande puissance qu'il y ait au monde. » Et cependant quelle force peut avoir un mot dit à propos ! Le vieux proverbe du pays de Galles a raison : « Il y a une langue d'or dans la bouche des saints. »

On cite, comme exemple remarquable de l'empire qu'on peut exercer sur soi-même, un poëte espagnol distingué du quinzième siècle, de Léon. Il fut enfermé pendant deux ans dans les cachots de l'Inquisition, sans lumière et tout seul, pour avoir traduit une partie des Écritures dans sa langue naturelle. Quand il en sortit et qu'il put reprendre son professorat, une foule immense assista à son premier cours, espérant entendre le récit de son emprisonnement ; mais de Léon était trop sage et trop modéré pour se permettre la moindre récrimination. Il reprit simplement la leçon qui, deux ans auparavant, avait été si tristement interrompue, avec la formule habituelle : *Heri dicebamus,* et se plongea aussitôt dans son sujet.

Il y a certainement des moments et des circonstances où il est non-seulement excusable, mais encore nécessaire d'exprimer son indignation. Nous devons nous montrer indignés du mensonge, de l'égoïsme et de la cruauté. Un homme de sentiments vrais s'élèvera naturellement contre toute bassesse et toute ignominie, quand même il n'y aurait pour lui aucune obligation de parler. « Je ne voudrais avoir rien de commun, dit Perthes, avec un homme que l'indignation ne saurait émouvoir. Les hommes sont en général plutôt bons que mauvais, mais les mauvais prennent le dessus, uniquement parce qu'ils sont plus hardis. Nous ne pouvons nous empêcher d'admirer celui qui use de ses moyens avec décision, et quelquefois nous n'avons pas d'autre raison pour prendre son parti. Sans doute je me suis souvent repenti d'avoir parlé, mais non moins souvent me suis-je repenti d'avoir gardé le silence [1]. »

Celui qui aime le bien ne saurait être indifférent au mal et à l'injustice. S'il sent vivement, il parlera vivement avec toute la plénitude de son cœur. Ainsi que l'a écrit une noble dame [2] :

A noble heart doth teach a virtuous scorn
To scorn to owe a duty overlong,
To scorn to be for benefits forborne,
To scorn to lie, to scorn to do a wrong,
To scorn to bear an injury in mind,
To scorn a freeborn heart slave like to bind.

Il y a un mépris vertueux qu'un noble cœur enseigne ; le mépris qui consiste à ne jamais laisser un devoir inachevé, à nous faire accepter pour nous-mêmes, et non par intérêt ; le mépris du mensonge, le mépris de l'injustice, le mépris des injures que nous avons reçues, le mépris d'enchaîner un cœur libre, à l'égal d'un esclave.

[1] *Vie de Perthes,* t. II, p. 216.
[2] Lady Elisabeth CAREW.

Nous devons cependant nous tenir en garde contre le mépris impatient. Les gens les meilleurs sont sujets à avoir leur côté impatient ; et souvent le tempérament même qui rend les hommes sérieux les rend aussi intolérants [1]. « De tous les dons de l'esprit », dit miss Julia Wedgwood, « le plus rare est la patience intellectuelle ; et la dernière leçon de perfectionnement est de croire aux difficultés qui nous sont invisibles. »

Le meilleur correctif pour cette disposition à l'intolérance est une augmentation de sagesse, et une plus vaste expérience de la vie. Le bon sens cultivé avec soin sauve en général les hommes des difficultés dans lesquelles l'impatience morale peut les entraîner ; le bon sens qui consiste surtout à rendre son possesseur capable de traiter les affaires pratiques de la vie avec justice, jugement, discrétion et charité. De là vient que les hommes d'une haute éducation et d'une grande expérience se trouvent être invariablement les plus patients et les plus indulgents, tandis que les personnes ignorantes et étroites d'esprit sont les plus implacables et les moins tolérantes. Les hommes dont les natures sont larges et généreuses en proportion de leur sagesse pratique sont disposés à tenir compte des défauts et des désavantages des autres, du concours de circonstances qui a présidé à la formation du caractère, et au peu de force de résistance qu'offrent les natures faibles et faillibles contre la tentation et l'erreur. « Je ne vois pas

---

[1] Francis Horner dit dans une de ses lettres : « C'est parmi les amis les plus sincères et les plus zélés de la liberté que vous trouverez les spécimens les plus complets des travers d'esprit ; des hommes qui se font une vertu à eux, et la posent en modèle, qui (pour me servir d'une des expressions favorites de Sharpe) veulent enfoncer un coin par le gros bout, et qui sont absolument étrangers à toute modération en matière politique. » (*Vie et correspondance de Francis Horner* [1843], t. II, p. 133.)

commettre une seule faute », disait Gœthe, « que je n'aurais pu commettre aussi. » La même idée fut exprimée par un homme sage et bon, lorsqu'en voyant passer un criminel qu'on traînait sur la claie à Tyburn : « C'est là qu'irait Jonathan Bradford sans la grâce de Dieu ! »

La vie sera toujours, en grande partie, ce que nous la ferons. L'homme gai voit le monde sous de riantes couleurs, l'homme triste le voit en noir. C'est presque toujours notre propre tempérament que nous voyons réfléchi dans ceux qui nous entourent : si nous sommes querelleurs, nous trouverons les autres ainsi; si nous ne sommes pas charitables pour eux, ils ne le seront pas pour nous. Un monsieur, revenant dernièrement d'une réunion du soir, se plaignit à un policeman qu'il était suivi par un individu de mauvaise mine. On chercha, et cet individu ne se trouva être que l'ombre du monsieur ! Il en est ainsi de la vie humaine pour chacun de nous; elle n'est en général que la réflexion de nous-mêmes.

Si nous voulons être en paix avec les autres et nous assurer leur respect, nous devons avoir égard à leur personnalité. Tout homme a ses manières et son caractère comme il a sa taille et ses traits; et nous devons avoir dans nos relations la même bienveillance que nous désirons, pour nous-mêmes. Peut-être ne voyons-nous pas nos propres ridicules, cependant ils existent. Il y a un village dans l'Amérique du Sud où les goîtres sont si communs que n'en pas avoir est considéré comme une difformité. Un jour que des Anglais passaient par cet endroit, toute une foule s'assembla autour d'eux, les raillant et criant : « Voyez, voyez ces gens, ils n'ont pas de goîtres ! »

Beaucoup de personnes s'agitent beaucoup pour savoir ce qu'on pense d'elles. Quelques-unes sont trop disposées à prendre le côté malveillant, et, jugeant par elles-mêmes, supposent le pire. Mais il arrive bien souvent que le manque

de charité chez les autres, s'il existe réellement, vient de
notre manque de charité à nous-mêmes et de notre impatience. Il arrive plus souvent encore que tout le souci que
nous nous donnons a sa source dans notre propre imagination. Quand même les personnes qui nous entourent auraient sur nous des pensées malveillantes, nous n'arrange-
rons pas les choses en nous exaspérant contre elles. Nous
courons seulement le risque de nous exposer sans nécessité à leur mauvaise humeur ou à leur caprice. « Le mal
qui sort de notre bouche », dit Georges Herbert, « retombe
souvent dans notre cœur. »

Nous trouvons les admirables conseils qu'on va lire dans
une lettre du bon et grand philosophe Faraday à son ami
le professeur Tyndall. Ils sont remplis de sagesse pratique,
résultat d'une longue et riche expérience de la vie : « Laissez-moi vous dire, moi qui suis un vieillard, et qui ai eu le
temps d'observer bien des choses, que, dans ma jeunesse,
je me suis souvent aperçu que j'interprétais mal les intentions des autres, et qu'elles ne signifiaient pas toujours ce
que je supposais ; que, de plus, comme règle générale, il
vaut mieux être un peu lourd de compréhension quand une
phrase nous semble trop piquante, et prompt à la saisir
lorsque, au contraire, elle paraît renfermer quelque bon
sentiment. La vérité se fait jour tôt ou tard, et les adversaires, s'ils ont tort, en sont plus vite convaincus lorsqu'on
les a traités avec bienveillance au lieu de les écraser. Tout
ce que je veux dire se résume en ceci : il faut autant que
possible rester aveugle devant l'esprit de parti et se montrer très-clairvoyant devant le bon vouloir. On se sent plus
heureux quand on cherche à suivre les voies qui conduisent
à la paix. Vous ne pouvez pas vous imaginer comme je me
suis souvent senti échauffé en moi-même lorsque je rencontrais une opposition que je trouvais injuste et arrogante.
Cependant j'ai toujours cherché, et j'espère avoir réussi, à

retenir des répliques du même genre. Je puis vous assurer que je n'y ai jamais perdu [1]. »

Tandis que le peintre Barry était à Rome, il s'engagea, selon son habitude, dans de terribles querelles avec les artistes et les *dilettanti*, à propos de peintures et de ventes de tableaux, et son compatriote et ami Edmond Burke, qui fut toujours l'ami généreux du mérite en détresse, lui écrivit ces paroles pleines de sens et de bonté : « Croyez-moi, cher Barry, les armes par lesquelles il nous faut combattre la malveillance du monde, et les qualités qui doivent nous faire trouver grâce les uns devant les autres, sont la modération, la douceur, un peu d'indulgence pour le prochain et beaucoup de défiance de nous-mêmes. Ce ne sont pas là les attributs d'un esprit mesquin, comme beaucoup de gens peuvent le supposer, mais de grandes et nobles vertus, qui rehaussent la dignité de notre nature, autant qu'elles contribuent à notre repos et à notre fortune ; car rien n'est plus indigne d'un cœur bien placé que de passer la vie en disputes et en procès, en chamailleries et en récriminations contre tous ceux qui nous entourent. Il faut que nous vivions en paix avec nos semblables ; si ce n'est par égard pour eux, que ce soit au moins pour nous-mêmes [2]. »

---

[1] Professor TYNDALL, *On Faraday as a discoverer*, pages 40 et 41.

[2] Cependant Burke lui-même, bien qu'il fût capable de donner à Barry de si excellents avis, n'était rien moins qu'irréprochable au point de vue de l'humeur. Pendant qu'il était malade à Beaconsfield, Fox, avec lequel il s'était brouillé pour des dissentiments politiques au sujet de la Révolution française, se mit en route pour aller voir son vieil ami. Mais Burke ne voulut lui accorder aucune entrevue, il s'y refusa absolument. De retour à la ville, Fox raconta à son ami Coke le résultat de son voyage ; et comme ce dernier se lamentait sur l'entêtement de Burke, Fox se contenta de répondre avec sa bonne humeur : « C'est égal, Tom, je n'ai jamais rencontré un Irlandais qui n'eût son morceau de pomme de terre dans la tête. »

Personne ne connaissait mieux que le poëte Burns la valeur de l'empire sur soi-même, et personne ne savait l'enseigner plus éloquemment aux autres; mais quand il en venait à la pratique, Burns était faible entre tous les faibles. Il ne pouvait se refuser le plaisir de lancer un sarcasme spirituel, et souvent dur, aux dépens de quelqu'un. Un de ses biographes a dit de lui qu'il n'y avait rien d'exagéré dans ce calcul, que pour dix plaisanteries il s'attirait au moins une centaine d'ennemis. Mais ce n'était pas tout. Le pauvre Burns n'exerçait aucun contrôle sur ses passions, il leur lâchait la bride :

> Thus thoughtless follies laid him low
> And stained his name!

Ainsi ses folles étourderies le firent tomber très-bas, et souillèrent son nom.

Il n'eut pas non plus assez d'abnégation pour s'abstenir de publier certaines œuvres qui n'étaient d'abord destinées qu'à faire les délices d'une salle de cabaret, mais qui continuent à semer la corruption dans l'esprit de la jeunesse. Burns a fait certainement de ravissants poëmes, mais on ne doit pas craindre d'affirmer que l'immoralité de quelques-uns de ses écrits a produit plus de mal que la pureté des autres n'a fait de bien, et il vaudrait mieux que toutes ses œuvres fussent détruites et oubliées, et que ses chants licencieux disparussent en même temps.

L'un des plus beaux poëmes de Burns, écrit dans sa

Cependant Fox, avec sa générosité habituelle, écrivit à Mrs Burke, lorsqu'il apprit la mort probable de son mari, une lettre très-bonne et très-cordiale où il lui exprimait son chagrin et sa sympathie; et quand Burke eut cessé de vivre, Fox fut le premier à proposer qu'on l'enterrât avec les honneurs publics à l'abbaye de Westminster, ce qui se serait fait sans le désir express de Burke d'être enterré à Beaconsfield.

vingt-huitième. année, est intitulé : *A Bard's Epitaph* [1].
C'est une description anticipée de sa propre vie. Wordsworth en a parlé en ces termes : « Voilà un aveu sincère et
solennel, une déclaration publique exprimée par la volonté
libre, une confession à la fois religieuse, poétique et humaine ; une histoire sous forme de prophétie. » Elle se termine par ces lignes :

> Reader, attend, whether thy soul
> Soars fancy's flights beyond the pole,
> Or darkling grubs this earthy hole
>   In low pursuit;
> Know, prudent, cautions self control,
>   Is Wisdom's root.

Lecteur, écoute : Soit que tu suives jusqu'au delà des pôles l'essor
de ta pensée, ou que, dans les ténèbres, tu creuses ce trou terrestre
dans une humble poursuite, sache bien que l'empire sur soi-même,
prudent et réfléchi, est toujours la base de la sagesse.

L'un des vices qui amena la chute de Burns, — et l'on
peut dire que c'est un vice capital, car il en engendre bien
d'autres, — ce fut l'habitude de la boisson. Ce n'est pas
qu'il fût précisément un ivrogne, mais il se laissait aller
à la tentation de boire, dans un milieu dégradant, et c'est
ainsi qu'il abaissait et dépravait sa nature tout entière [2].
Le pauvre Burns n'était pas seul ; car, hélas ! de tous
les vices, ce goût immodéré de la boisson était de son

---

[1] *L'Épitaphe d'un Barde.*

[2] L'avocat irlandais Curran, ayant visité la chaumière de Burns
en 1810, la trouva convertie en cabaret, et le propriétaire qui la
montrait était ivre. Voyez, dit-il en montrant un coin à côté de la
cheminée, avec un rire mal à propos, voici l'endroit même où Burns
est né. « Le génie et le sort du poëte », dit Curran, « me pesaient déjà
sur le cœur, mais le rire aviné du maître du logis donna à cette demeure un tel aspect à mes yeux, que, n'y tenant plus, je fondis en
larmes. »

temps, comme il l'est encore aujourd'hui, le plus commun, le plus populaire, le plus dégradant et le plus destructif.

Figurez-vous, si c'est possible, l'existence d'un tyran qui forcerait ses sujets à lui abandonner un tiers et plus de leurs revenus et les obligerait en même temps à consommer des produits qui les abrutiraient, les dégraderaient, et leur donneraient des germes de maladies et de mort prématurée, après avoir détruit la paix et le bien-être de la famille. Que de réunions indignées ! que de processions monstres n'y aurait-il pas ! Que d'appels contre un despotisme aussi épouvantable et aussi absurde ! Et cependant cette tyrannie existe réellement parmi nous. C'est la tyrannie de nos appétits sans frein, contre laquelle ni force armée, ni voix, ni votes ne pourront résister, tant que nous en serons les esclaves volontaires.

La puissance de cette tyrannie ne peut être vaincue que par des armes morales, par la discipline du caractère, le respect de soi-même, et l'empire sur soi-même. Il n'y a pas d'autre moyen de lutter contre le despotisme des passions, sous quelque forme qu'il se fasse sentir. Les réformes des institutions, la liberté de vote la plus étendue, le gouvernement le mieux organisé, l'enseignement scolaire le plus avancé, ne peuvent absolument rien pour élever un peuple qui s'abandonne volontairement à l'empire de ses sens. La poursuite des plaisirs honteux est la ruine du véritable bonheur. Elle sape la morale, détruit l'énergie, et abaisse la vigueur et la force des individus et des nations.

Le courage de se contrôler soi-même se manifeste de plusieurs façons et surtout par la manière de vivre. Ceux qui n'ont pas la vertu d'abnégation sont non-seulement les esclaves de leurs propres désirs égoïstes, mais ils sont encore asservis aux hommes qui pensent comme eux. Ce que les autres font, ils le font. Ils se croient obligés de vivre d'après le type de convention de la classe à laquelle ils appartiennent, dépensant comme leurs voisins, sans réfléchir aux conséquences, et tous aspirent plus ou moins après un genre de vie au-dessus de leurs moyens. On s'entraîne mutuellement, et personne n'a le courage moral de s'arrêter à temps. — Ne sachant résister à la tentation de paraître grand, on s'expose à vivre aux dépens des autres; on devient peu à peu indifférent aux dettes, jusqu'à ce qu'on en soit enveloppé; et tout cela par lâcheté morale, par manque d'indépendance de caractère.

Un homme d'un esprit droit ne voudra jamais paraître ce qu'il n'est pas, ni prétendre être plus riche qu'il ne l'est réellement, ni adopter un genre de vie que ses moyens ne sauraient justifier. Il aura le courage de vivre honnêtement avec ses propres ressources, plutôt que malhonnêtement avec celles d'autrui; car celui qui contracte des dettes en cherchant à mener une existence que ne comporte pas son revenu n'est pas plus honorable que l'homme qui dévalise votre poche en plein jour.

Beaucoup de personnes trouveront peut-être le jugement excessif, mais il peut supporter l'examen le plus minutieux. Vivre aux dépens des autres est non-seulement malhonnête, mais c'est encore une fausseté en action, comme le mensonge en est une en paroles. L'opinion de George Herbert que « les débiteurs sont des menteurs » est justifiée par l'expérience. Shaftesbury dit quelque part que cette soif d'avoir ce que nous n'avons pas est la racine de toute immoralité [1]. Il ne faut pas prendre au sérieux cette parole de Mirabeau que « la petite morale est l'ennemie de la grande ». Au con-

---

[1] Le chapelain de la prison de Horsemongerlane, dans son rapport annuel aux magistrats de Surrey, expose ainsi le résultat de ses recherches consciencieuses sur les causes d'improbité : « D'après mon expérience sur les crimes de vol, fondée sur l'étude que j'ai faite des caractères d'un grand nombre de prisonniers, j'en conclus que l'improbité habituelle ne doit être attribuée ni à l'ignorance, ni à l'ivro-

traire, une stricte adhérence aux moindres détails de moralité est la base de tout caractère vigoureux et noble.

L'homme honorable est sobre de ses ressources et poursuit son chemin honnêtement. Il ne cherche pas à se faire passer pour plus riche qu'il n'est, ni en contractant des dettes à faire un compte avec la ruine. L'homme dont le revenu est modeste n'est jamais pauvre quand il sait mettre un frein à ses désirs, il est même riche lorsque ce revenu est plus que suffisant pour ses besoins. Socrate voyant une grande quantité de trésors, de bijoux et d'ornements de grande valeur qu'on portait avec pompe dans les rues d'Athènes, disait : « Je découvre maintenant combien il y a de choses que je ne désire pas. » « Je peux tout pardonner, excepté l'égoïsme », dit Perthes. « Les positions les plus gênées peuvent encore admettre une certaine grandeur en ce qui concerne *le tien et le mien;* et à moins d'être tout à fait misérable, personne n'est forcé d'empoisonner sa vie par des soucis d'argent. Il suffit pour les éviter de régler ses dépenses d'après son revenu. »

Des considérations d'un ordre plus élevé peuvent encore rendre un homme indifférent aux questions d'argent, comme l'était Faraday, qui sacrifia la richesse pour poursuivre la science. Mais lorsqu'on veut avoir les jouissances que l'argent procure, il faut le gagner honnêtement, et ne pas vivre sur les ressources des autres, comme font ceux qui contractent des dettes qu'ils n'ont pas le moyen de payer. Quelqu'un demandant à Maginn, qui était toujours criblé de dettes, ce qu'il payait pour son vin, il répondit qu'il ne

gnerie, ni à la pauvreté, ni à l'agglomération des villes, ni aux tentations que donne la richesse qu'on voit autour de soi, ni même à aucune des causes auxquelles on la fait quelquefois remonter, mais principalement *à cette disposition qui consiste à tâcher de s'enrichir en se donnant moins de peine que n'en exige un travail ordinaire.* »

savait pas, mais qu'il supposait qu'on « marquait quelque
chose sur un livre [1] ».

Cette manière de « marquer sur un livre » a été la
ruine de bien des esprits faibles, qui ne peuvent résister à
la tentation de prendre à crédit ce qu'ils n'ont pas le moyen
de payer tout de suite ; et ce serait probablement un grand
bienfait social si la loi qui permet aux créanciers de recouvrer les dettes contractées dans certaines circonstances
pouvait être abolie. Car, dans la concurrence du commerce,
l'acheteur trouve partout du crédit, tandis que le créancier
compte sur la loi pour l'aider plus tard à rentrer dans ses
fonds. Sydney Smith arrivant un jour dans une nouvelle
résidence, les journaux de l'endroit annoncèrent qu'il était
un homme de grande famille, et tous les fournisseurs
demandèrent sa pratique. Mais il détrompa bien vite ses
nouveaux voisins. « Nous ne sommes pas grands du tout,
dit-il, nous ne sommes que des gens simples et honnêtes,
et nous payons nos dettes. »

Hazlitt, qui était un parfait honnête homme, quoique
assez prodigue, parle de deux classes de personnes qui ont
entre elles une certaine ressemblance : ceux qui ne savent
pas conserver leur argent dans leur poche, et ceux qui ne
peuvent s'empêcher de puiser dans celle des autres. Les
premiers ont toujours besoin d'argent parce qu'ils le gas-
pillent à tout propos, comme s'ils voulaient s'en débarrasser. Les autres ne se contentent pas de dépenser ce qui leur
appartient, mais ils ne cessent d'emprunter à tous ceux
qui veulent bien leur prêter, et le génie inventif qu'ils déploient dans ce but finit à la longue par les mener à la
ruine.

Sheridan fut l'un de ces grands infortunés. Ardent et
insoucieux de la dépense, il empruntait toujours et s'en-

[1] *S. C. Hall's Memories.*

dettait envers quiconque osait se fier à lui. Lors de sa candidature à Westminster, son impopularité vint surtout de sa déplorable situation financière. « Une foule de pauvres gens, dit lord Palmerston dans une de ses lettres, encombraient la salle des élections, demandant le remboursement des billets qu'il leur avait souscrits. » Au milieu de toutes ces difficultés, Sheridan était aussi léger que jamais et lançait plus d'une plaisanterie aux dépens de ses créanciers. Lord Palmerston assista à un dîner donné par lui, et dans lequel les huissiers en exercice étaient habillés en servants et en faisaient l'office.

Cependant, quelque relâchée qu'ait pu être la morale de Sheridan à l'égard de ses créanciers, il fut honnête en ce qui concernait l'argent du gouvernement. Un jour, à un dîner auquel se trouvait lord Byron, quelqu'un ayant parlé de la fermeté avec laquelle les whigs refusaient les emplois et se tenaient à leurs principes, Sheridan se retourna brusquement et dit : « Monsieur, il est facile pour mylord un tel, ou pour M. le comte de X..., ou M. le marquis de Z..., qui ont des centaines de mille livres par an, dont souvent une grande partie leur vient du trésor public, de se vanter de leur patriotisme et de se tenir à l'abri de la tentation ; mais ils ne peuvent comprendre contre quelles tentations ont à lutter ceux qui, pour l'orgueil, les talents et les passions, sont au moins leurs égaux, et qui pourtant, dans le cours de leur vie, n'ont jamais su ce que c'était que d'avoir un schelling en toute propriété[1]. » Et lord Byron ajoute qu'en disant cela Sheridan pleurait !

Le diapason de la morale publique, en matière d'argent, était alors très-bas. La spéculation politique n'avait rien de honteux, et les chefs de parti ne se faisaient aucun scrupule de puiser dans le trésor de l'État pour s'assurer des

---

[1] MOORE's *Life of Byron.*

adhérents. Ils étaient généreux, mais aux dépens d'autrui.
Cela ressemble beaucoup

> Au tout-puissant magnat dont l'extrême bonté
> A fait construire un pont aux dépens du comté.

Lorsque lord Cornwallis fut nommé lord-lieutenant d'Irlande, il insista vivement pour que le colonel Napier, *père
des Napiers,* acceptât les fonctions de contrôleur général des
comptes de l'armée. « J'ai besoin, dit-il, d'un *honnête
homme,* et c'est la seule position que j'aie pu arracher aux
harpies qui m'entourent. »

On a dit que lord Chatham fut le premier qui se montra
dédaigneux de gouverner par de petits larcins, et son
illustre fils fut également intègre dans son admininistration.
Tandis que des millions passaient par les mains de Pitt, il
resta toujours pauvre et mourut tel. Aucun des libellistes
qui l'ont poursuivi de leur haine n'a osé mettre sa probité
en doute.

Autrefois les profits des charges étaient souvent énormes.
Audley, le célèbre homme d'affaires anglais du seizième
siècle, ayant été questionné sur la valeur d'une charge qu'il
avait achetée *in the Court of Wards,* fit cette réponse : « Elle
peut rapporter quelques milliers de livres à celui qui désire
entrer directement au Ciel ; deux fois autant à quiconque
ne craint pas d'aller en Purgatoire, et personne ne sait
combien à celui qui n'a pas peur du diable. »

Sir Walter Scott était honnête jusqu'au fond de sa nature, et ses constants et courageux efforts pour payer ses
dettes, ou plutôt celles de la société avec laquelle il s'était
engagé, nous ont toujours paru l'un des plus beaux traits
qu'offre sa biographie. Lorsque son éditeur et son imprimeur firent faillite, sa ruine sembla certaine. Les sympathies ne lui manquèrent pas dans cette grande infortune. Il

trouva des amis qui lui offrirent de se procurer assez d'argent pour lui permettre de s'arranger avec ses créanciers. « Non ! » dit-il fièrement ; « cette main droite en viendra seule à bout ! » « Si nous devons perdre tout le reste », écrivait-il à un ami, « conservons au moins notre honneur intact[1]. » Tandis que sa santé déclinait de jour en jour par excès de travail, il continue à écrire « comme un tigre », suivant son expression, jusqu'à ce qu'il lui devînt impossible de tenir une plume ; et bien qu'il payât de sa vie ses suprêmes efforts, il n'en sauva pas moins son honneur et son respect de lui-même.

On sait comment Scott produisit coup sur coup *Woodstock*, la *Vie de Napoléon* (qu'il prétendait devoir être la cause de sa mort[2]), des articles pour la *Quarterly Review*, les *Chroniques de la Canongate*, des *Mélanges en prose*, et les *Contes d'un Grand-Père*. Tous ces ouvrages ont été écrits

---

[1] Le capitaine Basil Hall raconte la conversation suivante qu'il eut avec Scott : « Ce qui me frappe, lui disais-je, c'est qu'on attache tant d'importance à la perte de la fortune qui est le plus petit des grands maux de la vie, et qui devrait compter parmi les plus supportables. — Trouvez-vous que ce soit un petit malheur d'être ruiné ? demanda-t-il. — C'est moins pénible, dans tous les cas, que de perdre ses amis. — J'en conviens, dit-il. — Que de perdre sa réputation. — C'est encore vrai. — Et même sa santé. — Ah ! là, je suis pris ! murmura-t-il tout bas, d'un ton si triste, que j'aurais bien voulu n'avoir rien dit. — Qu'est-ce que la perte de fortune quand on conserve la paix du cœur ? continuai-je. — En somme, dit-il gaiement, vous voulez me prouver que cela ne fait pas grand'chose qu'un homme soit plongé jusqu'aux oreilles dans des dettes dont il ne peut s'acquitter. — Tout dépend, je crois, des circonstances, de la droiture de celui qui les a contractées, et des efforts qu'il fait pour les racheter. — De ce côté, répondit-il d'un air ferme et enjoué, j'espère qu'il n'y a aucun reproche à me faire. »

(Fragments de voyages.)

[2] « Ces batailles », écrivait-il dans son journal, « qui ont déjà fait périr tant de monde, causeront aussi ma mort. »

au milieu des souffrances, du chagrin et de la ruine, et leur produit fut livré aux créanciers. « Sans cela », écrivait-il, « je n'aurais pu dormir tranquille, comme je le fais maintenant, avec l'impression confortable que me donnent les remercîments de mes créanciers, et le sentiment intime que j'ai fait mon devoir en homme d'honneur. Je vois devant moi un sentier long, pénible et obscur, mais il conduit à une réputation sans tache. Si je succombe en route, ce qui est très-probable, je mourrai du moins honorablement. Si j'achève ma tâche, j'aurai la reconnaissance de tous les intéressés, et l'approbation de ma propre conscience[1]. »

On vit paraître encore d'autres articles, des mémoires, et même des sermons, la *Jolie Fille de Perth,* une édition entièrement revue de ses romans, *Anne de Geierstein,* et de nouveaux *Contes d'un Grand-Père,* jusqu'à ce qu'il fût subitement frappé de paralysie. Mais à peine eut-il recouvré assez de force pour tenir une plume, que nous retrouvons encore sir Walter Scott assis à son bureau, écrivant les *Lettres sur la Démonologie et la Sorcellerie,* un volume d'histoire d'Écosse, pour l'*Encyclopédie de Lardner,* et une quatrième série des *Contes d'un Grand-Père,* dans son *Histoire de France.* En vain les médecins lui ordonnaient-ils de renoncer à son travail, ils ne purent jamais l'y décider. « Quant à m'empêcher de travailler », dit-il un jour au docteur Abercrombie, « il serait aussi facile à Molly de mettre une cafetière sur le feu et de lui dire : Cafetière, ne bous pas! » Et il ajoutait : « Si je restais inoccupé, je deviendrais fou ! »

Au moyen des profits réalisés par ses suprêmes efforts, Scott vit ses dettes diminuer rapidement, et il espérait qu'au bout de quelques années il serait tout à fait libéré. Mais

---

[1] *Journal de Scott,* 17 décembre 1827.

cela ne devait pas être. Il continua à publier des ouvrages tels que son *Comte Robert de Paris*, où l'on voit que son talent allait s'affaiblissant, jusqu'à ce qu'enfin il fut complétement abattu par une nouvelle et plus terrible attaque. Il sentit alors qu'il était au bout de son rouleau ; sa force physique avait disparu. Il n'était plus « tout à fait lui », et cependant son courage et sa persévérance ne firent jamais défaut. « J'ai terriblement souffert », écrivait-il dans son journal, « au physique plus encore qu'au moral, et souvent je voudrais pouvoir me coucher et dormir sans jamais me réveiller. Mais je m'en tirerai encore si je peux ! »

Il se remit assez pour pouvoir écrire le *Château dangereux*, mais on n'y reconnaissait plus sa main. Puis il fit son dernier voyage en Italie pour y chercher du repos et de la santé, et pendant son séjour à Naples, malgré toutes les remontrances, il consacrait plusieurs heures chaque matin à la composition d'un nouveau roman qui ne vit jamais le jour.

Scott retourna à Abbotsford pour y mourir. « J'ai vu bien des choses », dit-il en revenant, « mais rien ne vaut ma maison ; laissez-moi en faire encore une fois le tour. » L'une des dernières paroles qu'il prononça dans un de ses intervalles lucides fut digne de lui : « Je suis peut-être », dit-il, « l'auteur qui ait le plus produit de mon temps, et c'est pour moi une consolation de penser que je n'ai cherché à troubler la foi de personne, ni à corrompre aucun principe, et que je n'ai jamais rien écrit qu'à mon lit de mort je voudrais pouvoir effacer. » Sa dernière recommandation à son gendre fut celle-ci : « Lockhart, il ne me reste guère qu'une minute pour vous parler. Mon cher ami, soyez vertueux, — soyez religieux, — soyez bon. Rien autre chose ne pourra vous soulager quand vous en serez où j'en suis. »

La conduite dévouée de Lockhart fut digne de son noble beau-père. La *Vie de Scott*, qu'il écrivit plus tard, l'occupa pendant plusieurs années, et cet ouvrage eut un grand succès. Et cependant il n'en tira aucun avantage pécuniaire, car il en abandonna tous les profits aux créanciers de sir Walter Scott, pour le payement de dettes dont il n'était aucunement responsable, n'écoutant en cela qu'un sentiment d'honneur et de respect pour la mémoire de l'illustre défunt.

CHAPITRE VII.

DEVOIR. — SINCÉRITÉ.

I slept and dreamt that life was Beauty;
I woke, and found that life was Duty.

En rêvant je disais : La vie est belle à voir;
Éveillé, je compris qu'elle était un devoir.

Devoir ! Idée merveilleuse qui n'agit ni par tendre insinuation, ni par flatterie, ni par menace, mais simplement en montrant la loi à découvert dans l'âme, imposant ainsi le respect toujours, sinon l'obéissance. Devant toi les passions se taisent, quelles que soient leurs révoltes secrètes.

KANT.

How happy is he born and taught,
   That serveth not another's will!
Whose armour is his honest thought,
And simple truth his utmost skill !

Whose passions not his masters are,
   Whose soul is still prepared for death;
Untied unto the world by care
Of public fame, or private breath.

This man is freed from servile hands,
   Of hope to rise, or fear to fall;
Lord of himself, though not of land,
And having nothing, yet hath all.

WOTTON.

Qu'il est heureux celui qui, par sa naissance et son éducation, n'est pas soumis aux volontés d'autrui, qui n'a pour armure que ses pensées honnêtes, et dont tout l'art consiste à être vrai !

Celui qui secoue le joug de ses passions, et

dont l'âme attend avec calme la mort, détachée du monde et des soucis de l'existence ou de la renommée.

Cet homme est affranchi des sociétés serviles, des espoirs ambitieux et des craintes puériles Maître de lui-même, quoique pauvre d'ailleurs sans rien posséder, il a tous les trésors.

His nay was nay without recall ;
His yea was yea, and powerful all ;
He gave his yea with careful heed,
His thoughts and words were well agreed,
His word, his bond and seal.

Inscription on baron STEIN's *tomb.*

Son *non* était sans appel, son *oui* avait toute puissance, et quand il le donnait, c'était à bon escient; ses pensées, ses paroles étaient toujours d'accord; elles avaient à elles seules la force d'un serment.

Le devoir est une chose qui est due, et tout homme doit s'en acquitter sous peine de tomber dans le discrédit et dans une sorte d'insolvabilité morale. C'est une obligation, une dette, dont le payement exige des efforts volontaires et une action résolue et incessante.

Le devoir embrasse toute l'existence. Il commence au foyer de la famille où les enfants ont des devoirs envers leurs parents, et les parents des devoirs envers leurs enfants. Il y a là aussi les devoirs respectifs des maris et des femmes, des maîtres et des serviteurs, tandis qu'en dehors de la famille, il y a les devoirs qu'on se doit entre amis et voisins, entre chefs et employés, entre gouvernants et sujets.

« Rendez donc », dit saint Paul, « à chacun ce qui lui est dû : le tribut à qui *vous devez* le tribut, les impôts à qui *vous devez* les impôts, la crainte à qui *vous devez* de la crainte, l'honneur à qui *vous devez* de l'honneur.

« Acquittez-vous envers tous de tout ce que vous leur

12.

devez, ne demeurant redevables que de l'amour qu'on se doit les uns aux autres. Car celui qui aime le prochain accomplit la loi [1]. »

Notre vie n'est donc qu'une longue suite de devoirs, depuis le jour que nous y entrons jusqu'au moment où nous la quittons : devoirs envers les supérieurs, envers les inférieurs et envers les égaux ; devoirs envers les hommes, et devoirs envers Dieu. Toutes les fois qu'il y a des facultés à utiliser ou à diriger, il y a des devoirs à remplir. Car nous ne sommes que des intendants chargés d'administrer les ressources qui nous ont été confiées pour notre propre bien et pour celui des autres.

Le sentiment permanent du devoir est le véritable couronnement du caractère. C'est le principe qui soutient l'homme dans les régions les plus élevées. Sans lui, il chancelle et tombe au premier souffle de l'adversité et de la tentation, tandis qu'inspirés par lui, les plus faibles deviennent forts et remplis de courage. « Le devoir », dit Mᵐᵉ Jameson, « est le ciment qui relie ensemble tout l'édifice moral ; sans lui la puissance, la bonté, l'intelligence, la vérité, l'amour lui-même, ne peuvent avoir aucune durée ; et tout l'échafaudage de la vie s'écroule enfin sur nous, nous laissant assis au milieu des ruines, étonnés de notre propre désolation. »

Le devoir se fonde sur la justice, sur la justice inspirée par l'amour, ce qui est la forme la plus parfaite de la bonté. Le devoir n'est pas un sentiment, mais un principe qui pénètre la vie, et il se manifeste dans la conduite et dans les actes, déterminés par la conscience de l'homme et par son libre arbitre.

La voix de la conscience se reconnaît par le devoir accompli, et l'intelligence la plus grande, la plus brillante,

---

[1] *Épître de saint Paul aux Romains,* chap. XII.

qui ne subit pas sa règle et son contrôle, n'est qu'une faible lumière susceptible de nous égarer. La conscience élève l'homme, et il se maintient droit et ferme par sa propre volonté. La conscience est le chef moral du cœur; elle gouverne ce qu'il y a de bien dans nos actions, nos pensées, notre foi, notre vie, et tout caractère noble et honnête ne peut être complétement développé que par son influence.

La conscience cependant a beau parler très-haut, si elle n'est pas secondée par une volonté énergique, elle parlera en vain. La volonté est libre de choisir entre le bien et le mal, mais ce choix n'a aucune valeur s'il n'est suivi d'une action immédiate et décisive. Lorsque le sentiment du devoir est profond, et la voie toute tracée, une volonté ferme, soutenue par la conscience, permet à l'homme de suivre sa ligne bravement, et d'accomplir ses desseins, malgré les difficultés et les dangers. Et si l'insuccès devait être l'issue de ses efforts, cet homme pourrait au moins se dire qu'il a échoué en faisant son devoir.

« Soyez pauvre et restez pauvre, jeune homme », disait Heinzelmann, « tandis que d'autres autour de vous deviennent riches par la fraude et la déloyauté; soyez sans place et sans pouvoir, tandis que d'autres mendient leurs positions; supportez le chagrin des espérances déçues, tandis que d'autres font réussir les leurs à force de flatterie; renoncez au gracieux serrement de main pour lequel d'autres rampent et font des bassesses. Drapez-vous dans votre vertu et cherchez, en même temps que votre pain quotidien, un ami véritable. S'il vient un jour où vous aurez blanchi en conservant votre honneur intact, alors bénissez Dieu, et mourez tranquille. »

Les hommes inspirés par des principes élevés savent faire le sacrifice de tout ce qu'ils aiment et estiment, plutôt que de faillir à leur devoir. La vieille idée anglaise de ce sublime dévouement au devoir fut ainsi exprimée par un poëte royaliste à sa bien-aimée, au moment de prendre les armes pour son souverain :

> I could not love thee, dear, so much,
> Loved I not honour more [1].

Pourrais-je, amie, t'aimer autant, si je n'aimais l'honneur avant ?

Sertorius a dit : « L'homme qui a quelque dignité de caractère doit vaincre avec honneur, et ne jamais user de vils moyens, même pour sauver sa vie. » Ainsi saint Paul, inspiré par la foi et par le sentiment du devoir, se déclarait prêt, « non-seulement à être lié, mais encore à mourir à Jérusalem ».

Le marquis de Pescaire étant sollicité par les princes d'Italie à abandonner la cause espagnole à laquelle le liait son honneur, sa femme, Vittoria Colonna, lui écrivit en ces termes pour lui rappeler son devoir : « Souvenez-vous de votre honneur, qui vous élève au-dessus de la fortune et au-dessus des rois ; par lui seul, et non par la splendeur des titres, on acquiert la gloire, cette gloire que vous aurez le bonheur et l'orgueil de transmettre sans tache à votre postérité. » Tel était le point de vue élevé d'où cette noble femme envisageait l'honneur de son mari, et quand il tomba sur le champ de bataille de Pavie, quoiqu'elle fût jeune et belle, et recherchée par de nombreux admirateurs, elle se retira dans la solitude pour y pleurer son héros et célébrer ses exploits [2].

Le dernier débris de la vieille infanterie espagnole formée par Gonzalve de Cordoue avait été massacré comme un

---

[1] Tiré des vers de Lovelace, à Lucasta (Lucy Sacheverell). *Going to the wars* (allant en guerre).

[2] Parmi d'autres hommes de génie, l'Arioste et Michel-Ange se dévouèrent à elle et lui consacrèrent leur talent et leur muse.

seul homme à la bataille de Rocroi en 1643. Pas un soldat n'avait quitté son rang. On trouva tout le régiment aligné sur le champ de bataille, mais il était sans vie. Tous les hommes étaient morts en faisant leur devoir. Quelle différence avec le soldat espagnol de nos jours! Leur vainqueur, le jeune et brillant duc d'Enghien, qui fut plus tard prince de Condé, s'écria en voyant ce triste et beau spectacle : « Si je n'avais été victorieux, j'aurais voulu mourir ainsi! »

Vivre réellement, c'est agir avec énergie. La vie est une bataille qu'il faut livrer avec vaillance. Inspiré par une résolution grande et honorable, l'homme doit se tenir à son poste, et y mourir s'il le faut. Comme le vieux héros danois, il doit être déterminé à « oser noblement, à vouloir fortement, et à ne jamais faiblir dans le sentier du devoir ». La force de volonté, plus ou moins grande, qui nous est donnée, est un présent de Dieu ; nous ne devons pas nous exposer à la perdre faute de nous en servir, ni la profaner en l'appliquant à des desseins indignes. Robertson de Brighton a dit avec raison que la véritable grandeur ne consiste pas à chercher les plaisirs ou la célébrité : « Il ne suffit pas à l'homme de préserver sa vie, d'arriver à la gloire, mais il faut avant tout qu'il fasse son devoir. »

Les plus grands obstacles à l'accomplissement du devoir sont l'irrésolution, la faiblesse de caractère et l'indécision. D'un côté, il y a la conscience et le sentiment du bien et du mal ; de l'autre, l'indolence, l'égoïsme, l'amour du plaisir, ou la passion. La volonté faible et indisciplinée reste suspendue quelque temps à ces influences ; mais à la fin, la balance incline d'un côté ou de l'autre, selon que la volonté intervient ou demeure en dehors de l'action. Si on lui permet de rester passive, les influences malsaines de l'égoïsme ou des passions dominent, la virilité abdique sa puissance, l'individualité disparaît, le caractère se dégrade, et l'homme consent à ne plus être que le vil esclave de ses sens.

Donc le pouvoir d'exercer promptement la volonté, d'accord avec les lois de la conscience, et de résister ainsi aux impulsions de la nature, est d'une importance essentielle pour la discipline morale, et il est également indispensable pour le développement et l'éducation du caractère. Arriver à bien faire, résister aux mauvais penchants, lutter contre les désirs sensuels, vaincre un égoïsme inné, tout cela demande peut-être une éducation longue et persévérante; mais quand une fois la pratique du devoir se consolide en habitude, elle devient comparativement facile.

Celui-là est vraiment bon et vaillant qui, par l'exercice libre et résolu de sa propre volonté, s'est discipliné au point d'avoir acquis l'habitude de la vertu; tandis que c'est un mauvais homme celui qui, en permettant à sa volonté de demeurer passive, et en lâchant la bride à ses désirs et à ses passions, prend l'habitude du vice auquel il finit par être lié comme par une chaîne de fer.

L'homme ne peut accomplir de grandes choses sans l'action de sa libre volonté. S'il doit rester debout, ce sera par ses propres efforts, car l'aide d'autrui ne suffirait pas à le soutenir. Il est maître de lui-même et de ses actes. Il peut éviter le mensonge et être sincère; il peut fuir le sensualisme et rester chaste, s'abstenir d'une action cruelle et se montrer bienveillant et miséricordieux. Toutes ces choses dépendent de lui et de la discipline qu'il s'est imposée. Ce sont les hommes eux-mêmes qui se font libres, purs et bons, ou bien esclaves, impurs et misérables.

Dans les sages préceptes d'Épictète nous trouvons le passage suivant: « Nous ne choisissons pas nos propres rôles dans la vie, et nous n'avons pas à nous en occuper; notre unique devoir consiste à les bien jouer. L'esclave peut être aussi libre que le consul, et la liberté est la plus grande jouissance. Elle annule toutes les autres qui près d'elle ne sont rien, avec elle sont inutiles, et sans elle impossibles..... Il faut apprendre aux hommes qu'ils ne trouveront pas le bonheur où, dans leur misérable aveuglement, ils vont le chercher. Le bonheur n'est pas dans la force, car Myro et Offellius ne furent pas heureux ; ni dans les richesses, ni dans le pouvoir, car Crésus et les consuls n'étaient pas heureux ; il n'est pas non plus dans toutes ces choses réunies, car Néron, Sardanapale et Agamemnon soupiraient, pleuraient et s'arrachaient les cheveux. Ces hommes, malgré leurs grandeurs, n'étaient que les esclaves des circonstances et les jouets de trompeuses illusions. Le bonheur est en nous, dans la véritable liberté, dans l'absence ou la domination de toute crainte puérile et indigne, dans le parfait gouvernement de soi-même, dans le contentement et dans la paix d'une vie calme. On le trouve souvent au milieu de la pauvreté, de l'exil, de la maladie, et quelquefois même aux portes de la mort[1]. »

Le sentiment du devoir est un soutien, même pour l'homme courageux. Il l'aide à rester debout et le rend fort. Les amis de Pompée ayant cherché à le dissuader de partir

---

[1] Voyez ce que dit le Rév. F. W. Farrar, dans son livre intitulé : les Chercheurs de Dieu (Bibliothèque du Dimanche) : « Épictète n'était pas chrétien. Il n'a fait qu'une seule allusion aux chrétiens dans ses ouvrages, et encore il en parle sous le titre injurieux de Galiléens, qui affectent, dit-il, une sorte d'insensibilité dans les circonstances pénibles et une indifférence pour les intérêts humains, qu'Épictète attribue injustement à l'habitude. Malheureusement, il ne fut pas donné aux philosophes païens de comprendre ce qu'était réellement le christianisme. Ils crurent que son but était d'imiter les résultats de la philosophie sans avoir passé auparavant par la discipline nécessaire. Ils le voyaient d'un œil soupçonneux et le traitaient avec injustice. Et cependant dans le christianisme seulement ils auraient trouvé un idéal qui eût dépassé de beaucoup toutes leurs aspirations. »

pour Rome au milieu d'un orage qui mettait ses jours en
péril, il leur fit cette noble réponse : « Il est nécessaire que
je parte; il n'est pas nécessaire que je vive. » Il voulut
faire ce qu'il devait, bravant le danger et la foudre.

L'esprit de devoir fut le principe dominant de la vie du
grand Washington. C'était ce qui donnait à son caractère
l'unité, la cohésion et la vigueur. Lorsqu'il voyait clairement sa voie, il la suivait à ses risques et périls et d'un pas
inflexible. Il ne cherchait pas à produire de l'effet; il ne
songeait ni à la gloire, ni à la renommée, ni aux récompenses, mais à ce qui devait être fait, et à la meilleure manière de le faire.

Avec cela, Washington avait de lui-même l'opinion la
plus modeste, et quand on lui offrit le commandement en
chef de l'armée américaine, il hésita à l'accepter jusqu'à ce
qu'on l'y eût forcé. Le jour où il remercia le Congrès de lui
avoir confié un poste si important, Washington prononça
ces paroles : « Dans la crainte qu'il n'arrive quelque événement funeste à ma réputation, je déclare aujourd'hui en
toute sincérité, et je désire qu'on s'en souvienne, que je ne
me crois pas à la hauteur du commandement dont on a bien
voulu m'investir. »

Et dans la lettre qu'il écrivit à sa femme pour lui an-
noncer sa nomination de commandant en chef, il lui dit :
« J'ai employé pour l'éviter tous les moyens en mon pouvoir, non-seulement à cause de ma répugnance à me sé-
parer de vous et de ma fille, mais encore parce que j'ai la
conscience que cette mission est trop grande pour ma capacité. Un mois passé près de vous dans notre intérieur me
donnerait plus de bonheur réel que je ne compte en trouver
dans ma nouvelle position, dût-elle se prolonger pendant
sept fois sept ans. Mais comme c'est la Providence qui me
l'a imposée, je dois espérer que mon acceptation aura un
heureux résultat. Du reste, il m'eût été impossible de re-

fuser sans exposer mon caractère à des critiques déshono-
rantes pour moi, et pénibles pour mes amis. Ceci, j'en suis
sûr, vous aurait déplu, et m'aurait considérablement
amoindri moi-même dans ma propre estime [1]. »

Washington poursuivit sa carrière, d'abord comme commandant en chef, et ensuite comme président, sans jamais
chanceler dans le sentier du devoir. Il ne tenait aucun
compte de la popularité, mais il allait droit au but, sans se
soucier du qu'en dira-t-on, et souvent au risque de perdre
son pouvoir et son influence. Ainsi lorsqu'il s'agit de la ra-
tification d'un traité négocié par M. Jay avec la Grande-
Bretagne, on pressa vivement Washington de le rejeter.
Mais il s'y refusa, car son honneur et l'honneur de son pays
étaient en jeu. De grands murmures s'élevèrent contre le
traité, et pendant un temps Washington devint si impopulaire, qu'il fut, dit-on, presque lapidé par la foule. Malgré
tout, il jugea qu'il était de son devoir de conclure le traité,
et le traité fut conclu en dépit des pétitions et des remontrances qui s'élevaient de tous côtés. « J'éprouve », répon-
dait-il aux opposants, « la plus vive gratitude pour les
nombreuses marques d'approbation que j'ai reçues de mon
pays, mais je ne peux les mériter qu'en obéissant à la voix
de ma conscience. »

Le mot d'ordre de Wellington, comme celui de Washington, était *devoir*, e nul homme n'y fut plus fidèle [2]. « Il y a
bien peu de chose en ce monde », disait-il un jour, « pour

---

[1] Spark's *Life of Washington*, pages 141-2.

[2] Wellington, comme Washington, paya de sa popularité son
aahésion à la cause qui lui semblait juste. Il fut injurié dans les rues
de Londres, et les croisées de sa maison furent brisées en éclats par
la populace, au moment même où sa femme venait de rendre le
dernier soupir. Sir Walter Scott fut également hué par le peuple et
assailli de coups de pierres à Hawick, au milieu de cris et de voci-
férations.

lesquelles il vaille la peine de vivre, mais tous nous devons marcher droit devant nous et faire notre devoir. » Personne ne reconnaissait de meilleure grâce que lui la nécessité de l'obéissance et de la bonne volonté, car ceux qui ne servent pas fidèlement ne peuvent gouverner les autres sagement. Il n'y a pas de devise qui convienne mieux à l'homme sage que *Ich dien,* « je sers », et cette autre : « Ils servent aussi ceux qui se tiennent prêts et attendent. »

Un jour qu'on parlait au duc de Wellington de l'humiliation d'un officier qui venait d'être nommé à un poste qu'il trouvait au-dessous de ses mérites : « Dans le cours de ma carrière militaire », répondit-il, « j'ai passé du commandement d'une brigade à celui d'un régiment, et du commandement d'une armée à celui d'une brigade ou d'une division, suivant les ordres que je recevais, et sans en être le moins du monde mortifié. »

Tandis qu'il commandait l'armée alliée en Portugal, la conduite des habitants du pays ne sembla à Wellington ni digne ni convenable. Nous avons de l'enthousiasme tant qu'il en faut », disait-il, « et des vivats nombreux. Nous avons des illuminations, des chants patriotiques et des fêtes partout; mais ce qu'il faudrait, c'est que chacun dans sa sphère remplît son devoir fidèlement et montrât une obéissance implicite vis-à-vis de l'autorité légale. »

Ce constant idéal du devoir semble avoir été le principe régulateur du caractère de Wellington. Il dominait en lui, et dirigeait toutes les actions de sa vie publique. Il se communiquait encore à ses subordonnés, qui le servaient avec le même esprit. Parcourant à Waterloo ses carrés d'infanterie au moment où les rangs éclaircis se serraient pour recevoir une charge de cavalerie française, il dit à ses hommes : « Tenez ferme, mes enfants; songez à ce qu'on dira de nous en Angleterre », et les hommes répondirent : «Ne craignez rien, mylord, — nous savons notre devoir. »

Le devoir était aussi l'idée dominante de Nelson. Le sentiment avec lequel il servait son pays s'exprime tout entier dans le célèbre ordre du jour qu'il adressa à la flotte avant la bataille de Trafalgar : « Chacun fera son devoir, l'Angleterre s'y attend », et encore dans les dernières paroles qui s'échappèrent de ses lèvres quand, blessé mortellement, il dit : « J'ai fait mon devoir, j'en remercie Dieu ! »

. Le compagnon et l'ami de Nelson, —le brave, le tendre, le modeste Collingwood, —lui qui, au moment où son vaisseau arrivait pour prendre part au grand combat naval, disait à son capitaine de pavillon : « Il est juste l'heure où nos femmes vont à l'église en Angleterre », — Collingwood aussi avait comme son chef le culte du devoir. « Faites votre devoir le mieux que vous pourrez », répétait-il toujours aux jeunes gens qui débutaient dans la carrière de la vie. Et voici les nobles et sages conseils qu'il donna un jour à un *midshipman :* « Soyez sûr qu'il dépend de vous plus que de personne de favoriser à la fois votre bien-être et votre avancement. Apportez dans l'accomplissement de vos devoirs une attention vigilante et infatigable ; soyez doux et respectueux non-seulement vis-à-vis de vos supérieurs, mais envers tout le monde, vous vous attirerez ainsi l'estime générale, et la récompense viendra sûrement ; si elle ne venait pas, je suis convaincu que vous avez trop de bon sens pour vous laisser aigrir par le désappointement. Gardez-vous avec soin de jamais laisser paraître le moindre mécontentement. Ce serait un chagrin pour vos amis, un triomphe pour vos concurrents, et cela ne produirait aucun bien. Conduisez-vous de manière à mériter tout ce qui pourrait vous arriver de meilleur, et si votre espoir est déçu, vous aurez pour vous consoler la conscience d'avoir bien fait. Mettez votre ambition à être le premier toutes les fois qu'il y a un devoir à remplir. Montrez-vous toujours prêt, sans calculer si c'est à votre tour, et vos officiers, à moins d'être bien négligents, ne permettront jamais qu'on vous impose plus de service que vous ne pouvez en faire. »

Ce dévouement au devoir est, dit-on, particulier à la nation anglaise, et il a certainement caractérisé plus ou moins ses grands hommes politiques. On n'a peut-être jamais vu dans aucun autre pays un chef engager une action avec le signal que donna Nelson à Trafalgar. — Ce n'était ni *gloire*, ni *victoire*, ni *honneur*, ni *patrie*, mais simplement *devoir!* Combien peu de nations seraient capables de reconnaître ce cri de ralliement!

Lorsque le *Birkenhead* fit naufrage sur la côte d'Afrique, les officiers et l'équipage tirèrent des coups de fusil en signe de joie, après avoir vu les femmes et les enfants embarqués sains et saufs dans les chaloupes. Peu de temps après, Robertson de Brighton, faisant allusion à cette circonstance, disait dans une de ses lettres : « Oui, c'est bien vrai! Bonté, devoir, sacrifice, — telles sont les qualités que l'Angleterre honore. Elle reste parfois bouche béante et les yeux grands ouverts, comme un paysan qui n'a jamais rien vu, devant quelque merveille dont l'éclat trompeur l'éblouit pour un moment, mais rien ne remue son vieux et grand cœur aussi profondément que le bien. Elle ne sait pas mettre son châle, elle est plus que gauche dans une salle de concert, et peut à peine distinguer un rossignol suédois d'un choucas; mais, que Dieu l'en récompense! elle sait enseigner à ses fils à sombrer comme des hommes au milieu des requins et des flots, sans parade, sans emphase, comme si le devoir était la chose du monde la plus naturelle, et jamais elle ne confond longtemps un comédien pour un héros, ni un héros pour un comédien [1]. »

Revenons encore une fois à l'esprit de devoir du noble

---

[1] *Vie et lettres de Robertson*, t. II, p. 157.

Bayard. Pendant l'assaut de Brescia, en 1510, il tomba, et on le crut mortellement blessé. Tandis que les soldats pillaient la ville, Bayard fut relevé au milieu des morts et des mourants, et emporté sur un brancard dans l'habitation la plus proche. Elle était occupée par une dame et ses deux charmantes filles. Bayard, quoique bien malade, eut encore la force d'ordonner qu'on défende aux soldats de piller la maison, car il voulait se charger de les indemniser lui-même pour leur perte de butin.

La dame fit porter Bayard dans un magnifique appartement, et là elle se jeta à genoux devant lui et lui dit : « Noble seigneur, je vous offre cette maison et tout ce qu'elle contient. Tout vous appartient par les lois de la guerre. Je ne vous demande qu'une seule chose pour moi et mes deux filles, c'est de préserver nos vies et notre honneur. » Bayard, bien qu'il pût à peine parler, lui promit de le faire. Le chevalier blessé fut soigné avec la plus grande sollicitude, et dans l'espace d'environ six semaines il se retrouva en état de monter à cheval.

Au moment où Bayard se préparait à partir pour joindre l'armée française sous le duc de Nemours, la dame de la maison, pensant à la rançon qu'elle aurait à payer, rassembla autant d'or qu'elle put en réunir, c'est-à-dire une somme de deux mille cinq cents ducats, et apportant la bourse à Bayard, elle la lui présenta à genoux. Il refusa de la prendre en disant : — « Par ma foi, madame, quand vous me donneriez cent mille écus, je ne vous serais pas si obligé que des bons traitements que j'ai reçus ici et de l'aimable compagnie que vous m'avez faite. » — Comme la dame insistait, il finit par lui dire : — « Hé bien donc, madame, j'accepte pour l'amour de vous; mais allez-moi quérir vos deux filles, car je voudrais leur dire adieu. »

Quand les jeunes filles furent arrivées, Bayard partagea les ducats en trois lots, deux de mille, et un de cinq cents.

Il en donna mille à chacune des jeunes filles pour les aider à se marier, et il remit à la mère les cinq cents qui restaient pour être distribués aux pauvres couvents qui avaient le plus souffert du pillage.

C'est ainsi que le brave Bayard quitta ces dames pour aller rejoindre l'armée royale.

Lorsqu'enfin il tomba mortellement blessé à Rebec, près de Milan, — où l'amiral Bonnivet, favori de François Ier, l'avait placé au poste le plus dangereux, — il se fit porter au pied d'un arbre, le visage tourné vers l'ennemi, et ordonna une dernière fois à ses hommes de charger. Les troupes de Bayard, étant très-inférieures en nombre à celles des Espagnols, furent bientôt repoussées, et il y eut beaucoup de prisonniers.

Le marquis de Pescaire, s'avançant vers Bayard, lui témoigna toutes sortes d'égards et de respects. Le connétable de Bourbon, qui avait déserté son roi et son pays pour prendre du service sous l'empereur Charles-Quint, s'approcha aussi, et dit au prisonnier : « Ah! capitaine Bayard, que j'ai grand'pitié de vous voir en cet état! » Mais Bayard, se redressant sur sa couche, répondit : « Monseigneur, je vous remercie; je n'ai pas besoin de pitié, car je meurs en homme de bien; je meurs en servant mon roi. C'est vous qu'il faut plaindre, vous qui portez les armes contre votre souverain, votre patrie et votre serment! »

Ce ne fut qu'après la mort de Bayard que François Ier comprit toute la valeur du grand homme qu'il avait perdu. Il découvrit alors qu'il avait confié la conduite de son armée à ses favoris, plutôt qu'à des chefs dignes et nobles comme Bayard. « Nous avons perdu », disait-il, « un grand capitaine dont le nom seul faisait craindre et respecter ses armes. Il méritait certainement plus de récompenses et des positions plus élevées qu'il n'en eut jamais. » Après la bataille de Pavie, François Ier sentit sa perte plus vivement encore, et on l'entendit s'écrier : « Si le chevalier Bayard, avec sa bravoure et son expérience, eût été vivant et près de moi, sa présence eût valu plus de cent capitaines. Ah! chevalier Bayard! combien vous me manquez! je ne serais pas ici si vous n'étiez pas mort! » Mais les regrets du roi, comme tous les autres résultats de son imprévoyance, arrivaient trop tard. Bayard n'existait plus, et lui-même était prisonnier!

Le président d'Expilly a résumé ainsi le caractère de Bayard : « Bayard était né avec toutes les vertus et sans aucun vice. Il aimait et craignait Dieu, et le priait assidûment matin et soir. Il ne refusa jamais d'assister ses voisins, soit par des services, soit par de l'argent, et il le fit toujours avec discrétion et bonté. On a calculé qu'il avait doté et marié plus de cent orphelines. Les veuves étaient toujours certaines de trouver chez lui des secours et des consolations. Il était parfait pour ceux qui avaient servi sous ses ordres. A l'un, il donnait un cheval; à l'autre, des vêtements, et il payait les dettes d'un troisième. Cependant Bayard n'était pas riche. Il méprisait les hommes riches qui n'étaient pas charitables. Il distribuait en bonnes œuvres tout l'argent qu'il obtenait par des rançons, et ne gardait rien pour lui. Il avait coutume de dire que « ce qu'on gagne par l'épée se dépense en gorgerins ». Tout ce qu'il laissa à sa mort ne valait pas plus de quatre cents livres de rentes. Jamais il ne quitta un logement dans un pays conquis sans payer toute sa dépense et celle de ses hommes, et il partait le dernier pour les empêcher de mettre le feu à la maison. Il était ennemi acharné des flatteurs, et détestait la médisance. Enfin Bayard n'était pas de ces hommes qui commencent bien et qui restent en chemin, ni de ceux qui terminent leur carrière plus honorablement qu'ils ne l'ont commencée. Ses vertus se montrèrent dès l'enfance; elles se développèrent à mesure qu'il grandit; les honneurs ne les ont jamais altérées, et elles ont été couronnées par

une mort glorieuse et une réputation que la postérité la plus
reculée respectera toujours. »

C'est une grande chose pour une nation d'être pénétrée
de cet esprit de devoir, et tant qu'il survit en elle, il ne faut
pas désespérer de l'avenir. Mais s'il disparaît ou s'émousse,
s'il est remplacé par une soif de plaisir, d'ambition ou de
gloire égoïste, — alors malheur à cette nation, car sa dissolution est proche !

S'il est un point sur lequel, plus que sur tout autre, s'accordent les observateurs intelligents, c'est sur les causes de
l'affaissement déplorable que vient de montrer la France.
Chacun l'attribue à l'absence de ce sentiment du devoir et
au manque de sincérité chez les chefs du peuple français.
Le témoignage du baron Stoffel, attaché militaire français
à Berlin, avant la guerre, est des plus concluants. Dans son
rapport personnel à l'empereur écrit au mois d'août 1869,
et trouvé plus tard aux Tuileries, — le baron Stoffel signale
le peuple allemand comme étant très-instruit et très-disci-
pliné, possédant au plus haut point le sentiment du devoir,
et ne rougissant pas de vénérer sincèrement ce qui est grand
et noble ; tandis que, sous tous ces rapports, la France offre
un pénible contraste [1].

---

[1] Nous choisissons, dans le rapport du baron Stoffel, le passage
suivant, qui nous a paru avoir plus qu'un simple intérêt d'actualité :
« Quiconque a vécu ici (Berlin) ne peut s'empêcher de reconnaître
que cette nation prussienne est pleine de séve, d'énergie et de
patriotisme ; qu'elle n'est pas encore pervertie par le besoin des
jouissances matérielles, et qu'elle a conservé une foi ardente et le
respect de toutes choses respectables. Quel contraste affligeant offre
la France ! Elle a ri de tout, et les choses les plus respectables n'y
sont plus respectées. La vertu, la famille, l'amour de la patrie, la
religion, l'honneur y sont présentés comme des sujets de risée à une
génération frivole et sceptique. Les théâtres y sont devenus des
écoles de cynisme et de turpitude. Le poison s'infiltre de toutes
parts, goutte à goutte, dans les organes d'une société ignorante et

Semblables aux individus que rien ne corrige dans la vie, sinon les dures leçons de l'expérience, les peuples n'arrivent à améliorer les institutions qui les gouvernent qu'après en avoir reconnu la nécessité à la suite des plus cruelles épreuves.

Il a fallu Iéna pour que la Prusse fît un retour sur elle-même, et que, sentant le besoin de se retremper dans de saines et mâles institutions, elle devînt la nation forte et saine qu'elle est aujourd'hui.

Il fut un temps où la France possédait un nombre considérable de grands hommes, inspirés par l'idée du devoir; mais tous appartenaient à un passé qui semble déjà loin. Est-ce à dire que la race des Bayard, Duguesclin, Coligny, Duquesne, Turenne, Colbert et Sully s'est éteinte sans lignée? Il y a eu de nos jours en France plusieurs grands citoyens qui ont cherché à faire entendre le cri du devoir, mais leur voix a été de celles qui prêchent dans le désert. De Tocqueville fut de ce nombre, et, comme tous les hommes de sa trempe, il fut proscrit, emprisonné, et chassé de la vie publique. Écrivant un jour à son ami de Kergorlay, il lui dit : « Je sens de plus en plus, comme toi, ce que tu me dis sur les plaisirs de la conscience. Je crois aussi que ce sont les plus réels et les plus profonds. Il n'y a qu'un grand but dans ce monde et qui mérite les efforts de l'homme : c'est le bien de l'humanité [1]. »

blasée, faute à elle d'avoir l'intelligence ou l'énergie de changer ses institutions pour en adopter de nouvelles, basées sur la justice et le droit, conformes à l'esprit des temps modernes et propres, avant tout, à l'instruire et à la moraliser. Aussi, toutes les belles qualités de la nation : la générosité, la loyauté, le charme de l'esprit, l'élan du cœur, s'affaiblissent peu à peu, à tel point que bientôt cette noble race française ne se reconnaîtra plus qu'à ses défauts. Et pendant ce temps, la France ne s'aperçoit pas que des nations plus sérieuses la devancent dans la voie du progrès et la relèguent au second rang. »

[1] Cependant, même dans la nature bienveillante de M. de Tocque-

Quoique la France ait été la plus agitée des nations de
l'Europe depuis le règne de Louis XIV, il s'est trouvé de
temps en temps des hommes honnêtes et sincères qui se
sont élevés contre les tendances guerrières du peuple, et
qui, non-seulement ont prêché, mais encore se sont efforcés
de mettre en pratique un évangile de paix. Parmi ceux-là,
l'abbé de Saint-Pierre fut un des plus courageux. Il eut
même la hardiesse de flétrir les guerres de Louis XIV et de
refuser à ce monarque le surnom de *Grand,* ce qui le fit
exclure de l'Académie. L'abbé de Saint-Pierre fut aussi enthousiaste pour le système de paix internationale qu'aucun
membre de la société moderne des *Frères et Amis.* De
même que Joseph Sturge alla à Saint-Pétersbourg pour convertir à ses vues l'empereur de Russie, l'abbé de Saint-
Pierre alla à Utrecht pour présenter à la diète un projet
qui devait assurer au monde une paix perpétuelle. On le
traita de visionnaire, et le cardinal Dubois qualifia son idée
de « rêve d'un honnête homme ». Cependant l'abbé avait
trouvé son rêve dans l'Évangile, et comment eût-il pu mieux
interpréter l'esprit du Maître qu'il servait qu'en cherchant à
diminuer les horreurs et les abominations de la guerre? La
conférence était composée d'hommes appartenant à des
États chrétiens, et l'abbé les adjura simplement de mettre

ville, il y avait un certain sentiment d'impatience. Dans la lettre où
se trouve le passage qui vient d'être cité, il dit : « Il y a des gens
qui travaillent à faire le bien des hommes en les méprisant, et
d'autres en les aimant. Il se rencontre toujours dans les services que
leur rendent les premiers quelque chose d'incomplet, de rude et
d'orgueilleux qui ne crée ni la conviction, ni la reconnaissance. Je
voudrais bien être des seconds; mais souvent je ne le puis.
J'aime l'homme en général, mais je rencontre sans cesse tant
d'individus qui me repoussent par la bassesse de leur âme! Mes
efforts journaliers tendent à me garantir de l'invasion d'un mépris
universel pour mes semblables. » (*OEuvres complètes d'Alexis de
Tocqueville,* vol. V, p. 319.)

en pratique les doctrines qu'ils professaient de croire. Ce fut en vain : les potentats et leurs représentants restèrent sourds à sa voix.

L'abbé de Saint-Pierre vécut quelques siècles trop tôt. Mais il résolut de ne pas laisser tomber son idée, et en 1713 il publia son *Projet de paix perpétuelle*. Il y proposait la formation d'une diète européenne composée de représentants de toutes les nations, devant laquelle les princes seraient forcés, avant de recourir aux armes, de venir expliquer leurs griefs et demander justice. Quatre-vingts ans environ après la publication de ce projet, Volney écrivait : « Qu'est-ce qu'un peuple? — Une individualité dans la société. Qu'est-ce que la guerre? — Un duel entre deux individualités. De quelle manière doit agir une société lorsque deux de ses membres se battent? — Intervenir, et les réconcilier ou les réprimer. Du temps de l'abbé de Saint-Pierre, ceci était considéré comme un rêve, mais, heureusement pour la race humaine, le rêve commence à se réaliser. » Hélas! la prédiction de Volney a reçu un cruel démenti! Les vingt-cinq années qui suivirent ont été employées par la France à faire les guerres les plus terribles et les plus dévastatrices dont l'histoire ait jamais fait mention.

L'abbé de Saint-Pierre n'était cependant pas un simple rêveur. C'était un philanthrope pratique d'une grande activité, et il avait conçu de nombreuses améliorations sociales qui depuis ont été généralement adoptées. Il fut le premier fondateur des écoles industrielles pour de pauvres enfants, qui non-seulement recevaient là une bonne éducation, mais où ils apprenaient encore quelque métier utile qui leur permît un jour de gagner leur vie honnêtement. Il demanda avec instance la révision et la simplification de tout le code des lois, — idée qui fut plus tard exécutée par le premier Napoléon. Il écrivit contre le duel, le luxe et le jeu. L'abbé de Saint-Pierre dépensait tout son revenu en actes de charité ; non en aumônes, mais en cherchant à donner à de pauvres enfants et à de pauvres gens le moyen de s'aider eux-mêmes. Son grand objet était de suivre continuellement ceux qu'il assistait. Il conserva jusqu'à la fin son amour de la vérité et sa liberté de parole. A l'âge de quatre-vingts ans il disait : « Si la vie est une loterie pour le bonheur, mon lot aura été l'un des meilleurs. » Lorsqu'il fut sur son lit de mort, Voltaire lui demanda comment il se sentait, et il répondit : « Comme un homme qui va faire un voyage à la campagne. » C'est dans cette paisible disposition d'esprit qu'il mourut. L'abbé de Saint-Pierre avait parlé si ouvertement contre la corruption chez les grands, qu'on défendit à Maupertuis, son successeur à l'Académie, de prononcer son éloge, et ce ne fut que trente-deux ans après sa mort que cet honneur fut rendu à sa mémoire par d'Alembert. On mit sur la tombe du franc et sincère abbé cette épitaphe vraie, mais un peu emphatique : *Il aima beaucoup !*

Le devoir s'allie intimement à la franchise de caractère, et l'homme de devoir est par-dessus tout sincère dans ses paroles et dans ses actions. Il dit et il fait ce qui est bien, de la bonne manière, et au bon moment.

Nulle parole ne se recommande plus fortement à l'approbation des hommes bien pensants que cette maxime de lord Chesterfield : « C'est la sincérité qui fait le succès du véritable gentilhomme. »

Clarendon nous cite Falkland comme l'un des hommes les plus nobles et les plus purs de son temps, et il ajoute : « Falkland était un si fervent adepte de la vérité qu'il se serait plus facilement permis de voler que de dissimuler. »

L'une des plus belles choses que Mrs Hutchinson ait pu dire de son mari, c'est qu'il était profondément sincère et sûr de relations : « Il ne parlait jamais contre sa pensée, ne promettait rien qu'il ne crût pouvoir tenir, et tenait tout ce qu'il avait promis. »

Wellington était un strict admirateur de la vérité. L'anecdote suivante en est un exemple frappant. Étant affecté de surdité, il consulta un célèbre spécialiste qui, après avoir essayé tous les remèdes en vain, résolut d'injecter dans l'oreille un violent caustique. La douleur fut des plus aiguës, mais le patient la supporta avec son égalité d'humeur habituelle. Quelques jours après, le médecin de la famille vint par hasard et trouva le duc les joues empourprées, les yeux rouges ; il voulut se lever et chancela comme un homme ivre. Le docteur demanda la permission de regarder dans son oreille. L'inflammation était terrible et courait risque, si elle n'était immédiatement arrêtée, de gagner le cerveau et de devenir mortelle. De vigoureux remèdes furent aussitôt appliqués, et l'inflammation disparut peu à peu, mais cette oreille resta complétement sourde. Lorsque le spécialiste apprit le danger qu'avait couru son patient par la violence du remède qu'il avait employé, il courut à *Apsley House* pour exprimer son chagrin et ses regrets ; mais le duc lui répondit simplement : « N'en parlons plus, vous avez cru agir pour le mieux. »

Le médecin se désolait, disant que ce serait pour lui la ruine, quand on viendrait à savoir qu'il avait exposé Sa Grâce à une si grande souffrance et à un si grand danger.

« Mais personne n'a besoin de le savoir ; gardez-le pour vous, et soyez sûr que je n'en dirai pas un mot.

— Alors, Votre Grâce me permettra de la visiter comme auparavant, pour montrer au public qu'elle ne m'a pas retiré sa confiance ?

— Non », répliqua le duc avec bonté, mais fermeté, « cela ne se peut pas, car ce serait un mensonge. »

Il n'aurait pas voulu mentir en actions, pas plus qu'en paroles [1].

Nous trouvons dans la vie de Blücher un autre exemple de cet amour de la vérité et du devoir. Tandis qu'il se hâtait de marcher avec son armée par de mauvaises routes au secours de Wellington, le 18 juin 1815, il encourageait ses troupes de la voix et du geste. « En avant, mes enfants, en avant ! »

« C'est impossible ; cela ne se peut pas », répondait-on autour de lui. Il les pressait de plus en plus : « Mes enfants, il faut que nous avancions ; vous pouvez dire que cela ne se peut pas, mais il *faut* cependant que cela soit ! Je l'ai promis à mon frère Wellington, *promis*, entendez-vous ? Vous ne voudriez pas *me faire manquer à ma parole!* » Et la parole fut tenue.

La vérité est le lien de la société, qui, sans elle, cesserait d'exister et tomberait dans l'anarchie et dans le chaos. Une maison ne peut être gouvernée par le mensonge, une nation non plus. On demanda un jour à sir Thomas Brown si les démons mentaient. « Non » fut sa réponse, « car alors l'enfer lui-même ne pourrait plus subsister. » Il n'y a pas de considérations qui justifient le sacrifice de la vérité ; elle doit régner souverainement dans toutes les circonstances de la vie.

De tous les défauts honteux, le mensonge est peut-être le plus vil. Il est dans certains cas le fruit de la perversité et du vice, et dans beaucoup d'autres le résultat d'une grande lâcheté morale. Et cependant quelques personnes le traitent si légèrement, qu'elles dressent leurs domestiques à mentir pour elles ; il ne faut donc pas s'étonner lorsqu'à cette triste école, les domestiques se mettent à mentir pour leur propre compte.

---

[1] GLEIG's *Life of Wellington*, pages 314-315.

Sir Harry Wotton décrivit un ambassadeur comme « un honnête homme envoyé à l'étranger pour y mentir au bénéfice de son pays », et cette définition, bien que dans sa pensée elle ne fût qu'une satire, lui attira la disgrâce de Jacques Ier lorsqu'elle fut publiée; car un adversaire la cita comme l'un des principes de la religion du roi. Il est cependant certain que Wotton avait sur le devoir d'un honnête homme une tout autre opinion, et nous en trouvons clairement la preuve dans les quelques lignes que nous avons citées en tête de ce chapitre, sur le *caractère d'une vie heureuse,* où il fait l'éloge de l'homme :

« Qui n'a d'autre armure que ses pensées honnêtes, et dont tout l'art consiste à être vrai. »

Le mensonge assume de nombreuses formes, telles que la diplomatie, les convenances, les restrictions mentales; et, sous un déguisement ou sous un autre, on le trouve pénétrant plus ou moins toutes les classes de la société. Quelquefois il se cache sous l'équivoque, les détours, il expose ou entortille les faits de manière à faire naître une fausse appréciation; c'est ce genre de mensonge qu'un Français appelait un jour « se promener autour de la vérité ». Il y a même des gens à esprit étroit et à nature déshonnête qui se glorifient de leur habileté à éluder la vérité, ou à se réserver des portes échappatoires pour dissimuler leurs véritables opinions, et éviter les conséquences qu'il pourrait y avoir pour eux à les soutenir et à les professer ouvertement. Des institutions ou des systèmes fondés sur de tels expédients doivent se trouver nécessairement vides et faux. « Quelque bien habillé que soit un mensonge », dit George Herbert, « il finit toujours par être découvert. » Le franc mensonge, quoique plus hardi et plus mauvais, est peut-être moins méprisable que ce genre de finasserie et d'équivoque.

La fausseté se montre encore sous bien d'autres formes :

dans les réticences ou les exagérations, dans les déguisements,
dans une prétendue opposition aux idées d'autrui, ou un
semblant de conformité qui trompe ; en faisant des promesses,
ou en laissant croire à des promesses qu'on n'a jamais l'intention de remplir ; et quelquefois en s'abstenant de dire la
vérité quand il est de nôtre devoir de la dire. Il y a aussi
les gens qui sont tout ce qu'on veut, qui disent une chose
et agissent autrement, comme le monsieur à double face
de Bunyan ; ne trompant qu'eux-mêmes, tandis qu'ils
croient tromper leurs semblables ; ceux-là, n'ayant rien de
sincère, n'inspirent aucune confiance, et finissent invariablement mal, quand ils ne deviennent pas tout à fait
imposteurs.

D'autres sont faux dans leurs prétentions et assument
des mérites qu'ils ne possèdent pas. L'homme sincère est
au contraire modeste, et ne fait parade ni de lui-même, ni
de ses actes. Lorsque Pitt était déjà malade du mal qui
l'emporta, on reçut en Angleterre la nouvelle des grands
exploits de Wellington dans l'Inde. « Plus j'entends parler
de ses succès », dit Pitt, « et plus j'admire la modestie
avec laquelle il reçoit les éloges qu'il mérite. C'est le seul
homme que j'aie jamais connu qui ne fût pas vain de ce
qu'il avait fait, et qui eût cependant tant de raisons de
l'être. »

Le professeur Tyndall a dit également de Faraday « qu'il
avait horreur des prétentions d'aucune sorte, soit comme
homme, soit comme philosophe. Le docteur Marshall Hall
avait le même esprit ; il était sincère jusqu'au courage,
homme de devoir et d'énergie. Un de ses amis les plus intimes a dit de lui que toutes les fois qu'il rencontrait de la
fausseté ou de mauvais desseins, il les dévoilait en disant :
— Je ne veux, ni ne puis donner mon consentement à un
mensonge. » Une fois que la question du « bien ou du mal »
était décidée dans son esprit, il suivait le bien, quels que

fussent le sacrifice ou les difficultés qu'il lui en coûtât, et jamais sa propre convenance ou son inclination n'entrèrent pour rien dans la balance.

Il n'y avait pas de vertu que le docteur Arnold s'efforçât davantage de faire pénétrer dans l'esprit des jeunes gens que la vertu de sincérité, qu'il regardait comme la plus noble et qui est en effet la base de toute véritable dignité. Il l'appelait « la transparence morale » et l'estimait par-dessus tout. Lorsqu'un mensonge était découvert, il le traitait comme une faute capitale ; mais quand un élève affirmait une chose, il l'acceptait avec confiance. « Si vous le dites, cela suffit ; je dois croire à votre parole. » En leur témoignant cette confiance, il habituait les jeunes gens à la sincérité, et ils arrivaient à se dire : « C'est un crime de mentir à Arnold, il vous croit toujours [1]. »

L'un des exemples les plus frappants que puisse offrir le caractère d'un homme laborieux, sincère et dévoué à ses devoirs, se présente dans la vie de Georges Wilson, qui fut professeur de technologie à l'Université d'Édimbourg [2]. Nous en parlons au chapitre du devoir, mais il est aussi un modèle de courage, d'égalité d'humeur et d'industrie, car il possédait également toutes ces belles qualités.

La vie de Wilson fut vraiment une merveille de travail joyeusement accompli, et nous montre le pouvoir qu'a l'âme pour triompher du corps et presque pour le défier. Elle nous fait comprendre le dire du capitaine baleinier au docteur Kane au sujet de la supériorité de la force morale sur la force physique : « Dieu vous bénisse, monsieur ! l'âme finira un de ces jours par soulever le corps et le tirer hors de ses bottes ! »

---

[1] *Vie d'Arnold*, ɪ, 94.
[2] Voyez les *Mémoires de Georges Wilson*. M. D., F. R. S. E. Par sa sœur. (Édimbourg, 1860.)

Enfant fragile, mais beau et plein d'animation, Wilson
était à peine entré dans l'adolescence que sa constitution
commença à offrir des symptômes maladifs. Dès sa dix-septième année il fut mélancolique, il eut des insomnies, et
l'on attribua cela à l'effet de la bile. « Je ne crois pas que je
vive longtemps », disait-il alors à un ami ; « mon esprit a
besoin de s'user, il s'usera, et mon corps ne tardera pas à
le suivre. » Étrange confession de la part d'un enfant ! Il ne
laissa à la santé physique aucune chance de se développer.
Sa vie tout entière fut absorbée par l'étude, par les luttes de
l'esprit, et sa tête ne cessa de travailler. Quand il prenait
de l'exercice, c'était avec excès, ce qui lui faisait plus de
mal que de bien. De longues promenades dans les *highlands*
le harassaient et l'exténuaient, et il retournait à son travail
sans être reposé ni rafraîchi.

C'est dans une de ces marches forcées de vingt et
quelques milles, aux environs de Sterling, qu'il se blessa
au pied, et qu'il rentra chez lui dangereusement malade.
Il en résulta un abcès, un mal très-grave au cou-de-pied,
et une longue torture qui se termina par l'amputation du
pied droit. Mais Wilson ne se ralentit jamais dans ses travaux. Il écrivait, faisait des cours, enseignait la chimie. Il
eut ensuite une attaque de rhumatisme et une vive inflammation des yeux ; il fut traité par des ventouses, des vésicatoires et des colchiques. Incapable d'écrire lui-même, il
continuait à préparer ses cours et les dictait à sa sœur. La
souffrance le poursuivait jour et nuit, et il ne trouvait un
peu de sommeil qu'au moyen de la morphine. Pendant qu'il
était dans cet état de prostration générale, des symptômes
d'affection pulmonaire commencèrent à se montrer. Il continua cependant à faire son cours hebdomadaire à l'école
des arts d'Édimbourg. Pas une seule leçon ne fut négligée,
quoique cette obligation de parler devant un auditoire
très-considérable fût pour lui une fatigue des plus grandes.

« Allons, voilà encore un clou planté dans mon cercueil »,
disait-il en ôtant son paletot, de retour à la maison.
Et il s'ensuivait invariablement une nuit sans sommeil.

A vingt-sept ans, Wilson donnait dix et onze heures de
leçons par semaine, quelquefois plus, et presque toujours
ayant sur lui des sétons et des vésicatoires, ses « amis de
cœur », comme il les appelait. Il sentait venir les ombres
de la mort et travaillait comme si ses jours étaient comptés.
« Ne soyez pas surpris », écrivait-il à un ami, « si un de
ces matins à déjeuner vous entendez dire que je n'y suis
plus. » Mais il parlait de cela sans se laisser aller au moindre
sentiment de faiblesse ou de sensibilité morbide. Il travaillait toujours aussi gaiement et avec autant d'espoir que s'il
était encore dans toute la plénitude de sa force. « La vie
n'est jamais si douce », disait-il, « que pour ceux qui n'ont
plus aucune crainte de la mort. »

Quelquefois il était forcé d'interrompre ses travaux par
suite de l'extrême faiblesse que lui occasionnaient d'abon-
dants crachements de sang. Mais après quelques semaines
de repos et de changement d'air, il retournait à son travail
en disant : « L'eau est remontée dans le puits. » Bien que la
maladie se fût fixée aux poumons et y fît de grands ravages,
et malgré une toux très-pénible, il continua ses cours comme
d'habitude. Pour comble de malheur, sa jambe infirme lui
ayant fait faire un jour un faux pas, il tendit trop le bras en
cherchant à se relever, et se cassa l'os de l'épaule. Mais il
se remettait de tous ces accidents et de toutes ces souffrances d'une manière extraordinaire. Le roseau pliait,
mais ne rompait pas ; l'orage passait, et il se relevait droit
comme avant.

On ne voyait en lui ni irritabilité, ni agitation, ni ennui,
mais, au contraire, de la gaieté, de la patience, et une persévérance infatigable. Son corps avait beau souffrir, son
âme restait parfaitement calme et sereine. Il remplissait sa

tâche journalière comme si la vie eût été pour lui pleine
de charme, et qu'il eût la force de plusieurs hommes. Et
cependant il savait bien qu'il allait mourir; sa grande
préoccupation était de cacher son état à ceux de sa famille
qui l'entouraient, et pour lesquels la connaissance de sa
position eût été un inexprimable chagrin. « Je suis gai avec
les étrangers », disait-il, « et je tâche de vivre au jour le
jour comme un homme qui va mourir [1]. »

Il continua à enseigner comme à l'ordinaire, faisant des
cours à l'École d'architecture et à l'École des arts. Un jour,
en revenant de cette dernière école, il se coucha pour se
reposer, et fut bientôt réveillé par la rupture d'un vaisseau
qui lui occasionna une perte de sang considérable. Il n'é-
prouva pas le désespoir et l'angoisse que Keats ressentit en
pareille occasion [2], bien qu'il sût que la mort était là et
l'attendait. Il assista comme de coutume aux repas de famille, et le jour suivant il fit ses deux cours, restant jusqu'à
la fin fidèle à ses engagements; mais la fatigue de parler fut

---

[1] De pareils cas ne sont pas rares. Nous avons connu personnellement une jeune personne, une compatriote du professeur Wilson,
qui était affligée d'un cancer au sein et qui cacha son mal à ses
parents pour ne pas leur faire de chagrin. Quand une opération
devint indispensable et que les chirurgiens arrivèrent, elle leur ouvrit la porte elle-même, les reçut avec une physionomie enjouée, les
fit monter dans sa chambre et se mit entre leurs mains. Ses parents
ne connurent l'opération que lorsqu'elle fut terminée. Mais le mal
était trop invétéré pour espérer une guérison, et la courageuse jeune
fille mourut sans articuler une plainte, restant gaie jusqu'à la fin.

[2] Un soir, vers onze heures, Keats rentra chez lui dans un état de
surexcitation étrange, et ceux qui ne le connaissaient pas auraient pu
croire, en le voyant ainsi, à une ivresse furieuse. Il dit à son ami
qu'il était monté en dehors de la diligence, qu'un frisson l'avait saisi,
et qu'il avait eu un peu de fièvre : « Mais, ajouta-t-il, je ne la sens
plus maintenant. » On lui persuada facilement de se coucher, et,
comme il se glissait entre ses draps glacés, il eut une légère toux
et il dit : « Le sang sort de ma bouche; apportez-moi une lumière

telle, qu'elle fut suivie d'une seconde hémorrhagie. Il devint alors sérieusement malade, et l'on se demanda s'il passerait la nuit. Il la passa et se remit un peu. Dans sa convalescence il fut nommé à une position très-importante, celle de directeur du Musée industriel d'Écosse, ce qui ajoutait un travail considérable à tous ceux que lui imposait son titre de professeur de technologie.

A partir de ce moment-là, son « cher Muséum », comme il l'appelait, absorba tout ce qui lui restait d'énergie. Tandis qu'il s'occupait activement de collectionner des modèles et des spécimens pour le Musée, il employait ses moments perdus à parler dans les asiles, les églises pauvres et les sociétés de missions médicales. Il ne se donnait aucun repos, ni d'esprit ni de corps, et mourir au travail était le sort qu'il enviait. Son esprit résistait toujours, mais son pauvre corps fut forcé de s'avouer vaincu, et une terrible hémorrhagie, venant à la fois de l'estomac et des poumons, le contraignit d'interrompre ses travaux. « Pendant un mois ou quarante jours, écrivait-il (quel terrible carême!), le vent, qui soufflait géographiquement de

que je le voie. » Il contempla quelques instants la tache rouge avec grande attention, puis, regardant son ami avec une soudaine expression de calme que celui-ci n'oublia jamais, il lui dit : « Je connais la couleur de ce sang; c'est du sang artériel. Je ne peux m'y tromper; cette goutte est mon arrêt de mort. Je dois mourir! » (*Vie de Keats,* par HOUGHTON.)

Pour Georges Wilson, le sang vint d'abord de l'estomac, quoiqu'il souffrit ensuite, comme Keats, d'hémorrhagies aux poumons.

Wilson disait plus tard, en parlant des Vies de Lamb et de Keats, qu'on venait de faire paraître, qu'il les avait lues avec une grande tristesse, et il ajoutait : « Il y a dans la noble et fraternelle affection de Charles quelque chose qui éclaire, soulage et sanctifie cette tristesse, mais le lit de mort de Keats apparaît sombre comme la nuit où ne pénètre aucun rayon de jour! »

Les docteurs qui l'avaient soigné la première fois ayant confondu l'hémorrhagie de l'estomac avec une hémorrhagie des poumons, il

l'Arabie Heureuse, semblait venir, d'après le thermomètre, de l'Islande la Maudite. J'ai été fait prisonnier de guerre, frappé d'un glaçon dans les poumons, j'ai frissonné et brûlé alternativement pendant une grande partie du mois dernier, et j'ai toussé et craché le sang jusqu'à en devenir blanc. Aujourd'hui, je suis mieux et je donne ma leçon de clôture (sur la technologie), m'estimant heureux d'avoir pu venir à bout, malgré toutes mes difficultés, de continuer mon cours jusqu'à la fin à la Faculté des Arts, sans jamais y manquer. »

Combien de temps cela devait-il durer? Lui-même commençait à s'étonner, car depuis longtemps déjà il avait senti que la vie s'en allait. Enfin il devint languissant, fatigué et incapable d'aucun travail; pour écrire une lettre, il lui fallait un pénible effort, et il lui semblait que se coucher et dormir fût la seule chose désirable. Cependant, bientôt après, il put encore écrire ses *Five Gates to knowledge* [1], sous la forme d'un entretien, dont il fit plus tard un livre plus complet. Il retrouva même assez de force pour lui permettre de continuer ses cours aux instituts dont il faisait partie, et en plusieurs occasions il entreprit de faire le travail des autres. « On me croit à moitié fou, écrivait-il à son frère, parce que, prévenu au dernier moment, j'ai pris la place d'un professeur absent et j'ai parlé sur la polarisation de la lumière... Mais j'aime le travail; c'est une faiblesse de famille. »

Puis il survint un malaise chronique, des nuits sans sommeil, des jours de souffrances et des crachements de

écrivit : « Ce n'eût été qu'une pauvre consolation d'avoir pour épitaphe :

« ICI REPOSE GEORGES WILSON, SURPRIS PAR NÉMÉSIS;
« IL NE MOURUT PAS D'HÉMOPTYSIE, MAIS BIEN D'HÉMATÉMÈSE. »

[1] *Les Cinq Portes de la science.*

sang plus forts. « Les seuls instants où je ne souffre pas, disait-il, sont ceux où je fais mes lectures. »

Dans cet état de prostration et de maladie, cet homme infatigable voulut écrire la *Vie d'Édouard Forbes*; il le fit comme tout ce qu'il entreprenait, avec un talent admirable. Il enseignait toujours et fut chargé de discourir devant une assemblée d'instituteurs sur l'importance de la science industrielle dans l'éducation. Après avoir parlé pendant une heure, il laissa décider à son auditoire s'il devait continuer ou non. On lui répondit par un tel enthousiasme, qu'il prolongea son discours d'une demi-heure encore. « C'est une sensation étrange, écrivait-il à cette occasion, d'avoir un auditoire qu'on peut mouler à sa guise comme de l'argile entre ses mains. C'est aussi une terrible responsabilité... Je ne voudrais pas faire croire que je suis indifférent à la bonne opinion des autres, loin de là, mais je m'inquiète beaucoup moins de l'obtenir que de la mériter. Autrefois, ce n'était pas ainsi. Je ne désirais pas des louanges imméritées, mais j'étais trop facilement convaincu que je les méritais. Aujourd'hui, le mot DEVOIR me semble le plus grand qu'il y ait au monde, et il gouverne toutes mes actions sérieuses. »

Ceci était écrit quatre mois seulement avant sa mort. Un peu plus tard, il ajoutait : « Je traîne mes jours de semaine en semaine plutôt que d'année en année. » De constantes hémorrhagies pulmonaires vinrent miner le peu de forces qui lui restaient, mais ne purent l'empêcher de professer encore. Un de ses amis l'amusa beaucoup en lui proposant de lui donner des tuteurs pour veiller à sa santé. Mais il ne voulut pas être entravé dans son travail tant qu'il lui resta un vestige de force.

Un jour, dans l'automne de 1859, il revint de sa lecture accoutumée à l'Université d'Édimbourg avec une douleur violente au côté. Il put à peine se traîner le long des marches de son escalier. Les médecins appelés déclarèrent qu'il avait une pleurésie et une inflammation des poumons. Sa nature affaiblie était incapable de résister à un pareil mal, et il s'en alla paisiblement, au bout de quelques jours, vers le repos qu'il désirait si ardemment.

> Wrong not the dead with tears :
> A glorious bright to morrow
> Endeth a weary life of pain and sorrow!

Épargnez aux morts vos larmes égoïstes, car un glorieux et brillant lendemain termine une vie pénible de souffrances et de chagrins.

La vie de Georges Wilson, racontée par sa sœur avec tant de cœur et de talent, est peut-être l'un des récits les plus extraordinaires qu'on puisse rencontrer dans l'histoire de la littérature. Ce n'est qu'une longue suite de terribles souffrances, supportées avec une incomparable énergie à l'aide d'un travail persistant, noble et utile. Son existence tout entière ne fut que l'application prolongée des lignes qu'il adressait à la mémoire de son ami le docteur John Reid, homme d'un grand cœur, comme lui :

> Thou wert a daily lesson,
> Of courage, hope and faith,
> We wondered at thee living,
> We envy thee thy death.
>
> Thou wert so meek and reverent,
> So resolute of will,
> So bold to bear the uttermost,
> And yet so calm and still.

Tu fus chaque jour une leçon de courage, d'espérance et de foi. Vivant, tu nous émerveillais, et ta mort nous fait envie.

Tu fus si doux et si fervent, si résolu de volonté, si ferme pour tout supporter, toujours si calme et si serein.

CHAPITRE VIII

L'HUMEUR.

L'humeur joue un grand rôle dans le christianisme.

Bishop WILSON.

And should my youth, as youth is apt, I know,
    Some harshness show ;
All vain asperities I day by day
    Would wear away
Till the smooth temper of my age should be
Like the high leaves upon the Holly Tree.

SOUTHEY.

Et si ma jeunesse, comme il arrive souvent,
devait avoir quelques aspérités, je voudrais les
user jour par jour, jusqu'à ce que mon humeur
devînt égale et douce comme les feuilles les plus
élevées du houx.

La puissance elle-même n'a pas moitié autant
de force que la douceur.

LEIGH HUNT.

On a dit que dans les succès de ce monde le tempérament avait une part tout aussi grande que les talents.
Quelle que soit la vérité de cette assertion, il est certain que
le bonheur dépend surtout de l'égalité d'humeur, de la
patience et de la tolérance, de la bonté et de la sollicitude
qu'on a pour son prochain. Ce que disait Platon est très-
vrai : en cherchant le bien de nos semblables, nous rencontrons le nôtre.

Il y a des natures si heureusement douées qu'elles savent
trouver du bien partout. Pour elles, les calamités les plus

grandes ont encore leur sujet de consolation ou de joie, et il n'y a pas de ciel si noir qu'elles n'y puissent découvrir quelque rayon de soleil. Le soleil n'est pas toujours visible à leurs yeux, mais elles se consolent avec la pensée qu'il est là, quoique voilé pour quelque bon et sage motif.

De telles natures sont enviables. Elles ont dans l'œil un rayonnement, un rayonnement de plaisir, de satisfaction, de pieuse gaieté, de philosophie, appelez cela comme vous voudrez. Leur cœur est comme inondé de soleil, et leur esprit colore de ses propres teintes tous les objets qu'il contemple. Lorsqu'elles ont des chagrins, elles les portent bravement, sans récriminations, sans murmures; elles ne dépensent pas leur énergie en lamentations inutiles, mais elles luttent vaillamment, et savent cueillir les quelques fleurs qui se trouvent sur leur route.

Il ne faut pas croire que les hommes dont nous parlons soient légers et irréfléchis. Au contraire, les natures les plus grandes et les plus intelligentes sont généralement les plus gaies, les plus aimantes, les plus confiantes et les plus sincères. L'homme sage dont les vues sont larges est le premier à distinguer la clarté morale à travers le nuage le plus épais. Dans le malheur présent, il voit le bien à venir; dans la souffrance, l'effort de la nature pour recouvrer la santé; dans les épreuves, il sent le châtiment et la discipline; dans les chagrins et la douleur, il puise du courage, de l'expérience, et la meilleure sagesse pratique.

Lorsque Jeremy Taylor eut tout perdu, que sa maison eut été pillée, sa famille chassée et ses biens séquestrés, il put encore écrire ainsi : « Je suis tombé entre les mains des publicains et des voleurs. Ils m'ont tout pris. Que me reste-t-il? Je cherche autour de moi, et je vois qu'ils m'ont laissé le soleil et la lune, une femme aimante, beaucoup d'amis pour me plaindre et quelques-uns pour m'assister. Je puis encore discourir; ils ne m'ont pas enlevé ma physionomie joyeuse, mon esprit enjoué et ma bonne conscience; ils m'ont laissé la providence de Dieu et les promesses de l'Évangile, ma religion, mes espérances du Ciel, et ma charité pour eux-mêmes; je mange et je bois, je dors et je digère, je lis et je médite..... Celui qui a des causes de joie si nombreuses et si grandes, qui sait les apprécier, et qui cependant préfère ne regarder autour de lui que sa petite poignée d'épines, doit vraiment avoir une passion malheureuse pour le chagrin et les contrariétés [1]. »

Quoique la disposition à l'enjouement soit en général inhérente au tempérament, elle peut cependant s'acquérir et se développer comme toute autre habitude. Nous pouvons tirer de la vie le parti le meilleur, ou le plus mauvais, et il dépend beaucoup de nous d'y trouver de la joie ou du chagrin. La vie a son côté sombre et son côté brillant; c'est à nous d'envisager celui que nous préférons. Nous pouvons appliquer à ce choix toute notre volonté et prendre ainsi l'habitude d'être heureux ou malheureux. Nous pouvons nous exercer à regarder toujours les choses sous leur plus beau jour, et non sous le plus noir. Quand nous voyons le nuage, ne fermons pas les yeux à sa doublure d'argent.

Le rayonnement dans l'œil répand la clarté, la beauté et la joie sur toutes les phases de la vie. Il brille sur la froideur et la réchauffe, sur la souffrance et la console; sur l'ignorance et l'éclaire, sur le chagrin et l'adoucit. Il donne un nouveau lustre à l'intelligence et rend la beauté plus belle encore. Sans lui le soleil de la vie ne se fait pas sentir, les fleurs s'épanouissent en vain, les merveilles du ciel et de la terre passent inaperçues, et toute la création n'est qu'un désert aride, sans vie et sans âme.

[1] Jeremy TAILOR's *Holy Living* (Vie sainte).

Une disposition gaie est non-seulement une grande source de jouissances en ce monde, mais elle est encore une sauvegarde pour le caractère. Un écrivain auquel on demandait ce que nous devons faire pour vaincre les tentations répondit : « La gaieté est le premier moyen; c'est encore le second, et c'est aussi le troisième. » C'est elle qui prépare le terrain où germent la bonté et la vertu. Elle donne du contentement au cœur et de l'élasticité à l'esprit. Elle est la compagne de la charité, la garde de la patience et la mère de la sagesse. Elle est aussi pour l'âme le meilleur des toniques. « Il n'y a pas de cordial », disait le docteur Marshall Hall à l'un de ses patients, « qui soit plus salutaire que la gaieté.» Et Salomon a dit «qu'un cœur gai faisait du bien comme un médicament ».

Quelqu'un demandant à Luther un remède contre la mélancolie, il répondit : « Ce qui convient le mieux aux jeunes gens et aux vieillards, c'est la gaieté et le courage, une gaieté innocente, un courage honorable et raisonné. C'est le meilleur préservatif contre les pensées tristes [1]. » Après la musique, et peut-être plus encore, Luther aimait les enfants et les fleurs. Cet homme si rude avait la sensibilité d'une femme.

La gaieté est encore une des qualités qui font le plus d'usage. On l'a surnommée le beau temps du cœur. Elle donne à l'âme de l'harmonie, car elle est un chant perpétuel sans paroles. Elle équivaut au repos. Elle permet à la nature de recruter ses forces; tandis que l'ennui et le mécontentement la débilitent et occasionnent une usure continuelle.

Pourquoi voyons-nous des hommes tels que lord Palmerston vieillir sous le harnais, travaillant jusqu'à la fin avec la même vigueur? Cela tient surtout à leur égalité.

---

[1] *Vie de Luther*, par MICHELET.

d'humeur et à leur gaieté habituelle. Ils se sont exercés dès leur jeunesse à être endurants, à ne pas se laisser facilement contrarier, à tolérer et à supporter beaucoup de choses, à entendre dire d'eux-mêmes des paroles dures et même injustes, sans s'abandonner à de vains ressentiments; ils ont toujours évité de se laisser tracasser par de petites agitations futiles et mesquines. Un ami intime de lord Palmerston, qui l'avait observé de près pendant vingt ans, ne le vit en colère qu'une seule fois, lorsque le ministère dont il faisait partie, et qui était responsable du désastre de l'Afghanistan, fut injustement accusé par ses adversaires de mensonge, de parjure et de mutilation volontaire des documents publics.

L'histoire nous représente les plus grands génies comme ayant été, pour la plupart, des hommes gais et contents, ne recherchant ni la réputation, ni l'argent, ni la puissance, mais aimant la vie et sachant en jouir. Nous trouvons ce sentiment reflété dans les œuvres d'Homère, d'Horace, de Virgile, de Montaigne, de Shakespeare et de Cervantes. Une gaieté saine et douce se fait sentir dans leurs grandes créations. Parmi ces esprits aimables nous pourrions mentionner More, Bacon, Léonard de Vinci, Raphaël et Michel-Ange. Ils étaient heureux parce qu'ils étaient sans cesse occupés à la plus agréable de toutes les tâches, celle de créer en puisant dans les richesses de leur vaste intelligence.

Milton, malgré ses grandes épreuves et ses souffrances, avait aussi une nature très-heureuse. Devenu aveugle, abandonné par ses amis, il eut à traverser de bien mauvais jours; tout était sombre autour de lui, mais son cœur et ses espérances ne fléchirent jamais; il resta ferme et marcha droit devant lui.

Henry Fielding fut toute sa vie criblé de dettes, accablé de difficultés et de souffrances physiques, et cependant

lady Mary Wortley Montague dit de lui que, grâce à son
humeur enjouée, il avait certainement connu plus de
moments heureux que personne au monde.

Le docteur Johnson eut aussi bien des épreuves et des
souffrances à supporter, et de rudes combats à soutenir
contre la fortune, mais il était d'une nature courageuse et
gaie. Il tira de sa vie le meilleur parti possible et s'efforça
d'en être satisfait Un ecclésiastique se plaignant un jour
devant lui de la société ennuyeuse qu'on trouve à la campagne, « où l'on ne parle que de génisses », la mère de
Mme Thrale répondit par une observation qui flatta Johnson :
« Monsieur », dit-elle, « le docteur Johnson, s'il était là,
apprendrait à parler *génisses*. » Elle voulait ainsi faire
entendre qu'il était homme à se tirer de toutes les situations.

L'opinion de Johnson était que l'homme devenait meilleur en vieillissant et que sa nature s'adoucissait avec l'âge.
Cette manière d'envisager l'humanité est plus agréable que
celle de lord Chesterfield, qui voyait la vie avec les yeux
d'un cynique et qui soutenait que le cœur ne s'améliore
jamais avec l'âge, mais s'endurcit au contraire. L'un et
l'autre dire peut être vrai; cela dépend du point de vue
d'où l'on regarde la vie et de l'humeur qui nous gouverne ;
car tandis que les bons, profitant de l'expérience et sachant
se discipliner eux-mêmes, deviennent meilleurs en vieillissant, les mauvais, au contraire, ne feront qu'empirer.

Sir Walter Scott était un véritable type de bienveillance
et de bonté. Tout le monde l'aimait. Il ne restait jamais
dans un appartement sans que les plus jeunes membres
de la famille, même ceux qui marchaient ou bégayaient à
peine, finissent par découvrir son affectueux intérêt pour
toute leur génération. Scott a raconté au capitaine Basil
Hall un incident de son enfance qui prouve la sensibilité
de sa nature. Un jour qu'un chien venait vers lui, il

ramassa une grosse pierre, la lança et atteignit le chien. La
pauvre bête eut la jambe cassée, et cependant elle trouva
encore assez de force pour se traîner jusqu'à Scott et lécher
ses pieds. Cette aventure l'avait toujours poursuivi, disait-il,
comme un affreux remords; mais il ajoutait : « De tels événements, quand ils nous surprennent jeunes, et qu'on sait
y réfléchir, peuvent avoir plus tard la meilleure influence
sur le caractère. »

« Cherchez-moi un rieur honnête », disait quelquefois
Scott, et lui-même riait de bon cœur. Il avait un mot bienveillant pour tout le monde, et sa bonté agissait autour de
lui d'une manière sympathique, et dissipait la réserve et
la crainte que son illustre nom inspirait tout d'abord. « Il
vient ici de temps en temps, en société de grand monde »,
disait le gardien de l'abbaye de Melrose à Washington
Irving, « et je ne m'en douterais pas si je n'entendais sa
voix qui m'appelle : Johnny ! Johnny Bower !

« Dès que je me présente, je suis sûr d'être accueilli par
une plaisanterie ou une parole aimable. Il reste à jaser et à
rire avec moi tout comme une vieille femme ; et penser que
c'est un homme qui est *si savant en histoire !* »

Le docteur Arnold était également remarquable pour ses
manières simples, cordiales et sympathiques. Il n'y avait
pas en lui la moindre nuance d'affectation ni de hauteur.
« Je n'ai jamais connu un homme si humble que le
docteur », disait le clerc de la paroisse de Laleham ; « il
vient nous serrer la main comme s'il était l'un des nôtres. »

« Il avait l'habitude d'entrer chez moi », racontait une
vieille femme, près de Fox How, « et de me parler comme
si j'étais une dame. »

Sydney Smith nous montre encore quelle influence peut
avoir la gaieté. Il était toujours disposé à regarder le beau
côté des choses. Le nuage le plus sombre avait pour lui *sa
doublure d'argent.* Soit comme vicaire à la campagne ou

comme recteur d'une paroisse, il fut toujours bon, laborieux, patient et exemplaire; manifestant partout l'esprit
d'un chrétien, la bonté d'un pasteur et la délicatesse d'un
gentilhomme. Dans ses heures de loisirs, il employait sa
plume à défendre la cause de la justice, de la liberté,
de la tolérance et de l'éducation, et ses écrits, qui sont
remplis de bon sens et de joyeuseté, n'ont rien de vulgaire.

Il ne voulut jamais sacrifier aux préjugés ni à la popularité. Sa bonne humeur, grâce à sa vivacité naturelle et à
la vigueur de sa constitution, ne l'abandonna jamais ; et
dans son vieil âge, quoique vaincu par le mal, il écrivait
encore à un ami : « J'ai la goutte, de l'asthme, et sept
autres maladies, mais autrement je vais très-bien. » Dans
une de ses dernières lettres à lady Carlisle il dit : « Si
vous entendez parler de seize ou dix-huit livres de chair
qui ont perdu leur propriétaire, c'est à moi qu'elles appartiennent. On dirait qu'on m'a partagé en deux. »

Les grands hommes de science ont été pour la plupart
patients, laborieux et gais. Tels furent Galilée, Descartes,
Newton et Laplace. Euler, le mathématicien et le grand philosophe, possédait au plus haut point ces heureuses qualités. Vers la fin de sa vie il devint complétement aveugle,
mais il continua à écrire aussi gaiement qu'auparavant,
suppléant à la perte de sa vue par divers moyens mécaniques très-ingénieux, et en exerçant de plus en plus sa
mémoire qui finit par devenir excessivement tenace. Son
plus grand plaisir était d'avoir avec lui ses petits-enfants,
et il leur donnait des leçons dans les intervalles de ses
études sérieuses.

Comme lui, le professeur Robinson, d'Édimbourg, le
premier éditeur de l'*Encyclopédie britannique*, empêché de
travailler par une maladie longue et pénible, trouvait sa
plus grande distraction dans la société de son petit-fils.

« J'éprouve un charme infini », écrivait-il à James Watt, « à observer la formation de cette petite âme, et surtout de ces innombrables instincts que je laissais autrefois passer inaperçus. Je remercie les théoriciens français d'avoir dirigé mon attention d'une manière toute particulière vers le doigt de Dieu, que je reconnais aujourd'hui dans chaque mouvement plus ou moins brusque, dans chaque caprice plus ou moins étrange de l'enfant. Ces mouvements, ces caprices sont les gardiens de sa vie, de sa croissance et de sa force. Je regrette bien vivement de ne pouvoir faire mon unique étude de l'enfance et de son développement. »

L'une des épreuves les plus terribles qui puissent exercer l'humeur et la patience d'un homme advint au célèbre philosophe Abauzit, pendant son séjour à Genève ; elle a quelque ressemblance avec une aventure du même genre qui arriva à Newton, et qu'il supporta avec une égale résignation. Entre autres études, Abauzit se livrait beaucoup à celle du baromètre dans le but de déduire les lois générales qui règlent la pression atmosphérique. Pendant vingt-sept ans il fit tous les jours de nombreuses observations qu'il inscrivait sur des feuilles de papier préparées à cet usage. Un jour, une servante nouvellement installée dans la maison voulut montrer son zèle en rangeant partout. Le cabinet d'Abauzit, comme toutes les autres pièces, fut nettoyé et mis en ordre. Quand il y entra, il demanda à la servante : « Qu'avez-vous fait du papier qui était autour du baromètre ? — Oh ! monsieur », répondit-elle, « il était si sale que je l'ai brûlé, et j'ai mis à sa place ce papier qui est tout neuf, comme vous voyez. » Abauzit se croisa les bras, et, après quelques instants de lutte intérieure, il dit d'un ton calme et résigné : « Vous avez détruit les résultats de vingt-sept années de travail ; à l'avenir, ne touchez à quoi que ce soit dans cette chambre. »

Citons encore un exemple de véracité aussi bien que

d'honnêteté de la part d'un pauvre homme au milieu des scènes épouvantables de la guerre.

Bernardin de Saint-Pierre, servant comme officier ingénieur sous le comte de Saint-Germain pendant la campagne de 1760, dans le grand-duché de Hesse, devint bientôt familier avec toutes les horreurs de la guerre. Chaque jour il avait à traverser des villages mis à sac, des fermes et des champs dévastés, rencontrant sur son passage des hommes, des femmes et des enfants en larmes, qui fuyaient leurs chaumières, car partout des hommes armés venaient détruire le fruit de leurs travaux, et s'en faisaient une gloire. Mais au milieu de toutes ces abominations, Bernardin de Saint-Pierre fut un peu consolé par un trait sublime de caractère qu'il rencontra chez un pauvre homme dont la hutte se trouvait sur le passage de l'armée, et qu'il raconte en ces termes dans ses *Études de la nature :*

« Un capitaine de cavalerie, commandé pour aller au fourrage, se rendit à la tête de sa troupe dans le quartier qui lui était assigné. C'était un vallon solitaire où l'on ne voyait guère que des bois. Il y aperçoit une pauvre cabane, il y frappe ; il en sort un vieil *hernhuter* à la barbe blanche. — « Mon père », lui dit l'officier, « montrez-moi un champ « où je puisse faire fourrager mes cavaliers. — Tout à « l'heure », reprit l'hernhuter. Ce bonhomme se met à leur tête et remonte avec eux le vallon. Après un quart d'heure de marche, ils trouvent un beau champ d'orge. — « Voilà « ce qu'il nous faut », dit le capitaine. « Attendez un mo-« ment », répondit le conducteur, « vous serez contents.» Ils continuent à marcher, et ils arrivent à un autre champ d'orge. La troupe aussitôt met pied à terre, fauche le grain, le met en trousse et remonte à cheval. L'officier de cava-lerie dit alors à son guide : « Mon père, vous nous avez « fait aller trop loin sans nécessité ; le premier champ valait

« mieux que celui-ci. — Cela est vrai, monsieur », reprit le
bon vieillard, « *mais il n'était pas à moi.* »

L'étude de l'histoire naturelle, bien plus que celle des
autres sciences, semble communiquer à ses adeptes une
dose plus qu'ordinaire d'enjouement et d'égalité d'humeur.
Il en résulte que la vie des naturalistes se prolonge davantage que celle des autres savants; un membre de la
Société linnéenne de Londres nous a dit que sur quatorze
membres qui moururent en 1870, deux avaient quatre-
vingt-dix ans, cinq en avaient plus de quatre-vingts, et
deux, plus de soixante-dix. L'âge moyen de tous les
membres qui moururent cette année-là était de soixante-
cinq ans.

Adanson, le botaniste français, avait plus de soixante-dix
ans quand la Révolution éclata, et dans cet ébranlement
général il perdit tout, — sa fortune, ses places et ses
jardins. Mais sa patience, son courage et sa résignation ne
l'abandonnèrent jamais. Il fut bientôt réduit à la plus
grande détresse, manquant de nourriture et de vêtements;
et cependant son ardeur pour les recherches demeurait la
même. Un jour l'Institut l'ayant invité, comme l'un de ses
plus anciens membres, à assister à une séance, Adanson
exprima ses regrets de ne pouvoir s'y rendre, faute de
souliers. « C'était un spectacle touchant », dit Cuvier, « de
voir le pauvre vieillard, courbé au-dessus des cendres d'un
feu qui s'éteignait, chercher d'une main tremblante à
tracer des caractères sur un chiffon de papier, oubliant
ainsi tous les chagrins de la vie, et se laissant absorber par
quelque nouvelle idée sur l'histoire naturelle, qui venait à
lui comme une fée bienfaisante pour l'égayer dans sa soli-
ude. »

Le Directoire lui fit une petite pension que Napoléon
doubla, et enfin une mort paisible vint à son secours dans
sa soixante-dix-neuvième année. Une clause de son testa-

ment, relative à ses funérailles, peint le caractère de l'homme. Il désira que le seul ornement de son cercueil fût une guirlande de fleurs, fournie par cinquante-huit familles qu'il avait établies dans le monde. Faible, mais touchante image du monument plus durable qu'il s'était édifié par ses œuvres.

Ce ne sont là que de rares exemples de l'activité enjouée des grands hommes, et nous pourrions en citer bien d'autres. Toutes les natures larges et saines sont gaies et riantes. Leur exemple est contagieux et expansif, il anime et encourage tous ceux qui sont à portée de son influence. On a dit de sir John Malcolm que, étant dans les Indes, dès qu'il apparaissait dans un camp où régnait la tristesse, « il faisait l'effet d'un rayon de soleil..... Nul homme ne le quittait sans avoir le sourire sur les lèvres. Il était toujours *le jeune Malcolm*, et il était impossible de résister à la fascination que produisait sa présence sympathique[1]. »

Il y avait en Burke la même nature joyeuse. Un jour, à un dîner chez sir Josué Reynolds, la conversation étant tombée sur les liqueurs propres à tel ou tel tempérament, Johnson dit : « Le vin de Bordeaux est bon pour les jeunes garçons, le porto pour les hommes, et l'eau-de-vie pour les héros. » — « Alors », dit Burke, « donnez-moi du bordeaux ; j'aime à être encore petit garçon et à retrouver l'insouciante gaieté des jours de mon enfance. » C'est ainsi qu'il y a de vieux jeunes gens, et de jeunes vieillards ; — les uns, dans un âge avancé, sont gais et joyeux comme de jeunes garçons ; les autres sortent à peine de l'enfance qu'ils sont déjà tristes et moroses comme des vieillards chagrins.

En présence de quelques jeunes fats, nous avons entendu un aimable vieillard déclarer que, selon toute apparence, il n'y aurait bientôt plus dans le monde que « de vieux en-

[1] *Vies des officiers indiens,* par sir John KAYE.

fants. » L'enjouement étant d'une nature généreuse, pure et cordiale, ne caractérise jamais les faquins. Gœthe avait coutume de s'écrier en voyant des personnes d'un extérieur correct, qu'il croyait dépourvues de chaleur et d'élan : « Oh ! si elles avaient seulement le courage de faire quelque sottise ! » — « Jolies poupées », ajoutait-il en parlant d'elles, et il se détournait pour ne pas les voir.

La véritable source de l'enjouement est l'amour, l'espérance et la patience. L'amour évoque l'amour et fait naître la bienveillance. L'amour entretient sur autrui des pensées généreuses et confiantes. Il est charitable, doux et sincère. Il sait discerner ce qui est bien. Il regarde les choses de leur plus beau côté, et son visage est sans cesse tourné vers le bonheur. Il voit « de la splendeur jusque dans le gazon, et sur la fleur le rayon de soleil ». Il encourage les pensées heureuses et vit dans une atmosphère de contentement. Il ne coûte rien, et cependant il est inappréciable, car il remplit de bénédictions celui qui le possède et répand du bonheur partout autour de lui. Ses chagrins eux-mêmes sont mêlés de plaisirs, et jusqu'à ses larmes ont encore leur douceur.

Bentham pose en principe que tout homme augmente le capital de ses plaisirs en proportion de ce qu'il en dépense pour les autres. Sa bonté attire la bonté, et son bonheur s'accroît de sa propre bienveillance. « Une bonne parole », dit-il, « ne coûte pas plus qu'une mauvaise. Les paroles aimables produisent les actions charitables, non-seulement chez celui qui les reçoit, mais encore chez celui qui les a prononcées, et ceci n'arrive pas une fois, par hasard, mais habituellement, en vertu du principe d'association »..... « Il peut se faire que l'effort bienfaisant ne profite pas toujours à ceux qui en étaient l'objet; mais, s'il est sagement dirigé, il profitera sûrement à son auteur. Les témoignages de sympathie et d'affection sont quelquefois payés d'ingratitude, mais rien ne peut enlever à celui qui les donne le contentement de soi-même, qui est sa récompense. Nous pouvons répandre autour de nous, à si peu de frais, des semences de courtoisie et de charité! Quelques-unes tomberont inévitablement sur de bonne terre et répandront dans les cœurs des germes de bienveillance, mais toutes seront une source de bonheur pour celui qui les aura semées. Les vertus sont toujours bénies au moins une fois, et souvent elles reçoivent une double bénédiction [1]. »

Le poëte Rogers racontait volontiers l'histoire d'une petite fille qui était l'idole de tous ceux qui la connaissaient. Quelqu'un lui ayant demandé : « Comment se fait-il que tout le monde vous aime tant? » elle répondit : « Je crois que c'est parce que j'aime tant tout le monde. » Cette parole si simple est susceptible d'une vaste application; car notre bonheur comme êtres humains est en général proportionné au nombre d'objets que nous aimons et au nombre d'objets qui nous aiment. Les plus grands succès de ce monde, quelque honnêtement qu'ils aient été acquis, ne pourront contribuer que bien peu à nous rendre heureux, s'ils ne sont accompagnés d'un vif amour pour chacun de nos semblables.

La bonté a véritablement un grand empire. Leigh Hunt a dit avec raison « que la puissance elle-même n'a pas moitié tant de force que la douceur ». Les hommes se laissent toujours gouverner par leurs affections. Il y a un proverbe qui dit : « Les hommes se prennent par la douceur », et un autre plus vulgaire, qui a la même signification : « On attrape plus de mouches avec du miel qu'avec du vinaigre. »

« Tout acte de bonté », dit Bentham, « est une manifestation de pouvoir et le fondement d'une amitié;

---

[1] *Déontologie*, pages 130, 131 et 144.

pourquoi le pouvoir ne s'exercerait-il pas à produire plutôt du plaisir que de la peine? »

La bonté ne consiste pas à faire des présents, mais à être doux et généreux d'esprit. On donne quelquefois l'argent de sa bourse, mais sans la charité qui vient du cœur. La charité qui se borne à donner son argent ne compte pas pour grand chose et fait souvent plus de mal que de bien, mais la bonté qui se traduit par une vraie sympathie et un secours opportun amène toujours les meilleurs résultats.

Il ne faut pas confondre la bonne humeur, qui s'exprime par la bienveillance, avec la mollesse ou la sottise. Celui qui la possède se trouve dans une condition active plutôt que passive ; loin d'être indifférente, elle est très-sympathique. Cette bonne humeur ne se trouve pas toujours dans les rangs les plus infimes de la vie humaine, mais on la rencontre chez les êtres les mieux organisés. La véritable bonté recherche et favorise tout ce qui peut servir à faire le bien dans le présent, et, envisageant l'avenir, elle voit le même esprit se perpétuer pour le bonheur et le perfectionnement de l'humanité.

Ce sont les hommes bienveillants qui sont les plus actifs en ce monde, tandis que les égoïstes et les sceptiques, qui n'ont d'amour que pour eux-mêmes, restent oisifs. Buffon avait coutume de dire qu'il n'aurait aucune confiance dans un jeune homme qui commencerait la vie sans avoir un enthousiasme quelconque. Car il faut au moins prouver qu'on a foi dans quelque chose de bon, de grand et de généreux, quand même il serait impossible d'y atteindre.

La vanité, le scepticisme et l'égoïsme sont toujours de tristes compagnons dans la vie ; pour la jeunesse, c'est une société contre nature. Le vaniteux se rapproche beaucoup du fanatique. Constamment occupé de lui-même, il ne lui

reste plus aucune pensée pour les autres. Il rapporte tout
à lui, ne songe qu'à lui et s'étudie lui-même jusqu'à
ce que sa petite personnalité devienne son propre petit
dieu.

Mais ce qu'il y a de pire, ce sont les grondeurs, ceux
qui grognent sans cesse contre la fortune, qui trouvent que
tout va mal et qui ne veulent rien faire pour arranger les
choses, qui déclarent que tout est aride « *depuis Dan
jusqu'à Bersabée* ». Ces grognards sont toujours les moins
secourables dans les difficultés de la vie. De même que les
plus mauvais ouvriers sont généralement les plus prompts
à frapper, de même les membres les moins industrieux de
la société sont toujours les plus disposés à se plaindre. La
plus mauvaise de toutes les roues est celle qui grince.

Il y a des gens qui nourrissent leur mécontentement
jusqu'à en faire un sentiment morbide. Ceux qui ont la
jaunisse voient tout en jaune. Quand on est soi-même mal
conditionné, tout paraît de travers et le monde renversé.
Tout semble vain et contrariant. La petite fille du *Punch*
qui, découvrant que sa poupée était bourrée de son, déclara
que tout était vide en ce monde et voulut s'en retirer,
avait sa contre-partie dans la vie réelle. Beaucoup de
grandes personnes sont tout aussi déraisonnables. Il y en a
dont on peut dire qu'elles *jouissent* d'une mauvaise santé ;
elles regardent cela comme une sorte de propriété. Elles
disent : « *ma* migraine », « *mon* mal de dos », et ainsi de
suite, jusqu'à ce qu'elles finissent par se persuader que ces
souffrances leur appartiennent en propre. Peut-être aussi
leur attirent-elles la sympathie qu'elles désirent tant,
et sans laquelle leur importance dans le monde serait très-
diminuée.

Il faut encore nous mettre en garde contre les petits
chagrins que nous sommes disposés à grossir en les ali-
mentant. En vérité, la principale source d'ennuis en ce

monde n'est pas dans les maux réels, mais plutôt dans les maux imaginaires, dans les petites vexations, les afflictions légères. Devant un grand chagrin, tous les petits tourments disparaissent, mais nous sommes toujours trop disposés à prendre à cœur quelque misère et à la caresser. Elle n'est souvent que le produit de notre imagination, et cependant, oubliant tous les éléments de bonheur qui sont à notre portée, nous la choyons comme un enfant gâté jusqu'à ce qu'elle finisse par nous dominer. Nous fermons la porte à l'enjouement et nous nous entourons de tristesse. Nous devenons plaintifs, moroses et disgracieux. Notre conversation n'exprime que des regrets. Nous sommes sévères dans nos jugements. Parce que nous sommes insociables, nous trouvons tous les autres ainsi. Nous faisons de notre cœur un entrepôt de peines que nous infligeons à nous-mêmes autant qu'à nos semblables.

L'égoïsme entretient cette disposition : du reste, elle n'est en général que de l'égoïsme pur, sans aucun mélange de sympathie ni de considération pour les sentiments de ceux qui nous entourent. C'est de l'obstination mal placée. Elle est volontaire, car elle pourrait être évitée. Que les *Nécessariens* discutent tant qu'ils voudront, la liberté de volonté et d'action a été donnée à l'homme et à la femme. C'est ce qui fait notre gloire, et souvent notre honte ; tout dépend de la manière dont on sait l'employer. Nous pouvons regarder de préférence le beau côté des choses ou le plus sombre. Nous pouvons suivre les bonnes pensées et repousser les mauvaises. Nous pouvons être de mauvaises têtes et de mauvais cœurs, ou bien tout le contraire ; cela dépend de nous. Le monde sera presque toujours, pour chacun de nous, ce que nous l'aurons fait. Ceux qui ont l'humeur gaie en sont les véritables possesseurs, car l'univers appartient réellement à quiconque sait en jouir.

Il y a des cas cependant que le moraliste ne peut

prévoir. Un jour qu'un pauvre dyspeptique, à triste mine, était allé voir un célèbre médecin et lui avait expliqué ses souffrances : « Oh! » dit le docteur, « vous n'avez besoin que d'un bon franc rire; allez voir Grimaldi. » « Hélas! » répondit le malheureux patient, « je suis Grimaldi! » Et lorsque Smolett, accablé par la maladie, voyageait dans toute l'Europe avec l'espoir de recouvrer la santé, il jugeait chaque chose d'après ses yeux prévenus. « Je raconterai cela au monde entier », disait Smellfungus. — « Vous feriez mieux d'en parler à votre médecin », répondait Sterne.

Le caractère agité, inquiet, mécontent, toujours prêt à courir au-devant des soucis, est fatal au bonheur et à la paix de l'âme. Combien d'hommes et de femmes se posent en porcs-épics, si bien qu'on ose à peine en approcher, de crainte d'être piqué! Il est effrayant de penser à tous les maux qu'on peut causer dans la société, faute de savoir à l'occasion maîtriser son humeur. Ainsi les jouissances se changent en amertume, et la vie ressemble à un voyage où l'on marche pieds-nus au milieu des ronces et des épines. « Bien que les petits malheurs », dit Richard Sharpe, « comme les insectes invisibles, infligent parfois de grandes souffrances, le principal secret du bonheur consiste à ne pas nous laisser chagriner par les petites choses et à cultiver prudemment les petits plaisirs, car, hélas! il y en a bien peu de grands qui nous soient donnés à long bail. »

Saint François de Sales traite le même sujet au point de vue chrétien. « Avec quel soin », dit-il, « devons-nous entretenir les petites vertus qui s'élèvent au pied de la Croix! » On demanda au saint quelles étaient ces vertus, et il répondit : « L'humilité, la patience, la douceur, le support du prochain, la condescendance, la tendresse de cœur, l'enjouement, la cordialité, la compassion, le pardon des injures, la simplicité, la candeur, en un mot toutes les petites vertus de ce genre. Comme l'humble violette, elles aiment l'ombre ; comme à elle, il leur faut la rosée ; et, bien qu'elles aussi n'aient que peu d'apparence , elles répandent une odeur délicieuse sur tout ce qui les entoure [1]. »

Saint François de Sales dit encore : « S'il faut tomber dans quelque extrémité, que ce soit dans celle de la douceur. — L'esprit humain est ainsi fait, il se cabre contre la rigueur : tout par douceur, rien par force. — Une parole douce apaise la colère comme l'eau apaise le feu ; et par la bonté il n'y a pas de terrain si ingrat qu'on ne puisse rendre fertile... La vérité, dite avec courtoisie, fait l'effet de roses lancées au visage. Comment pourrions-nous résister à un ennemi dont les armes sont des perles et des diamants [2] ? »

Souffrir des maux par anticipation n'est pas le moyen de les vaincre. Si nous portons sans cesse nos fardeaux avec nous, ils nous écraseront bientôt sous leur poids. Quand le malheur vient, nous devons l'accepter bravement et sans désespérer. Ce que Perthes écrivait à un jeune homme qui semblait disposé à prendre trop à cœur les petites misères, aussi bien que les chagrins, était certainement un bon avis : « Marchez en avant avec espoir et confiance. C'est le conseil que vous donne un vieillard qui a eu sa large part du fardeau et des peines de la vie. Nous devons toujours rester debout, quoi qu'il arrive, et pour cela il faut nous résigner gaiement à subir les diverses influences de cette vie aux couleurs si variées. Appelez cela de la légèreté, et vous aurez raison jusqu'à un certain point, car les fleurs et les couleurs ne sont que des atomes, qui ne pèsent rien dans l'air ; mais cette légèreté est une partie inhérente de notre nature humaine, qui, sans elle, succomberait sous le poids

[1] *Esprit de saint François de Sales.*
[2] *Ibid.*

du temps. Pendant que nous sommes sur la terre, il nous faut jouer avec la terre et avec tout ce qui fleurit et s'épanouit sur elle. La certitude que cette vie périssable n'est que la route qui nous mène à un but plus élevé ne saurait nous empêcher d'en jouir, et même nous le devons, car sans cela notre énergie d'action nous manquerait entièrement[1]. »

L'enjouement accompagne aussi la patience, qui est l'une des principales conditions de bonheur et de succès dans la vie. « Celui qui veut être servi doit être patient », dit Georges Herbert. On a dit du roi Alfred, toujours si gai et si patient, que « la bonne fortune le suivait partout comme un don de Dieu ». Le calme expectatif de Marlborough était grand, et de là surtout venaient ses succès comme général. « La patience vient à bout de tout », écrivait-il à Godolphin en 1702. Au milieu des plus grandes difficultés, ayant été joué et trahi par ses alliés, il disait : « Nous avons fait tout ce qu'il était possible de faire, il ne nous reste plus qu'à nous soumettre avec patience. »

Le dernier et le plus grand des bienfaits, c'est l'espérance, qui cependant est la plus commune de toutes les possessions ; car, ainsi que l'a dit Thalès, le philosophe : « Ceux-là mêmes qui n'ont rien autre chose ont encore l'espérance. »

L'espérance est le grand secours du pauvre. On l'a appelée : « le pain du pauvre ». C'est elle aussi qui inspire et dirige les grandes actions. On raconte d'Alexandre le Grand que, lorsqu'il hérita du trône de Macédoine, il partagea entre ses amis la majeure partie des États que son père lui avait laissés ; et quand Perdiccas lui demanda ce qu'il avait réservé pour lui-même, il répondit : « La plus belle de toutes les possessions, l'espérance. »

---

[1] *Vie de Perthes*, t. II, p. 449.

Les plaisirs de la mémoire, quelque grands qu'ils soient, ne sont rien comparés à ceux de l'espérance ; car l'espérance est la mère de tous les efforts et de toutes les aspirations, et chaque don divin reçoit perpétuellement le souffle de l'espérance. On peut dire qu'elle est le levier moral qui fait mouvoir le monde et le tient en action. Comme terme de tout ce qui existe, nous voyons devant nous ce que Robertson d'Ellon appelle « la grande espérance ». « Sans espérance », disait Byron, « où serait l'avenir ? — en enfer ! Il est inutile de dire où est le présent, car la plupart de nous le savent ; quant au passé, qu'est-ce qui domine dans notre mémoire ? — Les espérances déçues. *Ergo,* dans toutes les affaires humaines, il n'y a qu'espérance, espérance, et toujours espérance[1]. »

---

[1] *Vie de lord Byron,* par Moore, 1 vol., Éd., p. 483.

CHAPITRE IX.

LES MANIÈRES. — L'ART.

> We must be gentle now we are gentlemen.
>
> SHAKESPEARE.

> Il nous faut être aimables maintenant que nous sommes des gentilshommes.

> Manners are not idle, but the fruit
> Of noble nature and of loyal mind.
>
> TENNYSON.

> Les manières ne sont pas chose futile, mais le fruit d'une noble nature et d'un esprit loyal.

> Une belle conduite vaut mieux qu'une belle forme ; elle procure une jouissance plus élevée que des statues ou des peintures ; c'est le plus beau de tous les arts.
>
> EMERSON.

> Les manières sont trop souvent négligées, elles sont très-importantes pour les hommes non moins que pour les femmes..... La vie est trop courte pour corriger de mauvaises manières ; du reste, les bonnes manières sont les images des vertus.
>
> Le Rév. SYDNEY SMITH.

Les manières sont l'un des principaux attraits extérieurs du caractère. Elles sont l'ornement de l'action, et donnent souvent de la beauté aux fonctions les plus humbles, par la façon dont on s'en acquitte. C'est un art véritable que de savoir décorer les moindres détails de la vie et de contribuer ainsi à la rendre agréable.

Les manières ne sont pas si frivoles ou si indifférentes qu'on pourrait le penser, car elles tendent beaucoup à faciliter les affaires de ce monde, de même qu'à adoucir les relations sociales. « La vertu elle-même offense », dit l'évêque Middleton, « quand elle est accompagnée de manières repoussantes. »

Les manières comptent pour beaucoup dans l'opinion qu'on se forme des hommes, et elles ont souvent plus d'influence que des qualités autrement essentielles. Des manières à la fois gracieuses et cordiales contribuent énormément au succès, et bien des gens échouent parce qu'ils en manquent[1]. Tout dépend des premières impressions, et elles sont généralement favorables ou défavorables selon qu'on rencontre plus ou moins de courtoisie et de civilité.

Tandis que la grossièreté et la rudesse ferment les portes et les cœurs, la bienveillance et la convenance, qui sont le propre des bonnes manières, font partout l'effet du *Sésame, ouvre-toi*. Elles ont la clef de toutes les portes et servent de passe-port pour pénétrer dans tous les cœurs.

On dit généralement que « les manières font l'homme », il serait plus vrai de dire que « l'homme fait les manières ». Celui-ci peut être rude et même grossier et avoir cependant un cœur d'or et un bon caractère ; mais il se rendrait sans doute beaucoup plus agréable, et peut-être plus utile, s'il laissait voir cette humeur douce et cette courtoi-

---

[1] Locke trouvait beaucoup plus important pour un homme ayant à s'occuper d'éducation, qu'il fût bien élevé et d'une humeur égale plutôt que grand classique et homme de science. Écrivant à lord Peterborough à propos de l'éducation de son fils, Locke disait : « Vous voudriez, Mylord, trouver dans le précepteur de votre fils un profond érudit, et moi je ne m'inquiète guère qu'il soit savant ou non. Pourvu qu'il comprenne bien le latin et qu'il ait une notion générale des sciences, je trouve que c'est assez ; mais je le voudrais *bien élevé* et *d'un bon caractère*. »

sie de manières qui sont le cachet du véritable gentilhomme.

Madame Hutchinson, dans le noble portrait qu'elle nous fait de son mari, auquel nous avons déjà eu l'occasion de faire allusion, dépeint ainsi sa mâle courtoisie et son humeur aimable : « Je ne saurais dire s'il y avait en lui plus de véritable grandeur ou moins de fierté ; ce qu'il y a de certain, c'est que jamais il ne dédaigna la personne la plus humble et ne flatta la plus haut placée ; il avait vis-à-vis des plus pauvres une politesse douce et affectueuse, et passait souvent bien des heures de loisir avec de simples soldats et d'humbles laboureurs ; mais il savait dispenser si bien sa familiarité, qu'il inspirait à tous ces pauvres gens un respect mêlé d'affection, et jamais ils n'oubliaient la différence de rang [1]. »

Les manières d'un homme indiquent jusqu'à un certain point son caractère. C'est l'exposition extérieure de sa nature intérieure. Elles montrent ses goûts, ses sentiments, son humeur et la société qu'il a fréquentée. Il y a des manières de convention qui ne prouvent pas grand chose ; mais les manières naturelles, le produit des dons qui sont en nous, et qui ont été cultivés avec soin, ont une signification très-grande.

La grâce des manières est inspirée par le sentiment, lequel est une véritable source de jouissances pour un esprit cultivé. Envisagé à ce point de vue, le sentiment a presque autant d'importance que les talents et l'instruction, et il a plus d'influence encore pour donner une direction aux goûts et au caractère de l'homme. La sympathie est la clef d'or qui ouvre tous les cœurs. Elle n'enseigne pas seulement la politesse et la courtoisie, mais elle donne de la pénétration et découvre la sagesse ; elle peut être considérée

[1] Mrs Hutchinson's « *Memoir of the Life of Lieut. Colonel Hutchinson* », p. 32.

également comme la plus grande grâce qui ait été donnée à l'humanité.

Les règles artificielles de la politesse ne signifient rien. Ce qui s'appelle *étiquette* n'est souvent que l'essence de l'impolitesse et du mensonge. Elle consiste surtout en *pose* et il est facile de la percer à jour. Même en la regardant de son bon côté, l'étiquette n'est qu'une substitution des bonnes manières, et souvent elle n'en est que la contrefaçon.

Les bonnes manières consistent en général dans la courtoisie et la bienveillance. On a dépeint la politesse comme l'art de montrer par des signes extérieurs l'estime que nous avons intérieurement pour les autres. Mais on peut être parfaitement poli envers quelqu'un sans avoir pour lui une estime particulière. Les bonnes manières ne sont ni plus ni moins qu'une belle conduite. On a dit « qu'une belle forme était préférable à une belle figure, et qu'une belle conduite valait mieux qu'une belle forme ; elle procure une jouissance plus élevée que les statues et les peintures; c'est le plus beau de tous les arts. »

La véritable politesse doit être le produit de la sincérité, elle doit partir du cœur, ou bien elle ne laissera aucune impression durable, car il n'y a pas de politesse qui puisse nous empêcher d'être vrais. Il faut laisser paraître le caractère naturel, en supprimant ses angles et ses aspérités. Saint François de Sales dit que la politesse doit ressembler à l'eau, — « dont la meilleure est la plus claire, la plus simple et celle qui n'a pas de goût ». — Cependant le génie chez un homme couvre toujours bien des défauts de manières, et on en passe beaucoup à ceux qui ont de la force et de l'originalité. S'il n'y avait pas cette teinte primitive particulière à chaque individu, la vie humaine perdrait beaucoup de son intérêt et de sa variété, et les caractères n'auraient plus la même vigueur, la même force virile.

La véritable courtoisie est bienveillante. Elle se montre dans le désir de contribuer au bonheur des autres et dans l'abstention de tout ce qui peut leur être désagréable. Elle n'est pas ingrate et reconnaît volontiers les actes de bonté. Le capitaine Speke rencontra cette qualité, poussée à l'extrême, jusque chez les naturels d'Uganda, sur les rives du lac Nyanza, au cœur de l'Afrique. « Là, dit-il, l'ingratitude ou simplement l'oubli de remercier quelqu'un pour un service rendu sont passibles d'une peine. »

La véritable politesse se montre surtout dans la déférence qu'on a pour la personnalité d'autrui. Celui qui veut être respecté doit respecter chacun. Il faut avoir un certain égard pour toutes les opinions, quand même elles différeraient des nôtres. L'homme de bonnes manières fait preuve de convenance en écoutant patiemment celui qui lui parle, et souvent même il s'attire du respect. Il se montre tolérant et patient et s'abstient de jugements sévères ; or, les jugements sévères que nous portons sur les autres provoquent presque toujours des jugements sévères sur nous-mêmes.

L'homme impoli et sans réflexion aimera quelquefois mieux sacrifier son ami plutôt qu'un bon mot. Quelle folie cependant de s'exposer à la haine de quelqu'un pour une minute de satisfaction! Brunel, l'ingénieur, — qui était lui-même l'un des hommes les plus bienveillants, — avait coutume de dire que « la méchanceté et la malveillance étaient les voluptés les plus coûteuses qu'il y eût au monde ». Et le docteur Johnson dit un jour : « Monsieur, il n'est pas plus permis d'être malhonnête en paroles qu'en actions, il n'est pas mieux d'être insolent envers quelqu'un que de le jeter par terre. »

Un homme sensé et poli ne prétend pas être plus sage ou plus riche que son voisin. Il ne se vante pas de son rang, de sa naissance, de son pays ; il ne dédaigne pas

ceux qui n'ont pas été appelés à jouir des mêmes priviléges. Il ne fait pas parade de ses talents ou de sa profession, et il a le soin de ne pas *parler boutique* dès qu'il ouvre
la bouche. Au contraire, dans tout ce qu'il dit et tout ce
qu'il fait, il est modeste, sans prétention, sans arrogance,
montrant son véritable caractère par ses actes plutôt que
par ses paroles.

Le manque de respect pour les sentiments des autres
prend généralement sa source dans l'égoïsme et se traduit
par de la dureté et des manières repoussantes. Peut-être
vient-il moins de la malignité que du défaut de sympathie
et de délicatesse, du défaut de cette intelligence et de cette
attention qui nous aident à saisir ces mille petits riens,
indifférents en apparence, par lesquels on peut causer du
plaisir ou de la peine. En vérité, l'on peut dire que c'est
dans le continuel sacrifice de soi-même, dans les relations
de la vie habituelle, que consiste surtout la différence entre
l'homme bien ou mal élevé.

Celui qui, dans la société, ne s'impose aucune gêne se
rend insupportable. Personne n'a de plaisir à voir un
pareil homme, et il est une source incessante d'ennuis
pour tous ceux qui l'entourent. Faute de frein, bien des
gens passent leur vie à lutter contre des difficultés qu'ils se
forgent eux-mêmes, et rendent tout succès impossible par
leur caractère acariâtre et grossier; tandis que d'autres,
moins bien doués peut-être, font leur chemin et réussissent
par leur patience, leur égalité d'humeur et leur empire sur
eux-mêmes.

On a dit que les hommes réussissaient dans la vie par
leur caractère autant que par leurs talents. Quoi qu'il en
soit, il est certain que le bonheur dépend beaucoup du
tempérament et surtout de la disposition à l'enjouement,
de la complaisance, de l'affabilité et du désir d'obliger nos
semblables. — Toutes ces qualités sont comme la monnaie

courante des relations sociales et toujours en usage.

Il y a bien des manières impolies de montrer le peu d'égards qu'on a pour son prochain, comme par exemple trop de négligence dans la toilette, le manque de propreté, des habitudes répugnantes. Une personne sale et désordonnée, tout en se rendant physiquement désagréable, jette encore un défi aux goûts et aux sentiments des autres, et elle est grossière et impolie sous une autre forme.

David Ancillon, prêcheur huguenot très-attrayant, qui étudiait et composait ses sermons avec le plus grand soin, avait coutume de dire que : « C'était montrer trop peu d'estime pour le public que de ne pas prendre la peine de se préparer, et que l'homme qui paraîtrait un jour de cérémonie avec son bonnet de nuit et sa robe de chambre ne pourrait commettre une plus grande infraction à la civilité. »

La perfection des manières, c'est l'aisance, — celle qui n'attire l'attention de personne, mais qui est simple et naturelle. L'artifice est incompatible avec une attitude franche et courtoise. La Rochefoucauld a dit que « rien ne nous empêche d'être naturels comme le désir de le paraître ». Voici que nous revenons encore à la sincérité et à la franchise, dont nous avons déjà parlé dans les chapitres précédents. Elles se traduisent au dehors par la grâce, l'urbanité, la bienveillance et les égards pour les sentiments d'autrui. L'homme franc et cordial met à l'aise tous ceux qui l'entourent. Il les réchauffe, il les élève par sa présence, et il gagne tous les cœurs. Ainsi les manières comme le caractère peuvent devenir une véritable force motrice.

« L'affection et l'admiration », dit le chanoine Kingsley, « que la nature brave et aimante de sir Sydney Smith inspirait à tous ceux qui se trouvaient en contact avec lui, riches ou pauvres, venaient justement de ce que, sans peut-être s'en rendre compte, il traitait les riches et les pauvres, ses propres serviteurs et ses plus nobles hôtes, avec la même courtoisie, les mêmes égards ; il était avec eux affectueux et gai, et, partout où il allait, il laissait des bénédictions et en recueillait.

On dit que les bonnes manières sont en général le signe distinctif des personnes bien nées et bien élevées, et de celles qui vivent dans les hautes plutôt que dans les basses classes de la société. Pour les premières, ceci est vrai jusqu'à un certain point, à cause du milieu plus favorable où s'est passé le commencement de leur vie. Mais il n'y a pas de raison pour que les classes les plus pauvres ne pratiquent pas entre elles les bonnes manières, de même que les plus riches.

Les hommes qui travaillent de leurs propres mains peuvent se respecter et respecter les autres comme ceux qui ne font rien, et c'est par leur conduite envers leurs semblables, — autrement dit, par leurs manières — qu'ils montrent leur respect d'eux-mêmes et leur respect mutuel. Il n'y a guère de moment dans leur vie dont la jouissance ne puisse être rehaussée par quelque acte de bonté, soit dans l'atelier, dans la rue, ou à la maison. L'ouvrier poli exercera dans sa sphère une plus grande influence, et peu à peu il entraînera les autres à l'imiter par la régularité de sa conduite, sa politesse et sa bonté. C'est ainsi que Benjamin Franklin, étant ouvrier, réforma, dit-on, les habitudes de tout un atelier.

On peut être aimable et poli avec très-peu d'argent dans sa bourse. La politesse va loin et ne coûte rien. C'est la moins chère de toutes les jouissances, c'est le plus humble des talents, et cependant il est si utile et si agréable qu'il mérite d'être mis au rang des humanités.

Chaque nation peut trouver quelque chose à apprendre chez les autres nations, et ce que la classe ouvrière anglaise pourrait copier avec avantage sur ses voisins du continent, ce serait leur politesse. Les Français et les Allemands dans les classes les plus humbles ont des manières affables, cordiales ; ils sont complaisants et souvent bien élevés. L'ouvrier étranger ôte sa casquette et salue respectueusement l'ouvrier qu'il rencontre. Il n'y a rien d'humiliant à cela, mais c'est gracieux et digne. Sur le continent, la pauvreté de la population ouvrière est moins misérable, parce qu'elle la porte gaiement. Bien qu'elle ne reçoive pas la moitié du salaire de la nôtre, elle ne tombe pas dans une aussi grande détresse et elle ne noie pas ses chagrins dans l'alcool ; elle cherche au contraire à tirer le meilleur parti de la vie et à en jouir au milieu même de la pauvreté.

Le bon goût est un véritable économiste. Il peut s'allier aux petites ressources et adoucir la part du labeur comme celle du repos. On en jouit même d'autant plus qu'il s'associe au travail et à l'accomplissement du devoir. Le goût relève la pauvreté. Il se montre dans l'économie du ménage, il donne du brillant et de la grâce à la plus humble demeure ; il produit la politesse, engendre la bienveillance, et crée une atmosphère de contentement. Ainsi le bon goût joint à la bonté, à la sympathie et à l'intelligence, rehausse et embellit l'existence la plus obscure.

La première et la meilleure école des manières, comme celle du caractère, est toujours la famille, où c'est la femme qui enseigne. Les manières de la société prise dans son ensemble ne sont que le reflet de celles de la famille, et ne sont ni meilleures, ni pires. Cependant, malgré tous les désavantages d'un intérieur grossier, on peut encore cultiver soi-même ses manières et son intelligence, et apprendre par de bons exemples à être affable et gracieux vis-à-vis de tout le monde. Beaucoup d'hommes sont comme les diamants bruts, ils ont besoin de recevoir ce poli que donne le contact avec des natures meilleures, pour faire ressortir toute leur beauté et leur éclat. Il y en a qui ne sont polis que d'un côté, juste assez pour laisser voir le grain délicat de l'intérieur; mais, pour faire paraître en plein toutes les qualités du joyau, il faut la discipline de l'expérience et le contact avec de grands modèles et de beaux caractères, dans les relations de la vie habituelle.

Le succès des manières dépend beaucoup du tact, et c'est parce que les femmes ont en général plus de tact que les hommes qu'elles sont les maîtres les plus influents. Elles savent mieux se contraindre et sont naturellement plus gracieuses et plus polies. Elles possèdent une vivacité, une promptitude d'action instinctives; elles ont une plus grande pénétration et montrent plus de discernement et d'adresse. Pour les mille détails de la vie sociale, l'intelligence et l'habileté leur viennent naturellement; aussi les hommes de bonnes manières reçoivent leur meilleure éducation en se mêlant à la société de femmes aimables et spirituelles.

Le tact est un art instinctif, et celui qui le possède se tire des difficultés mieux que par le talent ou la science. Le talent, a dit un écrivain, « c'est la puissance; le tact, c'est l'habileté. Le talent, c'est le poids; le tact, c'est l'impulsion. Le talent sait ce qui doit être fait, le tact sait comment le faire. Le talent rend un homme respectable, le tact le fait respecter. Le talent, c'est la richesse; le tact, c'est la monnaie courante. »

La différence entre un homme de tact et celui qui n'en a pas se trouve démontrée dans une entrevue qui eut lieu un jour entre Lord Palmerston et M. Behnes, le sculpteur. A la dernière audience que lui donna Lord Palmerston, Behnes entama ainsi la conversation: « A-t-on des nouvelles de France, Mylord? Où en sommes-nous avec Louis-Napoléon? » Le ministre des affaires étrangères fronça un instant ses sourcils, et répondit avec calme : « En vérité, monsieur Behnes, je n'en sais rien; je n'ai pas encore vu les

journaux! » Pauvre Behnes! avec toutes ses qualités et
beaucoup de talent, il fut l'un des hommes qui réussirent le
moins dans la vie, à cause de son manque de tact.

L'empire des manières est tel, que Wilkes, l'un des
hommes les plus laids qu'on pût voir, avait coutume de
dire que, pour gagner les bonnes grâces d'une jolie femme,
il n'y avait pas plus de trois jours de distance entre lui et le
plus bel homme de l'Angleterre.

Mais cette allusion à Wilkes nous rappelle qu'il ne faut
pas attacher trop d'importance aux manières, car elles ne
sont pas la véritable épreuve du caractère. L'homme au
maintien séduisant ne joue peut-être qu'un rôle comme
Wilkes, et cela dans un but immoral. Les manières, de
même que les talents, plaisent et sont extrêmement agréables
à voir, mais elles ne servent quelquefois que de déguisement; c'est comme si l'on voulait s'attribuer une vertu
qu'on n'a pas. Elles ne sont que le signe extérieur de la
bonne conduite, et sont souvent très-superficielles. Telle
personne qui a les plus charmants dehors est peut-être
dépravée jusqu'au fond du cœur, et ses manières si
recherchées ne consistent après tout qu'en belles phrases et
en gestes gracieux.

D'un autre côté, il faut convenir que, parmi les natures
les plus riches et les plus généreuses, il y en a qui sont
absolument dépourvues de grâce et de courtoisie. De
même qu'une rude écorce recouvre quelquefois le fruit le
plus doux, ainsi un rude extérieur cache souvent une
nature bonne et aimante. L'homme brusque peut sembler
impoli, tout en ayant le cœur doux, honnête et bon.

John Knox et Martin Luther ne se distinguaient pas
par leur urbanité. Ils avaient entrepris une œuvre qui
demandait des hommes forts et déterminés plutôt que
bien élevés. On les trouvait même durs et violents.
« Et qui es-tu », disait Marie, reine d'Écosse, à Knox,

« pour oser donner des leçons aux nobles et à la souve-
raine de ce royaume? » « Madame », répliqua Knox, « je
suis un sujet né dans le même royaume. » On dit que cette
audace et cette rudesse firent pleurer plus d'une fois la
reine Marie. Quand le régent Morton apprit cela, il dit :
« Il vaut mieux voir pleurer des femmes que des hommes
barbus. »

Un jour que Knox quittait la présence de la reine, il
entendit l'un des seigneurs de la cour dire à un autre : « Il
n'a pas peur! » Se retournant alors, il dit : « Et pourquoi
l'aimable figure d'un gentilhomme me ferait-elle peur? J'ai
regardé plus d'une fois en face des hommes en colère, et
cependant je n'ai pas été effrayé outre mesure. » Lorsque
Knox, usé par excès de travail et de peine, fut enfin conduit
au lieu de son repos, le régent, jetant les yeux sur la
tombe entr'ouverte, s'écria en termes qui firent impression
à cause de leur vérité et de leur à-propos : «Ici repose celui
qui ne redouta jamais le visage d'aucun homme. »

Luther fut également considéré par bien des gens comme
un mélange de violence et de rudesse. Lui aussi vivait à
une époque d'agitations et de luttes qui n'était pas celle de
la suavité et de la douceur. Il parlait et il écrivait avec
grande véhémence. Mais sa véhémence n'existait qu'en
paroles. Son écorce rude cachait un cœur chaud. Dans la
vie privée, il était doux et affectueux. Il était simple
et rustique jusqu'à la vulgarité. Aimant tous les plaisirs et toutes les jouissances, il était loin d'être austère;
il était même cordial, gai et joyeux. Luther fut de son temps
le héros du peuple, dont il avait les goûts et les instincts, et
il l'est encore de nos jours en Allemagne.

Samuel Johnson était brusque et souvent grognon. Mais
il avait été élevé à une rude école. La pauvreté dans
laquelle il avait passé les premières années de sa vie
l'avait mis en contact avec d'étranges compagnons. Il

avait erré dans les rues avec Savage pendant des nuits
entières, faute de pouvoir à eux deux se procurer assez
d'argent pour payer un lit. Lorsque son courage infatigable
et son industrie lui permirent enfin de prendre rang dans
la société, il portait encore les traces de ses premiers
chagrins et de ses luttes. Il était naturellement fort et
robuste, et son expérience le rendait rigide et absolu. Un
jour qu'on lui demandait pourquoi il n'était pas invité à
dîner aussi souvent que Garrick, il répondit : « Parce que
les grands seigneurs et les belles dames n'aiment pas qu'on
leur ferme la bouche. » Et Johnson était connu pour
fermer les bouches, tandis que ce qu'il disait lui-même
valait toujours la peine d'être écouté.

Les compagnons de Johnson l'avaient surnommé *ursa
major*. Mais, comme a dit généreusement Goldsmith : « Il n'y
a pas d'homme vivant qui ait le cœur plus tendre ; il n'a en
lui rien de l'ours, si ce n'est la peau. » La nature bienveillante de Johnson se montra un certain jour par la manière
dont il aida une prétendue dame à traverser *Fleet street*[1]. Il
lui donna son bras et la fit passer de l'autre côté, sans
remarquer qu'elle était ivre. Mais cette circonstance ne di-
minuait en rien le mérite de son action. Quelle différence
avec la conduite du libraire auquel Johnson alla un jour
s'adresser pour solliciter un emploi, et qui, regardant sa
personne athlétique et inculte, lui dit qu'il ferait mieux
« d'acheter un crochet de porte-faix et de porter des
malles » ! Cette réponse, en supposant même qu'elle eût été
transmise en termes plus doux, était tout simplement
brutale.

Tandis que les manières captieuses et l'habitude de con-
tredire et de discuter à propos de tout produisent une
impression glaciale et repoussante, l'habitude contraire de

---

[1] L'une des principales rues de Londres.

tout approuver, de sympathiser avec tous les sentiments et toutes les émotions, est presque aussi désagréable. Elle n'est pas digne, et elle est déloyale. « Il peut sembler difficile », dit Richard Sharp, « de rester toujours dans un juste milieu entre la brusquerie et la rondeur, entre les éloges mérités et l'aveugle flatterie, mais c'est plus facile qu'on ne pense ; la bonne humeur, la bienveillance et la plus grande simplicité sont les seules choses nécessaires pour faire toujours ce qui est bien, et comme on doit le faire [1]. »

D'un autre côté, beaucoup de gens sont impolis, non pas qu'ils aient l'intention de l'être, mais parce qu'ils sont gauches et n'en savent pas plus long. Ainsi, lorsque Gibbon eut publié le second et le troisième volume de son *Decline and Fall* [2], le duc de Cumberland le rencontra un jour et l'accosta en ces termes : « Comment vous portez-vous, monsieur Gibbon ? Je vois que vous êtes toujours le même, sans cesse *griffonnant, gribouillant, barbouillant!* » Le duc avait sans doute l'intention de faire un compliment à l'auteur, mais il ne sut pas le tourner mieux que de cette façon brusque et presque malhonnête.

Il y a encore beaucoup de personnes qu'on croit roides, réservées et fières, tandis qu'elles ne sont que timides. La timidité est l'un des caractères distinctifs de la plupart des peuples de la race teutonique. On l'a appelée : « la manie anglaise », mais elle envahit plus ou moins toutes les nations du Nord. L'Anglais en général, quand il voyage à l'étranger, porte avec lui sa timidité. Il est roide, gauche, peu démonstratif, et en apparence peu sympathique ; et, quoiqu'il cherche à prendre une certaine brusquerie de manières, la timidité est toujours là et ne peut être consolé-

---

[1] *Lettres et Essais.*
[2] *Déclin et Chute.*

tement dissimulée. Les Français, naturellement gracieux et essentiellement sociables, ne peuvent comprendre un pareil caractère, et l'Anglais est sans cesse leur point de mire, le sujet de leurs caricatures les plus comiques. Georges Sand attribue « la rigidité des insulaires d'Albion à une provision de *fluide britannique* qu'ils apportent avec eux et au milieu duquel ils voyagent, aussi peu accessibles à l'atmosphère des régions qu'ils traversent que la souris au centre de la machine pneumatique [1] ».

Le Français et l'Irlandais surpassent en moyenne l'Anglais, l'Allemand et l'Américain, en ce qui regarde la courtoisie et l'aisance des manières, uniquement parce que c'est dans leur nature. Ils ont plus besoin de société et dépendent moins d'eux-mêmes que les hommes d'origine teutonique ; ils sont plus démonstratifs, plus ouverts ; ils aiment la conversation et sont plus libres dans leurs rapports les uns avec les autres ; tandis que les hommes de race germanique sont comparativement roides, réservés, timides et gauches. Il est vrai qu'un peuple peut montrer de l'aisance, de la gaieté, de la vivacité d'esprit, et ne pas posséder les qualités solides qui inspirent le respect. Il a quelquefois toutes les grâces des manières, et pourtant il est sans cœur, frivole et égoïste. Le caractère n'est souvent que superficiel, sans vertus solides pour fondations.

Entre deux peuples, celui qui est aimable et gracieux, ou celui qui est gauche et roide, lequel est le plus agréable à rencontrer dans les affaires, dans la société, ou dans les relations accidentelles de la vie? Il n'y a là aucun doute. Mais chez lequel trouve-t-on les amis les plus sûrs, les hommes les plus fidèles à leur parole, les plus consciencieux dans l'accomplissement du devoir? Ceci est une question tout à fait différente.

[1] Lettres d'un voyageur.

L'Anglais sec et *gauche,* ou, pour me servir de l'expression française, l'*Anglais empêtré,* est certainement un être assez désagréable à voir au premier abord. Il a l'air d'avoir avalé son *poker.* Il est timide lui-même, et il est pour les autres une cause de timidité. Il est roide, non pas parce qu'il est fier, mais parce qu'il est timide, et il ne pourrait secouer cette timidité quand même il le voudrait. Nous ne serions pas surpris de découvrir que le spirituel écrivain qui a dépeint le Philistin anglais dans toute sa gaucherie et son manque de grâce fût lui-même aussi craintif qu'une chauve-souris.

Lorsque deux hommes timides se rencontrent, ils sont comme deux glaçons. Ils se mettent à l'écart et se tournent le dos dans un appartement; quand ils voyagent, ils se glissent furtivement dans les coins les plus opposés des wagons. Quand un Anglais timide est sur le point de prendre le chemin de fer, il se promène tout le long du train jusqu'à ce qu'il découvre un compartiment vide, et, une fois qu'il s'y est installé, il prend en horreur le premier individu qui vient le déranger. Il en est de même dans la salle à manger du club. Chaque homme timide cherche une table inoccuppée, et il arrive quelquefois que toutes les tables de la salle n'ont chacune qu'un dîneur. Cette insociabilité apparente n'est en général qu'une excessive timidité, et c'est là le trait distinctif du caractère national anglais.

« Les disciples de Confucius », observe M. Arthur Helps, «disent qu'en présence du prince ses manières témoignaient un *malaise respectueux.* » Il serait difficile de trouver deux mots mieux appropriés à la manière d'être de la plupart des Anglais dans la société. Peut-être est-ce à cause de ce sentiment que sir Henry Taylor, dans son *Statesman,* recommande que, dans le cérémonial des audiences, le ministre se tienne aussi près de la porte que possible et qu'au lieu de saluer son visiteur pour l'inviter à se retirer, il passe lui-même, à la fin de l'entrevue, dans la pièce à côté. « Les hommes timides et embarrassés », dit-il, « restent assis, comme s'ils étaient cloués à la même place, lorsqu'ils ont la perspective d'avoir à traverser tout un appartement. Dans tous les cas, la visite se termine beaucoup plus facilement quand la porte est tout près, au moment où les dernières paroles sont échangées [1]. »

Le prince Albert, l'un des hommes les plus doux et les plus aimables, était en même temps l'un des plus réservés. Il avait le sentiment de sa timidité, et, malgré tous ses efforts, il ne put jamais la vaincre ni la dissimuler. Son biographe en explique ainsi les causes : « C'était la timidité d'une nature très-délicate, qui n'est jamais sûre de plaire et n'a pas cette confiance et cette vanité qui contribuent à former des caractères en apparence plus sympathiques [2]. »

Le prince avait ce défaut de commun avec plusieurs grands hommes anglais. Sir Isaac Newton était peut-être l'un des hommes les plus timides de son temps. Il tint secrètes pendant assez longtemps quelques-unes de ses plus grandes découvertes, de peur de la célébrité qu'elles pourraient lui donner. Sa révélation du théorème binomial et de ses applications les plus importantes, de même que sa découverte plus grande encore de la loi de gravitation, ne fut publiée qu'après bien des années, et, lorsqu'il communiqua à Collins sa solution de la théorie sur le mouvement de rotation de la lune autour de la terre, il lui défendit d'insérer son nom quand son problème paraîtrait dans les *Transactions philosophiques*, « car », dit-il, « cela pourrait peut-être étendre mes relations, et c'est la chose que je cherche le plus à éviter ».

D'après tout ce que nous savons de Shakespeare, on

[1] Sir Henry Taylor's « *Statesman* ». (L'*Homme d'État* de sir Henry Taylor.)
[2] Introduction aux principaux discours et adresses de son Altesse royale le prince Époux, 1862.

peut conclure qu'il était excessivement timide. La façon
dont ses tragédies furent lancées dans le monde et les
dates où elles ont paru ne sont que matières à conjectures.
On ne sait même pas s'il autorisa la publication d'une seule
d'entre elles. Les seconds et même les troisièmes rôles
qu'il jouait dans ses propres pièces, — son indifférence
pour la réputation et son aversion visible pour les louanges
de ses contemporains, — sa disparition de Londres (qui
était le siége et le centre de l'art théâtral en Angleterre),
dès qu'il eut réalisé une modeste fortune, — et sa retraite
à l'âge de quarante ans dans une petite ville des comtés du
Sud, où il mena une vie obscure jusqu'à la fin de ses jours,
— tout semble prouver la nature réservée de l'homme et
son insurmontable timidité.

Il est probable aussi qu'outre sa timidité—qui peut-être,
comme celle de Byron, était encore augmentée par sa boiterie — Shakespeare ne possédait qu'à un faible degré le
don de l'espérance. Il est très-remarquable que, tandis que
le grand dramaturge illustrait dans ses œuvres toutes les
autres qualités, vertus et affections, il y ait si peu de passages où il parle d'espérance ; et encore c'est avec une sorte
de découragement, comme lorsqu'il dit :

> The miserable hath no other medicine,
> But only hope.

Les misérables n'ont pas d'autre remède que l'espérance.

Beaucoup de ses sonnets respirent le désespoir
et l'ennui de la vie [1]. Il se lamente de son infir-

---

[1] « When in disgrace with fortune and men's eyes,
I all alone beweep my outcast state,
And trouble deaf heaven with my bootless cries,
And look upon myself and curse my fate ;
Wishing me like to one more rich in hope,
Featured like him, like him with friends possessed,

milé[1] ; il cherche à excuser sa profession d'acteur[2], il exprime la peur qu'il a de se fier à lui-même ; il parle de

> Desiring this man's art, and that man's scope,
> With what I most enjoy, contented least;
> Yet in these thoughts, *myself almost despising*,
> Haply I think on thee, » etc.

> Quand exclu du bonheur, errant de ville en ville,
> J'arrose de mes pleurs mon état de proscrit,
> Que je trouble un ciel sourd de plaintes inutiles
> Et sens battre mon cœur sous un destin maudit,
> J'envie à tout mortel plus riche d'espérance
> Ses traits et ses amis, son art et son essor;
> Ce que j'aimais hier est pour moi sans jouissance,
> Et je suis mécontent, fatigué de mon sort.
> Dans ces tristes pensers, me méprisant moi-même,
> J'ai ton cher souvenir toujours présent en moi, etc.
>
> Sonnet XXIX.

1   « So I, *made lame* by sorrow's dearest spite, » etc.
Ainsi, *rendu boiteux* par chagrin et vengeance.

Sonnet XXXVI.

« And strength, by *limping* sway disabled, » etc.
Et ma force affaiblie par une *puissance boiteuse*.

Sonnet LXVI.

« Speak of *my lameness*, and I straight will halt. »
Parlez de ma *boiterie* et je m'arrêterai court.

Sonnet LXXXIX.

2   « Alas ! tis true, I have gone here and there,
And *made myself a motley to the view*,
Gored mine own thoughts, sold cheap what is most dear.
Made old offences of affection new, » etc.

Hélas ! c'est vrai, j'ai couru çà et là m'offrant aux regards sous plus d'une couleur; faisant saigner mon cœur, vendant à bon marché ce qui m'était le plus cher, et réveillant sans cesse les vieilles souffrances causées par l'amitié. — Sonnet CX.

> « Oh, for my sake do you with fortune chide !
> The guilty goddess of my harmful deeds,
> That did not better for my life provide,

son affection sans espoir et peut-être mal placée [1] ; il pré-
voit une destinée lugubre et appelle d'une voix émue
et pathétique le repos et la mort. »

On pourrait supposer que la profession de Shakespeare,
qui le forçait à paraître constamment en public, avait dû
vaincre bientôt sa timidité, si vraiment elle existait. Mais la
timidité innée, lorsqu'elle est poussée jusqu'à un certain
point, n'est pas facile à surmonter [1]. Qui eût jamais pu

Than public means, which public manners breed;
Thence comes it that my name receives a brand,
And almost thence my nature is subdued,
To what it works in like the dyer's hand, etc.

Oh ! pour l'amour de moi, grondez donc la fortune, la coupable
déesse de mes mauvaises actions, qui n'a su me donner, pour assurer
ma vie, que des moyens publics, d'où naissent les mœurs vulgaires.
De là vient que mon nom reçoit une flétrissure et que ma nature,
transformée dans son nouveau travail, arrive à être teinte, comme
le serait la main d'un teinturier.

Sonnet cxi.

[1]   « In our two loves there is but one respect,
Though in our loves a separable spite,
Which though it alter not love's sole effect,
Yet doth it steal sweet hours from love's delight.
I may not evermore acknowledge thee,
Lest *my bewailed guilt should do thee shame.* »

Nos amours n'ont entre eux qu'un seul point de rapport, mais ils
ont chacun leur sujet de dépit, qui, sans altérer notre immense tendresse, lui enlève le charme de plus d'une heure bien douce ; je ne
sais s'il me sera permis de jamais te reconnaître, car la faute que je
pleure pourrait te faire honte.

Sonnet xxxvi.

[1] On raconte de Garrick, qu'ayant été cité en témoignage dans le
procès de Baretti, il fut renvoyé du banc des témoins, par le président, comme un homme dont on ne pourrait obtenir aucune déposi-
tion. Il avait cependant l'habitude depuis trente ans de paraître sur
la scène, avec le plus grand sang-froid, devant des milliers de
personnes.

s'imaginer que Charles Mathews, qui jouait tous les soirs
dans des salles combles, faisant le bonheur de tous les
spectateurs, était par nature le plus timide des hommes.
Il faisait de longs circuits dans les rues détournées de
Londres pour éviter d'être reconnu, et quand, malgré
tout, on le reconnaissait, sa femme raconte qu'il avait l'air
penaud et confus, et qu'il rougissait et baissait les yeux,
s'il entendait seulement murmurer son nom en passant
dans les rues [1] !

En voyant Lord Byron pour la première fois, on n'aurait
jamais supposé non plus à quel point il était victime de sa
timidité. Son biographe raconte qu'étant en visite chez
M⁽ᵉ⁾ Pigot, à Southwell, dès qu'il voyait des étrangers
s'approcher, il sautait à l'instant par la fenêtre et s'échappait vers la prairie afin de les éviter.

Mais un exemple plus récent et plus frappant encore est
celui de l'archevêque Whately qui, dans les premières
années de sa vie, éprouvait un sentiment de timidité qui
allait jusqu'à la souffrance. A Oxford, son grand costume
blanc et son chapeau de même couleur lui avaient valu le
sobriquet « d'Ours blanc »; et ses manières, d'après le
récit qu'il nous fait de lui-même, répondaient à cette appellation. On lui conseilla comme remède de copier les
exemples des hommes les mieux élevés qu'il rencontrait
dans la société, mais les efforts qu'il s'imposait dans ce but
augmentaient encore sa timidité et il ne put réussir. Il
s'apercevait qu'au lieu de penser aux autres, il pensait
tout le temps à lui-même, tandis que penser aux autres
plutôt qu'à soi-même est la véritable essence de la politesse.

Voyant qu'il ne faisait aucun progrès, Whately fut
réduit au désespoir, et se dit à lui-même : « Pourquoi me

---

[1] Vie et correspondance de Charles Mathews, par M⁽ʳˢ⁾ Mathews.

soumettre toute ma vie à une pareille torture? Je la sup-
porterais encore, si j'avais quelque chance de succès; mais
puisqu'il n'y en a pas, je veux mourir tranquille sans essayer
d'autres remèdes; j'ai fait tout ce que j'ai pu, et je vois
que je suis destiné à rester jusqu'à la fin maladroit comme
un ours. Je tâcherai de ne pas m'en tourmenter davantage,
et de me résigner à ce que je ne puis empêcher. » Depuis
ce temps, il s'efforça de secouer toute préoccupation, quant
aux manières, et de dédaigner les critiques autant que
possible. En adoptant ce système, il réussit au delà de ses
espérances. « Non-seulement », dit-il, « je me débarrassai
de cette souffrance intime que donne la timidité, mais
encore de la plupart de ces défauts de manières qu'occa-
sionne la préoccupation, et j'acquis bien vite une aisance
naturelle, — et insouciante à l'extrême, parce qu'elle
venait d'une sorte de défi à l'opinion publique, que je
croyais devoir être toujours contre moi; je restai rude et
gauche parce que le poli et la grâce ne sont pas mon affaire,
et je conservai toujours quelque chose d'un peu pédan-
tesque, mais, ne m'inquiétant plus de ce qu'on dirait de
moi, je donnai un libre cours à cette bienveillance envers
les hommes que je sens réellement, et c'est là, je crois, le
point essentiel[1] » .

Washington, qui était Anglais par ses ancêtres, l'était
aussi par sa timidité. M. Josiah Quincy raconte incidemment qu'il était « un peu roide dans sa personne, assez
formaliste dans ses manières, et pas très à son aise en
présence d'étrangers. Il avait l'air d'un gentilhomme cam-
pagnard qui n'a pas l'habitude de se mêler beaucoup à la
société; il était parfaitement poli, mais il n'avait pas une
grande facilité d'élocution ni de conversation et n'était pas
gracieux dans ses mouvements. »

[1] Archbishop Whately's « Common Place Book ».

Quoique nous ne soyons pas habitués à considérer les
Américains comme timides, l'auteur américain le plus distingué de nos jours était peut-être le plus timide des
hommes. Chez Nathaniel Hawthorne, ce sentiment était
presque morbide. Nous l'avons vu, lorsqu'un étranger
entrait dans l'appartement où il se trouvait, tourner le dos
pour éviter d'être reconnu. Et cependant, dès que cette
enveloppe de timidité était rompue, personne ne savait
être cordial et sympathique comme Hawthorne.

Nous lisons dans l'un de ses *Notebooks*[1] publiés récemment, qu'ayant rencontré M. Helps dans le monde, il le
trouva froid, et sans doute M. Helps en pensa autant de lui.
C'étaient tout simplement deux hommes timides qui, se rencontrant face à face, se trouvaient l'un et l'autre réservés
et guindés, et se séparaient avant que le voile de leur
timidité ait pu être soulevé par une causerie un peu intime.
Avant de prononcer un jugement trop prompt, il serait
bien en pareil cas de se rappeler cette devise d'Helvétius,
qui fut, dit Bentham, un véritable trésor pour lui : *« Pour
aimer les hommes, il faut attendre un peu. »*

Jusqu'ici nous avons parlé de la timidité comme d'un
défaut. Mais il y a une autre manière de l'envisager, car la

[1] Emerson pensait, dit-on, à Nathaniel Hawthorne lorsqu'il écrivit
le passage suivant dans son livre sur *la Société et la Solitude.*

« Si on le rencontrait dans une maison ou dans la rue, la meilleure
manière de lui être agréable était de lui laisser croire qu'on ne
l'avait pas remarqué. Il lui était si désagréable d'être vu, qu'il ne
s'en consolait que par la pensée délicieuse, selon lui, des innombrables endroits où il était invisible. Tout ce qu'il demandait à son
tailleur, c'était de lui fournir des habits dont la couleur et la coupe
ne puissent jamais un seul instant attirer les regards. . . . .

Il avait un remords allant presque jusqu'au désespoir de ses gau-
cheries en société, et il marchait pendant des lieues entières pour
se débarrasser des tics de son visage, des contorsions et des écarts de
ses bras et de ses épaules. « Dieu pardonne les fautes », disait-il,
« mais la gaucherie n'a de pardon ni dans le ciel, ni sur la terre. »

timidité elle-même a son beau côté et renferme l'élément
du bien. Les hommes de race timide ne sont ni gracieux ni
démonstratifs, parce qu'ils sont en général insociables.
Ils n'ont pas ces élégances de manières qu'on obtient par
le contact du monde et qui distinguent les races sociales,
parce que leur tendance est de fuir la société plutôt que de
la rechercher. Ils sont timides en présence d'étrangers, ils
le sont même dans leurs propres familles. Ils cachent leurs
affections sous un manteau de réserve et, quand ils s'abandonnent à leurs sentiments, c'est dans quelque lieu solitaire et caché. Et cependant les sentiments sont là, d'autant
plus forts, d'autant plus purs qu'on n'en fait pas parade.

Une chose remarquable chez les anciens Germains,
c'est que les peuples plus sociables et plus démonstratifs
qui les entouraient les aient appelés NIEMEC, ou hommes
muets. La même désignation pourrait également s'appliquer
aux Anglais de nos jours, surtout si on les compare à leurs
voisins les Français et les Irlandais, qui sont plus sémil-
lants, plus communicatifs, plus causants et, sous tous les
rapports, plus sociables.

Mais il y a encore un caractère qui distingue les Anglais, comme il a distingué les races dont ils sont pour la
plupart issus, c'est leur amour profond pour le foyer de la
famille. Donnez à un Anglais son *home*, et la société lui
devient indifférente. Pour avoir un coin qu'il puisse
appeler sien, il traversera les mers, ira planter sa tente
au milieu d'une prairie ou dans une forêt vierge, et se fera
lui-même ce *home*. La solitude du désert ne l'effraye pas ;
la société de sa femme et de ses enfants est suffisante pour
lui, et il ne se soucie d'aucune autre. Voilà pourquoi les
peuples d'origine germanique, d'où sont venus les Anglais
et les Américains, font les meilleurs colonisateurs et se
répandent aujourd'hui rapidement dans toutes les parties
du globe habitable.

Les Français n'ont jamais fait aucun progrès comme colonisateurs, à cause surtout de leur besoin impérieux de société — qui est le secret de leur charme — et aussi parce qu'ils ne peuvent jamais oublier qu'ils sont Français [1].

Il sembla un moment probable que les Français finiraient par occuper la plus grande partie de l'Amérique du Nord. Leur ligne de fortification s'étendait du Bas-Canada jusqu'au-dessus du fleuve Saint-Laurent, et de Fond-du-Lac sur le lac Supérieur, le long de la rivière Sainte-Croix, en suivant le cours du Mississipi jusqu'à son embouchure à la Nouvelle-Orléans. Mais les grands, les industrieux *Niemec,*

---

[1] Dans une série de spirituels articles qui ont paru dans la *Revue des Deux Mondes,* intitulés : *Six mille lieues à toute vapeur,* Maurice Sand, en racontant son voyage dans l'Amérique du Nord, fait ressortir les dispositions anti-sociales des Américains comparativement aux Français. « Les uns », dit-il, « sont inspirés par l'esprit d'individualité, les autres par l'esprit de société. » En Amérique, il voit « l'idée d'individu absorbant la société », et en Europe, « l'esprit de société absorbant l'individu ».

Plus loin, il dit encore : « Ce peuple anglo-saxon qui trouvait devant lui la terre, l'instrument de travail, sinon inépuisable, du moins inépuisé, s'est mis à l'exploiter sous l'inspiration de l'égoïsme, et nous autres Français nous n'avons rien su en faire, parce que nous ne pouvons rien dans l'isolement. . . . .

« L'Américain supporte la solitude avec un stoïcisme admirable, mais effrayant; il ne l'aime pas, il ne songe qu'à la détruire. . . . .

« Le Français est tout autre. Il aime son parent, son ami, son compagnon, et jusqu'à son voisin d'omnibus ou de théâtre, si sa figure lui est sympathique. Pourquoi? Parce qu'il le regarde et cherche son âme, parce qu'il vit dans son semblable autant qu'en lui-même. Quand il est longtemps seul, il dépérit, et quand il est toujours seul, il meurt. »

Tout ceci est parfaitement vrai et nous explique pourquoi les Allemands, les Anglais et les Américains, malgré leur humeur relativement insociable, sont en train de se répandre sur toute la terre, tandis que les Français, avec leur besoin impérieux de société, préfèrent rester chez eux, et la France ne parvient pas à s'étendre au delà de la France.

qui n'avaient d'abord que de rares établissements le long du
rivage, se sont étendus sans bruit, par leurs propres
ressources, dans la direction de l'Ouest, plantant et prenant
racine sur tous les coins du sol, et il ne reste guère aujour-
d'hui de l'ancienne occupation française en Amérique que
la colonie d'Arcadie, dans le Bas-Canada.

Là aussi nous retrouvons un exemple des plus frappants
de cette humeur éminemment sociable des Français, qui les
tient réunis et les empêche de se répandre et de s'établir
solidement dans une nouvelle contrée, comme le font par
instinct les hommes de race teutonique. Tandis que dans le
Haut-Canada les colons d'origine anglaise et écossaise
pénètrent dans les forêts et traversent les déserts, chacun
vivant éloigné de plusieurs milles de son plus proche
voisin, les habitants du Bas-Canada, qui sont restés
Français, continuent à se grouper dans les villages. Ces villages consistent dans une rangée de maisons placées de
chaque côté de la route, et derrière lesquelles s'étendent
de longues bandes de terres labourables, divisées et subdi-
visées à l'infini. Les colons aiment mieux se soumettre à
tous les inconvénients de ce genre d'exploitation, pour le
plaisir de vivre en société, plutôt que de se transporter so-
litairement derrière les bois, comme le font si volontiers les
Anglais, les Allemands et les Américains. L'Américain qui
vit dans les bois s'habitue à la solitude, et même il la préfère. Ainsi dans les États de l'Ouest, lorsque des planteurs
s'approchent trop près de lui et que le pays menace de
devenir peuplé, il emballe tout ce qu'il possède dans un
chariot et part joyeusement avec sa femme et ses enfants
pour aller se créer une nouvelle demeure bien loin dans le
Far West.

Le Teuton est donc le meilleur colonisateur, en raison
même de sa timidité. Les Anglais, les Allemands et les Américains sont tous également disposés à accepter la solitude

pourvu qu'ils puissent avoir une famille et un chez eux.
Leur indifférence pour la société a eu pour résultat
d'étendre leur race sur toute la terre, pour la cultiver et la
soumettre, tandis que les instincts plus sociables des
Français, tout en se traduisant par des manières gracieuses,
leur ont toujours beaucoup nui comme colons; si bien
que, dans les contrées où ils se sont établis, comme en
Algérie ou ailleurs, ils n'ont guère laissé que des gar-
nisons [1].

Il y a encore d'autres qualités qui proviennent de la disposition relativement anti-sociale des Anglais. Leur timidité
les fait se replier sur eux-mêmes, et leur apprend à ne
compter que sur eux et à ne dépendre de personne. Le
monde n'étant pas nécessaire à leur bonheur, ils cherchent
un refuge dans la lecture, dans l'étude, dans les inventions,
ou bien ils trouvent leur plaisir dans les travaux industriels
et finissent par y exceller. Ils ne craignent pas de se fier à
la solitude de l'Océan, et ils deviennent pêcheurs, marins,
hommes de découvertes. Depuis que les anciens hommes
du Nord parcouraient les mers septentrionales, découvraient
l'Amérique et envoyaient leurs flottes le long des côtes de
l'Europe et dans la Méditerranée, la marine des hommes
de race teutonique a toujours été en progressant.

---

[1] Les Irlandais ont sous bien des rapports les mêmes instincts
sociables que les Français. Aux États-Unis, ils se réunissent en groupes
dans les villes et forment leurs *Irish Quarters*, comme en Angleterre. Ils sont même plus Irlandais là que chez eux et ne peuvent pas
plus oublier leur nationalité qu'un Français n'oublie la sienne. « Je
vous affirme », disait M. Maguire dans son ouvrage publié récemment sur les Irlandais en Amérique, « qu'aucune langue ne saurait
dépeindre exactement, et moins encore exagérer, tous les maux qui
peuvent résulter de cette malheureuse tendance qu'ont les Irlandais
à s'agglomérer dans les grandes villes de l'Amérique. »

Grâce à cette humeur par trop sociable, ils ont dans tous les États
de l'Union une situation précaire, et vivent au jour le jour.

Les Anglais ne sont pas artistes par la même raison qu'ils sont insociables. Ils peuvent faire de bons colons, de bons marins, de bons industriels ; mais ils ne brillent pas comme chanteurs, danseurs, acteurs, artistes, ni même comme *modistes*. Ils ne savent ni bien s'habiller, ni bien se tenir, ni bien parler, ni bien écrire. Ils manquent de style et d'élégance. Tout ce qu'ils font est très-bien fait, mais sans aucune grâce. Ils en ont donné la preuve à une exposition internationale de bestiaux qui eut lieu à Paris il y a quelques années. A la fin de l'exposition, les concurrents se présentèrent avec leurs animaux pour recevoir les prix. On vit d'abord un magnifique Espagnol, admirablement habillé, qui vint chercher l'une des dernières récompenses avec un air et une attitude qui eussent pu convenir à un grand seigneur du plus haut rang. Vinrent ensuite des Français et des Italiens, remplis de grâce, de politesse et de *chic* ; eux-mêmes étaient élégament habillés et leurs animaux décorés de fleurs et de rubans de toutes nuances. Le dernier de tous fut l'exposant qui avait mérité le premier prix, un homme lourd, très-simplement vêtu, portant des guêtres de fermier et n'ayant même pas une fleur à sa boutonnière.

« Qui est-ce » ? demandèrent les spectateurs. « Mais ! c'est l'Anglais », répondit-on. Il y eut alors une exclamation générale : « L'Anglais ! le représentant d'une si grande nation ? » Et pourtant c'était bien un Anglais tout pur. On l'avait envoyé là, non pour se montrer, mais pour exposer «sa plus belle bête» ; il l'avait fait, et avait emporté le premier prix. Il faut convenir cependant qu'une fleur à sa boutonnière n'aurait rien gâté à la chose.

Afin de remédier à ce manque de grâce et de goût artistique chez le peuple anglais, il s'est élevé une école pour répandre davantage le sentiment des arts. Le beau est aujourd'hui enseigné et prêché, et par quelques-uns il est presque considéré comme une religion. « Le beau est le

bien. » « Le beau est le vrai. » Le beau est le ministre du
Bienfaisant; » tels sont les textes à l'ordre du jour. On croit
que, par l'étude des arts, on arrivera à développer le goût
du peuple, que par la contemplation de beaux objets sa
nature se purifiera, et qu'en l'arrachant aux jouissances
sensuelles son caractère deviendra plus noble et plus élevé.

Mais, bien qu'une semblable éducation soit appelée à purifier l'homme et à le grandir, il ne faut pas trop attendre
d'elle. Il est certain que la grâce adoucit et embellit la vie,
et qu'elle vaut bien la peine d'être cultivée. La musique, la
peinture, la danse, tous les arts sont des sources de plaisirs,
et, s'ils ne sont pas précisément sensuels, ils touchent au
moins les sens, et souvent rien de plus. Le développement
du goût pour la beauté de forme ou de couleur, de son ou
d'attitude, n'a pas toujours d'effet sur la culture de l'esprit
ou la formation du caractère. La contemplation de belles
œuvres d'art devra forcément améliorer le goût et exciter
l'admiration, mais une seule action généreuse faite devant les
hommes influencera leur cœur et stimulera leur émulation
bien plus que la vue de milliers de statues ou des plus
belles peintures. Car c'est l'esprit, l'âme et le cœur, et non
le goût ni les arts, qui font les hommes grands.

Il est vraiment douteux que la culture des arts, qui mène
souvent au luxe, ait fait autant pour les progrès humains
qu'on le suppose généralement. Peut-être même, lorsqu'on
s'y adonne trop exclusivement, aurait-elle pour résultat
d'amollir plutôt que de fortifier le caractère, en le rendant
plus accessible aux tentations des sens. « Il arrive quelquefois », dit sir Henry Taylor, « que l'imagination développée
par les arts a pour effet de miner le courage, et, en abais-
sant la force de caractère, elle le rend plus maniable;
sequaces, cereos, et ad mandata ductiles [1]. » Le don de l'ar-

---

[1] *The Statesman*, p. 35.

tiste diffère beaucoup de celui du penseur; son but le plus élevé est de donner à son sujet, soit en peinture, en musique, ou en littérature, cette grâce exquise de formes, dans laquelle la pensée (peut-être n'est-ce pas toujours la plus profonde) trouve son apothéose et l'immortalité.

Les arts ont surtout fleuri chez les nations à l'époque de leur décadence, lorsque la richesse les employait comme ministres du luxe. L'art le plus raffiné et la corruption la plus dégradante régnaient en même temps en Grèce aussi bien qu'à Rome. Phidias et Iktinos avaient à peine terminé le Parthénon que la gloire d'Athènes s'était envolée; Phidias mourut en prison; et les Spartiates élevèrent dans la ville un monument en souvenir de leur propre triomphe et de la défaite des Athéniens. Il en fut de même dans l'ancienne Rome, où les arts étaient à leur apogée lorsque le peuple était tombé aussi bas que possible. Néron était artiste, et Domitien aussi, et tous deux étaient les plus grands monstres qu'on ait vus dans l'Empire. Si le *Beau* avait été le *Bien,* Commode eût été le meilleur des hommes, et l'histoire nous dit qu'il en était peut-être le plus mauvais.

De même, l'époque la plus brillante des Pays-Bas, au point de vue des arts, fut celle qui succéda immédiatement à la destruction de la liberté civile et religieuse et à la prostration de la vie nationale sous le despotisme espagnol. Si l'art suffisait à élever une nation, si la contemplation du beau pouvait toujours rendre les hommes bons, Paris devrait avoir une population composée des êtres les plus sages et les meilleurs. Rome est aussi une grande cité artistique, et cependant le *virtus,* ou courage, des anciens Romains a bien dégénéré. Il leur reste aujourd'hui un goût prononcé pour les colifichets, tandis que, s'il faut en croire les derniers récits, la ville elle-même est excessivement sale.

L'art semble quelquefois s'alllier de près à la malpropreté, et l'on raconte que, lorsque M. Ruskin cherchait des
œuvres d'art à Venise, le compagnon de ses explorations
avait coutume de s'en aller reniflant, et quand il rencontrait une très-mauvaise odeur, il disait : « Voilà que nous
arrivons à quelque chose de très-vieux et de très-beau ![1] »
Donner des habitudes de simple propreté à ceux qui n'en
ont pas serait sans doute beaucoup plus important et plus
sain que la plus belle éducation artistique. Il est très-joli
de porter des manchettes, mais ce serait absurde d'y tenir
au point de négliger la chemise.

Nous pouvons donc conclure que, si la grâce des manières, la politesse, l'élégance et tous les agréments qui
contribuent à rendre la vie belle et agréable, sont dignes
d'être cultivés, il ne faut pas que ce soit aux dépens des
qualités plus solides et plus durables d'honnêteté, de sincérité et de vérité. La source de la beauté doit être dans le
cœur plutôt que dans les yeux, et si l'art ne tend pas à
produire la pureté de la vie et la pratique du bien, à quoi
servira-t-il? La politesse des manières n'a pas grande valeur
si elle n'est pas accompagnée d'actions polies. La grâce
n'est souvent qu'extérieure, elle plaît et attire, mais ne va
pas jusqu'au cœur. L'art est une source d'innocentes jouissances et un puissant auxiliaire pour arriver à une culture
plus haute; mais, s'il n'atteint pas ce but élevé, il ne frap-
pera que les sens. Et lorsque l'art ne parle qu'aux sens, il
affaiblit l'homme et le démoralise, au lieu de le fortifier et
de le grandir.

Le courage honnête a plus de valeur que la grâce la plus
exquise ; la pureté est préférable à l'élégance ; et la netteté
du corps, de l'esprit et du cœur, vaut mieux que la perfection de l'art.

[1] Edwin Chadwick's Address to the Economic Science and Statistic
Section, British Association (Meeting, 1862).

Enfin, tout en ne négligeant pas les grâces extérieures, rappelons-nous sans cesse que nous devons tendre à une fin beaucoup plus élevée, beaucoup plus noble , — à quelque chose de plus grand que le plaisir, que l'art, que la richesse; de plus grand que le pouvoir, que l'intelligence et que le génie, — c'est-à-dire à la pureté et au perfectionnement du caractère. Sans une base solide et généreuse de bonté individuelle, la grâce, l'élégance et tout l'art du monde ne sauraient parvenir à sauver ou à grandir un peuple.

CHAPITRE X

SOCIÉTÉ DES LIVRES.

Books we know
Are a substantial world, both pure and good,
Round which with tendrils strong as flesh and blood
Our pastime and our happiness grow.

WORDSWORTH.

Les livres, nous le savons, sont un monde substantiel, à la fois pur et bon, dans lequel peuvent croître, avec des attaches aussi fortes que la chair et le sang, notre bonheur et nos plaisirs.

La biographie est presque la seule chose nécessaire, non-seulement pour la conversation habituelle des hommes, mais pour tous les arts, qui sont, ou devraient être, l'essence concentrée de tout ce que l'homme peut dire ou représenter.

CARLYLE.

Je lis toutes les biographies avec un profond intérêt. L'homme sans cœur, lui-même, comme Cavendish, me fait réfléchir; je lis tout ce qui le concerne, j'en rêve, et je me le figure dans toutes les situations, jusqu'à ce qu'il finisse par devenir un être vivant à côté de moi. Et pour un moment je suis Cavendish, je m'habille dans ses vêtements, je pense et j'agis comme lui.

GEORGES WILSON.

My thoughts are with the dead; with them
I live in long past years;
Their virtues love, their faults condemn;
Partake their hopes and fears;

And from their lessons seek and find
Instruction with a humble mind.

SOUTHEY.

Mes pensées vivent parmi les morts; avec eux je
repasse les siècles écoulés; aimant leurs vertus et
condamnant leurs fautes, je prends part à leurs
craintes et à leurs espérances, et mon esprit soumis
cherche dans leur exemple un utile enseignement.

On peut généralement connaître un homme par les livres qu'il lit, comme par la société qu'il fréquente; car il y a la société des livres, de même que celle des hommes, et nous devons toujours rechercher la meilleure.

Un bon livre est un ami véritable. Il est aujourd'hui ce qu'il était hier, et ne changera jamais. C'est le plus patient et le plus gai de tous les compagnons. Il ne nous tourne pas le dos au moment de l'adversité et du malheur. Il nous reçoit toujours avec la même bonté, il nous amuse et nous instruit dans la jeunesse, nous soulage et nous console dans nos vieux jours.

Les hommes découvrent souvent les affinités qu'ils ont entre eux par la mutuelle préférence qu'ils ont pour un livre, absolument comme deux personnes se lient entre elles par l'admiration que l'une et l'autre éprouvent pour une tierce personne. Il y a un vieux proverbe qui dit : « Qui m'aime aime mon chien », mais il serait plus juste de dire : « Qui m'aime aime mon livre ». Le livre est un trait d'union plus vrai et plus noble. On peut penser, sentir et sympathiser avec son semblable par l'intermédiaire de son auteur favori. Nous vivons ensemble en lui, et lui en nous.

« Les livres », dit Hazlitt, « pénètrent dans le cœur; les vers du poëte se glissent dans le sang de nos veines. Nous les lisons jeunes, et, vieux, nous aimons à nous les rappeler. Nous y trouvons ce qui est arrivé à d'autres, et nous sentons que les mêmes choses arrivent aussi à nous-mêmes. On trouve de bons livres partout, et à bon marché. L'air que nous respirons en est tout imprégné, et nous devons beaucoup à leurs auteurs, car sans eux nous serions des barbares. »

Un bon livre est souvent le monument le plus durable après la vie, car il renferme les meilleures pensées dont le vivant était capable; et toute la vie d'un homme n'est en général que le reflet de ses pensées. Ainsi les meilleurs livres sont des trésors de bonnes paroles et de beaux sentiments, qui, lorsqu'on se les rappelle et qu'on les garde en soi, deviennent nos fidèles compagnons et nos consolateurs. « Ils ne sont jamais seuls », dit sir Philip Sydney, « ceux que de nobles pensées accompagnent toujours. » La pensée généreuse et sincère peut, comme un ange de miséricorde, purifier et garder notre âme au moment de la tentation. Elle contient également des germes d'action, car les bonnes paroles inspirent presque toujours des bonnes œuvres.

« Un seul livre, lu et relu », dit Michelet, « quand on l'a médité et qu'on y a réfléchi, porte souvent plus de fruits qu'une grande quantité de lectures mal digérées. J'ai vécu pendant des années sur un Virgile, et m'en suis bien trouvé. Un volume dépareillé de Racine, acheté par hasard à un étalage sur le quai, a créé le poète de Toulon. »

Sir Henry Lawrence prisait surtout *The character of the happy Warrior*[1], parmi toutes les autres compositions de Wordsworth. Il en avait fait le guide de sa vie. Un exemplaire de cet ouvrage était constamment sous ses yeux. Il y pensait sans cesse et le citait souvent. Son biographe raconte qu'il tâchait d'y conformer sa propre vie et d'assimiler son caractère à celui du héros; il y réussit comme

---

[1] Le caractère de l'heureux guerrier.

réussissent tous ceux qui ont une volonté sérieuse et ferme[1].

Les livres possèdent une essence d'immortalité. Ils sont les produits les plus durables des efforts humains. Les temples s'écroulent, et ne laissent que des ruines ; les tableaux et les statues se réduisent en poussière ; mais les livres survivent. Le temps n'a pas d'action sur les grandes pensées ; elles sont aussi fraîches aujourd'hui que lorsqu'elles étaient exprimées par leurs auteurs il y a de cela plusieurs siècles. Ce qu'ils ont dit et pensé alors nous parle aussi vivement que jamais, par l'intermédiaire des pages imprimées. Le seul effet du temps a été de passer au crible et d'emporter tous les mauvais produits ; car, en littérature, rien de ce qui n'est pas réellement bon ne peut survivre longtemps[2].

Les livres nous introduisent dans la meilleure société ; ils nous mettent en présence des plus grands esprits qui aient jamais vécu. Nous apprenons ce qu'ils ont dit et fait ; nous les voyons comme s'ils étaient réellement en vie ; nous sympathisons avec eux ; nous jouissons et nous souffrons de leurs joies et de leurs souffrances ; leur expérience devient la nôtre, et il nous semble que nous sommes jusqu'à un certain point acteurs comme eux dans les scènes qu'ils décrivent.

---

[1] KAYE's *Lives of Indian officers.*

[2] Emerson, dans son livre sur *La société et la solitude*, dit : « Chez les contemporains, il n'est pas très-facile de distinguer entre la notoriété et la gloire. Tâchez donc de ne pas lire des livres médiocres. Fuyez l'engeance de la presse et les commérages du jour... Les trois règles pratiques que j'ai à vous offrir sont celles-ci : — « 1° ne lisez jamais un livre qui n'a pas un an de date ; 2° ne lisez que les livres qui ont déjà de la réputation ; 3° ne lisez jamais ceux que vous n'aimez pas ».

Et voici la maxime de lord Lytton : « Pour la science, lisez de préférence les livres les plus nouveaux ; en littérature, lisez les plus anciens ».

Les hommes bons et illustres ne meurent pas, même dans ce monde. Leurs âmes sont en quelque sorte embaumées dans les livres, et se répandent au loin. Le livre est une voix vivante; c'est une intelligence qu'on écoute volontiers, et par les livres nous restons toujours sous l'influence des grands hommes d'autrefois :

« Ces souverains morts qui tiennent encore un sceptre et gouvernent nos âmes de leur urne funèbre. »

Les esprits supérieurs qui ont régné dans le monde sont aussi vivants aujourd'hui qu'ils l'étaient il y a plusieurs siècles. Homère vit toujours, et, bien que son histoire personnelle se perde un peu dans les brouillards de l'antiquité, ses poëmes sont encore aussi frais que s'il venait de les écrire. Platon enseigne toujours sa philosophie transcendante; Horace, Virgile et le Dante continuent à chanter comme s'ils vivaient encore. Shakespeare n'est pas mort; son corps fut mis en terre en 1616, mais son esprit et sa pensée survivent en Angleterre et occupent autant de place que du temps des Tudors.

Les plus humbles et les plus pauvres peuvent s'introduire dans la société de ces grands génies sans être jugés importuns. Tous ceux qui savent lire ont leur entrée. Si vous êtes gai, Cervantès et Rabelais riront avec vous. Si vous êtes malheureux, Thomas à Kempis et Jeremy Taylor pleureront aussi et vous consoleront. C'est aux livres et aux sentiments des grands esprits qui s'y trouvent renfermés que nous recourons toujours pour nous distraire, pour nous instruire et pour nous soulager. Nous les cherchons dans la joie et dans le chagrin, dans la prospérité comme dans l'adversité.

De toutes les choses qui existent, la plus intéressante pour l'homme, c'est l'homme lui-même. Rien n'a pour lui autant d'attrait que tout ce qui se rapporte à la vie humaine, — ses épreuves, ses joies, ses souffrances et ses œuvres· Chacun de nous se préoccupe plus ou moins de ses semblables, comme membres d'une seule et même famille, et plus l'intelligence d'un homme est développée, plus il a de sympathies pour ce qui touche au bien-être de sa race.

L'intérêt que se portent les hommes individuellement se manifeste de mille manières, dans les portraits qu'ils peignent, dans les bustes qu'ils sculptent, dans les récits qu'ils font les uns des autres. « L'homme », dit Emerson, « ne peut songer qu'à l'homme, c'est lui qu'il cherche toujours à représenter. » Cet intérêt se reconnaît surtout à la fascination qu'a pour nous toute histoire personnelle. « La sociabilité de la nature de l'homme », dit Carlyle, « se montre, quoi qu'on en dise, d'une manière évidente par le seul fait qui domine tous les autres : l'inexprimable charme que nous trouvons à lire une biographie. »

Rien en ce monde n'inspire un intérêt plus vif que la biographie. Que sont tous les romans qui trouvent tant de lecteurs, si ce n'est des biographies fictives? Que sont tous ces drames qui attirent des foules de spectateurs, si ce n'est des biographies en action. Il est étrange que les plus grands génies se soient occupés surtout de biographies imaginaires, tandis que les biographies réelles sont écrites le plus souvent par des talents médiocres !

Cependant le tableau authentique de la vie et des épreuves d'un être humain devrait avoir pour nous un intérêt autrement grand qu'une simple fiction, car il a le charme de la réalité. Nous pouvons tous nous instruire par le récit de la vie d'un autre, et les moindres actions, les moindres paroles en apparence futiles ne sauraient nous être indifférentes parce qu'elles se rapportent à des créatures semblables à nous.

Les annales des justes ont surtout une grande utilité. Elles touchent nos cœurs, nous donnent de l'espérance, et

placent devant nous de grands exemples. Lorsque les
hommes ont rempli leur devoir largement dans la vie, leur
influence ne disparaît jamais entièrement. « Une bonne
vie », dit Georges Herbert, « n'est jamais hors de saison. »

Goethe a dit qu'il n'y a pas d'homme si médiocre qui ne
puisse apprendre quelque chose à un sage. Sir Walter
Scott ne voyageait jamais dans une voiture publique sans
chercher à glaner des renseignements utiles, ou sans découvrir quelque nouveau trait de caractère chez ses compagnons de route [1]. Le docteur Johnson disait un jour qu'il
ne voyait pas une personne dans la rue sans avoir le désir
de connaître sa biographie, ses épreuves, ses difficultés,
ses succès et ses insuccès. Combien est-ce plus vrai encore
des hommes qui se sont fait un nom dans l'histoire du
monde et ont créé pour nous ce grand héritage de civilisation dont nous sommes aujourd'hui les possesseurs ! Tout
ce qui se rapporte à de tels hommes, — leurs habitudes,
leurs manières, leur genre de vie, leur histoire personnelle, leur conversation, leurs maximes, leurs vertus ou
leur grandeur, — tout cela est rempli d'intérêt, d'enseignement, d'encouragement et d'exemple.

La grande leçon de la biographie est de nous apprendre
ce que l'homme peut être et peut faire de mieux. Une noble

---

[1] Un ami de sir Walter Scott qui avait la même habitude, et qui
se vantait de ses talents de conversation, essaya un jour de faire
causer un compagnon de voyage qui était assis près de lui sur l'impériale d'une diligence, mais il eut très-peu de succès, et finit par s'en
plaindre : « Mon ami, dit-il, j'ai traité devant vous tous les sujets ordinaires, — la littérature, l'agriculture, le commerce, le jeu, la
chasse, les courses, les procès, la politique, l'escroquerie, le blas-
phème et la philosophie ; ne me ferez-vous pas l'honneur de me
donner votre opinion sur un seul de ces sujets ? » L'individu grimaça
un sourire et répondit : « Monsieur, pourriez-vous trouver quelque
chose de spirituel à dire à propos de *cuirs de bottes?* » Le grand
causeur, on se le figure, demeura confondu.

vie bien racontée agit sur toutes les autres comme une
inspiration. Elle montre le parti qu'on peut tirer de l'existence que Dieu nous a donnée. Elle rafraîchit notre esprit,
encourage nos espérances, nous donne une nouvelle force,
du courage, et la foi, la foi dans nos semblables aussi bien
qu'en nous-mêmes. Elle stimule nos aspirations, nous
excite à agir et nous invite à devenir les collaborateurs des
grands hommes dont nous nous occupons. Vivre avec eux
par la biographie, c'est vivre avec ce qu'il y a de meilleur
dans l'humanité, et s'introduire dans la plus excellente des
sociétés.

A la tête de toutes les biographies se trouve la grande
Biographie, le Livre des Livres, le plus sacré et le plus im-
pressionnant de tous, — l'éducateur de la jeunesse, le
guide de l'âge mûr et le consolateur de la vieillesse. —
Qu'est-ce en effet que la Bible, si ce n'est une série de biographies qui nous représentent les grands héros, les pa-
triarches, les prophètes, les rois et les juges de l'Ancien
Testament, et se termine enfin par la plus belle de toutes
les histoires, la vie de Notre-Seigneur Jésus-Christ dans le
Nouveau Testament? Combien de grands exemples sont
sortis de là pour éclairer l'humanité! Que d'âmes y ont
trouvé leur appu: le plus sûr, leur plus haute sagesse, leur
meilleure nourriture et leurs avertissements. C'est avec
vérité qu'un grand écrivain catholique anglais dépeint la
Bible comme un livre dont les paroles « vivent dans l'o-
reille comme une musique qu'on ne peut jamais oublier,
comme le son des cloches d'église auxquelles le nouveau
converti ne sait pas résister. Les félicités qu'on y trouve
semblent souvent personnifiées, et les mots disparaissent.
Elle fait partie de l'esprit national, et elle est l'ancre de
la gravité nationale. La mémoire des morts est renfermée en elle. Les puissantes traditions de l'enfance sont
stéréotypées dans ses versets. L'intensité des souffrances

et des épreuves de l'homme est cachée sous sa parole éloquente. Elle le représente dans ses meilleurs moments, et
tout ce qu'il y a en lui de doux, d'aimable, de pur, d'humble
et de bon, lui vient de sa Bible. C'est sa chose sacrée, que
le doute n'a jamais obscurcie, et que la controverse n'a
jamais souillée. Dans toute l'étendue du territoire anglais,
il n'y a pas un seul protestant qui ait une lueur de religion,
et dont la biographie spirituelle ne soit pas contenue dans
sa Bible saxonne[1]. »

Il serait vraiment impossible d'évaluer trop haut l'influence que les grandes et belles vies ont exercé sur l'élévation du caractère humain. « La meilleure biographie », dit
Isaac Disraëli, « est pour nous une réunion avec l'existence
humaine dans son état le plus parfait. » En vérité, il est impossible de lire les vies d'hommes justes, et surtout
d'hommes inspirés, sans être transfiguré malgré soi et transporté vers eux, sans se rapprocher insensiblement de leurs
pensées et de leurs actions. Il y a même dans les humbles

---

[1] Coleridge, dans son *Lay Sermon,* nous démontre comme un fait
historique que la plus large part de nos connaissances et de notre
civilisation est due directement ou indirectement à la Bible ; qu'elle
a été le principal levier par lequel le caractère moral et intellectuel
de l'Europe a pu atteindre le rang comparativement élevé qu'il occupe aujourd'hui. Il explique en outre la différence marquée qui
distingue ce livre des ouvrages qu'il est de mode de citer comme
guides et comme autorités en morale, en politique et en histoire.
Dans la Bible, dit-il, chaque personnage paraît et agit comme une
individualité parfaitement indépendante ; chacun vit de sa propre
vie, et cependant tous vivent. Les éléments de nécessité et de libre
arbitre s'unissent sous la puissance plus grande d'une Providence
omniprésente qui prédestine le tout dans la liberté morale des parties
intégrantes. Ceci, la Bible ne nous le laisse jamais perdre de vue. La
racine n'est jamais détachée de la terre. Dieu est partout, et toutes
les créatures se conforment à ses décrets, — les justes par l'accomplissement de la loi, les désobéissants, par la souffrance de l'expia-
tion.

vies d'hommes simples et droits qui se sont contentés d'accomplir fidèlement leur devoir en ce monde une influence salutaire pour former et grandir le caractère de ceux qui viennent ensuite.

C'est dans la biographie qu'on peut le mieux apprendre l'histoire, car l'histoire, c'est de la biographie, c'est l'humanité collective influencée et gouvernée par des hommes pris individuellement. « Qu'est-ce que l'histoire», dit Emerson, « si ce n'est un recueil d'idées, un témoignage de la rare énergie que les aspirations infinies de l'homme infusent en lui? Dans ses pages, nous voyons toujours des personnes plutôt que des principes. Les événements historiques nous intéressent surtout parce qu'ils nous montrent les sentiments, les souffrances et les intérêts de ceux qui les ont accomplis. En histoire, nous sommes entourés d'hommes morts depuis longtemps, mais dont les actes et les paroles survivent. Nous saisissons presque le son de leur voix, et ce qu'ils ont fait constitue le charme du récit. Nous n'éprouvons jamais d'intérêt personnel pour les masses, mais nous sentons et nous sympathisons avec chacun des acteurs dont la biographie apporte les traits les plus beaux et les plus réels dans tous les grands drames historiques. »

Parmi les écrivains illustres du passé, Plutarque et Montaigne ont été peut-être les deux plus influents pour former de grands hommes d'action et de grands penseurs; l'un en offrant d'héroïques modèles à notre imitation; l'autre en scrutant des questions qui se présentent sans cesse, et auxquelles l'esprit humain a pris dans tous les siècles le plus vif intérêt. Tous deux ont écrit la plupart de leurs ouvrages sous une forme biographique, et leurs exemples les plus frappants consistent à montrer le caractère de l'homme aux prises avec les circonstances et les épreuves dont ils font le récit.

Les vies de Plutarque, bien qu'elles aient été écrites

il y a près de dix-huit cents ans, ont conservé, comme l'*Iliade* d'Homère, le premier rang parmi les ouvrages biographiques. C'était le livre favori de Montaigne, et pour des Anglais il possède le mérite tout spécial d'avoir été la principale autorité de Shakespeare dans ses grands drames classiques. Montaigne a proclamé Plutarque « le plus grand des maîtres en ces sortes d'écrits » ; et il a déclaré qu'il ne pouvait jamais jeter les yeux sur lui sans lui dérober, soit un pied, soit une aile.

Alfieri fut d'abord attiré avec passion vers la littérature par les récits de Plutarque. « J'ai lu », dit-il, « plus de six fois les vies de Timoléon, de César, de Brutus et de Pelopidas, avec des cris, des larmes, et de tels transports que j'étais presque fou... Chaque fois que je rencontrais un trait remarquable sur l'un de ces grands hommes, j'étais saisi d'une si violente agitation qu'il m'était impossible de rester tranquille. » Plutarque fut aussi le favori préféré de diverses personnes d'un genre d'esprit bien différent, comme Schiller et Benjamin Franklin, Napoléon et madame Roland. Cette dernière fut tellement fascinée par cet ouvrage qu'elle l'emportait à l'église en guise de missel, et le lisait clandestinement pendant l'office.

Il a été aussi l'aliment d'âmes héroïques telles que Henri IV de France, Turenne et les Napiers. C'était un des livres favoris de sir William Napier lorsqu'il était enfant. Son esprit s'imprégna de bonne heure d'une admiration passionnée pour les grands héros de l'antiquité, et cette influence joua certainement un grand rôle dans la formation de son caractère, et plus tard dans la direction de sa carrière. On raconte de lui que, dans sa dernière maladie, quoique faible et épuisé, il revenait encore aux héros de Plutarque et discourait avec son gendre pendant des heures entières sur les hauts faits d'Alexandre, d'Annibal et de César. En vérité, s'il était possible d'appeler au scrutin le grand nombre de lecteurs qui, dans tous les siècles, ont été influencés et dirigés par des livres, il est probable qu'en exceptant toujours la Bible, la majorité des votes serait en faveur de Plutarque.

Et comment se fait-il que Plutarque ait réussi à exciter un intérêt qui continue jusqu'à ce jour à attirer et à fixer l'attention de lecteurs de tous les âges et de toutes les conditions? D'abord, il a pris pour sujet de son ouvrage les grands hommes qui ont occupé une place éminente dans l'histoire du monde; et ensuite, il avait un œil pour voir et une plume pour décrire les événements et les circonstances les plus remarquables de leurs vies. Ce n'est pas tout; il possédait encore la faculté de peindre le caractère particulier de ses héros; car c'est justement le cachet d'individualité qui donne du charme et de l'intérêt à toute biographie. Le côté le plus attrayant des grands hommes n'est pas tant ce qu'ils font que ce qu'ils sont, et il dépend moins du degré de leur intelligence que de leur séduction personnelle. Ainsi il y a des hommes dont la vie est beaucoup plus éloquente que leurs discours, et dont le caractère personnel est bien plus grand que leurs œuvres.

Il faut encore remarquer que, si les portraits les meilleurs et les plus soigneusement dessinés de Plutarque sont de grandeur naturelle, beaucoup d'autres ne représentent pour ainsi dire que des bustes. Ils sont bien proportionnés, mais très-compactes, et les documents en sont si serrés que les plus remarquables — ceux par exemple de César et d'Alexandre — peuvent être lus en une demi-heure. Réduits à cette mesure, ils sont encore beaucoup plus imposants qu'un colosse sans vie, ou un géant disproportionné. Ils ne sont pas surchargés de recherches et de descriptions, mais les caractères s'y développent d'eux-mêmes. Montaigne, pourtant, se plaint de la brièveté de

Plutarque : « Sans doute », dit-il, « que sa réputation en vault mieulx, mais nous en valons moins. Plutarque ayme mieulx que nous le vantions de son jugement que de son sçavoir; il ayme mieulx nous laisser désir de soy que satieté. Il sçavait qu'en choses bonnes mesmes, on peult trop dire... ceux qui ont le corps graile le grossissent d'embourrures, ceux qui ont la matière exile l'enflent de paroles[1]. »

Plutarque possédait l'art de tracer chez ses héros les traits les plus délicats de leur esprit, les circonstances les plus minutieuses de leur conduite, de même que leurs fautes et leurs moindres faiblesses. Montaigne nous dit encore que le voir rechercher dans la vie d'un homme une action insignifiante, une parole qui nous semble sans aucune importance, vaut mieux qu'un long discours.

Il ne dédaigne pas de nous informer d'une foule de détails des plus ordinaires, et nous raconte par exemple qu'Alexandre portait sa tête de côté avec affectation; qu'Alcibiade était un dandy, et parlait du bout des dents, ce qui lui allait bien et donnait à ses discours un tour gracieux et persuasif; que Caton avait les cheveux rouges et les yeux gris; que c'était un usurier et un *pince-maille* qui revendait ses vieux esclaves quand il ne pouvait plus en tirer assez de travail; il nous dit encore que César était chauve et qu'il aimait les costumes brillants, et que Cicéron avait (comme lord Brougham), des tiraillements involontaires dans le nez.

Ces détails infimes peuvent paraître à quelques personnes indignes de la biographie, mais Plutarque les jugeait nécessaires comme le complément obligé de ses portraits; car c'est par les petites nuances de caractère,

---

[1] *Essais de Montaigne* (Livre I chap. xxv) sur l'éducation des enfants.

par les habitudes, les signes particuliers, que nous pouvons nous représenter les hommes ce qu'ils étaient réellement. Le grand mérite de Plutarque consiste dans l'attention
qu'il portait à toutes ces petites choses sans les exagérer,
et sans négliger celles qui ont une plus grande importance.
Quelquefois, voulant peindre un caractère, il a recours à
une anecdote qui jette plus de lumière sur la question que
ne sauraient le faire des pages entières de rhétorique.
Dans certains cas, il nous donne la maxime favorite de son
héros ; et les maximes des hommes révèlent souvent leur
cœur.

Quant aux faiblesses, et il y en a toujours, les grands
hommes ne sont pas tous jetés dans le même moule. Chacun
a son défaut, sa grimace, sa manie ; et c'est par ses défauts
que le grand homme trahit son origine humaine. A une
certaine distance, nous pouvons l'admirer comme un demi-
dieu ; mais, en nous rapprochant, nous trouvons qu'il est
faillible comme nous [1].

Il n'est pas inutile de montrer les défauts des grands
hommes, car, ainsi que l'a fait observer le docteur Johnson : « Si on ne laissait jamais voir que le beau côté des
caractères, nous nous laisserions aller au découragement,
car il nous paraîtrait absolument impossible de leur ressembler en rien. »

Plutarque, lui-même, justifie sa méthode en expliquant
que son dessein n'était pas d'écrire des histoires, mais des
vies. « Les exploits les plus glorieux », dit-il, « ne nous
procurent pas toujours les données les plus certaines sur la
vertu ou les vices des hommes. Quelquefois une chose
beaucoup moins importante, une expression, une plaisan-

[1] Tant il est vrai, dit Voltaire, que les hommes qui sont au-dessus
des autres par les talents s'en *rapprochent presque toujours par les
faiblesses*, car pourquoi les talents nous mettraient-ils au-dessus de
l'humanité ? *Vie de Molière.*

terie, nous font mieux connaître les caractères et les inclinations que des batailles où l'on tue cent mille hommes, des grandes déroutes d'armées, ou des siéges de cités. De même que les peintres de portraits cherchent à rendre avec exactitude les lignes et les traits du visage ainsi que l'expression des yeux où se voit le caractère, et s'inquiètent peu des autres parties du corps, il faut aussi qu'on me permette de donner une attention particulière aux signes et aux tendances que je trouve dans les âmes des hommes dont je m'occupe, et, pendant que je m'efforce à l'aide de ces moyens de dépeindre leurs vies, je laisse à d'autres le soin de raconter les événements importants et les grandes batailles. »

Des choses qui paraissent insignifiantes jouent quelquefois un grand rôle dans la biographie, aussi bien que dans l'histoire, et de circonstances puériles peuvent naître de grands résultats. Pascal a fait cette réflexion, que si le nez de Cléopatre avait été plus court, toute la face du monde aurait peut-être changé.

Que sir Walter Scott se soit foulé le pied, étant enfant, en courant autour de sa chambre, peut sembler indigne d'être raconté dans sa biographie, et cependant *Ivanhoe*, *Old Mortality*, et tous les romans de Waverley doivent leur existence à cet accident. Lorsque son fils exprima le désir d'entrer dans l'armée, Scott écrivit à Southey : « Je n'ai pas le droit de combattre un goût qui eût été le mien si mon infirmité n'y avait mis obstacle. » De sorte que, si Scott n'avait pas été boiteux, il eût pu combattre pendant toute la guerre de la Péninsule et avoir sa poitrine couverte de médailles ; mais nous n'eussions eu probablement aucune de ces œuvres qui ont rendu son nom immortel et répandu tant de gloire sur sa patrie. Talleyrand fut également éloigné par sa claudication, de l'armée à laquelle il avait été destiné ; il dirigea alors toute son attention vers l'étude des livres, et plus tard celle des hommes, et finit par prendre rang parmi les plus grands diplomates de son siècle.

Le pied-bot de Byron a dû certainement contribuer à faire de lui un poëte. Si son esprit n'avait pas été attristé et aigri par sa difformité, peut-être n'eût-il jamais songé à écrire un seul vers, et se serait-il contenté d'être le plus noble petit-maître de son temps. Mais son malheureux pied irrita son imagination, excita son ardeur et le livra à ses propres ressources. Nous savons quel en fut le résultat.

C'est probablement aussi à la conformation de Scarron qu'il faut attribuer ses vers cyniques. Et les satires de Pope sont dues en grande partie à son triste physique, car il était ainsi que l'a dépeint Johnson, « bossu par derrière et bossu par devant ». Ce que lord Bacon a dit des difformités doit être vrai jusqu'à un certain point. « Quiconque », dit-il, « porte dans sa personne quelque chose qui provoque le mépris, possède également en lui-même une sorte d'aiguillon défensif qui le pousse sans cesse à se garantir ou à se délivrer des sarcasmes ; c'est pourquoi les personnes difformes sont très-souvent mordantes ».

Dans la biographie comme dans la peinture de portraits, il doit y avoir des lumières et des ombres. Le peintre de portraits ne fait jamais poser son modèle de manière à laisser paraître ses imperfections; le biographe évite aussi de faire trop ressortir les défauts du caractère qu'il dépeint. Il n'y a pas beaucoup d'hommes qui auraient le courage de parler comme Cromwell lorsqu'il posa devant Cooper pour sa miniature : « Peignez-moi tel que je suis », dit-il, « avec les verrues et le reste. » Et cependant, si l'on veut avoir une ressemblance fidèle des figures et des caractères, il faut bien les peindre comme ils sont: « La biographie », dit sir Walter Scott, « qui est la plus intéressante de toutes les compositions littéraires, perd pour moi tout

son intérêt quand les ombres et les lumières des principaux
caractères ne sont pas exactement et fidèlement détaillées.
Un panégyriste universel m'est aussi insupportable qu'un
héros de théâtre, qui déclame sur la scène comme un éner-
gumène [1]. »

Ainsi il est curieux de savoir que Paul-Louis Courier,
l'auteur du *Simple Discours*, continuait ses études de grec
et emportait ses livres grecs avec lui pendant ses campagnes sous le général Hoche sur la frontière du Rhin, et
sous le général Macdonald en Italie.

Dans ses premières années, son père, qui le destinait à
l'arme du génie, lui avait enseigné les mathématiques avec
un très-grand soin, mais il leur préférait de beaucoup les
classiques. Quelques-uns des anciens auteurs grecs étaient
déjà ses modèles favoris. Il eût donné tous les problèmes
d'Euclide pour une page d'Isocrate. Ses livres grecs sortaient rarement de ses mains, et quand il devint soldat, ils
formèrent la plus précieuse partie de son bagage.

Après avoir passé par l'école d'artillerie à Châlons,
Courier rejoignit l'armée française sur la frontière du
Rhin, en 1793. Les Prussiens avaient envahi la France
l'année précédente, mais les habiles mouvements de Du-
mouriez les forcèrent de battre en retraite. Courier avait
vingt ans quand il arriva à l'armée du général Hoche. Les
premiers soldats de la Révolution étaient pour la plupart
des hommes jeunes et énergiques. Hoche lui-même n'avait
que vingt-trois ans ; son brigadier-major en avait dix-huit,
et il avait autour de lui des colonels et des commandants
de brigade qui ne dépassaient pas vingt ans. Courier passa
quinze ans de sa vie avec l'armée française en Allemagne,
en Autriche et en Italie ; et enfin les premières pages qu'il
publia révélèrent un écrivain tel que la France n'en avait
jamais eu depuis Pascal et Lafontaine.

[1] *Life*, 8vo Ed, p. 102.

Devenu lieutenant du génie, Courier continua ses études. Il relut les livres grecs qu'il avait déjà lus tant de fois, et acquit ainsi une érudition moins étendue, mais plus solide et mieux fondée. Pendant qu'il était dans le nord de l'Italie, servant dans la division du général Macdonald (qui fut plus tard maréchal) contre le général Wurmser, les douze ou quinze volumes qu'il portait toujours avec lui furent saisis par un corps de hussards autrichiens. Mais l'officier qui commandait le détachement renvoya les volumes à Courier avec une lettre des plus flatteuses. On ne fait pas souvent des prises de livres grecs sur un champ de bataille !

Addison aimait à connaître autant que possible la personne et le caractère de ses auteurs, d'autant plus que cela augmentait le plaisir et la satisfaction qu'il trouvait à lire leurs ouvrages. Il voulait savoir quelle avait été leur histoire, leur expérience, leur humeur et leur dispostion. Leur vie ressemblait-elle à leurs livres? — Ils pensaient noblement; agissaient-ils de même? « Ne serions-nous pas ravis », dit sir Egerton Brydges, « d'avoir la véridique histoire de la vie et des sentiments de Wordsworth, Southey, Coleridge, Campbell, Rogers, Moore et Wilson, racontée par eux-mêmes? — de savoir avec qui ils ont vécu dans leurs premières années; comment leurs penchants se sont déclarés, quelles étaient leurs sympathies et leurs antipathies, leurs difficultés et leurs obstacles, leurs goûts, leurs passions, leurs brisements, leurs regrets, leurs plaisirs et leur propre justification [1] ? »

Lorsqu'on reprocha à Mason d'avoir publié les lettres intimes de Gray, il répondit : « Faudrait-il vous montrer mes amis toujours en grande tenue? » Johnson était d'avis que, pour écrire consciencieusement la vie d'un homme, il était nécessaire que le biographe l'eût personnellement connu.

---

[1] *Autobiography of Sir Egerton Brydges, Bart.* Vol. I. p. 91.

Mais cette condition a manqué à quelques-uns des meilleurs auteurs de biographies[1]. Dans le cas de lord Campbell, son intimité personnelle avec lord Lyndhurst et lord Brougham semble avoir été au contraire un grand désavantage, car elle l'a induit à rapetisser les perfections et à grossir les taches de leurs caractères. Johnson dit encore : « Si un homme prétend écrire la vie de quelqu'un, il faut qu'il l'écrive comme elle était réellement. Les excentricités et même les vices doivent être racontés, parce qu'ils indiquent le caractère. » Mais il y a toujours cette difficulté ; — tandis que la connaissance personnelle qu'on a de certains hommes rendrait si facile de donner sur leur conduite les moindres détails, favorables ou défavorables, il n'est pas toujours possible de les publier, par égard pour les vivants, et lorsqu'enfin il arrive un moment où l'on pourrait tout dire, on ne s'en souvient plus. Johnson lui-même exprime sa répugnance à raconter tout ce qu'il savait des poëtes, ses contemporains, parce que, dit-il, il lui semblait « marcher sur des cendres sous lesquelles le feu n'est pas encore éteint ».

C'est là une des raisons qui sont cause que nous obtenons si rarement des proches parents d'un homme distingué une peinture sans vernis de son caractère, et, quelque intéressante que soit une autobiographie, il est presque impossible de demander cette fidèle image aux grands hommes eux-mêmes. En écrivant ses propres Mémoires, personne ne se soucie de dire ce qu'il sait de lui-même. Saint Augustin fut une rare exception, mais combien peu de gens

---

[1] Elle manquait à PLUTARQUE, à SOUTHEY, pour sa *Vie de Nelson*, et à FORSTER pour sa *Vie de Goldsmith;* il faut reconnaître cependant que l'intimité personnelle forme le principal charme de *l'Agricola* de TACITE, de la *Vie de More* par ROPER, des *Vies de Savage et de Pope* par JOHNSON, du *Johnson* de BOSWELL, de *Scott* par LOCKHART, de *Sterling* par CARLYLE, et de *Byron* par MOORE.

voudraient, comme lui dans ses *Confessions*, mettre à nu leurs vices, leurs mensonges et leur égoïsme. Il y a un proverbe écossais qui dit que, si les défauts de l'homme le meilleur étaient écrits sur son front, il ferait descendre son bonnet jusque sur ses sourcils. « Il n'y a pas un homme », dit Voltaire, « qui n'ait quelque chose de haïssable en lui, — pas un qui n'ait quelque point de ressemblance avec la bête fauve. Mais il y en a très-peu aussi qui nous diront sincèrement comment ils s'y prennent pour conduire leur bête fauve. »

Rousseau feignait d'ouvrir entièrement son cœur dans ses *Confessions,* mais il est évident qu'il en cachait beaucoup plus qu'il n'en révélait. Chamfort lui-même, l'un des hommes qui redoutaient le moins ce que ses contemporains pourraient dire ou penser de lui, faisait un jour cette remarque : — « Il me semble impossible, dans l'état actuel de la société, qu'aucun homme puisse découvrir le secret de son cœur ; les détails de son caractère, que lui seul connaît, et par-dessus tout ses faiblesses et ses vices, même à son meilleur ami. »

Une autobiographie peut être vraie dans ce qu'elle reproduit ; mais, en ne communiquant qu'une partie de la vérité, elle produit quelquefois une impression fausse. Il peut y avoir un déguisement ; souvent c'est une apologie, qui nous montre l'homme, non ce qu'il était réellement, mais ce qu'il eût voulu être. Un portrait de profil peut très-bien être correct, mais qui sait si quelque cicatrice sur l'arrière-joue, ou quelque trait dans l'œil n'aurait pas entièrement changé l'expression du visage si on les avait laissés paraître ? Scott, Moore, Southey ont tous commencé des autobiographies qu'ils ont bientôt abandonnées ; car ils ont probablement senti qu'il serait trop difficile et trop délicat de les continuer.

La littérature française est surtout riche en un genre de

Mémoires biographiques qu'on ne trouve guère chez les Anglais. Nous voulons parler des Mémoires de Sully, de Commines, de Lauzun, de Retz, de Thou, de La Rochefoucauld et autres, dans lesquels nous avons recueilli une multitude d'informations très-détaillées relativement à plusieurs grands personnages de l'histoire. Ces Mémoires sont remplis d'anecdotes qui peignent les vies et les caractères et contiennent des détails qu'on pourrait appeler frivoles s'ils ne jetaient pas des flots de lumière sur les habitudes sociales et la civilisation en général des époques auxquelles ils se rapportent. Les Mémoires de Saint-Simon sont uniques dans leur genre ; ils dissèquent merveilleusement le caractère et constituent la collection la plus rare d'anatomie biographique qu'on ait jamais pu réunir.

Saint-Simon pourrait presque être considéré comme un espion posthume de la cour de Louis XIV. Il avait la passion de lire les caractères, de chercher à déchiffrer les mobiles et les intentions sur les visages, dans l'expression, la conversation et le jeu muet de ceux qui l'entouraient. « J'examine de près tous mes personnages », disait-il — « j'observe constamment leur bouche, leurs yeux et leurs oreilles. » Et il inscrivait ce qu'il voyait d'un seul trait avec une vivacité extraordinaire. Fin, piquant et observateur, il perçait à jour les masques des courtisans et découvrait bientôt leurs secrets. L'ardeur avec laquelle il poursuivait son étude favorite des caractères semblait insatiable et même cruelle. « Le zélé anatomiste », dit Sainte-Beuve, « n'est pas plus impatient de plonger son scalpel dans le sein encore palpitant du mourant pour y chercher le mal qui a déjoué sa science. »

La Bruyère possédait aussi la même pénétration fine et juste des caractères. Il observait et étudiait tous ceux qui l'entouraient. Il cherchait à lire leurs pensées secrètes, et retiré dans sa chambre il traçait hardiment leurs portraits ;

puis il y revenait de temps en temps pour corriger quelque
trait saillant et s'attachait à ce travail avec autant d'amour
qu'un artiste au tableau qui doit le rendre célèbre, —
ajoutant, retouchant, jusqu'à ce qu'enfin l'image fût achevée
et la ressemblance parfaite.

François, duc de la Rochefoucauld, est encore un des
grands écrivains français qui ont parlé du caractère. Il
eut dans sa vie tant de déceptions et de traverses que ses
écrits s'en ressentent et sont, pour la plupart, cyniques,
surtout ses *Maximes*. Sainte-Beuve dit qu'à moins d'étudier la première partie de la vie de La Rochefoucauld,
lorsqu'il était soldat, qu'il se battait, et qu'il complotait
contre le cardinal Richelieu, nous ne comprendrons
jamais ses *Maximes*. L'amer désappointement de son
amour déçu, les grandes espérances qu'il forma alors, la
trahison et la tromperie dont il fut le témoin nous donnent
la clef de leur véritable sens. Le cynisme mordant du moraliste se forma sur les ruines de son ambition chevaleresque et de son attachement passionné. Il vit son ami
Cinq-Mars monter sur l'échafaud ; lui-même fut trahi par
des hommes auxquels il s'était fié, et partout autour de
lui il ne découvrait qu'un profond égoïsme.

Son désenchantement se retrouve dans beaucoup de ses
Maximes et dans ses Mémoires. Rousseau parle des *Maximes*
comme d'un livre « triste et mélancolique », et il ajoute :
« C'est généralement ainsi qu'on pense dans la jeunesse
quand on n'aime pas à voir l'homme ce qu'il est réellement. » Les *Maximes* ressemblent avec trop de vérité à
l'homme dans ses plus mauvaises dispositions. Le livre
est un miroir dans lequel nous nous reconnaissons tous.
Nous n'aimons pas qu'on nous dise nos propres fautes ; mais
nous aimons qu'on nous parle de l'égoïsme de notre voisin.
Quant à l'auteur, M. Sainte-Beuve dit de lui : « C'était un
misanthrope poli, insinuant, souriant, qui précédait de

bien peu et préparait avec charme l'autre *Misanthrope*. »

Sa mort fut hâtée par le malheur qui frappa ses deux fils au passage du Rhin, en 1672. L'un fut tué et l'autre dangereusement blessé, tandis que son vaillant ami, le jeune duc de Longueville, périt également dans la même circonstance. Madame de Sévigné, qui était près de lui quand il apprit la perte de tant d'êtres si chers, dit : « J'ai vu son cœur à nu dans ce cruel moment, et son courage, son mérite, sa tendresse et son bon sens ont surpassé tout ce que j'ai jamais rencontré. Pour moi, son esprit et ses talents ne sont rien en comparaison. » Elle parle aussi de la force d'âme avec laquelle il supportait ses souffrances vers la fin de sa vie, comme d'une chose admirable. Écrivant à sa fille, elle dit : « Croyez-moi, ce n'est pas inutilement qu'il a fait des réflexions toute sa vie ; il a pensé si souvent à ses derniers moments qu'ils n'ont rien de nouveau ni d'étranger pour lui. »

A son lit de mort, le grand moraliste fut assisté par le grand évêque Bossuet. Que ce fût cette éloquence sans pareille, ou son propre calme et sa philosophie, qui aient amené La Rochefoucauld à l'état dépeint par madame de Sévigné, nous l'ignorons ; mais ce qu'il y a de certain, c'est que sa fin fut digne d'un gentilhomme et d'un philosophe français.

On peut dire qu'une grande partie de l'intérêt qui s'attache aux biographies, surtout à celles d'un ordre secondaire, est due aux commérages dont elles sont pleines, de même que les Mémoires sont lus avec avidité en raison des scandales qui s'y trouvent racontés. Mais les commérages et les scandales prouvent une fois de plus la force de l'intérêt que les hommes et les femmes se portent les uns aux autres ; et cet intérêt, lorsqu'il se manifeste sous la forme biographique, est susceptible de procurer le plaisir le plus noble et la meilleure instruction. La biographie étant dans les instincts de l'humanité est la branche de littérature qui plaît toujours le plus à la grande majorité des lecteurs, qu'elle prenne la forme de fictions, de recueils d'anecdotes, ou de récits personnels.

Il n'est pas douteux que l'intérêt extraordinaire que possède la fiction, soit en poésie, soit en prose, vient surtout de l'élément biographique qu'elle contient. L'*Iliade* d'Homère doit sa popularité merveilleuse au génie que son auteur a déployé dans la peinture des caractères héroïques. Ce n'est pas qu'il décrive ses personnages en détail, mais il les fait se peindre eux-mêmes par leurs actions. « Il y a dans Homère », dit le docteur Johnson, « de tels caractères de héros, et une telle combinaison de qualités héroïques que tous les pouvoirs humains réunis n'ont jamais pu rien produire en ce genre qui ne se trouvât déjà dans ses immortels poëmes. »

Le génie de Shakespeare se montre aussi d'une manière remarquable dans l'esquisse des caractères et dans le déploiement dramatique des passions humaines. Ses personnages semblent être réels ; on dirait qu'ils vivent et respirent au milieu de nous. Il en est de même pour Cervantes dont le Sancho Pança, quoique vulgaire et trivial, est essentiellement humain. Les caractères du *Gil Blas* de Le Sage, du *Vicaire de Wakefield*, de Goldsmith, et ceux qu'on trouve dans la merveilleuse collection de Scott nous paraissent presque aussi vrais que tous ceux que nous avons connus ; les plus grands ouvrages de Daniel de Foe sont autant de biographies écrites avec de si minutieux détails et une réalité si frappante qu'il est difficile de se figurer que son *Robinson Crusoë* et son *Colonel Jack* ne sont que des êtres imaginaires.

C'est dans la vie humaine qu'on rencontre les plus riches éléments romanesques, et la biographie, en décrivant des êtres qui ont éprouvé les joies et les chagrins, et qui ont connu

18.

les difficultés et les succès de la vie réelle, est susceptible
d'offrir un plus grand intérêt que la fable la mieux inven-
tée. Il est donc surprenant qu'il y ait eu si peu d'hommes
de génie qui se soient senti de l'attrait pour ce genre de
composition. Il y a de belles œuvres fictives en abondance,
mais les grandes biographies sont rares. Peut-être est-ce
pour la même raison qui faisait exprimer à un grand peintre
de portraits, John Phillip, R. A., sa préférence pour la
peinture de genre, « car », disait-il, « les portraits ne
rapportent rien ». Les portraits biographiques exigent des
investigations laborieuses et un ensemble de faits réunis
avec soin, qu'il faut savoir habilement choisir ou rejeter; il
faut encore un certain art pour présenter les caractères
sous la forme la plus attrayante et la plus vivante, tandis
que, dans les œuvres d'imagination, l'écrivain est libre de
créer et de peindre des caractères sans être entravé par les
circonstances, ou retenu par les mille petits détails de la
vie réelle.

Les Mémoires cependant ne manquent pas en Angleterre. Il y en a même d'assez importants, mais ils sont en
général sans vie, et beaucoup d'entre eux ne valent guère
mieux que de simples notices reliées ensemble avec l'aide
des ciseaux autant que de la plume. Ce que disait Constable en parlant des portraits d'un artiste de second ordre:—
« Il semble avoir enlevé à toutes ses têtes leurs os et leurs
cervelles », — s'applique à un très-grand nombre de portraits écrits ou peints. Ils n'ont pas plus de vie qu'une figure
de cire, ou un mannequin à la porte d'un tailleur. Ce que
nous voulons, c'est l'image d'un homme tel qu'il était vivant,
et c'est le biographe qui se montre lui-même. Nous cher-
chions un cœur, et nous ne trouvons que son enveloppe.

Il faut sans doute autant d'art pour dépeindre un portrait avec des paroles que pour le peindre avec des couleurs. L'une et l'autre manière exigent l'œil qui voit, et

l'habileté de la plume ou du pinceau qui exécutent. Un artiste ordinaire regarde uniquement les traits du visage et
les copie ; mais le grand artiste voit l'âme se refléter sur la
physionomie, et il cherche à en rendre l'expression sur sa
toile. Johnson fut prié un jour d'aider un chapelain à écrire
la vie de son évêque qui venait de mourir, mais, lorsqu'il
voulut en obtenir quelques informations, le chapelain ne
trouva presque rien à lui dire, ce qui fit faire à Johnson
cette observation : « Il y a bien peu de gens qui, après
avoir vécu avec un homme, soient capables de dire ce qu'il
y avait de remarquable en lui. »

Pour la vie de Johnson lui-même, ce fut l'œil clairvoyant de Boswell qui lui permit d'observer et de réunir
tous ces menus détails sur les habitudes et la conversation
du grand écrivain, qui donnent tant d'intérêt à sa biographie. Boswell, par la seule puissance de son affection et de
son admiration pour son héros, réussit où de plus grands
hommes auraient peut-être échoué. Il ne dédaigna pas
de raconter une foule de petites circonstances en apparence
insignifiantes, et cependant très-caractéristiques. Ainsi il
s'excuse d'informer le lecteur que Johnson, lorsqu'il voyageait, « portait toujours à la main une grosse canne anglaise en chêne », et il ajoute : « Je me rappelle que le
docteur Adam Smith, dans ses leçons de rhétorique à
Glasgow, nous a raconté qu'il avait été bien aise de savoir
que Milton portait des cordons à ses souliers et non des
boucles » Grâce à Boswell, nous pouvons nous figurer ce
qu'était Johnson, nous savons comment il s'habillait,
comment il parlait, et quels étaient ses préjugés. Il le dépeint avec tous ses faibles, ce qui ne l'a pas empêché de
faire un merveilleux portrait, l'image la plus complète d'un
grand homme qui ait jamais été tracée en paroles.

S'il n'y avait pas eu cette intimité entre l'avocat écossais
et Johnson, et cette admiration passionnée du premier

pour le second, Johnson n'aurait probablement jamais eu
dans la littérature le rang qu'il occupe aujourd'hui. C'est
dans les pages de Boswell qu'il vit réellement, et sans Boswell il ne nous serait guère resté de Johnson que son nom.
Il y en a tant d'autres qui ont légué de grandes œuvres à la
postérité et dont on connaît à peine la vie. Que n'eussions-
nous donné pour avoir une biographie de Shakespeare par
Boswell? Il est positif que nous en savons davantage sur
l'histoire personnelle de Socrate, d'Horace, de Cicéron,
d'Auguste, que sur celle de Shakespeare. Nous ignorons
quelle était sa religion, sa croyance politique, quelles furent ses épreuves, ses relations avec ses contemporains.
Les hommes de son temps ne semblent pas avoir reconnu
son génie, et Ben Jonson, le poëte de la cour, dont Shakespeare était réduit à apprendre les vers blancs pour les réciter ensuite comme acteur, était placé bien plus haut que
lui dans l'estime populaire. Nous savons seulement qu'il eut
des succès comme directeur de théâtre et que, jeune encore,
il se retira dans son pays natal, où il mourut et reçut les
honneurs d'un enterrement de village.

Les hommes ne prennent pas toujours une mesure
exacte de leurs contemporains. L'homme d'État, le général,
le monarque du jour occupent tous les yeux et toutes les
oreilles, mais pour la génération suivante ils seront peut-
être comme s'ils n'avaient jamais existé. « Qui est roi aujourd'hui? » demandait quelquefois le peintre Greuze à sa
fille durant les bouleversements de la première Révolution
française, quand on voyait des hommes, grandis pour un
instant, jetés tout d'un coup à la tête du pays, et disparaître aussi brusquement, pour ne jamais revenir. « Qui
donc est roi aujourd'hui? Après tout, » ajoutait Greuze,
« le citoyen Homère et le citoyen Raphaël survivront
à ces grands citoyens que nous avons maintenant, et
dont jamais encore je n'avais entendu prononcer les

noms. » Cependant on ne sait rien de personnel sur Homère, et peu de chose sur Raphaël. Plutarque lui-même,
qui sut si bien écrire les vies des autres, n'a pas de biographie, et aucun des grands écrivains romains de son temps
n'a prononcé son nom. Il en est ainsi du Corrège qui pei-
gnait ses semblables avec tant de perfection, et dont on ne
connaît pas un portrait authentique le représentant lui-
même.

Il y a eu des hommes qui ont exercé une certaine influence sur l'esprit de leur siècle et dont la réputation ne
s'est faite que plus tard ; sur Wickliffe, par exemple, le
patriarche de la Réforme, nos informations sont très-res-
treintes.

Nous ne savons pas exactement quel fut l'auteur de
l'*Imitation de Jésus-Christ,* — un des livres les plus répandus, et qui a toujours eu une énorme influence religieuse
dans tous les pays chrétiens. On l'attribue souvent à Thomas à Kempis, mais il est plus probable qu'il n'en fut que
le traducteur, et le livre qui est connu pour être vraiment
de lui [1] est tellement inférieur, qu'il est difficile de croire
que l'*Imitation* procède de la même plume. On croit plutôt
que le véritable auteur de ce livre admirable fut Jean Gerson, chancelier de l'Université de Paris, homme très-pieux
et très-savant, qui mourut en 1429.

Quelques-uns des plus grands hommes de génie ont eu
les biographies les plus courtes. Nous ne savons rien de
personnel sur Platon, pas même s'il avait une femme et des
enfants. Sur la vie d'Aristote, il y a une grande di-
versité d'opinions ; les uns disent qu'il était juif, les autres
qu'il avait été instruit par un juif ; d'autres encore qu'il
tenait une pharmacie, ou qu'il était le fils d'un médecin.
Les uns l'ont fait athée, d'autres trinitaire, et ainsi de

[1] Le *Dialogus Novitiorum de Contemptu Mundi.*

suite. Nous ne sommes guère plus instruits en ce qui concerne certains hommes qui sont presque nos contemporains. Ainsi que savons-nous de Spenser, l'auteur de *The Faerie Queen*, et de Butler, l'auteur d'*Hudibras*, si ce n'est qu'ils vécurent dans une position relativement obscure, et qu'ils moururent dans une extrême pauvreté. Et la vie de Jeremy Taylor, dont nous aurions voulu apprendre tant de choses, et sur laquelle nous en savons si peu ; l'auteur de *Philip Van Artevelde* a dit que « le monde ne savait rien de ses plus grands hommes ». Que d'hommes illustres ont fait de grandes actions qui sont depuis longtemps ensevelis dans l'oubli. Saint Augustin nous parle de Romanianus comme d'un grand génie, et cependant nous ne connaissons rien de lui que son nom ; il est aussi complétement oublié que les architectes qui ont construit les Pyramides. L'épitaphe de Gordiani fut écrite en cinq langues, mais cela ne suffit pas pour le sauver de l'oubli.

Combien il y a de vies dignes d'être racontées qui restent sans annales. Les auteurs sont plus heureux sous ce rapport, car les hommes de lettres ont pour eux un attrait qu'ils éprouvent beaucoup moins pour les hommes d'action. Ainsi nous avons des vies de poëtes lauréats, dont le nom n'a jamais survécu à leur siècle. Le docteur Johnson en cite quelques-uns dans ses *Vies de Poëtes*, tels qu'Edmond Smith et autres ; mais leurs poëmes sont déjà oubliés depuis longtemps. Les vies de quelques hommes de lettres — comme Goldsmith, Swift, Sterne, et Steele — ont été écrites bien des fois, tandis que de grands hommes d'action, des hommes de science et d'industrie, n'ont jamais eu d'annales [1].

Nous avons dit qu'un homme pouvait se faire connaître

[1] La vie de sir Charles Bell, l'un des plus grands physiologistes anglais, fut écrite par un Français, Amédée Pichot ; et, bien que les lettres de sir Charles Bell à son frère aient été publiées depuis, sa

par les livres qui lui tiennent compagnie; citons maintenant ceux qui ont été les favoris des hommes les plus connus. Nous avons déjà parlé des admirateurs de Plutarque. Montaigne aussi a eu les siens. Quoique Shakespeare ait dû étudier Plutarque avec soin, car il a quelquefois copié jusqu'à ses propres paroles, il est remarquable que Montaigne soit le seul livre dont nous puissions affirmer avec certitude l'existence dans la bibliothèque du poëte; l'un des autographes qu'on a de Shakespeare ayant été trouvé dans une copie de la traduction des *Essais* par Florio; cette copie contient aussi, sur une feuille volante, l'autographe de Ben Jonson.

Les livres favoris de Milton étaient Homère, Ovide et Euripide. Ce dernier livre était également très-goûté par Charles James Fox, qui le considérait comme particulièrement utile pour un orateur public. D'un autre côté, Pitt trouvait un grand charme à Milton — que Fox appréciait peu — et il prenait grand plaisir à réciter le beau discours de Bélial devant les puissances assemblées de Pandemonium, dans le Paradis perdu. Un autre livre favori de Pitt était les *Principia,* de Newton. Lord Chatham aimait tant les *Sermons de Barrow* et les lisait si souvent, qu'il les savait par cœur; et les compagnons de Burke étaient Démosthènes, Milton, Bolingbroke et les *Nuits* de Young.

L'auteur favori de Curran était Homère, et il le lisait tous les ans d'un bout à l'autre. Il aimait aussi beaucoup Virgile, et son biographe Phillips raconte qu'il le vit un jour lisant l'*Enéide* dans la cabine d'un paquebot, tandis que tout le monde autour de lui était anéanti par le mal de mer.

vie n'existe pas en anglais. On peut aussi ajouter que la vie de Gœthe fut écrite par un Anglais, et la meilleure biographie de Frédéric le Grand par un Écossais.

De tous les poëtes, le préféré du Dante était Virgile ;
celui de Corneille était Lucain ; celui de Schiller, Shakespeare ; celui de Gray, Spenser, et Coleridge admirait à la
fois Collins et Bowles. Le Dante lui-même fut le favori de
la plupart des grands poëtes, depuis Chaucer jusqu'à
Byron et Tennyson. Lord Brougham, Macaulay et Carlyle
ont également admiré et prôné le grand poëte italien.
Lord Brougham conseilla aux étudiants de Glascow l'étude
du Dante, comme étant, après Démosthènes, la meilleure
préparation à l'éloquence de la chaire et du barreau.
Robert Hall cherchait dans le Dante un allégement aux
cruelles tortures que lui causait sa maladie de la moelle
épinière, et Sydney Smith trouva chez le même poëte des
joies et des consolations dans sa vieillesse. Un trait sin-
gulier de Goethe, c'est sa grande préférence pour les
Éthiques de Spinosa, livre dans lequel il disait avoir
trouvé une douceur et un apaisement qu'il n'avait ren-
contrés dans aucun autre ouvrage [1].

L'auteur favori de Barrow était saint Chrysostôme ; celui
de Bossuet, Homère. Bunyan aimait par-dessus tout la
vieille légende de Sir Bevis de Southampton, qui, selon
toute probabilité, lui donna la première idée de son *Pil-*

---

[1] Il est assez étrange aussi que le pieux Schleiermacher se soit
rencontré d'opinion avec Gœthe sur les mérites de Spinosa, bien que
ce dernier fût excommunié par les juifs, ses coreligionnaires, et dénoncé par les chrétiens comme athée. « Le grand Esprit du monde »,
dit Schleiermacher dans son *Rede über die Religion*, « avait pénétré de
son souffle le saint, quoique répudié, Spinosa ; l'Infini était son commencement et sa fin, l'univers son unique et éternel amour. Il était
rempli de religion et de sentiments religieux, et voilà pourquoi il
reste seul, inapprochable, maître dans son art, mais élevé au-dessus du
monde profane, sans adhérents, et même sans droit de cité. »

Cousin dit aussi de Spinosa : « L'auteur auquel ce prétendu athée
ressemble le plus est l'auteur inconnu de l'*Imitation de Jésus-
Christ.* »

grim's Progress. L'un des prélats les plus distingués de l'Église anglicane, le docteur John Sharp, disait : « Shakespeare et la Bible m'ont fait archevêque d'York. « Les deux livres qui ont le plus impressionné John Wesley quand il était jeune homme sont l'*Imitation de Jésus-Christ* et l'ouvrage de Jeremy Taylor *Holy Living and Dying*[1]. Cependant Wesley avait coutume de prémunir ses jeunes amis contre un excès de lecture. « Prenez garde de ne pas vous laisser engloutir par vos livres », leur disait-il. Une once d'amour vaut mieux qu'une livre de science.

L'histoire de Wesley lui-même a été très-appréciée par beaucoup de penseurs. Coleridge dit dans sa préface à la *Vie de Wesley* par Southey[2], que c'était le livre qu'il prenait le plus souvent parmi ceux de sa vieille bibliothèque. « C'est à cet ouvrage et à la vie de Richard Baxter », dit-il, « que j'avais l'habitude de recourir toutes les fois que la maladie et le désenchantement me faisaient sentir le besoin de trouver un vieil ami dont la société ne me fatiguât jamais. Qui pourrait compter les heures d'oubli de moi-même que je dois à ce récit de la vie de Wesley ! Que de fois j'ai discuté avec lui ! Je le questionnais, je lui faisais des remontrances, j'étais maussade et je lui demandais pardon ; puis j'écoutais encore et je m'écriais : C'est bien ! c'est parfait ! et dans les moments plus difficiles encore je le suppliais de continuer à me parler, et il me semblait l'entendre et le comprendre ; je me sentais apaisé, bien qu'il me fût impossible de répondre ! »

Soumet avait très-peu de livres dans sa bibliothèque, mais ils étaient des meilleurs : Homère, Virgile, le Dante, Camoens, le Tasse et Milton. Les quelques ouvrages préférés du marquis de Quincy étaient Donne, Chil-

---

[1] *Vie sainte et mort sainte.*
[2] Preface to SOUTHEY's *Life of Wesley* (1834).

lingworth, Jeremy Taylor, Milton, South, Barrow et sir
Thomas Browne. Il a dépeint ces auteurs comme « une
pléiade ou constellation de sept étoiles d'or, que dans
leur genre aucune littérature ne pourrait égaler »,, et il
ajoute qu'il voudrait entreprendre, en puisant dans leurs
œuvres, « de bâtir tout un système entier de philosophie ».

Le grand Frédéric de Prusse manifesta fortement ses
tendances françaises par le choix de ses livres; ses préférés
étaient Bayle, Rousseau, Voltaire, Rollin, Fleury, Malebranche et un auteur anglais — Locke. Il aimait par-dessus
tout le dictionnaire de Bayle; c'était le premier livre qui se
fût emparé de son esprit, et il en avait une si haute
opinion qu'il en fit lui-même un abrégé, le traduisit en
allemand et le fit publier. Frédéric avait coutume de dire :
« Les livres ont une grande part dans le véritable bonheur. » Et dans sa vieillesse il disait : « Ma dernière passion
sera la littérature. »

Il semble étrange que le livre favori du maréchal
Blucher ait été la *Messiade* de Klopstock, et ceux de
Napoléon les poëmes d'Ossian et les *Chagrins de Werther*.
Mais le cercle des lectures de Napoléon était très-étendu.
Il comprenait Homère, Virgile, le Tasse, des romans de
tous les pays, des histoires de tous les temps, des ouvrages
de mathématiques, de législation et de théologie. Il détestait ce qu'il appelait « le boursouflage et le clinquant » de
Voltaire. Jamais au contraire il ne se lassait d'entendre les
louanges d'Homère et d'Ossian. « Relisez », disait-il à un
officier à bord du *Bellérophon* — « relisez encore le poëte
d'Achille, et dévorez Ossian. Ce sont là les poëtes qui élèvent
l'âme, et qui donnent à l'homme une grandeur colossale [1]. »

Le duc de Wellington était un grand liseur. Ses plus

[1] Napoléon lisait aussi Milton avec beaucoup de soin, et sir Colin
Campbell, qui était avec lui à l'île d'Elbe, raconte l'anecdote sui-

chères lectures étaient tirées de Clarendon, l'évêque Butler, *la Richesse des nations,* de Smith, Hume, l'archiduc Charles, Leslie et la Bible. Il prenait aussi un intérêt tout particulier aux Mémoires français et anglais, surtout aux Mémoires français sur l'histoire.

Si les livres sont la meilleure société des vieillards, ils sont souvent aussi les meilleurs inspirateurs de la jeunesse. Le premier livre qui produit une impression profonde sur l'esprit d'un jeune homme fait presque toujours époque dans sa vie. Il enflamme son cœur, stimule son enthousiasme, et en dirigeant ses efforts vers des voies imprévues, il influence son caractère d'une manière permanente. Le livre nouveau par lequel nous formons une sorte d'intimité avec un nouvel ami dont l'esprit est plus sage et plus mûr que le nôtre peut être un point de départ important dans l'histoire d'une vie. Il produit même quelquefois une espèce de rénovation.

vante : On parlait un jour d'Austerlitz, et Napoléon expliqua qu'une certaine disposition de son artillerie, dont les résultats décidèrent du gain de la bataille, lui avait été suggérée par le souvenir de quatre vers de Milton. Ces vers se trouvent dans le sixième livre, et décrivent les artifices de Satan pendant sa guerre avec le ciel :

> In hollow cube
> Training his devilish engin'ry impal'd
> On every side *with shadowing squadrons deep*
> *To hide the fraud.*

Dans un cube profond, il traîne ses infernales machines, entourées de tous côtés par d'épais escadrons dont l'ombre les protége et rend à nos yeux la fraude impénétrable.

« Il n'est pas douteux, dit M. Edwards dans son livre *On libraries,* que ces vers ont un certain rapport avec une importante manœuvre exécutée à Austerlitz, et cette circonstance donne beaucoup d'intérêt au récit; mais c'est une pure imagination d'attribuer la victoire à cette manœuvre, et pour adopter tous les autres détails de l'anecdote, il faudrait ignorer que Napoléon en savait déjà bien long sur la guerre avant d'avoir rien appris de Milton. »

Du jour où James-Edward Smith reçut son premier livre de botanique, où sir Joseph Banks tomba sur l'*Herbier* de Gérard ; du moment où Alfieri lut pour la première fois Plutarque, où Schiller fit connaissance avec Shakespeare, où Gibbon dévora le premier volume de l'*Histoire universelle,* chacun de ces hommes sentit en lui-même une telle inspiration qu'il lui semblait entrer dans une vie nouvelle.

Dans la première partie de sa jeunesse, la Fontaine se distingua par son indolence ; mais ayant entendu lire un jour une ode de Malherbe, il s'écria, dit-on : « Moi aussi je suis poëte ! » et son génie s'éveilla. L'esprit de Charles Bossuet s'enflamma de bonne heure pour l'étude, en lisant les *Éloges* de Fontenelle. Un autre ouvrage du même auteur sur la *Pluralité des mondes* détermina la vocation de Lalande pour les sciences, et dans la préface de ce livre qu'il édita plus tard, on lit ces paroles du grand astronome : « C'est avec plaisir que je reconnais mes obligations envers lui, car sa lecture a commencé à exciter en moi dès l'âge de seize ans l'activité dévorante que j'ai toujours conservée depuis. »

D'un autre côté, Lacépède fut dirigé vers l'étude de l'histoire naturelle par la lecture de l'*Histoire naturelle* de Buffon qu'il trouva dans la bibliothèque de son père, et qu'il lut et relut jusqu'à la savoir presque par cœur. Gœthe fut grandement influencé par le *Vicaire de Wakefield* de Goldsmith, dont il fit la lecture au moment critique de son développement intellectuel, et il attribue à ce livre une bonne partie de son éducation. La *Vie de Götz de Berlichingen,* qu'il avait lue en prose, le stimula plus tard à esquisser ce caractère sous une forme poétique. « La figure de ce rude et loyal champion de l'indépendance, dans un temps d'anarchie sauvage, excita en moi », dit-il, « la plus profonde sympathie. »

Keats était dans son enfance un liseur insatiable, mais

ce fut la *Faerie Queen* qui alluma en lui, à l'âge de dix-
sept ans, le feu de son génie. On dit que le même poëme
a inspiré Cowley; il en trouva par hasard un exemplaire
sur la fenêtre de la chambre de sa mère, et à force de le
lire et de l'admirer, il devint, raconte-t-il, irrévocablement
poëte.

Coleridge parle de la grande influence que les poëmes de
Bowles exercèrent pour former son esprit : « Les œuvres
du passé », dit-il, « semblent à un jeune homme venir
d'une autre race; mais les écrits d'un contemporain ont
pour lui de la réalité, et lui inspirent une véritable amitié,
telle qu'on l'éprouve pour son semblable. Son admiration
est le souffle qui anime et nourrit son espoir. Les poëmes
eux-mêmes prennent les qualités de la chair et du sang[1]. »

Mais les hommes n'ont pas seulement été stimulés à
poursuivre telle ou telle carrière littéraire par la lecture de
certains livres; ils ont encore été poussés par eux à entreprendre de grandes choses dans la partie sérieuse de la
vie. Ainsi Henry Martyn puisa son héroïque courage
comme missionnaire dans les vies de Henry Brainerd et du
docteur Carey, qui avaient tracé les sillons dans lesquels
il allait semer.

Bentham a décrit l'influence extraordinaire que la lecture de *Télémaque* exerça sur son esprit quand il était
enfant. Après avoir raconté qu'on lui avait donné une
collection de contes de fées, il dit : « Un autre livre, d'un
ordre bien supérieur, fut mis entre mes mains : c'était
Télémaque. Dans ma petite imagination (j'avais alors six ou
sept ans), j'identifiais ma propre personnalité avec celle du
héros qui me semblait un modèle de vertu parfaite, et
dans le cours de ma vie, quoi qu'il puisse arriver, pourquoi
(me disais-je de temps en temps), pourquoi ne serais-je pas

[1] *Biographia litteraria,* chap. i.

un Télémaque?... Cette fiction peut être considérée comme
la pierre fondamentale de tout mon caractère — le véritable
point de départ de ma carrière dans la vie. Je crois que
c'est à ce moment-là que sont entrées dans mon cerveau
les premières lueurs des *Principes d'utilité.* »

Le premier livre qu'aima Cobbett et le seul qui fût en
sa possession, car il l'avait acheté pour six sous, c'était le
Conte du Tonneau de Swift.

Le délice avec lequel Pope, étant écolier, lut l'Homère
d'Ogilvy fut probablement l'origine de l'Iliade anglaise, de
même que les *Reliques de Percy* enflammèrent l'esprit
juvénile de Scott et l'excitèrent à entreprendre la collection
de ses *Border Ballads.* Pour avoir lu étant enfant le
Paradis perdu, Keightley se décida plus tard à écrire la
vie du poëte. « La première lecture du *Paradis perdu*
forme », dit-il, « ou devrait former une ère nouvelle dans
la vie de quiconque a un peu de goût ou de sentiment
poétique. Pour moi, ce temps-là est resté présent à ma
mémoire... Depuis lors la poésie de Milton a toujours été
ma plus constante étude — une source de joie dans la
prospérité, de force et de consolation dans l'adversité. »

Les bons livres sont donc nos meilleurs compagnons ;
et en élevant nos pensées et nos aspirations, ils agissent
comme préservatif contre la mauvaise société. « Un penchant naturel pour la lecture et les travaux intellectuels »,
dit Thomas Hood, « m'a probablement sauvé du naufrage moral auquel sont exposés tous ceux qui ont été
privés de bonne heure de la direction de la famille. Mes
livres m'ont éloigné du jeu, des coulisses, de la taverne et
du boudoir. Celui qui vit dans l'intimité du cabinet avec
Pope et Addison, et dont l'esprit s'est habitué à entendre
le noble, mais silencieux langage de Shakespeare et de

---

[1] Sir John Bowring's *Mémoirs of Bentham*, p. 10.

Milton, ne saurait rechercher ni accepter une société basse et servile. »

On a dit avec vérité que les meilleurs livres sont ceux qui ressemblent le plus à de bonnes actions. Ils purifient, élèvent et soutiennent; ils élargissent et affranchissent l'esprit; ils le préservent contre une mondanité vulgaire; ils tendent à produire une gaieté digne, un caractère égal; ils façonnent, forment et humanisent les âmes. Dans les universités du nord, les écoles dans lesquelles on étudie les anciens classiques ont reçu ce nom si bien approprié : « les classes d'humanités[1]. »

Érasme, le grand érudit, trouvait même que les livres devaient être rangés parmi les nécessités de la vie, et les vêtements parmi les objets de luxe; il attendait souvent pour acheter les uns qu'il eût pu se procurer les autres. Ses préférés étaient les ouvrages de Cicéron, et il se sentait toujours meilleur après les avoir lus : « Je ne peux jamais », dit-il, « lire les livres de Cicéron sur la vieillesse, sur l'amitié, ni ses *Tusculanes,* sans les presser avec ferveur sur mes lèvres, et me sentir pénétré de vénération pour un

---

[1] Malgré certaines critiques récentes sur l'étude des classiques, qu'on a considérée comme une perte de temps, il est incontestable qu'elle donne le dernier fini à toute culture intellectuelle. Les anciens classiques contiennent les plus parfaits modèles d'art littéraire, et les plus grands écrivains ont été les plus ardents à s'en pénétrer. L'éducation classique fut l'instrument dont se servirent Érasme et les autres auteurs de la Renaissance pour purifier l'Europe. Elle a distingué les grands patriotes du dix-septième siècle, caractérisé nos plus grands hommes d'État. « Je ne sais comment cela se fait, dit un écrivain anglais, mais l'étude des anciens me semble produire chez ceux qui s'y livrent un jugement calme et sérieux qui leur permet d'apprécier sûrement non-seulement les œuvres littéraires, mais encore les hommes et les événements en général. Les grands humanistes ont une expérience solide et imposante, ils sont plus que d'autres sous l'empire des faits, et plus affranchis du langage courant que parlent leurs contemporains. »

esprit qui semble presque avoir été inspiré par Dieu lui-
même. » Ce fut, dit-on, en lisant par hasard l'*Hortensius*
de Cicéron que saint Augustin, qui avait été jusque-là
un homme de plaisir, commença à renoncer à sa vie
immorale, et se lança dans une suite de recherches et
d'études qui l'amenèrent à devenir l'un des plus grands
Pères de l'Église. Sir William Jones s'était fait une loi de
lire tous les ans, d'un bout à l'autre, les écrits de Cicéron,
dont la vie fut le grand modèle de la sienne.

Quand le bon vieux puritain Baxter se mit à énumérer
toutes les choses précieuses dont la mort le priverait, il
songea au plaisir qu'il avait trouvé dans ses livres et ses
études. « Lorsque je mourrai » , dit-il , « il faudra renoncer non-seulement aux plaisirs des sens, mais encore aux
plaisirs plus nobles de l'étude, de la science, de la conversation avec des hommes sages et pieux ; il faudra renoncer
à mes lectures, au charme que j'éprouve dans les exercices
publics ou privés de la religion. Il me faudra quitter ma
bibliothèque et ne plus jamais feuilleter ces livres si sédui-
sants. Je ne reviendrai plus parmi les vivants pour voir
les figures de mes fidèles amis, et je ne serai vu par personne ; les maisons, les villes, les champs, les pays, les
jardins, les promenades ne seront rien pour moi. Je n'en-
tendrai plus parler des affaires de ce monde, ni des
hommes, ni des guerres, ni des autres nouvelles ; je ne
saurai pas ce que deviennent les intérêts sacrés de la
sagesse, de la piété et de la paix, qui me furent toujours
si chers. »

Il est inutile de citer l'énorme influence que les livres
ont exercée sur la civilisation de l'humanité en général
depuis la Bible jusqu'à nos jours. Ils contiennent toute la
science amassée par la race humaine. Ils sont les annales
de tous les travaux, des perfectionnements, des spécula-
tions, des succès et des fautes, dans la science, la philo-

sophie, la religion et la morale. Ils ont été de tout temps
les puissances motrices les plus considérables. « Depuis
l'Évangile jusqu'au *Contrat social* », a dit de Bonald, « ce
sont les livres qui ont fait les révolutions. » Il est certain
qu'un grand livre est souvent une chose plus importante
qu'une grande bataille. Les œuvres d'imagination ont aussi
exercé un immense pouvoir sur la société. Ainsi Rabelais
en France et Cervantes en Espagne ébranlèrent à la fois ce
qu'il y avait d'excessif dans la domination des moines et dans
celle de la chevalerie, sans employer d'autre arme que le
ridicule, ce contraste naturel des terreurs humaines. Le
peuple rit et se sentit rassuré. Puis *Télémaque* parut, et
ramena les hommes vers les harmonies de la nature.

« Les poëtes », dit Hazlitt, « sont d'une race qui dure
plus longtemps que celle des héros ; ils respirent davantage l'atmosphère de l'immortalité. Ils survivent d'une
manière plus complète dans leurs pensées et dans leurs
actes. Nous possédons tout ce que Virgile et Homère ont
fait comme si nous avions vécu de leur temps. Nous
pouvons tenir leurs œuvres entre nos mains, les placer au
chevet de notre lit, ou les presser contre nos lèvres. De ce
que les héros ont fait, c'est à peine s'il reste la moindre
trace visible. Les uns, les auteurs morts, sont comme des
hommes vivants ; ils respirent et agissent par leurs écrits ;
les autres, les conquérants du monde, ne sont plus que des
cendres dans une urne funèbre. La sympathie (si je puis
m'exprimer ainsi) est plus intime et plus vivace entre deux
pensées qu'elle ne l'est entre la pensée et l'action. La
pensée s'allie à la pensée comme la flamme à la flamme
qu'elle allume ; donner un tribut d'admiration aux mânes
de l'héroïsme, c'est brûler de l'encens sur un monument de
marbre. Les paroles, les *idées*, les sentiments durcissent
avec le temps et se forment en substance ; les objets, les
corps, les actions tombent en poussière ou fondent à petit

bruit — il n'en reste qu'un son, une légère fumée... Non-
seulement les actions d'un homme s'effacent et disparaissent avec lui, mais encore ses vertus, ses plus belles
qualités l'accompagnent dans la tombe. Il n'y a que son
intelligence qui soit immortelle et qu'il puisse transmettre intacte à la postérité. Les paroles sont les seules
choses qui durent toujours[1]. »

[1] Hazlitt's *Table Talk*, On thought and action.

CHAPITRE XI.

L'UNION DANS LE MARIAGE.

> Kindness in women, not their beauteous looks
> shall win my love.
>
> SHAKESPEARE.

La bonté chez la femme,.et non ses beaux regards,
obtiendra mon amour.

Que l'homme ait la sagesse, et la femme la
douceur.

George HERBERT.

Si Dieu eût voulu donner à l'homme la femme
pour maître, il l'eût tirée de sa tête ; s'il eût voulu
en faire son esclave, il l'eût tirée de ses pieds ; mais
voulant qu'elle fût sa compagne et son égale, il la
forma d'une de ses côtes. — *De civitate Dei.*

SAINT AUGUSTIN.

Qui trouvera la femme vertueuse ? Elle a plus de
prix que les perles qui viennent des extrémités du
monde... Son mari sera illustre dans les assemblées, quand il sera assis au milieu des sénateurs
de la terre... Une force mêlée de grâce est son vête-
ment, et elle aura de la joie en ses derniers jours.
Elle a ouvert la bouche à la sagesse, et la loi de la
clémence est sur ses lèvres.

Elle a considéré les sentiers de sa maison, elle
n'a point mangé son pain dans l'oisiveté. Ses enfants
se sont levés et l'ont proclamée bienheureuse· son
mari s'est aussi levé et a chanté ses louanges.

Proverbes de SALOMON.

Le caractère des hommes, comme celui des femmes, se
ressent fortement de leur mutuel contact à toutes les épo-

ques de la vie. Nous avons déjà parlé de l'influence de la mère pour former le caractère de ses enfants. Elle crée l'atmosphère morale dans laquelle ils vivent, et qui nourrit leur esprit et leur cœur, de même que l'atmosphère physique qu'ils respirent nourrit leur corps. Si la femme a été spécialement destinée par la Providence à donner les plus tendres soins aux enfants nouveau-nés, et à devenir la première institutrice de l'enfance, elle est aussi le guide et le conseiller de la jeunesse, la confidente et la compagne de l'homme fait, sous les différents titres de mère, de sœur, de fiancée et d'épouse. Enfin, l'influence de la femme s'exerce plus ou moins, en bien ou en mal, sur la destinée tout entière de l'homme.

Les fonctions et les devoirs respectifs des hommes et des femmes dans la société ont été clairement définis par la nature. Dieu a créé l'homme et la femme pour que l'un et l'autre s'acquittent de leur œuvre propre, sans sortir de la sphère qui leur a été tracée. Aucun d'eux ne peut prendre la place ni remplir les fonctions de l'autre. Leurs diverses vocations sont parfaitement distinctes. La femme existe pour son compte et l'homme pour le sien, mais ils ont en même temps les relations les plus intimes l'un avec l'autre. Ils sont tous deux nécessaires à l'humanité pour les besoins de la race, et toutes les fois qu'il s'agit d'un progrès social, leur mutuel concours est indispensable.

Bien qu'ils soient compagnons et égaux, la mesure de leurs facultés n'est pas la même. L'homme a plus de force musculaire et la fibre plus dure; la femme est plus délicate, plus sensible, plus nerveuse. L'un excelle par les facultés du cerveau, l'autre par les qualités du cœur, et si la tête gouverne, c'est le cœur qui influence. Tous deux sont également bien organisés pour les fonctions respectives qu'ils ont à remplir dans la vie, et tenter d'imposer à l'homme la besogne de la femme serait aussi absurde que de vouloir imposer à la femme la besogne de l'homme. Il y a parfois des hommes qui ressemblent à des femmes, et des femmes qui ressemblent à des hommes; mais ce sont là des exceptions qui confirment la règle.

Quoique les qualités distinctives de l'homme appartiennent plutôt au domaine de la tête, et celles de la femme au domaine du cœur — il n'en est pas moins nécessaire de cultiver le cœur de l'homme aussi bien que sa tête, et la tête de la femme aussi bien que son cœur. Un homme sans cœur n'est pas plus utile dans une société civilisée qu'une femme stupide. Pour former chez l'homme et chez la femme un caractère sain et bien équilibré, il faut absolument que toutes les parties de la nature morale et intellectuelle soient cultivées avec soin. L'homme qui n'aurait ni sympathie ni égards pour ses semblables ne serait qu'un être misérable, incomplet, égoïste, et la plus belle femme sans intelligence et sans éducation ne vaudrait guère mieux qu'une poupée bien habillée.

On aimait à dire autrefois de la femme que sa faiblesse et sa dépendance constituaient son principal titre à l'admiration. « Si nous voulions nous former une image de la dignité de l'homme », dit sir Richard Steele, « nous lui donnerions de la sagesse et de la valeur, qualités essentielles pour un caractère viril. De même lorsque vous dépeignez une vraie femme, dans la bonne acception du mot, il faut qu'elle ait une aimable douceur, une tendre crainte, et toutes les grâces qui la distinguent de l'autre sexe; qu'elle lui soit subordonnée, mais avec une infériorité qui ajoute à son charme. » D'après ce système, il fallait donc cultiver la faiblesse de la femme, plutôt que sa force; sa folie, plutôt que sa sagesse. Il fallait en faire une créature faible, craintive, larmoyante, sans caractère, tout à fait inférieure, avec juste assez d'intelligence pour comprendre les jolis riens que lui débite le sexe fort. Il fallait l'élever

de manière à ce qu'elle fût pour l'homme un objet d'ornement, plutôt que de la traiter en être intelligent et d'en
faire une véritable épouse, une mère, une compagne, une
amie.

Pope, dans l'un de ses *Moral Essays*, affirme que la
plupart des femmes n'ont aucun caractère, et il ajoute :

> Ladies, like variegated tulips show :
> 'Tis to their changes half their charm we owe,
> Fine by defect and delicately weak.

Les femmes ressemblent à des tulipes aux mille couleurs : c'est à
leurs variations que nous devons la moitié de leur charme; elles sont
belles par leurs défauts et délicatement faibles.

Cette satire se trouve justement dans l'épître du poëte à
Martha Blount, l'amie qui exerça sur lui un empire si tyrannique, et dans les mêmes vers il raille avec dépit lady
Mary Wortley-Montague, aux pieds de laquelle il s'était
jeté comme un adorateur, et qui l'avait dédaigneusement
repoussé; mais Pope n'était pas bon juge des femmes, et
quand il s'agissait de juger les hommes, il n'était pas non
plus très-sage, ni très-tolérant.

Il est encore beaucoup trop dans les habitudes de cultiver la faiblesse de la femme plutôt que sa force, et de la
rendre attrayante plutôt qu'indépendante. Sa sensibilité
est développée au prix de sa santé physique et morale. Elle
ne vit, n'agit et ne subsiste que par la sympathie qu'elle
rencontre. Elle s'habille pour plaire; elle est surchargée
d'agréments afin d'être choisie. Faible, tremblante, soumise,
elle court le risque de devenir la personnification vivante
du proverbe italien : « Si bonne qu'elle n'est bonne à rien. »

D'un autre côté, l'éducation des jeunes gens pèche trop
souvent par l'égoïsme. Tandis qu'un jeune garçon est excité
à ne se fier qu'à ses propres efforts pour se frayer un chemin dans le monde, la jeune fille, au contraire, est encou-

ràgée à dépendre presque entièrement des autres. Il est élevé dans une confiance trop exclusive en lui-même, elle s'habitue à placer une confiance trop exclusive en lui. L'un apprend à être indépendant et à compter sur soi, l'autre à se défier d'elle-même et à se sacrifier en toutes choses. Ainsi, l'intelligence de l'homme est cultivée aux dépens de ses affections, et le cœur de la femme aux dépens de son intelligence.

Il est indiscutable que les plus grandes qualités de la femme se montrent dans ses relations avec ses semblables, par l'entremise de ses affections. Elle est la gardienne que la nature a donnée à l'humanité. Elle s'occupe de tous les malheureux. Elle soigne et chérit tous ceux que nous aimons. Elle est le génie bienfaisant qui préside au foyer domestique, où elle crée une atmosphère de sérénité et de contentement, favorable au développement du caractère sous ses formes les meilleures. La femme, par sa constitution même, est compatissante, douce, patiente, et toujours prête à s'oublier elle-même. Son œil tendre, confiant et sincère répand de la clarté partout. Il brille sur la froideur et la réchauffe, sur la souffrance et l'allége, sur la douleur et la console.

> Her silver flow
> Of subtle paced counsel in distress,
> Right to the heart and brain, though undescried,
> Winning its way with extreme gentleness
> Through all the outworks of suspiciou's pride.

Au jour de la détresse, le flux argenté de ses paroles calmes et insinuantes pénètre droit au cœur et remonte au cerveau, passant inaperçu et se frayant un chemin, avec une douceur extrême, à travers tous les obstacles de l'orgueil soupçonneux.

La femme a été surnommée « l'Ange des malheureux ». Elle est toujours prête à aider les faibles, à relever ceux qui tombent, à consoler ceux qui pleurent. C'est une femme

qui a été la première à construire et à doter un hôpital.
On a dit souvent que partout où il y a un être humain qui
souffre, ses soupirs appellent une femme à son secours.
Lorsque Mungo Park, seul, sans amis, chassé d'un village
d'Afrique par les hommes de l'endroit, se trouva réduit à
passer la nuit sous un arbre, exposé à la pluie et aux bêtes
féroces qui abondaient dans cette contrée, une pauvre né-
gresse, qui revenait de son travail des champs, eut pitié de
lui, le conduisit dans sa hutte et lui donna de la nourriture,
du secours et un abri[1].

Mais tandis que les qualités les plus remarquables de la
femme se font jour par ses sympathies et par ses affections,
il est également nécessaire, pour qu'elle puisse être heureuse, de développer et de fortifier son caractère, en l'habi-
tuant de bonne heure à compter sur elle-même et à savoir
se dominer. Il n'est pas désirable, en admettant que ce fût
possible, de fermer les belles avenues du cœur. La confiance en soi-même n'exige pas de limites à la sympathie

[1] Mungo Park déclara qu'il avait été plus touché de cet incident
que de tout ce qui lui était arrivé dans le cours de ses voyages.
Comme il se préparait à dormir sur la natte qu'on avait étendue
pour lui sur le plancher de la hutte, sa bienfaitrice appela toutes les
femmes de la famille pour reprendre leur tâche, qui consistait à filer
du coton, et elles restèrent occupées très-avant dans la nuit. « Elles
allégeaient leur travail par des chants », dit le voyageur, « et l'un
d'eux fut tout à fait impromptu, car j'en étais moi-même le sujet; il
fut chanté par une des jeunes femmes, et les autres s'y joignirent en
chœur. L'air était doux et plaintif, et les paroles, traduites littérale-
ment, étaient celles-ci : « Les vents mugissaient et les pluies tombaient.
« Le pauvre homme blanc, las et défaillant, vint et s'assit sous notre
« arbre. Il n'a pas de mère pour lui apporter du lait, pas de femme
« pour moudre son grain. » Et le chœur reprenait : « Plaignons le
« pauvre homme blanc, il n'a pas de mère! » Quelque simple que
puisse paraître ce récitatif, dans la situation où je me trouvais, il
m'émut profondément Je me sentis tellement impressionné par cette
bonté inattendue, que le sommeil s'enfuit de mes paupières. »

qu'on ressent pour les autres. Mais le bonheur de la femme, comme celui de l'homme, dépend en grande partie du perfectionnement individuel de son caractère. Et cet esprit d'indépendance qui émane d'une juste culture des facultés intellectuelles, jointe à une certaine discipline du cœur et de la conscience, permet à la femme d'être plus utile dans la vie et plus heureuse, de répandre autour d'elle le bonheur avec discernement, et d'en jouir elle-même ; je parle de ce bonheur qui prend surtout sa source dans un échange mutuel de soins et de sympathie.

Pour que la société se maintienne à un niveau chaste et élevé, il faut nécessairement que l'éducation des deux sexes soit en harmonie et marche d'un pas égal. La pureté des femmes exige celle des hommes. La même loi morale s'applique à tous les deux, et ce serait ébranler les fondements de la vertu que de vouloir admettre cette notion, malheureusement trop répandue, que la différence de sexe permet à l'homme de braver la morale avec impunité, tandis que la femme, en agissant ainsi, se flétrirait pour toute sa vie. Il faut donc, pour que la société soit pure et vertueuse, que l'homme, aussi bien que la femme, soit pur et vertueux, que l'un et l'autre évitent tous les actes qui portent atteinte au cœur, au caractère, à la conscience, qu'ils les fuient comme ces poisons qui, une fois absorbés, ne peuvent jamais être entièrement rejetés, et donnent plus ou moins d'amertume au bonheur à venir.

Ici, qu'on nous permette de toucher à un point délicat. Bien qu'il soit pour l'humanité d'un intérêt universel et absorbant, le moraliste l'évite, l'éducateur le fuit et les parents l'interdisent. Il est presque considéré comme une inconvenance de faire allusion à l'amour des deux sexes l'un pour l'autre, et les seules notions que s'en forment les jeunes filles leur viennent des romans impossibles qui remplissent les rayons des cabinets de lecture. Ce sentiment fort et impérieux, ce besoin d'aimer, — que la nature, pour de sages desseins, a rendu si dominant chez la femme, qu'il déteint sur toute sa vie et sur toute son histoire, tandis que chez l'homme il n'est souvent qu'un épisode, — ce sentiment, dis-je, est presque toujours livré à ses propres inclinations. On le laisse habituellement grandir sans le réprimer, sans aucun guide, ni aucune direction.

Bien que la nature repousse, en général, toute règle et toute obéissance en affaires d'amour, il serait cependant possible d'implanter dans de jeunes esprits des notions assez justes sur les caractères, pour leur permettre de distinguer entre le vrai et le faux, et de les habituer de bonne heure à tenir en estime ces qualités de pureté et d'intégrité morale sans lesquelles la vie n'est qu'un théâtre de folies et de misères. Il serait peut-être difficile d'enseigner aux jeunes gens à aimer sagement, mais les avis des parents pourraient au moins les prémunir contre ces passions frivoles et méprisables qui usurpent si souvent le nom de l'amour.

« L'amour, a-t-on dit, dans l'acception ordinaire du mot, est une folie ; mais l'amour, dans sa pureté, dans sa grandeur, dans son abnégation, est non-seulement une conséquence, mais encore une preuve de notre excellence morale. Le sentiment de la beauté intérieure, l'oubli de soi-même dans l'admiration qu'il fait naître, tout prouve ses titres à une influence supérieure et intime. C'est le triomphe de la partie généreuse sur la partie égoïste de notre nature. »

C'est grâce à cette noble passion que le monde demeure éternellement frais et jeune. Elle est le chant perpétuel de l'humanité. Elle répand sa splendeur sur la jeunesse et entoure l'âge mûr d'une sorte d'auréole. Elle glorifie le présent par la lumière qu'elle jette sur le passé, et elle éclaire l'avenir par les rayons qu'elle projette devant elle. L'amour, quand il est le produit de l'estime et de l'admiration, a pour

effet de grandir et de purifier le caractère. Il tend à nous
émanciper de notre propre esclavage. Il est tout à fait désintéressé, car il est lui-même son unique récompense. Il
inspire la douceur, la sympathie, la confiance mutuelle. Le
véritable amour élève l'intelligence. « Il n'y a pas d'amour
qui ne rende plus ou moins sage », dit le poète Browning,
et les esprits les mieux doués ont su le mieux aimer. Les
grands cœurs grandissent toutes les affections, ils rehaussent et consacrent toutes les vraies jouissances. Souvent
même, le sentiment fait éclore des qualités dormantes qu'on
ne soupçonnait pas. Il élève les aspirations, donne à l'âme
de l'expansion et stimule les facultés mentales. L'un des
plus beaux compliments qu'on ait jamais faits à une femme
fut celui de Steele, lorsqu'il dit de lady Élisabeth Hastings
que l'avoir aimée valait la plus parfaite des éducations. Envisagée à ce point de vue, la femme est un éducateur dans
le sens le plus élevé du mot, car, plus que tout autre, elle
élève avec humanité et amour.

On a dit que ni l'homme ni la femme ne pouvaient
avoir une expérience complète de la vie jusqu'à ce qu'ils
aient été soumis et mêlés au monde par leurs affections.
Si la femme n'est femme qu'après avoir connu l'amour, il
en est de même pour l'homme. Ils sont nécessaires l'un à
l'autre pour se compléter. Platon prétendait que deux
amoureux cherchaient toujours l'un chez l'autre leur propre
ressemblance, et que l'amour n'était que la réunion de
la moitié séparée de l'être humain avec son autre moitié.
Mais ici la philosophie peut se trouver en défaut, car l'affection naît tout aussi souvent de la dissemblance que de la
ressemblance avec son objet.

Il faut nécessairement qu'il y ait union de l'esprit aussi
bien que du cœur, et que cette union se base sur une estime
mutuelle, comme sur une mutuelle affection : « Il n'y a
pas d'amour vrai ni durable », dit Fichte, « qui puisse exister

sans estime; tout autre entraîne après lui des regrets, et il est indigne d'un noble cœur. » On ne peut réellement aimer ce qui est mauvais, il faut pouvoir estimer et respecter ce qu'on admire. En un mot, la véritable union doit être fondée sur les qualités du caractère, qui gouvernent dans la vie privée comme dans la vie publique.

Mais il y a bien plus encore que du respect et de l'estime dans l'union du mari et de la femme. Il y a un sentiment beaucoup plus profond, beaucoup plus tendre, qui n'a jamais existé chez les hommes entre eux, ni chez les femmes entre elles. « En matière d'affection », dit Nathaniel Hawthorne, « il y a toujours un gouffre infranchissable entre l'homme et l'homme. Ils ne peuvent jamais se fondre entièrement dans une poignée de main; aussi l'homme ne trouve-t-il jamais une assistance intime, le secours du cœur, chez aucun autre homme, fût-ce son ami le plus cher, mais il rencontre tout cela chez la femme, soit chez sa mère, sa sœur ou son épouse[1]. »

L'homme entre dans un monde nouveau de joies, de sympathies et d'intérêts humains, par la porte de l'amour. Ce monde nouveau est son foyer, — le foyer qu'il s'est fait, — qui ne ressemble en rien au foyer de son enfance, mais qui lui apporte chaque jour une succession de joies et d'expériences nouvelles. Quelquefois aussi il trouve dans ce monde nouveau des épreuves et des chagrins, dans lesquels il recueille ses meilleurs enseignements. « La vie de famille », dit Sainte-Beuve, « est pleine d'épines et de soucis, mais ce sont des soucis fructueux; les autres sont des épines sèches. » Et plus loin, il ajoute : « A un certain âge de la vie, si votre maison ne se peuple point d'enfants, elle se remplit de manies ou de vices[2]. »

---

[1] *Transformation, or Monte Beni.*
[2] *Portraits contemporains*, t. III, p. 519.

Une vie exclusivement absorbée par les affaires matérielles tend insensiblement à rétrécir et à endurcir le caractère. On est sans cesse occupé de soi, à l'affût de tous
les avantages et en méfiance vis-à-vis de tout le monde. On
arrive à devenir soupçonneux et injuste. Le meilleur remède contre ces dispositions, c'est toujours l'influence domestique. En arrachant l'esprit aux préoccupations de gain,
en l'enlevant à sa routine journalière, elle le ramène au
sanctuaire de la famille pour y trouver le délassement et la
paix :

> That truest, rarest light of social joy,
> Which gleams upon the man of many cares.

Cette lumière, la plus vraie, la plus rare de toutes les joies de ce
monde, qui luit sur l'homme accablé de soucis.

« Les affaires », dit sir Henry Taylor, « ne font que dessé-
cher les avenues du cœur, tandis que le mariage tient garnison dans la forteresse. Et la tête aura beau être occupée
par des travaux d'ambition ou d'affaires, — si le cœur n'est
pas rempli par des affections et par des sympathies, —
l'existence, quelque heureuse qu'elle paraisse aux yeux du
monde extérieur, ne sera, probablement, qu'une existence
manquée[1]. »

Le véritable caractère d'un homme se reconnaît toujours
bien mieux dans sa propre maison que partout ailleurs, et
sa sagesse pratique se montre même davantage dans la manière dont il y gouverne, que dans les affaires d'une plus

---

[1] M. Arthur Helps, dans l'un de ses *Essais*, a dit avec justesse :
« Vous voyez un homme devenir de jour en jour plus riche, grandir
en position ou en réputation, et vous vous dites : « Voilà un homme
« heureux! » Mais, s'il a un intérieur mal organisé, où la famille n'est
pas retenue par des liens d'affection, et dont les serviteurs, qui se
renouvellent sans cesse, n'ont pu conserver qu'un triste souvenir, —
j'affirme que cet homme n'a pas été heureux. Il a toujours laissé

grande importance, ou dans la vie publique. L'homme peut
dans les affaires mettre tout son esprit, mais s'il veut être
heureux, il faut que tout son cœur soit au foyer de la famille. C'est là que ses véritables qualités se déploient avec
plus de sûreté, c'est là qu'il montre sa sincérité, son
amour, sa sympathie, ses égards pour les autres, sa droiture, sa virilité. Si l'affection n'est pas le principe dominant dans un intérieur, la vie domestique peut devenir le
plus intolérable des despotismes. Et sans justice il ne peut
y avoir ni l'amour, ni la confiance, ni le respect, sur lesquels se fonde le gouvernement de la famille.

Érasme parle de l'intérieur de sir Thomas More comme
« d'une école pratique de la religion chrétienne ». « Jamais
on n'y entendait ni dispute ni parole de colère; personne
n'était paresseux, chacun faisait son devoir avec exactitude
et avec une douce gaieté. » Sir Thomas gagnait tous les
cœurs et obtenait l'obéissance par son affabilité. Il possédait toutes les vertus d'intérieur, et il gouvernait avec tant
de douceur et de sagesse que sa maison semblait envahie
par une atmosphère d'amour et d'esprit de devoir. Lui-
même parlait de ces échanges continuels de bons procédés
avec les divers membres de sa famille, comme ayant autant
de droits sur son temps que les occupations publiques de sa
vie, qui semblaient à chacun bien plus sérieuses et bien plus
importantes.

L'homme dont les affections sont rendues plus vives par
la vie d'intérieur ne borne pas ses sympathies à cette
sphère relativement étroite. Son amour grandit dans la fa-

derrière lui, sans la prendre, une forteresse importante. Elle n'est
pas complète, la vie de l'homme dont la bienveillance naturelle n'a
pas trouvé de centre. Elle a pu lancer des rayons dans diverses
directions, mais il lui a toujours manqué l'ardent foyer d'amour, —
ce nid de la famille qui se forme autour du cœur de l'homme juste et
bon. » (*Claims of labour.*)

mille, et par la famille il se répand dans le monde. « L'amour », dit Emerson, « est un feu qui allume ses premiers tisons dans le coin le plus profond et le plus secret du cœur, avec une étincelle venant d'un autre cœur ; puis il brille et s'embrase jusqu'à ce qu'il luise sur des multitudes d'hommes et de femmes, qu'il réchauffe tous les cœurs, et qu'il éclaire le monde et la nature entière de ses généreuses flammes. »

C'est au régime des affections de famille que le cœur de l'homme se calme et s'équilibre. Le foyer domestique est le domaine de la femme, son royaume, son univers ; elle y gouverne par sa tendresse, sa bonté, et par la force de sa douceur. Rien n'apaise la turbulence de la nature de l'homme comme son union dans la vie avec une noble femme. C'est là qu'il trouve le repos, le contentement, le bonheur, le repos de la tête et la paix de l'esprit. La femme est souvent aussi son meilleur conseiller, car elle a un tact instinctif pour le mener droit quand sa raison seule pourrait le faire aller de travers. La vraie femme est un soutien, un appui au temps des épreuves et des difficultés, et jamais sa sympathie et ses consolations ne font défaut quand le malheur arrive, ou que la fortune est contraire. Dans la jeunesse, elle orne et embellit l'existence de l'homme, et plus tard elle reste sa fidèle compagne, quand les années sont venues, que la vie n'a plus de promesses et que nous n'en voyons plus que la réalité.

Quel homme heureux devait être Edmond Burke, quand il disait : « Tous les soucis s'évanouissent dès que je rentre sous mon toit ! » Et Luther dit un jour, en parlant du mariage : « Le plus grand bienfait que Dieu puisse accorder à l'homme, c'est de lui donner une bonne et pieuse femme avec laquelle il lui soit permis de vivre dans la paix et la tranquillité, et à laquelle il ose confier tous ses biens, sa vie même et son bien-être. » Il ajoute encore : « Se lever matin et se marier jeune sont deux choses dont un homme ne se repent jamais. »

Les frères Corneille épousèrent les deux sœurs Lampérière, et l'affection des deux familles fut cimentée par cette union. Leurs maisons se touchaient et ouvraient l'une dans l'autre, et tous quatre vivaient dans une communauté parfaite de goûts et de sentiments. Les frères travaillaient ensemble et se partageaient la gloire de leurs succès, tandis que les deux sœurs étaient heureuses par leur sympathie réciproque, et par l'amour et l'admiration de leurs maris.

Le poëte Racine fut aussi très-heureux par sa femme; elle était pieuse, bonne et d'humeur douce, mais elle n'avait pas de goût pour la poésie et ne connaissait guère que de nom les tragédies de son mari. Un jour Racine apporta de Versailles une bourse qui contenait mille louis d'or; et courant à sa femme, il l'embrassa en disant : « Félicitez-moi sur les mille louis dont le roi vient de me faire cadeau. « Mais madame Racine avait aussi peu de goût pour l'argent que pour la poésie. Au lieu de se réjouir, elle se mit à se plaindre à son mari de la conduite de l'un de ses enfants : « Nous parlerons de cela une autre fois », dit le poëte; « aujourd'hui livrons-nous à la joie! »

Pour qu'un homme puisse trouver dans le mariage le bonheur et le vrai repos, il faut surtout qu'il y ait union des âmes; mais il n'est pas du tout désirable que la femme soit simplement une pâle copie de son mari. L'homme ne recherche pas plus une femme virile que la femme ne recherche un homme efféminé. Les meilleures qualités de la femme ne résident pas dans son intelligence, mais dans ses affections. Elle récrée par sa sympathie plutôt que par sa science; « La femme de tête », dit Olivier Wendell Holmes, « ne nous intéresse jamais comme la femme de cœur [1]. »

---

[1] « Le cœur rouge renvoie tous ses instincts au pâle cerveau pour être analysés, refroidis, blanchis, et se changer ainsi en pure raison;

Les hommes sont si souvent fatigués d'eux-mêmes, qu'ils sont plus disposés à admirer chez les autres des qualités et des goûts différents des leurs : « Si l'on me demandait à brûle-pourpoint », dit M. Helps, « de donner une preuve de la bonté de Dieu envers nous, je dirais, je crois, qu'elle est surtout manifeste dans l'exquise différence qu'il a établie entre l'âme des hommes et celle des femmes, de manière à rendre possible l'association la plus charmante et la plus consolante que l'esprit de l'homme puisse imaginer [1]. » Bien que ce ne soit pas par son intelligence que la femme se fasse le mieux aimer, il n'en est pas moins nécessaire pour elle de la cultiver [2]. Il peut y avoir dans le mariage des différences de caractère, mais il faut que l'esprit et les sentiments soient en harmonie, il faut qu'il y ait deux âmes intelligentes en même temps que deux cœurs aimants.

> Two heads in council, two beside the hearth,
> Two in the tangled business of the world,
> Two in the liberal offices of life.

Deux têtes dans le conseil, deux auprès du foyer, deux dans les affaires embrouillées de ce monde, deux dans les fonctions honorables de la vie.

Il y a peu d'hommes qui aient écrit sur le mariage avec

et c'est justement ce que nous n'aimons pas chez la femme vraiment femme. Nous voudrions trouver en elle le courant contraire. La pensée saine, calme et froide, qui, chez les femmes, se forme si rapidement qu'elles la saisissent à peine, devrait toujours arriver jusqu'aux lèvres, *via* du cœur. Il en est ainsi pour ces femmes que tout le monde aime et admire..... La femme de tête ne nous intéresse jamais comme la femme de cœur; les roses blanches plaisent moins que les roses rouges. » (*The Professor at the breakfast table*, par OLIVER WENDELL HOLMES.)

[1] *The War and General Culture*, 1871.

[2] « Soyez-en sûr, les hommes attachent plus de valeur à la culture de l'esprit qu'à tous les autres talents des femmes, qu'ils sont rare-

autant de sagesse que sir Henry Taylor. Ce qu'il dit sur l'influence d'une heureuse union par rapport aux succès des hommes politiques s'applique à toutes les conditions de la vie. « La vraie femme », dit-il, « doit avoir toutes les qualités qui rendent son intérieur, autant que possible, un lieu de repos. Dans ce but, il faut qu'elle ait assez de bon sens et de mérite pour épargner à son mari, tant qu'elle peut, les ennuis du ménage, et par-dessus tout la moindre apparence de dettes. Il faut qu'elle soit agréable à ses yeux et à son goût; le goût pénètre très-avant dans la nature des hommes — l'amour ne s'en sépare presque jamais, et dans une vie de soucis et d'agitations, le foyer sans amour ne saurait être un lieu de repos, de ce repos que cherche un cerveau fatigué, de ce calme d'esprit qu'on trouve seulement dans la douceur des affections de famille. L'homme a besoin d'avoir auprès de lui une intelligence nette, un esprit vif et enjoué plutôt qu'une grande gaieté et beaucoup de brillant. Il vaut mieux pour lui trouver en sa femme une douce tendresse qu'une nature passionnée. Les dons très-brillants sont trop excitants chez un homme fatigué — la passion le dérange...

> . . . . Her love should be
> A love that clings not, nor is exigent,
> Encumbers not the active purposes,
> Nor drains their source; but profers with free grace
> Pleasure at pleasure touched, at pleasure waived,
> A washing of the weary traveller's feet,

ment en état de comprendre. C'est une erreur très-répandue de croire que la littérature rend les femmes incapables de remplir leurs devoirs journaliers. Le même préjugé n'existe pas pour les hommes. Vous voyez ceux dont l'esprit est le plus cultivé consacrer leur temps et leur attention aux sujets les plus humbles. La littérature donne également aux femmes une valeur réelle et juste dans la société, mais il faut qu'elles sachent en user avec discrétion. » (Le Rév. SYD-NEY SMITH.)

A quenching of his thirst, a sweet repose,
Alternate and preparative; in groves
Where loving much the flower that loves the shade
And loving much the shade that that flower loves,
He yet is unbewildered, unenslaved,
Thence starting light, and pleasantly let go
When serious service calls [1].

Il faut qu'elle sache aimer d'un amour qui ne soit ni trop exigeant, ni trop envahissant, qui jamais n'entrave les intérêts utiles et ne dessèche la source d'activité; qui dispense avec grâce les joies qu'on lui demande, en faisant de soi-même entière abnégation; il faut que cet amour soit le bain salutaire des pieds du voyageur, l'apaisement de sa soif, le doux repos qui le récrée et le prépare à de nouveaux travaux; il faut qu'il se cache au fond d'une solitude, où, rempli de tendresse pour la fleur qui aime l'ombre, et aimant l'ombre que préfère cette fleur, l'homme reste cependant sain de cœur et d'esprit, libre de courir où son devoir l'appelle, emportant avec lui la douce clarté que donne le vrai bonheur.

Quelques personnes trouvent des déceptions dans le mariage parce qu'elles en avaient espéré trop de consolations, mais il y en a beaucoup d'autres qui ne sont pas heureuses parce qu'elles n'apportent pas dans le contrat leur part suffisante de gaieté, de bonté, de patience et de sens commun. Leur imagination s'est peut-être représenté une condition de bonheur qui n'existe pas en ce monde; et quand se montre la vie réelle avec ses soucis et ses chagrins, elles se réveillent brusquement comme d'un rêve. Ou bien elles cherchent une trop grande perfection dans l'époux de leur choix, et l'expérience leur fait découvrir que les plus beaux caractères ont aussi leurs faiblesses. Cependant il arrive souvent que c'est l'imperfection même de la nature humaine plutôt que sa perfection qui nous inspire le plus d'indulgence et de sympathie, et qui, chez les êtres tendres et sensibles, produit presque toujours l'union la plus intime.

[1] *The Statesman*, pages 73 à 75.

Souffrir et endurer, c'est la règle la plus sûre de la vie conjugale. Le mariage, comme le gouvernement, n'est qu'une suite de compromis. Il faut donner et recevoir, s'abstenir et se contenir, être patient et tolérant. Sans être aveuglé sur les faiblesses d'un autre, on peut du moins les supporter avec une bienveillante indulgence. De toutes les qualités, c'est la bonne humeur qui fait le plus d'usage et produit les meilleurs résultats dans la vie conjugale. Jointe à l'empire sur soi-même, la bonne humeur donne la patience — la patience de tout souffrir et de tout supporter, d'écouter sans réplique, de se contenir jusqu'à ce que l'éclair de fureur soit apaisé. Combien il est vrai en mariage « qu'une douce réponse détourne la colère » !

Le poëte Burns, en parlant des véritables qualités de l'épouse, les divise en dix parties. Il y en a quatre pour le bon caractère, deux pour le bon sens, une pour l'esprit, une autre pour la beauté — comme par exemple un doux visage, des yeux éloquents, une belle taille, un maintien gracieux ; et il rangeait dans les deux dernières parties toutes les autres qualités qu'on pouvait espérer rencontrer chez une femme — c'est-à-dire la fortune, les relations, la naissance, une éducation parfaite, etc. ; mais il ajoutait : « Divisez ces deux parties comme vous voudrez, seulement rappelez-vous que toutes ces proportions infimes doivent être exprimées par des fractions, car il n'y en a pas une d'entre elles qui soit digne de représenter un entier. »

On a dit que les jeunes filles étaient très-habiles à faire des filets, mais qu'il leur serait plus utile d'apprendre à faire des cages. Les hommes, pour la plupart, se laissent prendre aussi facilement que des oiseaux, et ils sont aussi difficiles à garder. Si la femme ne sait pas rendre son intérieur agréable et heureux, de manière à ce qu'il soit pour son mari le refuge le plus doux, le plus séduisant, le plus gai — un lieu de repos après les travaux et les soucis du monde extérieur — alors le pauvre homme est à plaindre, car il est sans abri !

Il n'y a pas de personne sage qui, en se mariant, cherche uniquement la beauté. La beauté peut exercer au premier abord une puissante influence, mais on découvre plus tard qu'elle est relativement de très-peu d'importance. Il ne faut pas mépriser cependant la beauté physique; car, toutes les autres qualités étant égales, la beauté de formes et la beauté de traits sont la manifestation extérieure de la santé. Mais épouser un joli visage sans caractère, de beaux traits auxquels le sentiment et la bonne humeur n'apportent pas leur charme, c'est la plus déplorable des erreurs. De même que les plus magnifiques paysages deviennent monotones quand on les voit chaque jour, de même on se fatigue de la plus belle figure lorsqu'elle n'est pas le reflet d'une âme plus belle encore. La beauté d'aujourd'hui devient banale demain; tandis que la bonté, fût-elle exprimée par les traits les plus ordinaires, reste toujours charmante. De plus, ce genre de beauté s'améliore avec l'âge, et le temps la mûrit plutôt que de la détruire. Au bout de la première année, les époux s'occupent rarement de leurs traits et ne se demandent pas si leur beauté est plus ou moins classique, mais ils connaissent toujours leur humeur réciproque : « Lorsque je vois un homme », dit Addison, « au visage morose et ridé, je ne peux pas m'empêcher de plaindre sa femme; et quand, au contraire, j'en rencontre un autre à la physionomie ouverte et intelligente, je songe au bonheur de ses amis, de sa famille et de ses parents. »

Nous avons dit quelle était l'opinion du poëte Burns sur les qualités nécessaires pour faire une bonne épouse. Citons maintenant l'avis donné par lord Burleigh à son fils, car il représente l'expérience de l'habile politique et de l'homme du monde accompli. « Lorsqu'il plaira à Dieu », dit-il, « de te faire arriver à l'âge viril, use de grande prudence et de

circonspection dans le choix de ta femme, car de là sortira
ton bonheur ou ton malheur futur. Et c'est une des actions
de la vie où, comme dans un stratagème de guerre, l'homme
ne peut se tromper qu'une fois..... Informe-toi avec soin
de ses dispositions et de ce que ses parents étaient dans leur
jeunesse [1]. Ne la choisis pas pauvre, quelque bien née qu'elle
soit, car la noblesse toute seule n'a pas cours au marché.
Ne prends pas non plus pour ses richesses une créature
commune et disgracieuse, car ce serait un sujet de mépris
pour les autres, et pour toi de dégoût. Ne fais choix ni
d'une naine ni d'une sotte, car l'une te donnerait une race
de pigmées, tandis que l'autre serait pour toi une honte
continuelle, et cela te fâcherait de l'entendre parler. Tu
trouverais à ton grand chagrin que rien n'est plus répugnant
qu'une sotte. »

Le caractère moral d'un homme est puissamment influencé par celui de sa femme. Une nature vulgaire le fera
descendre avec elle jusqu'à son niveau, une nature élevée
le grandira au contraire. La première ne peut que détruire
ses sympathies, dissiper son courage et torturer sa vie;
tandis que la seconde, en satisfaisant ses affections, fortifie
sa nature morale, et en lui donnant le repos, imprime
une nouvelle énergie à son intelligence. Une femme de
hauts principes élève insensiblement les vues et les aspirations de son mari; la femme dont l'âme est basse les avi-
lit sans s'en apercevoir. De Tocqueville était profondément
pénétré de cette vérité. Il était convaincu que l'homme ne
pouvait trouver dans la vie aucun soutien qui valût celui
que donne une femme d'un bon caractère et de principes
élevés. Il dit que dans le cours de son existence il a vu des

---

[1] Fuller, l'historien et le théologien anglais, avec sa rondeur et
son esprit naturel, disait en deux mots, à propos du choix d'une
emme : « Prenez la fille d'une bonne mère. »

hommes faibles montrer de véritables vertus publiques, parce qu'ils avaient à leurs côtés une noble femme qui les soutenait dans leur carrière et qui exerçait une salutaire influence sur leur manière d'envisager le devoir; tandis qu'au contraire il avait rencontré plus souvent encore des hommes dont les instincts étaient grands et généreux, et qui s'étaient laissé transformer en vulgaires intrigants, par le contact avec des femmes de natures mesquines, uniquement absorbées par un amour stupide du plaisir et dans l'esprit desquelles la grande pensée du devoir n'avait jamais existé.

De Tocqueville lui-même eut la bonne fortune de posséder une admirable femme [1] ; et, dans ses lettres à ses amis intimes, il parle avec reconnaissance du bien-être et du soutien qu'il trouvait dans son courage, son égalité d'humeur et sa noblesse de caractère. Plus M. de Tocqueville voyait le monde et s'initiait à la vie pratique, plus il demeurait persuadé que, pour croître en vertu et en sagesse, l'homme avait absolument besoin de vivre dans un milieu sain et heureux [2]. Il regardait surtout le mariage comme étant d'une importance inappréciable par rapport au véritable bonheur de l'homme; et il parlait du sien comme de l'action la plus sage de sa vie : « La Providence m'a donné beaucoup de satisfactions extérieures, dit-il dans une de ses lettres. Elle m'a donné surtout, et c'est de cela principalement que je la remercie, le vrai bonheur intérieur, ce premier des biens de ce monde. Jamais je n'en ai joui autant que maintenant. J'éprouve de plus en plus que ce côté de la vie privée

[1] C'était une Anglaise, miss Motley. — Plusieurs hommes distingués en France ont épousé des femmes anglaises, entre autres Sismondi, Alfred de Vigny et Lamartine.

[2] « Plus je roule dans ce monde, et plus je suis amené à penser qu'il n'y a que le bonheur domestique qui signifie quelque chose. » (OEuvres et Correspondance.)

qui, dans ma jeunesse, me paraissait le plus petit de l'existence, grandit chaque jour à mes yeux, à ce point qu'il pourrait me consoler aisément de la perte de l'autre [1]..... » Dans
une autre lettre il dit : « De toutes les bénédictions que
Dieu m'a accordées, la première de toutes à mes yeux,
c'est d'avoir trouvé Marie. Tu ne peux te figurer ce qu'elle
est en temps de crise. Cette femme si douce devient alors
ferme et énergique. Elle veille autour de moi sans que je
m'en aperçoive. Elle adoucit, calme, fortifie mon âme au
milieu des agitations qui la laissent sereine [2]..... »

Écrivant à son ami de cœur, le comte Louis de Kergorlay,
M. de Tocqueville dit encore : « Je ne saurais te dire quel
bonheur on éprouve, à la longue, dans la compagnie habituelle d'une femme chez laquelle tout ce qu'il peut y avoir
de bien en vous se réfléchit *naturellement* et paraît mieux
encore. Quand je fais ou dis une chose qui me paraît complétement bien, je lis aussitôt dans les traits de Marie un
sentiment de bonheur et de fierté qui m'élève moi-même ;
de même que, quand ma conscience me reproche quelque
chose, j'aperçois immédiatement un nuage dans ses yeux.
Quoique maître de son âme, à un point rare je pense, je
vois avec plaisir qu'elle m'intimide, et, tant que je l'aimerai
comme je fais, je suis bien sûr de ne jamais me laisser entraîner à quelque chose qui ne fût pas bien [3]..... »

Dans la vie retirée que menait M. de Tocqueville comme
littérateur, — car la vie politique lui avait été fermée par
l'inflexible indépendance de son caractère, — sa santé fai-
blit, et il devint souffrant, irritable, inquiet. Pendant qu'il
travaillait à son dernier ouvrage, *l'Ancien Régime et la Révolution,* il écrivait : « Quand j'ai été à mon bureau cinq ou

[1] *Correspondance de M. de Tocqueville*, t. I, p. 447.
[2] *Ibid.*, t. I, p. 441.
[3] *Ibid.*, t. I, p. 333.

six heures par jour, je suis incapable d'en faire plus; la
machine refuse son service. J'ai bien besoin de repos et
d'un long repos. Joignez à cela toutes les incertitudes qui
assiégent l'esprit d'un auteur à la fin de sa composition, et
vous aurez l'idée d'une vie fort misérable. Je serais incapable de poursuivre ma tâche si je ne me retrouvais sans
cesse, dans les intervalles, à côté de la sérénité d'âme de
Marie. On ne saurait voir une nature plus heureusement
opposée à la mienne. C'est une vraie providence pour
moi au milieu de ce malaise perpétuel du corps et de
l'esprit..... »

M. Guizot fut également soutenu et encouragé au milieu
de ses nombreuses vicissitudes et de ses désappointements
par sa noble femme. S'il était traité durement par ses
ennemis politiques, il trouvait des consolations dans la
tendre affection qui remplissait sa maison d'un rayon de
soleil.

Les circonstances qui se rapportent à son mariage sont
très-curieuses et très-intéressantes. Tandis qu'il était jeune
homme, vivant à Paris du produit de sa plume, écrivant
des livres, des revues, des traductions, il fit par hasard la
connaissance de mademoiselle Pauline de Meulan, femme
d'une grande capacité, qui était alors éditeur du *Publiciste*.
Un grand malheur de famille l'ayant frappée, elle tomba
malade et fut pendant quelque temps incapable de continuer la lourde tâche littéraire que lui imposait son journal.
Dans cette occurrence, une lettre sans signature lui parvint un jour; on lui offrait un supplément d'articles que
le correspondant espérait rendre dignes de la réputation
du *Publiciste*. Les articles arrivèrent, furent acceptés et
publiés. Ils traitaient d'une foule de sujets : d'art, de littérature, de théâtres et de critique générale. Lorsque l'éditeur guérit enfin de sa maladie, l'auteur des articles se dé-
voila. Il se forma entre eux une intimité qui se changea

bientôt en mutuelle affection, et avant peu mademoiselle de Meulan devint madame Guizot.

Depuis ce temps elle partagea toutes les joies et tous les chagrins de son mari, et la plupart de ses travaux. Avant qu'ils fussent unis, il lui demanda si elle croyait pouvoir supporter sans en être abattue toutes les vicissitudes de la destinée qu'il entrevoyait alors devant lui. Elle l'assura qu'elle jouirait toujours passionnément de ses triomphes, mais qu'elle ne donnerait pas un soupir à ses défaites. Quand M. Guizot devint premier ministre de Louis-Philippe, elle écrivit à une amie : « Je vois maintenant mon mari bien moins que je ne voudrais, mais enfin je le vois..... Si Dieu nous épargne l'un à l'autre, je serai toujours, malgré toutes les épreuves et toutes les inquiétudes, la plus heureuse des femmes. » Six mois à peine après avoir écrit ces lignes, l'épouse dévouée descendait au tombeau, et laissait son mari désolé continuer seul le chemin de la vie.

Burke fut particulièrement heureux par son union avec miss Nugent, qui était belle, tendre et d'un grand cœur. Les agitations et les soucis de sa vie politique furent plus que compensés par son bonheur intime, qui semble avoir été complet. Burke avait coutume de dire, et cette parole peint tout à fait son caractère, « qu'aimer le petit noyau auquel nous appartenons dans la société est le germe de toutes les affections publiques ». La description qu'il a faite de sa femme, quand elle était jeune, est peut-être l'un des plus beaux portraits écrits qui existent dans la langue anglaise :

« Elle est belle, mais d'une beauté qui ne vient ni des traits, ni du teint, ni de la forme. Elle possède tous ces avantages au suprême degré, mais ce n'est pas par là qu'elle touche le cœur. Ce qu'il y a de délicieux en elle, c'est la douceur de caractère, la bienveillance, l'innocence et la sensibilité qui se reflètent sur son visage et lui donnent tant de charme. Au premier abord il fixe à peine votre attention, mais plus vous le regardez, plus il vous fascine, et vous vous étonnez qu'il ne vous ait pas fait tout de suite une plus grande impression.

« Ses yeux ont une douce lumière, mais ils imposent le respect quand elle le veut; ils commandent comme un homme juste hors de fonctions, non par leur autorité, mais par leur vertu.

« Sa taille est moyenne; elle n'est pas faite pour être admirée par tout le monde, mais pour plaire à un seul.

« Elle a toute la fermeté qui n'exclut pas la délicatesse, elle a toute la douceur qui n'entraîne pas la faiblesse.

« Sa voix est une douce et harmonieuse musique; elle n'est pas de nature à dominer dans les grandes assemblées, mais elle charme tous ceux qui savent distinguer quelques amis d'une foule; elle a cet avantage, qu'il faut être tout près pour l'entendre.

« Décrire sa personne, c'est décrire son âme : l'une est la copie de l'autre. Son intelligence ne se montre pas par la variété des sujets sur lesquels elle s'exerce, mais par l'excellence de leur choix.

« Elle la laisse moins paraître en disant ou en faisant des choses remarquables, qu'en évitant ce qui ne doit ni se dire, ni se faire.

« Quoique bien jeune, elle connaît le monde mieux que personne, et personne n'en a jamais moins ressenti l'influence corruptrice.

« Sa politesse découle plutôt d'une disposition naturelle à obliger que d'aucune règle établie; aussi frappe-t-elle tous ceux qui ont du savoir-vivre, et même ceux qui n'en ont pas.

« Elle a un esprit ferme et posé qui n'altère en rien son caractère de femme, pas plus que la solidité du marbre ne lui enlève son lustre et son poli. Elle a des vertus qui nous font estimer ce qu'il y a de vraiment grand dans notre sexe. Elle a toutes les grâces séduisantes qui nous font aimer jusqu'aux faiblesses du sien. »

Nous avons comme pendant à ce charmant portrait l'esquisse non moins belle d'un mari, — celle du colonel Hutchinson, le républicain, tracée par sa veuve. Peu de temps avant sa mort, il lui recommanda de ne pas se désoler comme le commun des femmes. Et fidèle à ce désir, au lieu de passer le temps à se lamenter, elle donnait satisfaction à son noble et légitime chagrin en dépeignant son mari tel qu'il avait vécu.

« Ceux qui s'attachent follement aux perfections mortelles », dit Mᵐᵉ. Hutchinson, dans son Introduction à la vie de son mari, « lorsque, par le sort inévitable de toutes les choses fragiles, la mort leur enlève leurs idoles adorées, peuvent se laisser aller à des tempêtes de douleur passionnée, dont le flux et le reflux emportent avec eux le cher souvenir de l'être qui n'est plus ; et quand on cherche à consoler de pareils affligés, on commence généralement par faire disparaître de leur vue tous les objets qui pourraient renouveler leur chagrin ; avec le temps ces remèdes réussissent, on tire par degrés le rideau de l'oubli sur le visage du mort, et l'on finit par aimer des choses moins aimables, quand on ne les compare plus à ce qui semblait parfait. Mais moi qui ai reçu l'ordre « de ne pas me désoler comme « le commun des femmes [1] », j'étudie le moyen de modérer ma douleur, et, s'il est possible, d'augmenter mon amour ;

---

[1] Le colonel Hutchinson était un républicain convaincu, essentiellement brave, noble et pieux. A la Restauration, il fut écarté pour toujours du Parlement et de toutes les fonctions politiques. Il se retira dans ses terres, à Owthorp, près Nottingham, mais il fut bientôt arrêté et emprisonné à la Tour. De là, on l'envoya à Sandown-Castle, près de Deal, où il resta onze mois, et mourut le 11 septembre 1664. Sa femme demanda la permission de partager sa prison, mais on la

et je ne trouve rien de plus juste pour votre pauvre père et de plus consolant pour moi-même, que de faire vivre sa mémoire. Pour cela, je n'aurai pas besoin de me servir de toutes les louanges flatteuses que les panégyristes salariés distribuent également au mérite vrai et au mérite titré. Un récit sans prétention, ne disant de lui que la simple vérité, le revêtira d'une gloire plus substantielle que tous les beaux éloges que les meilleurs écrivains aient jamais pu consacrer aux vertus des grands hommes. »

Vient ensuite le portrait du colonel Hutchinson comme mari :

« Son affection conjugale était telle, que quiconque veut se faire à cet endroit une règle d'honneur, de bonté et de religion, ne saurait mieux faire que de suivre son exemple. Jamais homme n'eut une passion plus grande ni une estime plus parfaite pour aucune femme ; et cependant sa tendresse pour la sienne n'avait rien d'excessif, il savait exiger d'elle cette juste obéissance qui lui était due, mais il dirigeait les rênes du gouvernement avec tant de prudence et d'amour, qu'il eût fallu être bien déraisonnable pour ne pas accepter avec joie une sujétion si honorable et si avantageuse.

« Il gouvernait par la persuasion et il ne l'employait jamais que pour des choses utiles au bien-être et à la dignité de sa femme ; il aimait son âme et son honneur plus que sa personne, et cependant il eut toujours pour elle un sentiment qui dépassait de beaucoup la passion éphémère des maris les plus fous. S'il l'estimait plus qu'elle ne le méritait

lui refusa. Lorsqu'il se sentit mourir, sachant quelle profonde douleur en aurait sa femme, il laissa ce message, qui lui fut envoyé : « Elle est trop supérieure à toutes les autres femmes pour ne pas se montrer, dans cette circonstance, véritable chrétienne ; dites-lui que je désire qu'elle ne se désole pas comme le commun des femmes. » De là vient cette allusion à un ordre de son mari, que nous avons citée plus haut.

21

par elle-même, c'est qu'il avait formé en elle ces vertus qu'il aimait tant, tandis qu'elle n'était que le reflet de ses propres perfections. Elle était tout en lui pendant qu'il était là, et tout ce qu'il y a de meilleur en elle aujourd'hui n'est que sa pâle image.

« Il était si large et si généreux envers elle, qu'il ne pouvait souffrir qu'on parlât de bourses séparées. Tout ce qu'il possédait était entièrement à la disposition de sa femme, et il ne voulut jamais voir le compte d'aucune de ses dépenses. Il était si fidèle dans son amour, que lorsqu'elle cessa d'être jeune et jolie, il lui témoigna encore plus de tendresse. Aucune parole ne saurait exprimer cette affection si pure et si bonne. Et cependant cet amour, le plus grand qu'un homme puisse éprouver, était soumis à un autre amour plus grand encore; le colonel Hutchinson aimait sa femme dans le Seigneur, comme sa compagne et non comme son idole; mais il l'aimait de manière à prouver que l'affection, quand elle est basée sur les règles du devoir, surpasse de beaucoup toutes les passions irrégulières du monde. Il aimait Dieu plus qu'elle, plus que tous les êtres si chers à son cœur, et pour sa gloire il en fit courageusement le sacrifice [1] ».

Lady Rachel Russell est encore une des femmes qui se sont rendues célèbres dans l'histoire par leur dévouement et leur fidélité. Elle travailla et plaida pour la liberté de son mari tant qu'elle put le faire avec dignité; mais, quand elle vit que ses efforts étaient inutiles, elle rassembla tout son courage et chercha par son exemple à fortifier la résolution de son cher seigneur. Et lorsque la dernière heure de lord Russell fut arrivée, et que sa femme et ses enfants

---

[1] Paroles de Mrs Lucy Hutchinson à ses enfants, relativement à leur père, tirées des *Memoirs of the life of Col. Hutchinson*, (BOHN'S ED.), pages 29 et 30.

vinrent recevoir ses derniers embrassements, lady Russell, brave jusqu'à la fin, dissimula sous un semblant de calme son affreuse douleur pour ne pas ajouter à celle de son mari, et ils se séparèrent en silence, après un tendre adieu. Quand elle fut partie, lord William dit : « Maintenant l'amertume de la mort est passée [1] ! »

Nous avons parlé de l'influence qu'exerce la femme sur le caractère de son mari. Très-peu d'hommes sont assez forts pour résister à l'empire d'une femme, dont le caractère est inférieur au leur. Si la femme n'est pas capable de soutenir et de grandir encore ce qu'il y a de plus noble dans la nature de son mari, elle le réduira bien vite à son propre niveau. C'est ainsi qu'une femme peut être une cause d'élévation ou de ruine pour les hommes les meilleurs. Un exemple de cette puissance nous est montré dans la vie de Bunyan. Ce chaudronnier dissolu eut l'heureuse chance d'épouser de bonne heure une jeune fille de mérite et bien née. « Ce qui me sauva », dit-il lui-même, « ce fut de trouver une femme dont le père et la mère étaient réputés pieux. En nous mariant, nous étions, cette femme et moi, aussi pauvres qu'on peut l'être, et, en fait de mé-

---

[1] Au moment de la déclaration de l'indépendance américaine, le premier John Adams, qui fut plus tard président des États-Unis, achéta un exemplaire de la *Vie* et des *Lettres de lady Russell*, et l'offrit à sa femme, « avec l'intention et le désir formel », raconte-t-il, « qu'elle considère cet ouvrage comme un miroir dans lequel elle puisse se contempler elle-même; car, à cette époque, il me semblait extrêmement probable que, en raison de la carrière dangereuse que j'étais décidé à parcourir, ma femme se trouvât un jour dans la situation de lady Russell avec un mari sans tête. » Parlant encore de sa femme à propos de ce fait, M. Adams ajoutait : « Comme lady Russell, elle n'a jamais cherché, ni par une parole, ni par un regard, à m'empêcher de courir tous les risques pour la défense des libertés de mon pays. Elle était décidée à partager avec moi et à faire partager à ses enfants tous les dangers auxquels nous étions exposés. »

nage, c'est à peine si nous avions à nous deux un plat et une cuillère; cependant elle possédait à elle : *The Plain Man's Pathway to Heaven* [1], et *the Practice of Piety* [2], que son père lui avait laissés en mourant ». Ce fut en lisant ces ouvrages et d'autres bons livres, aidé par la salutaire influence de sa femme, que Bunyan fut arraché peu à peu à ses mauvaises habitudes et conduit doucement dans les sentiers de la paix.

Richard Baxter, le théologien non-conformiste, était déjà avancé en âge lorsqu'il rencontra l'excellente femme qu'il épousa. Il était trop absorbé par ses fonctions de pasteur pour avoir le temps de faire sa cour, et il y avait dans son mariage, comme dans celui de Calvin, autant de convenance que d'amour. Miss Charlton, l'objet de son choix, était maîtresse de sa fortune; mais, de crainte qu'on ne pût supposer que Baxter l'épousait par intérêt, il désira d'abord qu'elle abandonnât à sa famille la plus grande partie de ses biens, et qu'il n'eût aucun droit à ce qu'elle possédait avant son mariage; ensuite, qu'elle arrangeât ses affaires de manière à ce qu'il n'eût à redouter aucun procès, et enfin qu'elle ne comptât jamais sur le temps que pourrait réclamer le ministère de son mari. La future ayant accepté ces différentes conditions, le mariage eut lieu et fut heureux. « Nous avons vécu près de dix-neuf ans », dit Baxter, « dans l'union et la paix, nous aimant d'un amour inviolable. » La vie de Baxter fut cependant remplie d'épreuves et de difficultés, à cause des temps de trouble dans lesquels il vivait. Il fut poursuivi partout où il allait, et pendant plusieurs années il n'eut pas de demeure fixe. « Ce sont en général les femmes » dit-il dans ses *Mémoires*, « qui souffrent le plus de ces sortes d'ennuis, mais la mienne les

---

[1] *Le Sentier de l'homme droit vers le ciel.*
[2] *La Pratique de la piété.*

supportait tous avec une grande patience. » Dans la sixième
année de son mariage, Baxter, cité devant les magistrats de
Brentford pour avoir tenu un conventicule à Acton, fut
condamné par eux à être enfermé dans la prison de Cler-
kenwell. Sa femme l'y rejoignit et lui prodigua les plus
tendres soins pendant sa captivité. « Jamais elle ne fut
pour moi », dit-il, « une compagne plus douce et plus
enjouée que dans ma prison, et elle était très-opposée à ce
que je fisse aucune démarche pour me faire relâcher. » Il
fut cependant mis en liberté par les juges de la cour des
Plaids communs, auxquels il avait fait appel contre la sentence des magistrats de Brentford. Lorsque M⁽ᵉ⁾ Baxter mourut, après une vie heureuse et gaie, malgré toutes ces vicissitudes, son mari laissa un portrait touchant des grâces, des
vertus et des sentiments chrétiens de cette excellente femme ;
— ce portrait est l'une des choses les plus charmantes
qu'on puisse trouver dans les ouvrages de Baxter.

Le noble comte Zinzendorf était uni, lui aussi, à une noble
femme, qui l'aida, par son esprit élevé, à supporter les soucis de la vie, et qui le soutint dans tous ses travaux par son
courage infatigable.

« Vingt-quatre années d'expérience m'ont prouvé », disait-il, « que la compagne que j'ai eu le bonheur de rencontrer est justement la seule qui pouvait convenir à ma
position. Quelle autre eût pu conduire ainsi toutes mes
affaires de famille ? vivre sans tache au milieu du monde ?
m'aider avec tant de sagesse à rejeter une morale stérile ?...
Qui eût pu voir comme elle, sans un murmure, son mari
exposé à de pareils dangers, et sur terre et sur mer ? Qui
eût entrepris et supporté avec lui de si étonnants pèleri-
nages ? Quelle autre fût restée ferme et m'eût soutenu
comme elle, au milieu de tant de difficultés ?... Et enfin, y
a-t-il un seul être humain qui sut si bien comprendre et
faire comprendre aux autres ma nature tout entière, que

encore que nous pourrions nommer. La cérémonie des fiançailles allemandes a presque autant d'importance que le mariage lui-même; il est alors permis de donner un libre cours à ses sentiments, tandis que les fiancés anglais sont réservés, timides, et semblent presque honteux de laisser voir leurs impressions. Écoutez, par exemple, la femme de Herder, qui vit pour la première fois en chaire son futur mari. « J'entendis », dit-elle, « la voix d'un ange, et des paroles sortant de l'âme comme je n'en avais jamais entendu auparavant. Dans l'après-midi je le vis et lui balbutiai mes remercîments. Dès cet instant, nos âmes n'en firent plus qu'une. » Herder et sa femme furent fiancés longtemps avant que leurs ressources leur permissent de se marier, mais à la fin ils s'unirent. « Nous fûmes mariés », dit Caroline, la nouvelle épouse, « à la lueur rosée d'une soirée magnifique; nous n'étions qu'un seul cœur, une seule âme. » Herder était tout aussi extatique dans son langage. « J'ai une femme », écrivait-il à Jacobi, « qui est le soutien, la consolation et le bonheur de ma vie. Même dans les pensées rapides et passagères, (ce qui souvent nous étonne nous-mêmes), nous ne faisons qu'un! »

Les fiançailles et le mariage de Fichte forment l'un des plus charmants épisodes de son histoire. C'était un pauvre étudiant allemand qui vivait dans une famille de Zurich en qualité de tuteur, lorsqu'il fit la connaissance de Johanna Maria Rahn, une nièce de Klopstock. Sa position dans la vie était plus élevée que celle de Fichte, ce qui ne l'empêcha pas d'avoir pour lui une sincère admiration. Quand Fichte fut sur le point de quitter Zurich, ils étaient déjà fiancés l'un à l'autre, et elle voulut lui offrir, le sachant très-pauvre, une petite somme d'argent. Il en fut excessivement froissé, et d'abord il se demanda si vraiment elle l'aimait; mais à la réflexion, il lui écrivit pour lui exprimer tous ses remerciements et lui dire qu'il lui était impossible d'accepter d'elle un pareil don. Il parvint à atteindre sa destination, quoique entièrement dénué de ressources. Après une lutte longue et pénible avec le monde, lutte qui dura bien des années, Fichte finit par gagner assez d'argent pour lui permettre de se marier. Dans une de ses charmantes lettres à sa fiancée, il disait : « Ainsi, ma chérie, je me consacre solennellement à toi, et je te remercie de ne pas m'avoir trouvé indigne d'être ton compagnon dans ce grand voyage de la vie..... Il n'y a pas ici-bas de terre tout à fait heureuse, je le sais maintenant ; c'est un lieu de travail où chaque joie ne fait que nous fortifier pour un plus grand labeur. Nous marcherons en nous donnant la main, pour nous encourager et nous soutenir l'un l'autre, jusqu'à ce que nos âmes s'élèvent vers la source de la paix éternelle. Oh ! Dieu veuille que ce soit encore ensemble ! »

La vie conjugale de Fichte fut très-heureuse. Sa femme se montra fidèle et courageuse compagne. Pendant la guerre de la Libération, elle soigna assidûment les malades dans les hôpitaux, et elle attrapa une fièvre maligne qui faillit l'emporter. Fichte eut aussi la même maladie, et fut quelque temps dans un état de prostration complète ; mais il vécut ensuite plusieurs années encore et mourut à cinquante-deux ans, miné par le feu qui le consumait.

Quel contraste présentent les fiançailles et la vie de mariage du brusque et pratique William Cobbett avec l'amour éthéré et sentimental de ces Allemands si raffinés ! Son amour à lui était non moins honnête, non moins vrai, mais peut-être le trouvera-t-on comparativement trivial et même vulgaire. La première fois que Cobbett fixa ses yeux sur la jeune fille qui devait plus tard être sa femme, elle n'avait que treize ans et lui vingt et un ; il était sergent-major dans un régiment d'infanterie en garnison à Saint-Jean dans le Nouveau-Brunswick. Il passait un jour d'hiver devant la maison de son père, et il la vit dehors dans la neige, frottant une cuve à lessive. Il se dit aussitôt à lui-même : « Voilà la fille qu'il me faut. » Il fit sa connaissance et résolut de l'épouser dès qu'il serait libéré de l'armée.

La veille du jour où la jeune fille devait retourner à Woolwich avec son père qui était sergent-major d'artillerie, Cobbett lui envoya cent cinquante guinées qu'il avait épargnées, afin qu'elle pût vivre sans être astreinte à un travail trop dur, jusqu'à ce qu'il revînt en Angleterre. Elle emporta l'argent, et, cinq ans plus tard, Cobbett obtint sa libération. Lorsqu'il arriva à Londres, il courut bien vite chez la fille du sergent-major. « Je trouvai », dit-il, « ma pauvre petite amie dans la maison d'un certain capitaine Brissac, comme servante à tout faire, au prix de cinq livres par an, et c'était une rude besogne qu'elle avait à faire! Alors, comme la chose du monde la plus simple, elle remit entre mes mains mes cent cinquante guinées; elle n'y avait pas touché! » L'admiration que cette conduite causa à Cobbett augmenta encore son amour, et il épousa bientôt la jeune fille, qui fut une femme excellente. Jamais il ne se fatigua de chanter ses louanges, et il mettait son orgueil à lui attribuer tout le bien-être et une grande partie des succès qu'il eut plus tard.

Quoique Cobbett fut souvent considéré de son temps comme un homme rude, commun, terre à terre, et rempli de préjugés, il y avait cependant dans sa nature un grand fonds de poésie ; et tandis qu'il déclamait contre le sentiment, peu d'hommes en avaient de plus profonds et de meilleurs. Il avait l'estime la plus tendre pour le caractère de la femme. Il respectait sa pureté et sa vertu et dans ses *Avis aux jeunes gens* il a dépeint la femme vérita-

blement femme — l'épouse secourable, affectueuse et enjouée — avec une vigueur et un entrain, et en même temps
un bon sens, qui n'ont jamais été surpassés par aucun écrivain
anglais. Cobbett n'était rien moins que distingué dans l'acception ordinaire du mot ; mais il était pur, sobre, rempli
d'abnégation, industrieux et énergique au plus haut degré.
Sans doute, beaucoup de ses idées étaient fausses, mais
elles lui appartenaient en propre, car, en toutes choses, il
tenait à penser pour lui-même. Il y eut peu d'hommes qui
surent saisir mieux que lui le réel de la vie, mais il y en
eut peut-être moins encore qui se laissèrent dominer
davantage par le monde idéal. Pour trouver des paroles
qui peignent les émotions, personne ne l'a jamais surpassé.
Cobbett pourrait vraiment figurer parmi les plus grands
poëtes prosateurs qui aient jamais représenté la vie réelle
anglaise.

CHAPTIRE XII.

LA DISCIPLINE DE L'EXPÉRIENCE.

> I would the great would grow like thee,
> Who growest not alone in power
> And knowledge, but by year and hour
> In reverence and charity.
>
> TENNYSON.

Oh! si les grands pouraient croître comme toi, non-seulement en science et en pouvoir, mais chaque année et d'heure en heure, en sainteté et charité.

> Not to be unhappy is unhappinesse,
> And misery not t'have known miserie;
> For the best way unto discretion is
> The way that leades us by adversitie;
> And men are better shew'd what is amisse,
> By th'expert finger of calamitie,
> Than they can be with all that fortune brings
> Who never shewes them the true face of things.
>
> DANIEL.

N'être pas malheureux est en soi un malheur; il est mauvais pour nous de ne pas connaître la peine, car le chemin le plus sûr qui mène à la sagesse, nous y conduit par l'adversité; l'homme distingue mieux ce qui est mal, lorsque la souffrance le lui montre de son doigt expérimenté; tandis que la fortune, avec tous ses dons, ne lui fait jamais voir le vrai côté des choses.

> A lump of wo affliction is,
> Yet thence I borrow lumps of bliss;

Though few can see a blessing in't,
It is my furnace and my mint.

ERSKINE's *Gospel Sonnets*

De ce bloc de douleurs qu'on appelle affliction, j'emprunte cependant tout un monde de
jouissances; quoique peu d'hommes sachent y
voir une bénédiction, c'est ma fournaise et
mon creuset.

Crosses grow anchors, bear as thou shouldst so
Thy cross, and that cross grows an anchor too.

DONNE.

Les croix deviennent des ancres; porte la
croix comme tu le dois, et tu auras aussi ton
ancre.

Be the day weary or be the day long,
At length it ringeth to Evensong.

Ancient couplet.

Que le jour soit pénible, ou qu'il soit long,
les cloches finissent toujours par sonner l'Hymne
du soir.

La sagesse pratique ne s'apprend qu'à l'école de l'expérience. Les préceptes et les enseignements sont utiles jusqu'à un certain point, mais sans la discipline de la vie
réelle, ils restent à l'état de théorie. Il faut avoir envisagé
le côté positif de l'existence humaine pour que le caractère
puisse acquérir cette teinte de vérité que ne donnent ni la
lecture, ni les leçons, et qu'on obtient seulement par le
contact ordinaire des hommes et des femmes.

Pour qu'un caractère ait la moindre valeur, il faut qu'il
soit capable de se maintenir solide et ferme dans ce monde
de travail incessant, de tentations et d'épreuves, et qu'il
puisse supporter l'usure de la vie journalière.

Les hommes qui ne pensent qu'à eux et à leur propre
bien-être sont tout simplement égoïstes. Ils se rendent
service à eux-mêmes et ne savent aider personne. Nous en-

tendons parler tous les jours d'un homme riche qui meurt laissant des millions, mais on ne nous dit pas si, pendant sa vie, il assista jamais ceux qui étaient plus pauvres que lui. Dernièrement un homme très-riche mourut en Angleterre; il possédait plusieurs millions sterling, et cependant il ne laissa pas un liard à un hôpital, ni à aucune œuvre de charité, ni à qui que ce soit, en dehors de sa propre famille : voilà ce qu'on appelle de l'égoïsme personnifié.

Il est aussi nécessaire de s'aider mutuellement que de s'aider soi-même. Nous devons assister nos semblables de toutes les manières. C'est notre devoir, comme hommes, comme citoyens et comme chrétiens. Qu'est-ce en effet que la charité, si ce n'est un mutuel secours, un moyen de soulager la misère humaine, de guérir les maux, et un acheminement vers la civilisation générale? Car il y a dans le monde des malheureux que le monde *doit* aider. Les pauvres et les infirmes sont à nos portes et nous ne pouvons pas les en chasser. Il y a des gens incapables de travailler : les estropiés, les épileptiques, les idiots ; d'autres sont affligés de maladies de poitrine, de fièvres, de cancers, et sont tellement pauvres qu'ils ne peuvent se suffire à eux-mêmes. Montesquieu a dit : « Quelques aumônes que l'on fait à un homme nu dans les rues ne remplissent pas les obligations de l'État. » Et la société moderne comprend cela jusqu'à un certain point.

Cette assistance mutuelle qu'un être humain prodigue à son semblable se traduit de diverses manières. Les uns préfèrent la donner de leur vivant, en visitant les pauvres et les secourant dans leurs plus grands besoins. D'autres aiment mieux laisser de l'argent pour être dépensé de la même façon après leur mort. L'un des plus remarquables de ces grands bienfaiteurs fut le baron de Monthyon, conseiller d'État des plus distingués, qui, lorsqu'il mourut en 1820, laissa plusieurs millions de francs pour des œuvres charitables et scientifiques. L'inflexibilité de son caractère était telle, qu'on l'avait surnommé au barreau « le Grenadier de la Robe ».

Le baron de Monthyon naquit en 1733. Il fut destiné à la magistrature. En 1755, nous le trouvons avocat du roi au Châtelet. Huit ans plus tard, il fut fait membre du grand Conseil. Quand la pauvreté misérable et le dénûment du peuple des provinces commencèrent à se montrer — résultats des lourds impôts, de la rareté des emplois, de la cherté des vivres et de l'oppression féodale, — le conseiller de Monthyon fut envoyé à Aurillac comme intendant de la province d'Auvergne. Il fit tous ses efforts pour remédier aux causes de la misère. Des revenus considérables de la province, il déduisait chaque année 20,000 livres pour les employer en œuvres de bienfaisance. Lui-même participa pour une large somme à une souscription publique, et décida les habitants d'Aurillac à donner généreusement. Il para ainsi aux horreurs de la famine ; mais il obligea les pauvres qui en étaient capables, à gagner leur pain par le travail ; et il y a dans la province des créations de grande utilité publique, notamment des promenades à Aurillac et à Mauriac, qui portent encore le nom de Monthyon.

Après avoir rempli les mêmes fonctions d'intendant à Marseille, et avoir purifié cette ville de ses immondices, — triste conséquence de la misère, de la malpropreté et d'un mauvais système de drainage, — il fut nommé à la Rochelle (car le climat de Marseille avait détruit sa santé), mais il retourna quelque temps après à Paris, où il devint grand chancelier du comte d'Artois, qui fut plus tard Charles X.

Durant la première partie de sa carrière, ayant pressenti l'explosion de la Révolution française, — sans doute d'après ce qu'il avait vu dans différentes provinces, où le peuple en était souvent réduit à se nourrir d'herbages, — M. de

Monthyon avait pris la précaution de convertir la plus grande partie de sa fortune, en fonds anglais ou étrangers, de sorte qu'il put non-seulement se maintenir lui-même, mais encore aider beaucoup d'autres exilés français pendant tout le temps que régna Napoléon Ier.

Avant la Révolution, M. de Monthyon avait consacré, sous le voile de l'anonyme, cent mille livres environ à diverses fondations charitables ; et il avait institué une somme annuelle dans le but de faire distribuer certains prix par l'Académie française et par l'Académie des sciences, ainsi que des secours d'argent aux convalescents qui sortaient des hôpitaux de Paris. Mais, après la Révolution, on renonça à ces donations, et elles ne furent rétablies qu'après la Restauration. M. de Monthyon continua alors ses généreux bienfaits, et, entre autres bonnes œuvres, il réinstitua le « Prix de vertu », qui avait déjà été décerné de 1782 à 1790. Ce grand philanthrope mourut en 1820, et son testament couronna sa vie de bienfaisance et de charité. Par ce testament, il léguait 10,000 francs pour un prix annuel donné à quiconque trouverait le moyen de rendre moins insalubre les arts mécaniques ; 10,000 francs pour celui qui découvrirait quelque perfectionnement dans la médecine ou la chirurgie ; 10,000 francs pour un prix annuel à donner à tout pauvre français qui aurait accompli, dans le courant de l'année, l'action la plus vertueuse, et enfin 10,000 francs pour le livre le plus utile et le plus moral, qui aurait été composé et publié en France.

Outre ces prix, M. de Monthyon laissa encore 10,000 fr. à chacun des douze hôpitaux de Paris pour être distribués entre les pauvres malades lorsqu'ils en sortiraient, à proportion de leurs besoins. Ceci était d'un grand secours pour les malheureux qui, à leur sortie des hôpitaux, sont en général dans un grand dénûment. Ces legs devaient être doublés, triplés, quadruplés même, au cas où les fonds de M. de Monthyon augmenteraient assez de valeur pour qu'on puisse arriver à ces proportions-là.

Quoiqu'il semble un peu étrange de reconnaître les belles actions avec de l'or, et d'entendre publier les vertus à son de trompe par l'Académie, il y a cependant quelque chose de très-noble dans l'intention de M. de Monthyon; et d'ailleurs, comme tous les actes vertueux qu'on couronne chaque année sont en général accomplis sans arrière-pensée de récompense, nous devons être satisfaits de les voir portés de temps en temps à la connaissance publique. La France s'est toujours distinguée par l'honneur pur et désintéressé dont elle sait entourer le véritable mérite, le dévouement et l'abnégation.

Des hommes d'une humble origine se sont montrés également charitables comme ceux qui étaient nés plus riches. Ainsi Stultz qui fut dans sa jeunesse garçon tailleur à Bade, mais qui mourut à Hyères, en Provence, laissa pour des intentions charitables des legs se montant à près de 400,000 francs. Michel Boulard, le célèbre tapissier, qui lui-même avait été élevé par charité à l'hospice de la Pitié, voulut qu'après lui presque toute sa fortune fût employée à fonder des œuvres de bienfaisance, entre autres l'hôpital Saint-Michel à Saint-Mandé, destiné à recevoir des vieillards. Quoique la vie soit le véritable temps pour les œuvres et la philanthropie, si l'on n'a pu faire tout le bien qu'on voulait pendant son existence, il faut au moins qu'on le fasse après sa mort.

Tout être humain a sa part de nobles labeurs et de devoirs, et il ne peut y manquer sans porter préjudice à lui-même et à la société à laquelle il appartient. C'est en se mêlant à la vie réelle et aux affaires du monde qu'on peut acquérir les connaissances pratiques et apprendre la sagesse. C'est là que se trouve notre principale sphère de devoirs ; que nous nous disciplinons par le travail et que nous nous exerçons à la patience, à l'assiduité, à la résignation, qui forment et consolident le caractère. Là, nous rencontrons les difficultés, les épreuves, les tentations, qui, selon la manière dont nous les traitons, déteignent plus ou moins sur toute notre existence. Enfin, c'est encore là que nous sommes soumis à cette rude école de la souffrance si pleine d'enseignements.

Le contact avec les autres est également nécessaire pour que l'homme puisse se connaître lui-même. Ce n'est qu'en se mêlant librement à la vie du monde qu'on arrive à se former une juste appréciation de son mérite. Celui qui n'a pas cette expérience est enclin à devenir vaniteux, gonflé et arrogant. Dans tous les cas, il reste ignorant de lui-même, quoiqu'il n'ait eu aucune autre société.

Swift a dit un jour : « C'est une vérité incontestable, que tout homme ayant confiance en lui-même ne fit jamais mauvaise figure, tandis que trop de défiance rend disgracieux. » Il y a cependant bien des gens qui sont plus disposés à mesurer la capacité des autres que la leur. « Amenez-le moi », disait le docteur Tronchin de Genève, en parlant de Rousseau, « amenez-le moi, afin que je puisse voir s'il y a quelque chose en lui? » Mais il est probable que Rousseau, qui se connaissait bien, eût été plus porté à juger Tronchin qu'à être jugé par lui.

Il est donc nécessaire d'avoir une certaine connaissance de soi-même si l'on veut *être,* ou *faire* quelque chose en ce monde. C'est aussi une condition essentielle pour se former des convictions personnelles et distinctes. Frédéric Perthes disait un jour à un jeune ami : « Vous ne savez que trop bien ce que vous pouvez faire, mais jusqu'à ce que vous ayez appris ce que vous ne pouvez pas faire, vous n'accomplirez jamais rien de remarquable, et vous ne connaîtrez pas la paix intérieure ».

Quiconque veut profiter de l'expérience des autres, ne

craint pas de demander qu'on l'aide. Celui qui se croit
déjà trop sage pour apprendre ne réussira jamais à rien
faire de bon ou de grand. Nous devons ouvrir au contraire
nos esprits et nos cœurs et ne jamais être honteux d'apprendre avec le secours de ceux qui sont plus savants et
plus expérimentés que nous.

L'homme que l'expérience a rendu sage s'efforce de
juger avec justesse les choses qui se trouvent à portée de
son observation, et qui se rencontrent journellement sur
sa route. Ce que nous appelons le sens commun, n'est le
plus souvent que le résultat d'une expérience commune,
sagement appliquée. Et pour l'acquérir, une grande capacité est moins nécessaire que la patience, l'exactitude et le
soin. Hazlitt prétendait que les gens les plus sensés qu'on
puisse rencontrer sont les hommes d'affaires et les hommes
du monde intelligents, qui raisonnent d'après ce qu'ils
voient et ce qu'ils savent, au lieu de se lancer dans des
discussions spécieuses sur ce que les choses devraient être.

Pour la même raison, les femmes montrent souvent plus
de bon sens que les hommes, car elles ont moins de prétentions et jugent des choses par l'impression spontanée
qu'elles font sur leur esprit. Leur faculté d'intuition est
plus prompte, leur sensibilité plus développée ; leurs sympathies sont plus vives et leurs manières s'adaptent mieux
à toutes les fins. De là vient le tact surprenant avec lequel
on voit des femmes d'une intelligence qui semble très-
ordinaire, arriver à diriger et à régler la conduite de certains hommes dont la nature est des plus indomptables.
Pope faisait un grand éloge du tact et du bon sens de la
reine Marie, femme de Guillaume III, lorsqu'il la dépeignait comme possédant non la science, mais ce qui vaut
bien mieux encore, la prudence.

L'existence tout entière peut être considérée comme une
vaste école d'expérience, dont les hommes et les femmes

sont les disciples. De même que dans toutes les écoles, il faut souvent accepter de confiance la plupart des leçons qu'on y reçoit ; il arrive quelquefois que nous ne les comprenons pas, et nous trouvons dur d'avoir à les apprendre, surtout quand nos maîtres sont les épreuves, les chagrins, les tentations et les difficultés ; et cependant nous devons non-seulement les accepter, mais encore reconnaître qu'elles nous sont envoyées par la main divine.

Reste à savoir jusqu'à quel point les disciples ont profité de cette expérience acquise à l'école de la vie ; quel avantage ils ont retiré des occasions qui leur étaient offertes ; ce qu'ils ont gagné en discipline de cœur et d'esprit. Ont-ils plus de sagesse, plus de courage, plus d'empire sur eux-mêmes ? Ont-ils conservé leur pureté au milieu de la prospérité, et su jouir de la vie avec tempérance et modération ? Ou bien cette vie n'a-t-elle été pour eux, au contraire, qu'une suite de joies égoïstes sans souci de personne ? Que leur ont enseigné les épreuves et l'adversité ? Leur ont-elles appris la patience, la soumission, la confiance en Dieu ? Ou ne leur en est-il resté que l'impatience, le murmure et le mécontentement ?

Les résultats de l'expérience ne peuvent se faire sentir que dans le courant de la vie, et la vie est une question de temps. L'homme d'expérience s'habitue à regarder le temps comme son plus grand secours. « Le temps et moi contre n'importe qui », disait quelquefois le cardinal Mazarin. On dit que le temps console, qu'il embellit les choses, mais il enseigne aussi. Il mûrit l'expérience et fait germer la sagesse. Il peut être l'ami ou l'ennemi de la jeunesse ; et il sera pour les vieillards un consolateur ou un bourreau, selon qu'il aura été bien ou mal employé, et selon la manière dont la vie se sera dépensée.

« Le temps », dit Georges Herbert, « c'est l'habile écuyer qui dresse la jeunesse. » Lorsqu'on est jeune,

comme le monde paraît beau et brillant! Tout nous
semble nouveau et rempli de jouissances, de plaisirs!
Mais à mesure que les années s'écoulent, nous trouvons
que ce monde est un lieu de douleur plus encore que de
joie. Et plus nous avançons dans la vie, plus nous décou-
vrons devant nous de sombres perspectives, — de travail,
de souffrance, de difficultés, — quelquefois même de
malheur et de ruine. Qu'ils sont heureux ceux qui peuvent
traverser tant d'épreuves avec un esprit ferme et un cœur
pur, les supportant gaiement, et restant toujours debout,
quel que soit le fardeau!

Un peu d'ardeur juvénile est d'un grand secours dans la
vie. C'est une force motrice énergique et puissante. Le
temps la calme graduellement, l'expérience la maîtrise et
la dompte. Mais c'est l'indication d'un caractère sain et
rempli de promesses; il faut tâcher de la bien diriger et ne
jamais la railler, ni la réprimer. C'est le signe d'une nature
vigoureuse et exempte d'égoïsme, tandis que l'amour de
soi et la suffisance, dénotent une nature mesquine et égoïste;
or, commencer la vie sous l'égide de l'égoïsme serait
détruire à jamais toute largeur et toute vigueur de caractère. L'existence, alors, ressemblerait à une année où il n'y
aurait pas de printemps. Si le temps des semailles n'a pas
été propice, l'été sera sans fleurs et l'automne sans fruits.
La jeunesse est le printemps de la vie, pendant lequel, si
l'on n'a pas une certaine somme d'enthousiasme, on entre-
prendra peu, et l'on fera moins encore. Ce sentiment généreux est encore nécessaire pour faciliter l'aptitude au travail, car il inspire la confiance et l'espoir, et il fait accepter
avec joie et entrain les détails arides des affaires et des
devoirs journaliers.

« C'est un juste mélange de poésie et de réalité », disait
sir Henry Lawrence, « qui aide le mieux un homme à
traverser la vie... Cette disposition poétique et enthousiaste

doit être appréciée, car elle communique à l'esprit humain,
l'énergie qui active et soutient ses efforts ». Sir Henry
Lawrence insistait toujours près des jeunes gens sur la
nécessité, non pas de réprimer leur enthousiasme, mais au
contraire de l'entretenir et de le diriger avec soin, comme
leur ayant été donné pour de grands et sages desseins.
« Lorsqu'il y a une heureuse fusion entre la poésie et la
réalité », ajoutait-il encore, « tandis que la réalité poursuit le chemin droit et rugueux qui mène à un résultat désirable et pratique, la poésie charme la longueur de la
route en nous en faisant découvrir les beautés, et en im-
primant dans nos âmes la conviction profonde que, même
dans cette existence sombre et matérielle, on peut trouver
une joie que nul objet étranger ne saurait troubler, une
lumière qui brillera de plus en plus jusqu'au jour où tout
sera parfait ».

Joseph Lancastre à l'âge de quatorze ans lut l'ouvrage
de Clarkson sur le *Commerce des esclaves,* et dès lors il
prit la résolution de quitter son pays et d'aller dans les
Indes occidentales pour enseigner aux pauvres noirs à lire
la Bible[1]. Il partit donc avec un léger bagage contenant une
Bible, le *Pilgrim's Progress* de Bunyan[2], et quelques schellings seulement dans sa bourse. Il parvint même à atteindre
les Indes occidentales, et là il se trouva assez embarrassé
quant au moyen de se mettre à l'œuvre qu'il voulait entreprendre. Mais sur ces entrefaites, ses parents désolés, ayant
découvert ce qu'il était devenu, le firent revenir bien vite.
Son ardeur cependant n'en fut pas refroidie, et dès ce moment il ne cessa de se dévouer à l'œuvre vraiment philan-
thropique de l'éducation des malheureux sans ressources[3].

---

[1] *Calcutta Review,* article sur *le Roman et la Réalité de la vie
indienne.*

[2] Le *Voyage du pèlerin.*

[3] Joseph Lancastre n'avait guère que vingt ans lorsqu'en 1798 il

L'homme a besoin de toute l'énergie que lui donne l'enthousiasme, pour pouvoir réussir dans les grandes entreprises de la vie. Sans elle, les obstacles et les difficultés qu'il rencontre partout le forceraient souvent à succomber ; mais avec le courage et la persévérance qu'inspire une généreuse ardeur, l'homme se sent assez fort pour faire face à tous les dangers, pour lutter contre n'importe quelle difficulté. Voyez Christophe Colomb, qui, fermement convaincu de l'existence d'un nouveau monde, bravait tous les dangers des mers inconnues ; et lorsque ses compagnons, désespérant de rien découvrir, s'élevèrent contre lui et menacèrent de le jeter à la mer, il resta ferme et courageux jusqu'à ce qu'enfin ce monde immense et nouveau, qu'il avait pressenti, se montra à l'horizon !

L'homme brave ne se laisse pas déconcerter, mais il poursuit ses efforts jusqu'à ce qu'il réussisse. L'arbre ne tombe pas du premier coup, mais après bien des coups répétés et laborieux. Nous voyons le succès qu'un homme a obtenu, mais nous oublions la peine, la souffrance et les périls qu'il lui a fallu essuyer avant d'y arriver. Un ami du maréchal Lefebvre le complimentant un jour sur ses richesses et son heureuse fortune, le maréchal lui dit : « Je vous fais envie, n'est-ce pas? Eh bien ! vous pourrez avoir toutes ces choses à meilleur compte que moi. Venez dans la cour : je tirerai sur vous vingt coups de fusil de

ouvrit sa première école, dans une chambre de la maison de son père. Elle fut bientôt remplie de tous les pauvres enfants du voisinage, et la pièce se trouvant trop petite pour tous ceux qui demandaient à être admis, on fut plusieurs fois obligé de changer de local, jusqu'à ce qu'enfin Lancastre fît construire un bâtiment spécial, capable de recevoir mille élèves; et sur l'extérieur, on plaça l'avis suivant : « Tous ceux qui le voudront pourront envoyer leurs enfants ici, et les faire élever gratis, et ceux qui n'aiment pas l'éducation gratuite pourront payer si bon leur semble. » Joseph Lancastre fut ainsi le précurseur de notre système actuel d'éducation nationale.

suite, à trente pas de distance, et, si je ne vous tue pas, tout ce que je possède sera à vous. Quoi ! vous ne voulez pas ? Très-bien ; rappelez-vous alors que j'ai été visé plus de mille fois, et de beaucoup plus près, avant d'arriver à la position que vous me voyez aujourd'hui ! »

Les plus grands hommes ont eu à passer par l'apprentissage des difficultés. C'est presque toujours le meilleur stimulant et l'épreuve du caractère. On voit alors paraître des facultés d'action qui, sans cela, seraient restées passives. De même que les comètes nous sont quelquefois révélées par les éclipses, une soudaine calamité fait surgir des héros. Il semble parfois que le génie, semblable au fer frappé par le briquet, ait besoin du contact rude et brusque de l'adversité pour faire jaillir l'étincelle sacrée. Il y a des natures qu'on voit fleurir et mûrir au milieu des épreuves, tandis que dans une atmosphère de repos et de bien-être elles ne feraient que se faner et décliner.

Le courage et les longues souffrances du digne abbé Sicard qui, le premier, parvint à instruire les sourds-muets, se montrèrent au grand jour pendant la Révolution de 1793. Il avait commencé par ouvrir ses premières classes dans sa propre maison, puis il obtint la permission de s'établir dans l'ancien couvent des Célestins. Lorsque l'Assemblée nationale s'empara des biens du clergé, l'abbé Sicard fut non-seulement chassé de son école, mais encore arrêté et mis en prison avec beaucoup d'autres prêtres. Les jeunes sourds-muets dont il avait entrepris l'éducation se présentèrent bravement pour demander sa délivrance. Son meilleur élève, Massieu, remit à la Convention une pétition dans laquelle il disait que les sourds-muets perdaient en l'abbé Sicard leur maître, leur gardien et leur père. « C'est lui », ajoutait-il, « qui nous a appris tout ce que nous savons, et sans lui nous serions semblables aux animaux des champs ».

Malgré cette pétition, l'abbé Sicard fut transféré à l'Abbaye en même temps qu'un grand nombre de prêtres, ce qui était alors considéré comme une sentence de mort. Placés tous dans des voitures qui se suivaient sur une longue file, ils furent, pendant le trajet, injuriés, assaillis de pierres et même blessés par la populace. Quelques jours après, une foule armée envahit la prison et se mit à massacrer les prêtres. Le bras de l'un des assassins était déjà levé pour frapper l'abbé Sicard, mais un horloger, nommé Monnot, se plaça devant lui en disant : « C'est l'abbé Sicard, l'un des hommes les plus utiles du pays. Vous percerez mon corps avant d'arriver jusqu'au sien ! » Et l'abbé ajouta : « Je suis l'instructeur des sourds et des muets, et comme ces malheureux dominent davantage chez les pauvres que chez les riches, je suis plus à vous qu'aux riches. »

Sa vie fut ainsi sauvée, mais pendant deux jours et deux nuits il demeura à l'Abbaye sous le coup d'une mort imminente. Le 4 septembre, il apprit qu'on devait l'exécuter le soir même, et si on l'épargna, ce fut grâce à d'énergiques remontrances faites à l'Assemblée nationale par quelques-uns de ses amis. On lui rendit la liberté, et il en usa pour reprendre ses œuvres charitables.

C'est à cette terrible époque que madame Roland, le jour où on la conduisait à la guillotine, rencontra sur son chemin une statue de la liberté. « O liberté ! » s'écria-t-elle, « que de crimes on commet en ton nom ! » Madame Roland était une femme de mœurs antiques. Elle avait beaucoup lu dans sa jeunesse les *Vies des hommes illustres*, de Plutarque ; l'impression produite par cette lecture sur son esprit ne s'effaça jamais, et eut certainement une grande influence sur la formation de son caractère. Petite fille, elle emportait ce livre à l'église, et le lisait pendant les offices ; et l'on dit qu'à quatorze ans elle pleurait de regret de ne pas être une femme romaine ou spartiate. A vingt-cinq ans elle épousa M. Roland, homme laborieux, intègre et très-capable. Lui aussi nous est dépeint comme ayant des mœurs d'une sévérité antique. Pendant la durée du ministère girondin, M. Roland fut nommé ministre de l'intérieur ; et quand la Révolution éclata dans toute sa fureur, madame Roland fut arrêtée par les jacobins et mise en prison, d'abord à l'Abbaye et ensuite à Sainte-Pélagie. Son mari avait quitté Paris, mais elle avait voulu y rester. « J'ai honte », disait-elle, après avoir presque consenti à quitter sa maison sous un costume de paysanne, « j'ai honte du rôle qu'on me fait jouer. Je ne veux ni me déguiser, ni quitter ma maison. Si je dois être assassinée, ce sera chez moi. On a droit d'attendre de ma part cet exemple de courage, et je le donnerai. »

Dans la prison, on lui conseilla de prendre du poison, comme avaient fait quelques-uns de ses amis, pour se soustraire au sort affreux qui l'attendait, mais elle refusa ; elle était résolue à mourir bravement, se sacrifiant à la cause pour laquelle elle avait vécu. Elle montra à l'échafaud un courage et une grandeur d'âme dignes des héroïnes dont elle avait lu autrefois les histoires dans Plutarque, son auteur favori.

Il est donc bon pour les hommes, de même que pour les femmes, d'être excités à agir et affermis contre les difficultés par une certaine confiance en eux-mêmes, au lieu de s'engourdir dans l'apathie et l'indolence [1]. La lutte est la condition essentielle de la victoire. S'il n'y avait pas de

---

[1] Un grand musicien disait un jour d'une cantatrice de talent, mais trop froide : « Elle chante bien, mais il lui manque quelque chose, quelque chose qui est tout. Si je n'étais pas marié, je lui ferais la cour, je l'épouserais, je la maltraiterais, je lui briserais le cœur, et avant six mois elle serait la plus grande chanteuse de l'Europe! » (*Blackwood's Magazine.*)

difficultés, les efforts deviendraient inutiles ; s'il n'y avait pas de tentations, il n'y aurait plus d'empire sur soi-même, et, sans les épreuves et les chagrins, comment pourrions-nous acquérir la patience et la résignation? Ainsi les difficultés, l'adversité et la souffrance ne sont pas uniquement des maux ; elles sont souvent, au contraire, une source de force, de discipline et de vertu.

Pour la même raison, il est souvent avantageux pour l'homme d'avoir à lutter contre la pauvreté et de la vaincre. « Celui qui a combattu », dit Carlyle, « ne fût-ce qu'avec la pauvreté et le travail pénible, sera toujours plus fort et plus habile que celui qui reste en dehors au jour de la bataille, caché parmi les waggons de provisions, et se bornant tout juste à surveiller les vivres. »

Les savants trouvent la pauvreté tolérable, comparée à la privation d'aliments intellectuels. Les richesses pèsent beaucoup plus lourdement sur l'esprit. « Je ne peux m'empêcher de dire à la pauvreté », écrivait Richter, « Sois la bienvenue ! pourvu que tu n'arrives pas trop tard dans la vie. » La pauvreté, nous dit Horace, le poussa vers la poésie, et la poésie lui fit connaître Varus, Virgile et Mécène. « Les obstacles », dit Michelet, « sont de grands stimulants. J'ai vécu sur un Virgile pendant bien des années, et m'en suis bien trouvé. Un volume dépareillé de Racine, acheté par hasard à un étalage sur le quai, créa le poëte de Toulon. »

On assure que les Espagnols ont eu l'égoïsme de se réjouir de la pauvreté de Cervantes, car ils supposaient que sans elle, ses grandes œuvres n'eussent jamais été produites. Quand l'archevêque de Tolède visita l'ambassadeur français à Madrid, les gentilshommes attachés à l'ambassade exprimèrent toute leur admiration pour l'auteur de *Don Quichotte,* et témoignèrent le désir de faire la connais-

sance d'un homme qui leur avait procuré tant de plaisir.
On leur répondit que Cervantes avait porté les armes pour
le service de son pays, et qu'il était maintenant vieux et
pauvre. « Quoi ! » s'écria l'un des Français, « le señor Cervantes n'est-il pas dans une bonne position ? N'a-t-il pas
une pension sur les fonds de l'État ? » — « Que le Ciel
nous préserve », fut la réponse, « de le voir jamais à l'abri
du besoin, car s'il est vrai que ce soit sa pauvreté qui le
pousse à écrire, elle enrichit le monde [1] ! »

Ce n'est pas tant la prospérité que l'adversité, et c'est
plutôt la pauvreté que la richesse, qui stimulent la persévérance des natures fortes et saines, excitent leur énergie et
développent leur caractère. Burke disait de lui-même :
« Ce n'est pas en étant bercé, dorloté, douilleté, que je
suis devenu un législateur. *Nitor in adversum.* Voilà la
devise qui me convient. » Quelques hommes ont besoin de
rencontrer sur leur chemin une grande difficulté pour faire
ressortir la force de leur caractère et de leur génie ; et
cette difficulté, une fois conquise, devient l'un des mobiles
les plus puissants de leurs progrès futurs.

C'est une erreur de croire que les hommes réussissent
par leurs succès ; il arrive bien plus souvent qu'ils réussissent par leurs échecs. La meilleure expérience s'acquiert
par le souvenir des fautes que nous avons pu commettre
dans nos rapports avec nos semblables, dans le commerce
ordinaire de la vie. La vue de ces fautes dispose les
hommes sensés à plus de ménagements, de tact et d'empire
sur eux-mêmes, afin de les éviter à l'avenir. Questionnez
le diplomate, et il vous dira qu'il a appris son art après avoir
été déjoué, contrarié et circonvenu, bien mieux que s'il
avait réussi. Les préceptes, l'étude, les conseils, les
exemples n'enseignent pas comme un échec. Celui-ci

---

[1] *Essais de Prescott,* art. CERVANTES.

donne la discipline de l'expérience, et montre ce qu'il faut faire, et surtout ce qu'il ne faut pas faire, ce qui est souvent plus important encore dans la diplomatie.

Beaucoup de gens doivent prendre leur parti d'avance d'échouer bien des fois avant de réussir ; mais s'ils ont du cœur, l'échec ne servira qu'à stimuler leur courage et à les exciter à renouveler leurs efforts. Talma, le plus grand des acteurs, fut sifflé sur la scène, la première fois qu'il y parut.

Lacordaire, l'un des plus habiles prédicateurs des temps modernes, n'acquit de la célébrité qu'après plusieurs insuccès. Montalembert dit de lui la première fois qu'il monta en chaire à Saint-Roch : « Il a complétement échoué, et chacun disait en sortant de l'église : Il peut être un homme de talent, mais ce ne sera jamais un prédicateur. » Cependant il s'exerça jusqu'à ce qu'il réussît, et deux ans à peine après ce début, Lacordaire prêchait à Notre-Dame à des auditoires comme peu d'orateurs français en ont jamais réunis autour d'eux, depuis le temps de Bossuet et de Massillon.

Lorsque M. Cobden parla pour la première fois dans un *public meeting* à Manchester, il fit un fiasco complet, et le président fut obligé de l'excuser. Sir James Graham et M. Disraeli échouèrent aussi d'abord ; ils furent même tournés en dérision et ne réussirent qu'à force de travail et de volonté. Un moment sir James Graham, désespéré, renonça presque à parler en public. Il dit à son ami sir Francis Baring : « J'ai essayé de toutes les manières, improvisant, prenant des notes, apprenant tout par cœur — et je ne peux pas y arriver. Je ne sais pourquoi, mais j'ai peur de ne jamais réussir. » Cependant, à force de persévérance, Graham, comme Disraeli, devint l'un des orateurs parlementaires les plus influents et les plus impressionnants.

Les échecs ont eu quelquefois pour résultat de forcer le travailleur clairvoyant à tourner ses efforts vers une autre direction. Ainsi Prideaux ayant échoué comme candidat au poste de clerc de paroisse à Ugboro, dans le Devonshire, s'appliqua sérieusement à l'étude et devint plus tard évêque de Worcester. Boileau avait été destiné au barreau ; mais lorsqu'il plaida sa première cause, il resta complétement court, au milieu des éclats de rire de toute l'assistance. Il essaya ensuite de la théologie, et y renonça bientôt. Il se livra alors à la poésie, et eut un plein succès. Fontenelle et Voltaire échouèrent aussi au barreau, ainsi que Cowper, qui, à cause de sa défiance de lui-même et de sa grande timidité, ne put venir à bout de son premier plaidoyer, tandis qu'il vécut pour faire revivre l'art poétique en Angleterre. Montesquieu et Bentham quittèrent tous deux le barreau, où ils n'avaient pas réussi, pour suivre des carrières plus conformes à leurs goûts, et Bentham laissa derrière lui de précieux actes législatifs qui peuvent servir dans tous les temps. Goldsmith ne réussit pas comme chirurgien, mais il sut écrire son *Deserted Village* et son *Vicaire de Wakefield ;* tandis qu'Addison, incapable de faire un orateur, avait un plein succès avec son histoire de *Sir Roger de Coverley* et ses nombreux et célèbres articles du *Spectateur.*

Une grande infirmité physique, telle que la privation de la vue ou de l'ouïe, n'a jamais été considérée par les hommes courageux comme une raison suffisante pour les empêcher de poursuivre avec zèle la lutte de la vie. Ainsi Milton, frappé de cécité, tint bon et marcha toujours en avant. Ses plus grandes œuvres furent produites à l'époque de sa vie où il souffrait le plus, quand il était pauvre, malade, vieux, aveugle, calomnié et persécuté.

Les vies de quelques-uns des plus grands hommes n'ont été qu'une lutte continuelle contre les difficultés et les

défaites apparentes. Dante écrivit son plus bel ouvrage
étant dans la misère et dans l'exil. Banni de sa ville natale
par la faction dont il était l'adversaire, il eut sa maison livrée
au pillage, et, pendant son absence, lui-même fut condamné
à être brûlé vif. Un ami l'ayant informé qu'il pourrait cependant retourner à Florence s'il voulait consentir à demander pardon : « Non », répondit-il, « ce n'est pas ainsi
que je serai ramené dans mon pays ; je m'empresserai de
revenir, si vous, ou quelque autre, pouvez m'indiquer un
moyen qui ne fasse pas déroger Dante à sa réputation
et à son honneur. Si ce moyen n'existe pas pour rentrer à
Florence, je n'y reviendrai jamais. » Ses ennemis demeu-
rèrent inflexibles, et Dante, proscrit depuis vingt ans,
mourut en exil.

Camoëns écrivit aussi la plupart de ses grands poëmes
pendant son bannissement. Fatigué de sa solitude à San-
tarem, il se joignit à une expédition contre les Maures, et
se distingua par sa bravoure. Il perdit un œil en abordant
un vaisseau ennemi dans un combat naval. A Goa, dans
les Indes orientales, il vit avec indignation la cruauté des
Portugais envers les indigènes, et s'en plaignit au gouverneur. Il fut en conséquence chassé de la colonie et envoyé
en Chine. Dans le cours de toutes ses aventures et des
malheurs qui lui arrivèrent ensuite, Camoëns eut à subir
un naufrage, mais il y échappa, ne conservant que sa vie
et son manuscrit de la *Lusiade*. La persécution et la misère
semblaient le poursuivre partout. A Macao, il fut jeté en
prison. Il parvint à se sauver, et s'embarqua pour Lisbonne,
où il arriva après seize ans d'absence, pauvre et sans amis.
Sa *Lusiade*, qui fut publiée bientôt après, lui rapporta
beaucoup de célébrité, mais peu d'argent. Sans son vieil
esclave indien Antonio, qui mendiait dans les rues pour
son maître, Camoëns serait mort de faim[1]. Toujours est-il

---

[1] Un chevalier, nommé Ruy de Camera, étant venu un jour de-

qu'il mourut dans un hospice public, usé par la maladie et la misère. Une inscription fut placée sur sa tombe : « Ici repose Louis de Camoëns ; il surpassa tous les poëtes de son temps : il vécut pauvre et misérable, et il mourut ainsi, l'an MDLXXIX. » Ce témoignage honteux, mais fidèle, a été enlevé depuis, et on l'a remplacé par une mensongère et pompeuse épitaphe, en l'honneur du grand poëte national portugais.

Michel-Ange lui-même fut exposé, pendant la plus grande partie de sa vie, aux persécutions de gens sordides et envieux qui ne pouvaient ni sympathiser avec lui, ni comprendre son génie.

Le Tasse fut aussi victime de la calomnie et d'une persécution presque continuelle. Après être resté sept ans dans une maison de fous, il erra dans toute l'Italie, et sur son lit de mort, il écrivit : « Je ne veux pas me plaindre de la malignité de la fortune, parce que j'aime mieux ne pas parler de l'ingratitude des hommes qui ont réussi à me pousser dans la tombe d'un mendiant. »

Mais le temps amène de singulières vengeances. Les persécuteurs et les persécutés changent souvent de rôle. Les derniers deviennent grands, et les premiers infâmes. Les noms mêmes des persécuteurs seraient sans doute oubliés depuis longtemps s'ils n'avaient quelque relation

---

mander à Camoëns de lui traduire en vers les sept Psaumes de la pénitence, le poëte souleva sa tête sur son misérable grabat, et, montrant son fidèle esclave, il s'écria : « Hélas! quand j'étais un poëte, j'étais jeune et heureux; mais aujourd'hui je ne suis plus qu'un pauvre misérable abandonné et dénué de tout! Tenez, voilà mon pauvre Antonio qui sollicite vainement quatre deniers pour acheter un peu de charbon, et je ne peux pas les lui donner! » Le chevalier, raconte finement Sousa dans sa *Vie de Camoëns*, ferma son cœur et sa bourse, et quitta la chambre. — Tels étaient les grands de Portugal. (*Remarques sur la vie et les œuvres de Camoëns*, par lord STRANGFORD, 1824.)

avec l'histoire des hommes qu'ils ont persécutés. Ainsi, qui connaîtrait aujourd'hui le duc Alphonse de Ferrare s'il n'avait pas emprisonné le Tasse? Et qui se rappellerait l'existence du grand-duc de Wurtemberg d'il y a quatre-vingt-dix ans, sans sa puérile persécution de Schiller?

La science aussi a eu ses martyrs; ils se sont frayé un chemin vers la lumière, à travers les difficultés, les vexations et les souffrances. Nous avons déjà parlé de Bacon, de Galilée et d'autres encore[1], persécutés à cause de leurs vues et de leurs doctrines qui n'étaient pas comprises. Après eux, il y a encore eu parmi les hommes de science beaucoup d'infortunés dont le génie a été impuissant pour les sauver de la fureur de leurs ennemis. Ainsi Bailly, le célèbre astronome français (qui avait été maire de Paris), et Lavoisier, le grand chimiste, furent guillotinés tous deux pendant la première Révolution. Lavoisier, ayant été condamné à mort par la Commune, demanda quelques jours de délai pour pouvoir constater le résultat de certaines expériences qu'il avait faites dans sa prison; mais le tribunal rejeta cette prière, et ordonna l'exécution immédiate; « car », dit l'un des juges, « la République n'a pas besoin de philosophes ». En Angleterre, vers la même époque, le docteur Priestley, le père de la chimie moderne, eut sa maison brûlée et sa bibliothèque détruite, au milieu des cris de : « Plus de philosophes! » et il s'enfuit de son pays natal pour aller mourir en pays étranger.

Quelques-unes des plus grandes découvertes ont été faites au milieu des persécutions, des difficultés et des souffrances. Christophe Colomb, qui découvrit le nouveau monde et le laissa en héritage à l'ancien monde, fut durant sa vie maltraité, diffamé et pillé par ceux mêmes qu'il avait enrichis.

[1] Voir le chapitre v, p. 125.

L'agonie de Mungo-Park se noyant dans la rivière africaine qu'il avait trouvée le premier, mais qu'il n'était pas destiné à décrire ; Clapperton mourant de fièvre sur les bords de ce grand lac au cœur de l'Afrique, qui devait être plus tard découvert de nouveau par d'autres explorateurs ; Franklin périssant dans la neige, peut-être après avoir résolu le problème, si longtemps cherché, du passage nord-ouest, — toutes ces choses peuvent compter parmi les événements les plus tristes dans l'histoire des grandes entreprises.

La position de Flinders, le navigateur, qui resta emprisonné six ans dans l'île de France, fut aussi particulièrement dure. En 1801, il s'embarqua en Angleterre sur l'*Investigateur,* pour faire un voyage de découvertes et d'exploration ; il était pourvu d'un laisser-passer français, requérant tous les gouverneurs français (quoique la France fût alors en guerre avec l'Angleterre) de lui donner protection et secours au nom sacré de la science. Dans le cours de son voyage, il explora une grande partie de l'Australie, la terre de Van Diemen et les îles environnantes. Puis on s'aperçut que l'*Investigateur* était vermoulu et faisait eau, et on le condamna. Flinders alors s'embarqua pour l'Angleterre comme passager à bord du *Marsouin,* pour exposer devant l'Amirauté le résultat de ses trois années de travaux et d'expériences. Pendant le retour, le *Marsouin* échoua contre un récif dans les mers du Sud, et Flinders, avec une partie de l'équipage, se dirigea dans un bateau découvert vers Port-Jackson, qu'on atteignit en sûreté, bien qu'il y eût au moins sept cent cinquante milles de distance de l'endroit du naufrage. Là il se procura une petite goëlette, le *Cumberland,* qui n'était pas plus grande qu'un bateau-pêcheur de Gravesend, et il alla chercher le reste de l'équipage, qui attendait sur le récif. Après l'avoir délivré, il fit voile pour l'Angleterre en passant par l'île de

France, où le *Cumberland* arriva dans un état très-délabré, car ce n'était qu'un misérable petit navire, mal construit. A sa grande surprise, Flinders fut arrêté avec tout son équipage, jeté en prison avec une rigueur brutale, son laisser-passer ne lui servant absolument à rien. Ce qui aggravait encore l'horreur de sa situation, c'était la certitude que le navigateur français Baudin, qu'il avait rencontré sur les côtes d'Australie, arriverait en Europe avant lui, et revendiquerait l'honneur de toutes ses découvertes. Les choses se passèrent comme il l'avait prévu; tandis qu'il était captif, un nouvel atlas fut publié en France, et tous les points déjà nommés par Flinders et ses précurseurs avaient de nouveaux noms. Flinders sortit enfin de prison, au bout de six ans, mais sa santé était complétement détruite; il continua cependant à corriger ses cartes et à écrire ses descriptions géographiques jusqu'au dernier moment. Il vécut juste assez pour livrer ses derniers feuillets à la presse, et mourut le jour même où son ouvrage fut publié.

Bien des hommes courageux ont su mettre à profit leur solitude forcée pour exécuter des œuvres d'une grande vigueur et d'une grande importance. C'est dans la solitude que le désir de la perfection spirituelle se développe le mieux. L'âme communique avec elle-même dans l'isolement, jusqu'à produire quelquefois une énergie indomptable. Mais pour qu'un homme profite ou non de la solitude, tout dépend de son tempérament, de son éducation et de son caractère. Chez celui dont la nature est large, la solitude rend le cœur déjà pur plus pur encore, tandis qu'au contraire, chez une nature mesquine, le cœur naturellement dur, s'endurcira de plus en plus; car si la solitude est la compagne des grands esprits, elle est le supplice des autres.

Ce fut en prison que Boétius écrivit ses *Consolations de la*

philosophie, et Grotius son célèbre *Commentaire sur saint
Matthieu.* Buchanan composa sa magnifique *Paraphrase des
Psaumes* tandis qu'il était enfermé dans la cellule d'un
monastère portugais. Campanella, moine patriote italien,
soupçonné de trahison, fut claquemuré pendant vingt-sept
ans dans un donjon de Naples, où, privé de la lumière du
soleil, il chercha une autre lumière et créa son *Civitas
solis,* qui a été si souvent réimprimé et traduit dans la plupart des langues européennes. Durant les treize années
qu'il fut enfermé à la Tour de Londres, Raleigh écrivit
son *Histoire du Monde,* ouvrage qui devait avoir une vaste
extension, mais dont il ne put achever que les cinq premiers volumes. Luther employa ses heures de prison, au
château de Wartbourg, à traduire la Bible, et à écrire les
nombreuses brochures dont il inonda toute l'Allemagne.

Ce fut sans doute à l'emprisonnement de Bunyan que
nous devons le *Pilgrim's progress;* il se replia forcément sur
lui-même, et n'ayant pas l'occasion d'agir, son esprit actif
chercha une issue dans la pensée et la méditation. Ce qu'il
y a de certain, c'est qu'après la mise en liberté de Bunyan,
sa vie d'auteur fut terminée. Il écrivit encore dans sa
captivité : *Grace Abounding,* et *Holy War.* Bunyan ne
resta pas moins de douze ans dans la prison de Bedford,
avec quelques intervalles de liberté illusoire [1], et cette réclusion prolongée nous a valu ce que Macaulay appelle « la
plus belle allégorie qu'il y ait au monde ».

Tous les partis politiques, du temps où vivait Bunyan,

---

[1] Un quaker, qui prétendait avoir pour lui un message du Seigneur,
vint un jour voir Bunyan et lui dit qu'il avait parcouru la moitié
des prisons d'Angleterre, et qu'il était heureux de l'avoir enfin
trouvé. « Si le Seigneur vous avait envoyé », lui répondit Bunyan,
« vous n'auriez pas eu besoin de vous donner tant de peine pour me
découvrir, car il savait bien que j'étais à la prison de Bedford depuis
plus de sept ans. »

emprisonnaient leurs adversaires, quand ils en avaient l'occasion et le pouvoir. Bunyan fut surtout captif sous Charles II. Mais pendant le règne de Charles Ier, et sous la République, les prisonniers illustres furent très-nombreux. Parmi ceux du règne de Charles Ier se trouvèrent sir John Eliot, Hampden, Selden, Prynne [1] (l'un des écrivains de prison les plus féconds), et d'autres encore. Ce fut pendant qu'il était gardé de près à la Tour de Londres qu'Eliot composa son traité sur la *Monarchie de l'homme*. Georges Wither, le poëte, fut également captif sous Charles Ier, et c'est dans la prison de Marshalsea [2] qu'il écrivit sa fameuse *Satire au Roi*. A la Restauration, on l'enferma de nouveau à Newgate, puis il fut transféré à la Tour, et l'on suppose qu'il y mourut.

La République eut aussi ses prisonniers. Sir William Davenant, à cause de sa fidélité au roi Charles Ier, fut gardé quelque temps au château de *Cowes*, où il écrivit la plus grande partie de son poëme de *Gondibert*; et l'on assure qu'il dut surtout la vie à la généreuse intercession de Milton. Il vécut assez pour acquitter sa dette et sauver la vie de Milton, lorsque Charles II recouvra son royaume. Lovelace, le poëte chevalier, fut également emprisonné par les Têtes-Rondes, et ne put se faire relâcher qu'en donnant une énorme caution. Et cependant, quoiqu'il eût souffert

---

[1] Prynne, outre qu'il fut mis au pilori et qu'il eut les oreilles coupées, fut encore enfermé successivement dans la Tour de Londres, à Mont-Orgueil (Jersey) et aux châteaux de Dunster, de Taunton et de Pendennis. Il défendit ensuite avec zèle la cause de la Restauration, et fut nommé par Charles II conservateur des archives. On a calculé que Prynne a écrit, composé et imprimé environ huit pages in-quarto tous les jours ouvrables, depuis le moment où il atteignit l'âge viril jusqu'à sa mort. Bien que ses livres fussent pour la plupart achetés par les malletiers, ils se vendent aujourd'hui à des prix presque fabuleux, à cause surtout de leur rareté.

[2] Prison située dans *Southwark,* à Londres.

et qu'il eût tout perdu pour les Stuarts, il fut oublié par eux à la Restauration et mourut dans une extrême pauvreté.

Outre Wither et Bunyan, Charles II mit en prison Baxter, Harrington (l'auteur d'*Oceana*), Penn, et beaucoup d'autres. Tous adoucirent par la littérature leurs heures de prison. Baxter composa quelques-uns des passages les plus remarquables de son livre : *Life and Times* [1], pendant qu'il était dans *the King's Beuch prison* [2]; et Penn écrivait : *No Cross, no Crown* [3], de la Tour de Londres où il était enfermé. Sous le règne de la reine Anne, Matthew Prior, ayant contre lui une vague accusation de trahison, fut incarcéré pendant deux ans, durant lesquels il écrivit son *Alma* ou *Progrès de l'âme.*

Depuis lors, il y a eu comparativement très-peu de prisonniers politiques en Angleterre. L'un des plus illustres fut de Foe, qui non-seulement fut mis trois fois au pilori, mais qui de plus passa une grande partie de son temps en prison, où il écrivit *Robinson Crusoé,* et beaucoup de ses meilleurs pamphlets politiques. Il composa là encore son *Hymne au Pilori,* et corrigea les épreuves d'un grand nombre d'ouvrages [4]. Smollett écrivit aussi en prison son *Sir Lancelot Greaves,* tandis qu'il subissait une condamnation pour des libelles. Parmi les auteurs modernes anglais qui ont écrit en prison, les plus connus sont James Montgommery, qui composa son premier volume de poésies pendant qu'il était enfermé au château d'York ; et Thomas

---

[1] *La Vie et les Temps.*

[2] La prison du Banc du Roi.

[3] Sans croix, pas de couronne.

[4] Il y traça le plan de sa *Revue,* la première feuille périodique qui parut en ce genre et qui ouvrit la voie à toutes les autres : aux *Tatlers, Guardians* et *Spectators,* qui la suivirent de près La *Revue* consistait en cent deux numéros, formant neuf volumes in-quarto, tous écrits par DE FOE lui-même, tandis qu'il poursuivait différents autres travaux.

Cooper, le chartiste, qui écrivit son *Purgatoire du suicide*
dans la prison de Stafford.

Silvio Pellico fut l'un des plus modernes et des plus
illustres prisonniers écrivains en Italie. Il resta enfermé
dans les cachots autrichiens pendant dix ans, et sur ces
dix années, il en passa huit au château de Spielberg en
Moravie. Ce fut là qu'il écrivit ses charmants mémoires,
dont les seuls matériaux lui étaient fournis par son
talent d'observation toujours frais et toujours neuf. Les
visites passagères de la fille de son geôlier, les détails les
plus insignifiants de sa vie monotone étaient pour lui des
sujets de réflexion, et il parvenait à se créer tout un petit
monde de pensée et d'intérêt humain, purifié et grandi par
ses souffrances et par ses privations.

Kazinsky, le grand restaurateur de la littérature hon-
groise, passa sept ans de sa vie dans les donjons de Bude,
Brunne, Kufstein et Munkacks ; pendant ce temps, il fit un
journal de son emprisonnement, et traduisit, entre autres
choses, le *Voyage sentimental,* de Sterne ; tandis que Kos-
suth charmait ses deux années de captivité à Bude en étudiant l'anglais de manière à pouvoir lire Shakespeare dans
l'original.

Des hommes de cette trempe, qui subissent la peine de
la loi, et paraissent tomber, du moins pour un moment,
ne tombent pas réellement. Beaucoup d'entre eux, qui semblaient n'avoir pas réussi, ont exercé cependant sur leur
génération une influence plus puissante et plus durable
que d'autres, dont la carrière n'a été qu'une suite non interrompue de succès. Le caractère d'un homme ne dépend
pas du résultat de ses efforts. Le martyre est loin d'être
une chute, surtout lorsqu'on souffre pour une vérité qui
acquiert un nouveau lustre par notre sacrifice [1]. Le patriote

---

[1] Ce passage de lord Carlisle sur Pope — « Le ciel a été fait
pour ceux qui ont échoué dans ce monde » — me frappa vivement

qui meurt pour défendre sa cause en assure quelquefois
le triomphe, et les soldats qui, placés à l'avant-garde dans
la bataille, semblent dépenser inutilement leur vie, ouvrent
souvent un chemin à ceux qui marchent derrière et qui
passent sur leur corps pour trouver la victoire. Le triomphe
d'une cause juste arrive souvent trop tard; mais quand il
arrive, on le doit tout autant à ceux qui ont échoué dans
leurs premiers efforts, qu'à leurs successeurs qui ont mieux
réussi.

L'exemple d'une belle mort peut être une inspiration
pour quiconque en est le témoin, de même que l'exemple
d'une noble vie trouve des imitateurs. Une grande action
ne meurt pas avec celui qui l'a accomplie, mais elle subsiste
et produit d'autres actions semblables chez ceux qui survivent à son auteur, et chérissent sa mémoire. C'est ainsi
qu'on pourrait presque dire de quelques grands hommes
qu'ils n'ont commencé à vivre qu'après leur mort.

Les noms des hommes qui ont souffert pour la cause de
la religion, de la science et de la vérité, sont ceux que
l'humanité tient en plus grande estime, et pour lesquels
elle a le plus de respect. Ils ont péri, mais leur pensée leur
a survécu. Ils ont semblé échouer, et cependant ils ont
réussi :

> Not all who seem to fail, have failed indeed;
> Not all who fail have therefore worked in vain.
> For all our acts to many issues lead;
> And out of earnest purpose, pure and plain,
> Enforced by honest toil of hand or brain,
> The Lord will fashion, in his own good time,
> (Be this the labourer's proudly humble creed),

quand je le lus dans un journal, il y a quelques années, et devint
pour moi une source de pensées que je méditais souvent, surtout
lorsque l'idée se rapportait à la Croix, qui était une chute apparente.
(*Vie et Lettres de Robertson*, par BRIGHTON, t. II, p. 94.)

Such ends as, to His wisdom fitliest chime
With his vast love's eternal harmonies.
There is no failure for the good and wise :
What though thy seed should fall by the wayside
And the birds snatch it; — yet the birds are fed;
Or they may bear it far across the tide,
To give rich harvests after thon art dead.

(Politics for the people, 1848.)

Souvent on semble échouer quoiqu'on ait réussi, et souvent on se trompe sans que pour cela les efforts soient perdus. Car tous nos actes mènent à bien des issues, et de nos intentions, si elles sont fermes, simples et pures, et que nous les soutenions par le noble travail de nos mains, de notre intelligence, le Seigneur saura bien, au temps qu'il lui plaira, créer les fins qui s'accordent le mieux avec sa haute sagesse et l'harmonie de son vaste et éternel amour. (Que ce soit là toujours la croyance à la fois humble et fière de celui qui combat.)

Il n'y a pas d'insuccès pour les bons et les sages. Quand bien même ta semence tomberait à côté du chemin et serait mangée par les oiseaux du ciel, ne faut-il pas que les oiseaux se nourrissent? Et d'ailleurs, peut-être l'emporteront-ils bien au delà des mers, pour qu'elle donne de riches moissons après ta mort.

Les murailles des prisons de ces nobles captifs ne peuvent rien contre leur pensée. Elle s'est frayé un chemin, en défiant la puissance de ses persécuteurs. Lovelace, prisonnier, écrivait :

Stone walls do not a prison make
Nor iron bars a cage;
Minds innocent and quiet take
That for a hermitage.

Les murailles de pierre ne font pas la prison, ni les barreaux la cage, car les âmes innocentes et paisibles y trouvent un ermitage.

Milton avait coutume de dire que « quiconque sait le mieux souffrir peut faire les plus grandes choses ». Les œuvres des grands hommes qu'inspirait le devoir ont été accomplies à travers les souffrances, les épreuves et les difficultés. Ils ont lutté contre le courant, ils sont parvenus au rivage, épuisés de fatigue, seulement pour toucher terre, et expirer ensuite. ils étaient heureux de mourir en faisant leur devoir. Mais la mort n'a pas de prise sur de tels hommes ; leurs mémoires sanctifiées survivent encore pour nous consoler, nous purifier et nous bénir. « La vie », dit Gœthe, « pour nous tous, c'est souffrir. Qui pourra nous juger, excepté Dieu seul Épargnons aux morts les reproches. Ce ne sont ni leurs fautes ni leurs souffrances qui doivent nous occuper, mais leurs œuvres. »

Ce n'est donc pas le bien-être ni la vie tranquille qui exercent les hommes, mais les épreuves et les difficultés. L'adversité est la pierre de touche du caractère. De même qu'il y a des herbes qui ont besoin d'être pressées pour répandre leur plus douce odeur, il y a aussi des natures auxquelles il faut l'épreuve de la souffrance pour faire ressortir tout ce qu'il y a de bon en elles. Les épreuves dévoilent souvent des vertus et mettent au jour des grâces cachées. Certains hommes en apparence inutiles et sans résolution, se trouvant dans des positions difficiles et responsables, ont montré quelquefois une force de caractère qu'on n'eût jamais soupçonnée ; et là où il n'y avait auparavant que faiblesse et recherche de soi-même, nous voyons aujourd'hui la force, le courage et l'abnégation.

Comme il n'y a pas de bienfaits qui ne puissent se transformer en maux, il n'y a pas non plus d'épreuves qui ne puissent être converties en bienfaits. Tout dépend de la manière dont nous en profitons. Le parfait bonheur ne se trouve pas en ce monde. Si l'on pouvait s'en emparer, ce ne serait pas avantageux pour nous. La plus fausse des doctrines est celle qui prêche le bien-être et le repos ; les difficultés et même l'insuccès sont de meilleurs maîtres. Sir Humphry

Davy disait : « Même dans la vie privée, trop de prospérité gâte l'être moral et l'entraîne presque toujours à une conduite qui mène à la souffrance ; ou bien elle est un objet d'envie, de calomnie et de malveillance pour ceux qui n'en jouissent pas. »

Les échecs forment le caractère, et fortifient la nature. Le chagrin lui-même est, par quelque mystérieuse affinité uni à la jouissance, et lié à la tendresse. John Bunyan disait un jour que « si c'était permis, il demanderait plus d'affliction encore, pour avoir aussi plus de consolation ». Et quelqu'un exprimant sa surprise de la patience avec laquelle une pauvre femme arabe supportait une très-grande douleur, elle répondit : « Lorsque nos yeux se tournent vers le visage de Dieu, nous ne sentons pas sa main. »

La souffrance est évidemment d'institution divine comme la joie, et elle a beaucoup plus d'influence sur la discipline du caractère. Elle châtie et adoucit la nature, enseigne la patience et la résignation, et favorise les pensées les plus profondes et les plus élevées [1].

> The best of men
> That e'er wore earth about Him was a sufferer;
> A soft, meek, patient, humble, tranquil spirit;
> The first true gentleman that ever breathed [2].

Le plus parfait des hommes qui eût en Lui quelque chose de

---

[1] « Qu'est-ce donc », dit Mr. Helps, « qui produit dans la race humaine le plus de pensées profondes ? Ce n'est pas la science ; ce n'est pas la conduite des affaires ; ce n'est pas même l'élan des affections ; c'est la souffrance, et, sans doute, c'est pour cela qu'on souffre tant en ce monde. L'ange qui vint remuer les eaux pour leur donner des vertus curatives n'était peut-être pas chargé d'une mission aussi bienfaisante que l'ange qui dispensait aux malheureux patients le mal dont ils devaient souffrir. » (Brevia.)

[2] Ces lignes furent écrites par Deckar dans un esprit de hardiesse égale à sa piété. Hazlitt a dit, en les citant, qu' « elles devraient faire

terrestre fut lui-même un martyr; esprit doux, patient, humble et paisible, il fut le premier, le plus vrai gentilhomme qui jamais exista.

La souffrance est peut-être le moyen choisi par la Providence pour discipliner et développer ce qu'il y a de plus élevé et de plus noble dans la nature de l'homme. Il est certain que le bonheur est la fin de notre être, mais il peut se faire que la douleur soit la condition indispensable pour y arriver. Saint Paul nous a fait une grande et belle description de la vie du chrétien, et il nous le représente « comme châtié, mais non tué; comme triste, et toujours dans la joie; comme pauvre, quoique enrichissant plusieurs; comme n'ayant rien, et possédant tout[1] ».

La douleur elle-même n'est pas uniquement pénible. D'un côté elle touche à la souffrance, et de l'autre au bonheur. Car la douleur est un remède aussi bien qu'une tristesse. La souffrance est un malheur, envisagée d'un côté; de l'autre, c'est une discipline. Chez bien des hommes, sans la souffrance, la meilleure partie de leur nature dormirait d'un profond sommeil. En vérité, on pourrait presque dire que la peine et le chagrin sont pour certains hommes des conditions indispensables de succès, et des moyens nécessaires pour évoquer le plus grand développement de leur génie. Shelley a dit des poëtes :

> Most wretched men are cradled into poetry by wrong,
> They learn in suffering what they teach in song.

Combien de misérables sont bercés à la poésie par le malheur! ils apprennent en souffrant ce qu'ils enseignent en chantant.

Qui pourrait supposer que Burns eût chanté comme il

vivre la mémoire de leur auteur chez tous ceux qui ont le sentiment de la religion, de la philosophie, de l'humanité ou du véritable génie ».

[1] *Épître de l'apôtre saint Paul aux Corinthiens*, chap. VI.

l'a fait, s'il avait été riche, bien posé et qu'il eût roulé carrosse? Et qui sait si nous aurions eu les poëmes de Byron, s'il avait été heureux, bien marié, lord du sceau du Roi ou directeur général des postes?

Quelquefois un brisement de cœur réveille une nature passive, et la pousse à l'action. « Que peut savoir », disait un sage, « celui qui n'a pas souffert? » Lorsque Alexandre Dumas demanda à Reboul : « Qu'est-ce qui vous a fait poëte? » il répondit : « La souffrance ! » Ce fut d'abord la mort de sa femme, puis celle de son enfant, qui lui firent rechercher la solitude pour s'y livrer à son chagrin, et plus tard il arriva peu à peu à chercher et à trouver quelque soulagement dans la poésie [1]. C'est aussi à un malheur de famille que nous devons les charmants ouvrages de M⁣ʳˢ Gaskell. « Ce fut comme récréation, dans le sens le plus élevé du mot », dit un auteur moderne qui l'avait personnellement connue, « et pour échapper au grand vide d'une vie qui s'était vue privée d'une affection bien chère, qu'elle commença cette série de délicieux écrits qui ont servi à multiplier le nombre de nos connaissances, et même à élargir le cercle de nos amitiés [2]. »

Les œuvres les meilleures et les plus utiles ont été accomplies pour la plupart au milieu des douleurs, quelquefois comme soulagement, et souvent par un sentiment de devoir assez fort pour dominer le chagrin personnel. « Si je n'avais pas été un pareil invalide », disait le docteur Darwin à un ami, « je n'aurais jamais pu venir à bout de tout ce que j'ai fait. » Et le docteur Donne, parlant de toutes ses maladies, dit un jour : « Mes fièvres continuelles ont

---

[1] Reboul, un boulanger de Nîmes, fut l'auteur de charmantes poésies, parmi lesquelles on cite une délicieuse pièce de vers, très-connue en Angleterre par la traduction qui en a été faite et qui est intitulée : *l'Ange et l'Enfant*.

[2] *Cornhill Magazine*, t. XVI, p. 322.

un avantage pour vous et mes autres amis, car elles
me conduisent souvent jusqu'aux portes du ciel; dans
la solitude et la réclusion qu'elles m'imposent, je suis d'autant plus souvent en prière, et jamais aucun de vous n'y
est oublié. »

Schiller produisit ses plus belles tragédies au milieu de
souffrances physiques, allant presque jusqu'à la torture.
Handel ne fut jamais plus grand que lorsque, averti de
l'approche de la mort par une attaque de paralysie, et lut-
tant contre la misère et la souffrance, il se mit à composer
les œuvres superbes qui ont immortalisé son nom. Mozart
composa ses grands opéras, et en dernier lieu son *Requiem*,
lorsque, criblé de dettes, il se débattait encore contre la maladie qui devait l'emporter. Beethoven composa ses plus
belles symphonies au milieu du sombre chagrin que lui causait une surdité presque complète. Et le pauvre Schubert termina sa courte mais brillante carrière à l'âge de trente-
deux ans, ne possédant à sa mort pour toute propriété que
ses manuscrits, les vêtements qu'il portait et soixante-trois
florins en argent. Quelques-uns des plus beaux écrits de
Lamb furent également produits au milieu d'un chagrin
profond, et la gaieté apparente de Hood partait souvent
d'un cœur malheureux. Comme il le disait lui-même :

> There's not a string attuned to mirth,
> But has its chord in melancholy.

Il n'y a pas une note exprimant la gaieté, qui n'ait sa corde dans la
mélancolie.

Chez les hommes de science, nous avons encore le noble
exemple du pauvre Wollaston, qui, jusque dans les dernières périodes de la maladie mortelle dont il était atteint,
consacrait ses heures déjà comptées à dicter les diverses
découvertes et les améliorations qu'il avait faites. afin que

la science qu'il avait acquise, dans le but d'y faire participer ses semblables, ne fût pas perdue.

Les afflictions ne sont quelquefois que des bienfaits déguisés. « Ne crains pas l'obscurité », dit le sage persan, « elle cache peut-être la source des eaux de la vie. » L'expérience n'est pas sans amertume, mais elle est salutaire ; ses enseignements seuls peuvent nous apprendre à souffrir et à être forts. Le caractère le plus noble est discipliné par l'épreuve et perfectionné par la souffrance. Même dans un chagrin profond, l'esprit patient et réfléchi recueille plus de sagesse que le plaisir ne lui en procura jamais.

> The soul's dark cottage, batter'd and decayed,
> Lets in new light through chinks that time has made.

La sombre demeure de l'âme, délabrée et ruinée, reçoit une lueur nouvelle à travers les crevasses faites par le temps.

« Songez », dit Jeremy Taylor, « que les tristes accidents et les afflictions sont une école de vertu. Ils donnent à notre esprit le sérieux et la modération. Ils corrigent la légèreté et arrêtent le pécheur trop confiant, dans la voie du mal..... Dieu, qui gouverne le monde avec tant de sagesse et de miséricorde, n'aurait jamais permis toutes ces tristesses, et surtout il ne les aurait pas envoyées aux hommes les plus vertueux et les plus sages, s'il n'avait pas voulu qu'elles fussent en quelque sorte le séminaire du bonheur, la pépinière de la vertu, l'exercice de la sagesse, l'épreuve de la patience, le concours pour la couronne et la porte de la gloire[1]. »

Plus loin il dit encore : « Il n'y a pas d'homme plus misérable que celui qui n'a jamais connu l'adversité. Cet homme n'ayant pas été éprouvé, il est impossible de savoir

---

[1] *Holy Living and Dying,* ch. II, sect. 6.

s'il est bon ou mauvais, et Dieu ne couronne jamais les vertus qui ne sont que des *facultés* ou des *dispositions*, tandis que tout acte vertueux a sa récompense [1]. »

La prospérité et le succès ne donnent pas par eux-mêmes le bonheur, et il arrive assez fréquemment que ceux qui ont le moins réussi en ce monde y trouvent la plus grande part de véritable joie. Nul homme n'eut plus de succès que Gœthe; — il possédait une santé magnifique, les honneurs, le pouvoir, des biens en abondance; et cependant il avouait que, dans le cours de sa vie, il n'avait pas eu cinq semaines de véritable jouissance. Ainsi le calife Abdalrahman, après avoir repassé dans son esprit son brillant règne de cinquante ans, trouva qu'il avait joui quatorze jours seulement d'un bonheur pur et vrai [2]. Après cela, n'est-il pas permis de dire que c'est une illusion de poursuivre uniquement le bonheur?

La vie, s'il n'y avait que du soleil sans ombre, du bonheur sans chagrin, et du plaisir sans peine, ne serait plus la vie. Voyez le sort le plus heureux, c'est un fil embrouillé. Il se compose de chagrins et de joies, et les joies n'en sont que plus douces à cause des chagrins; les privations et les bienfaits se succèdent et nous rendent tristes et heureux tour à tour. La mort elle-même rend la vie plus attachante, car elle rapproche les uns des autres ceux qui restent ici-bas. Le docteur Thomas Brown prétend que la mort est une des conditions nécessaires au bonheur humain, et il soutient son argument avec beaucoup de force et d'éloquence. Mais quand la mort entre dans une maison, nous ne sommes plus philosophes, nous ne raisonnons pas, nous ne faisons que sentir. Les yeux remplis de larmes ne peuvent pas voir, quoique, avec le temps,

---

[1] *Holy Living and Dying*, ch. III, sect. 6.
[2] *Déclin et chute de l'Empire romain*, par GIBBON, t. X, p. 40

ils finissent par regarder les choses du côté clair et brillant, bien plus que ceux qui n'ont jamais connu le chagrin.

Une personne sage apprend peu à peu à ne pas trop exiger de la vie. Tandis qu'elle s'efforce d'arriver au succès par des moyens dignes d'elle, elle se prépare à l'insuccès. Elle ouvre son esprit à la gaieté, mais elle se soumet patiemment à la souffrance. Les lamentations et les plaintes de la vie ne servent jamais à rien; il n'y a que le travail courageux et enjoué, et la persévérance dans les sentiers du devoir, qui soient vraiment utiles.

Pour être sage, il ne faut pas non plus trop attendre des autres. Si nous voulons vivre en paix avec nos semblables, sachons souffrir et nous abstenir. Les êtres les meilleurs ont souvent leurs faiblesses de caractère qu'il faut savoir endurer, et quelquefois plaindre, avec douceur et sympathie. Qui est parfait? Qui n'a pas quelque paille dans son œil? Qui n'a besoin de tolérance, de bienveillance ou de pardon? Ce qu'écrivait une pauvre reine prisonnière, Caroline-Mathilde de Danemark, sur la fenêtre de sa chapelle, devrait être la prière de tout le monde : « Oh! gardez-moi dans l'innocence, et faites les autres grands! »

La disposition de chaque être humain pris individuellement dépend beaucoup de sa propre constitution, et de l'entourage de ses premières années ; du milieu heureux ou malheureux dans lequel il a été élevé ; des vertus ou des vices dont il a hérité, et des exemples bons ou mauvais qu'il a eus sous les yeux. De semblables considérations devraient enseigner à tous les hommes la charité et l'indulgence.

D'un autre côté, la vie sera toujours pour nous, jusqu'à un certain point, ce que nous l'aurons faite. Chacun se crée son propre petit monde. L'esprit enjoué le rend agréable, l'esprit fâcheux le rend insupportable. « Mon âme est pour moi un royaume », s'applique au paysan aussi bien qu'au

monarque. L'un peut être roi dans son cœur, comme
l'autre peut être esclave dans le sien. La vie n'est en général que le miroir de nos propres individualités. C'est notre
esprit qui donne à toutes les situations, à toutes les for-
tunes, grandes ou petites, leur véritable caractère. Pour
les bons, le monde est bon ; il est mauvais pour les mauvais. Si notre manière d'envisager l'existence est élevée ; si
nous la regardons comme une sphère d'efforts utiles, de
noble vie et de grandes pensées, de bien à faire aux autres
comme à nous-mêmes, elle sera joyeuse, pleine d'espérances et de bénédictions. Si, au contraire, nous la considérons seulement comme le moyen de satisfaire notre
égoïsme, nos plaisirs et notre ambition, elle sera remplie
de labeur, d'anxiété et de désappointement.

Il y a bien des choses dans la vie que nous ne pouvons
pas comprendre, bien des mystères que nous voyons
comme dans un verre noirci. Mais quoique nous ne puissions pas saisir toute la signification de cette discipline de
l'épreuve, par laquelle les meilleurs d'entre nous ont à
passer, nous devons toujours avoir foi dans l'accomplissement de ce grand dessein, dont nos petites individualités
forment une partie.

Chacun de nous doit remplir son devoir dans la sphère
où il a été placé. Il n'y a que le devoir qui soit vrai ; sans
lui, il n'y a pas d'action vraiment bonne. Le devoir est la
fin et le but de la vie la plus noble. La conscience de
l'avoir accompli nous procure la plus pure des jouissances ;
c'est, de toutes les autres, celle qui nous donne le plus de
satisfaction, car elle n'est accompagnée ni de regret ni de
désappointement. Selon les paroles de Georges Herbert, le
sentiment du devoir accompli « est pour nous une musique
à minuit ».

Et quand nous avons fini notre tâche sur la terre, notre
tâche obligée de travail, d'amour et de devoir, semblables

au ver à soie qui file son précieux cocon et meurt en le terminant, nous aussi nous partons. Mais quelque court que soit notre séjour en ce monde, c'est le moment qui nous a été désigné pour travailler de tout notre pouvoir à atteindre le grand but de notre être, et quand ce sera fait, les accidents de la chair n'affecteront plus en rien l'immortalité dont nous irons nous revêtir.

> Therefore we can go die as sleep, and trust
>   Half that we have
> Unto an honest faithful grave;
> Making our pillows either down or dust.

Alors, confiant la moitié de nous-mêmes à la garde d'un tombeau, nous trouverons dans la mort un paisible sommeil, et il dépend de nous que notre oreiller soit de poussière ou de moelleux duvet.

TABLE DES MATIÈRES

CHAPITRE PREMIER
INFLUENCE DU CARACTÈRE.

CHAPITRE II
PUISSANCE DE LA FAMILLE.

CHAPITRE III
LA SOCIÉTÉ ET L'EXEMPLE.

CHAPITRE IV
LE TRAVAIL.

CHAPITRE V
LE COURAGE.

CHAPITRE VI

L'EMPIRE SUR SOI-MÊME.

CHAPITRE VII

DEVOIR. — SINCÉRITÉ.

CHAPITRE VIII

L'HUMEUR.

CHAPITRE IX

LES MANIÈRES. — L'ART.

CHAPITRE X

SOCIÉTÉ DES LIVRES.

CHAPITRE XI

L'UNION DANS LE MARIAGE.

CHAPITRE XII

LA DISCIPLINE DE L'EXPÉRIENCE.

PARIS. TYPOGRAPHIE DE E. PLON ET Cᵢᵉ, RUE GARANCIÈRE, 8.

www.ingramcontent.com/pod-product-compliance
Lightning Source LLC
Chambersburg PA
CBHW072002270326
41928CB00009B/1516